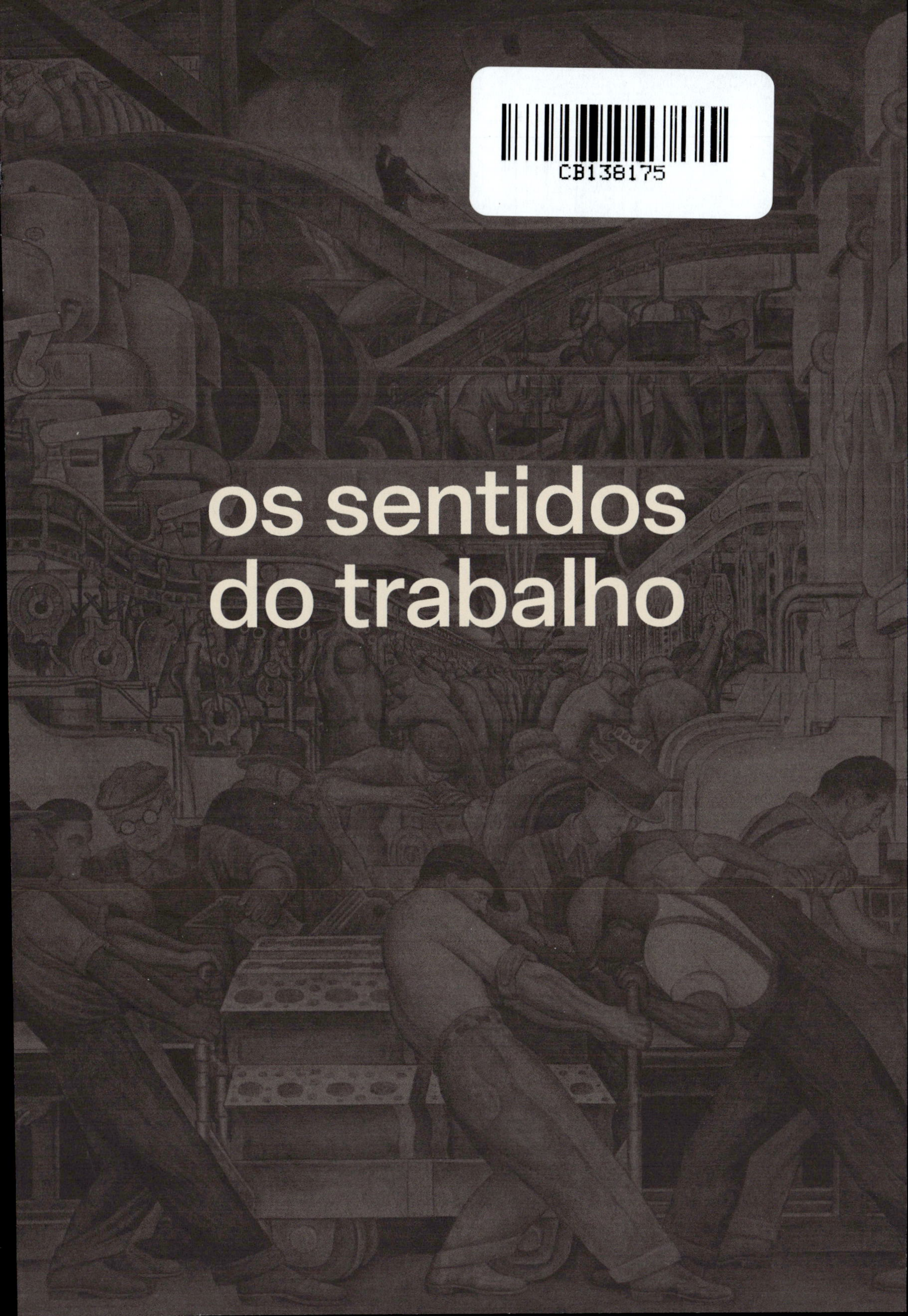

os sentidos do trabalho

ricardo antunes

os sentidos do trabalho

ensaio sobre a afirmação e a negação do trabalho

BOITEMPO

Direção-geral Ivana Jinkings

Edição Thais Rimkus

Coordenação de produção Juliana Brandt

Assistência editorial Marcela Sayuri

Assistência de produção Livia Viganó

Preparação Maria Cristina G. Cupertino e Mariana Echalar

Revisão Alessandro de Paula e Renata Assumpção

Capa Maikon Nery, sobre painel de Diego Rivera, *Detroit Industry*, 1932-1933 (detalhe). The Detroit Institute of Arts.

Diagramação Antonio Kehl

Equipe de apoio Ana Beatriz Leal, Ana Slade, Artur Renzo, Bruno Ferreira, Carolina Peters, Davi Oliveira, Elaine Ramos, Giovanna Corossari, Higor Alves, Ivam Oliveira, Kim Doria, Letícia Akutsu, Luciana Capelli, Marina Valeriano, Mateus Rodrigues, Maurício Barbosa, Pedro Davoglio, Raí Alves, Renata Carnajal, Sofia Perseu, Tatiane Carvalho, Thais Caramico, Tulio Candiotto

CIP-BRASIL. CATALOGAÇÃO NA PUBLICAÇÃO
SINDICATO NACIONAL DOS EDITORES DE LIVROS, RJ

A644s
3. ed.

Antunes, Ricardo L. C. (Ricardo Luis Coltro), 1953 - Os sentidos do trabalho : ensaio sobre a afirmação e a negação do trabalho / Ricardo Antunes. - 3. ed. - São Paulo : Boitempo, 2025.

ISBN 978-65-5717-443-2

1. Trabalho. 2. Sociologia do trabalho. I. Título.

25-96307 CDD: 331.1
CDU: 316.334.22

Gabriela Faray Ferreira Lopes - Bibliotecária - CRB-7/6643

1ª edição: outubro de 1999;
2ª edição: dezembro de 2009;
3ª edição: abril de 2025

25 ANOS

BOITEMPO
Jinkings Editores Associados Ltda.
Rua Pereira Leite, 373
05442-000 São Paulo SP
Tel.: (11) 3875-7250 | 3875-7285
editor@boitempoeditorial.com.br | www.boitempoeditorial.com.br
www.blogdaboitempo.com.br | www.youtube.com/tvboitempo

Oh, as estranhas exigências da
sociedade burguesa que primeiro
nos confunde e nos desencaminha,
para depois exigir de nós mais que a
própria natureza!

Goethe, *Os anos de aprendizado de*
Wilhelm Meister

Que tempos são esses, em que
falar de árvores é quase um crime
pois implica silenciar sobre tantas
barbaridades?

Brecht, *Aos que vão nascer*

Somente quando o homem, em
sociedade, busca um sentido para
sua própria vida e falha na obtenção
deste objetivo, é que isso dá origem
à sua antítese, a perda de sentido.

Lukács, *Ontologia do ser social*

Andam desarticulados os tempos.

Shakespeare, *Hamlet*

SUMÁRIO

Para Diva e José,
meus pais

NOTA À TERCEIRA EDIÇÃO

Este livro foi lançado originalmente em 1999, pela Boitempo. De lá para cá, houve uma edição ampliada e atualizada (2009) e muitas reimpressões. No exterior, foi publicado na Argentina (Herramienta, 2005); na Itália (Jaca, 2006, e Punto Rosso, 2017); na Holanda e na Inglaterra (Brill, 2012); em Portugal (Almedina, 2013); nos Estados Unidos (Haymarket, 2013); e na Índia (2015).

Não se tratando de apresentar nesta nota sucinta o que se encontra amplamente desenvolvido no livro, vale indicar que a imprescindibilidade do trabalho no mundo contemporâneo é evidente, ao menos em duas dimensões cruciais:

1) Quando o trabalho é entendido como *atividade vital* (Marx), como uma dimensão intrínseca e constitutiva da história humana, uma vez que está presente em todos os momentos da vida, desde a gênese do ser social. Sem essa decisiva dimensão ontológica, histórica e concreta, que produz e reproduz a vida social, a humanidade nem sequer poderia existir.

2) Sem o *labor*, o capital, em última instância, não tem como se reproduzir. Sem mais-valor, o mundo financeiro, que parece ter vida autônoma, evapora e perde seu lastro material essencial.

É exatamente por isso que o mundo do capital financeirizado e plataformizado reinventa, em pleno século XXI, como um Frankestein digital, modalidades pretéritas e perversas de *exploração*, *expropriação* e *espoliação* que encontraram vigência nas fases iniciais do capitalismo industrial e que hoje estão sendo "reinventadas" pelo *sistema de reprodução antissocial do capital*, operando uma simbiose medonha e horripilante, na qual o "novo" – o mundo dos artefatos digitais, dos algoritmos e da inteligência artificial – convive com tranquilidade com a devastação ilimitada do trabalho (sem falar da natureza e do gênero humano) em todos os cantos do mundo, alterando somente a intensidade dos vilipêndios. Basta olhar para o mais global de todos os trabalhos, aquele realizado por imigrantes.

Nesta edição de 25 anos, os textos de capa foram atualizados, e a esplendida contribuição de nosso querido István Mészáros tornou-se prefácio, como, aliás, era a proposta inicial, quando da publicação em 1999.

Visando a apontar elementos da atualidade das teses centrais de *Os sentidos do trabalho*, acrescentamos um apêndice, "Uberização do trabalho e capitalismo de plataforma: uma nova era de desantropomorfização do trabalho", que explora, empírica e analiticamente, algumas das mutações em curso a partir da expansão das plataformas digitais e do trabalho uberizado. Demonstramos que a monumental expansão das grandes plataformas digitais, além de não prescindir do trabalho humano, vêm praticando uma simbiose nefasta entre avanço digital e precarização do trabalho, recuperando formas pretéritas de exploração, expropriação e espoliação que tiveram vigência no período que podemos denominar como *protoforma do capitalismo*.

Além disso, a intensidade dessas "novas" modalidade de trabalho, agora sob o universo maquínico digital, sugere que estamos adentrando em uma *era de desantropomorfização do trabalho*, provocada pela eliminação de amplos contingentes de *trabalho vivo* que são substituídos pelo *trabalho morto* (algoritmos, inteligência artificial, internet das coisas etc.), ampliando e exasperando as formas de extração de mais-valor em quase todas as esferas invadidas pelo capital.

Assim, a conclusão apresentada originalmente quando da publicação original deste livro continua atual: o *trabalho que estrutura o capital desestrutura a humanidade*. Em contrapartida, *o trabalho que desestrutura o capital pode efetivamente reorganizar e emancipar a humanidade*.

Conjuntamente com a luta vital pela preservação da natureza e pela destruição radical da exploração/opressão de classe, gênero, raça e etnia, a luta da *classe-que-vive-do-trabalho* traz consigo a efetiva possibilidade e potencialidade para superar o sistema de reprodução antissocial do capital.

Para finalizar, deixo um agradecimento muito especial a Ivana Jinkings e toda a equipe da Boitempo, responsáveis por um cuidado editorial minucioso, mais uma vez presente nesta nova edição.

Ricardo Antunes

PREFÁCIO

A negação da centralidade do trabalho por parte dos apologistas do capital – um tema fundamental em *Os sentidos do trabalho* – tornou-se mais proeminente nas três últimas décadas, coincidindo com o início da crise estrutural do capital. As origens dessa tendência datam de muito tempo atrás. Já em 1925, Karl Mannheim, em seu famoso livro *Ideologia e utopia*, afirmava que "as classes estão se fundindo uma na outra" porque, de acordo com uma ideia muito mais antiga que ele tomou emprestada de Max Scheler, nós vivemos "numa era de equalização". O objetivo de tal projeção era, desde o início, afastar a inconveniente realidade do trabalho como antagonista do capital, negando a própria existência de uma força social capaz de instituir uma alternativa hegemônica para a ordem estabelecida.

Sem dúvida, vimos – e continuamos a nos defrontar com esse fato – fusões de proporções monumentais. Não entre classes, mas entre corporações gigantescas quase monopolistas. Da mesma forma, uma tendência real de equalização está avançando inexoravelmente. Mas não é uma tendência para criar condições de igualdade entre classes sociais – a evidência ressalta exatamente o oposto. A tendência real é de uma equalização decrescente da taxa diferencial de exploração, com a força de trabalho sendo em todo o mundo colocada de modo cada vez mais intenso sob uma forma de exploração e marginalização pelo capital. Assim, apesar de todos os tipos de mistificação teórica que procuram descartar esses problemas como sendo "preocupações anacrônicas do século XIX", a necessidade de desafiar a subordinação estrutural hierárquica do trabalho ao capital continua sendo a grande questão de nosso tempo. E o enfrentamento disso, tanto na teoria quanto na prática social, é impensável sem a reafirmação vigorosa da centralidade do trabalho.

Com rigor e lucidez, Ricardo Antunes trata de todo um conjunto de questões vitais, refletindo fielmente suas complexas ramificações. Ele constrói em seus livros anteriores – em particular em *Adeus ao trabalho?* –, e amplia muito em *Os sentidos do trabalho*, uma estrutura abrangente na qual problemas particulares ganham vida e ressaltam o sentido um do outro por meio de suas conexões recíprocas. Mostra de forma convincente que a "crise do fordismo" e a maneira pela qual as "personificações do capital" procuraram superá-la com a reestruturação da economia – ficando muito aquém do sucesso esperado – somente são inteligíveis como parte de uma crise bem mais profunda do sistema como um todo. Mostra também que elas em verdade são manifestações das contradições do sistema do capital, que nenhuma quantidade de "toyotismo" poderá remediar.

As teorias que postularam a substituição do trabalho pela "ciência como principal força produtiva" concentraram-se, com um "eurocentrismo" característico, em alguns países capitalistas avançados, desconsiderando o fato de que atualmente dois terços da força de trabalho da humanidade vive no chamado Terceiro Mundo. Ainda mais, como o autor demonstra numa parte importante de seu livro dedicada à análise do que aconteceu na Inglaterra nas três últimas décadas, as conclusões de tais teorias sobre a substituição do trabalho e a ideia de relegar ao século XIX suas estratégias combativas são desprovidas de qualquer fundamento, mesmo em um país capitalista tão avançado quanto a Inglaterra. *Os sentidos do trabalho* explica as razões do neoliberalismo thatcherista, um projeto que durou duas décadas, mostrando também a tentativa do *New Labour* de, com um novo disfarce, reviver sob o vazio ideológico da "Terceira Via" o desacreditado e falido empreendimento neoliberal.

Há em *Os sentidos do trabalho* uma pesquisa meticulosa, e os *insights* teóricos do autor são apoiados em ampla documentação. Antunes consegue com sucesso reter a complexidade dialética dos problemas discutidos, quando outros poderiam ficar tentados a oferecer interpretações unilaterais. Ele sublinha, por exemplo, que o significativo aumento do trabalho feminino – que hoje constitui 51% da força de trabalho inglesa – representa indiscutivelmente uma emancipação parcial das mulheres. Mas ao mesmo tempo ressalta o lado negativo desses acontecimentos, mostrando que o capital incorpora o trabalho feminino em sua divisão social e sexual do trabalho, impondo sobre a força de trabalho feminina maior intensidade de precarização e exploração.

As candentes questões sociais e políticas discutidas situam-se dentro dos horizontes teóricos mais amplos do livro, enfatizando sua verdadeira significação e validade. O modo como o autor focaliza os fundamentos ontológicos do trabalho, usando de forma imaginativa a última obra magistral de Lukács, lhe possibilita articular os polêmicos problemas atuais à perspectiva histórica de emancipação. Soluções viáveis, ele argumenta, são possíveis somente por meio da alternativa hegemônica do trabalho sobre o modo estabelecido de controle social metabólico, combinando o "sentido da vida" – isto é, a busca dos indivíduos por uma vida cheia de sentido – com o "sentido do trabalho". Assim, em nítido contraste com aqueles que projetam uma acomodação utópica com o capital – mantendo sua supremacia no mundo da produção – e imaginam uma plenitude emancipatória fora da atividade produtiva, no reino do "lazer" –, Antunes corretamente insiste em que

> uma vida cheia de sentido fora do trabalho supõe uma vida dotada de sentido dentro do trabalho. Não é possível compatibilizar trabalho *assalariado*, *fetichizado* e *estranhado* com *tempo verdadeiramente livre*. Uma vida desprovida de sentido no trabalho é incompatível com uma vida cheia de sentido fora do trabalho [...]. Uma vida cheia de sentido [...] somente poderá efetivar-se por meio da demolição das barreiras existentes entre *tempo de trabalho* e *tempo de não trabalho*, de modo que, a partir de uma *atividade vital* cheia de sentido, autodeterminada, *para além da divisão hierárquica que subordina o trabalho ao capital hoje vigente* e, portanto, sob bases inteiramente novas, possa se desenvolver uma nova sociabilidade [...] *em que liberdade e necessidade se realizem mutuamente.*

Isso não poderia ter sido dito de modo melhor.

István Mészáros

APRESENTAÇÃO

Os Sentidos do Trabalho: Ensaio sobre a Afirmação e a Negação do Trabalho é o resultado da pesquisa realizada na Universidade de Sussex (Inglaterra) onde, a convite de István Mészáros, professor emérito daquela universidade, trabalhei como pesquisador visitante.

Pude então aprofundar várias dimensões que havia iniciado em *Adeus ao Trabalho?*, publicado em 1995. *Os Sentidos do Trabalho*, que apresento para o concurso de professor titular em sociologia do trabalho, no IFCH/Unicamp, retoma essa temática, ampliando-a e desenvolvendo-a em outras dimensões que, em meu entendimento, são centrais quando se pensa no mundo do trabalho hoje, nas formas contemporâneas de vigência da centralidade do trabalho ou nos múltiplos *sentidos do trabalho*.

O estudo das relações entre trabalho *produtivo* e *improdutivo*, *manual* e *intelectual*, *material e imaterial*, bem como a forma assumida pela *divisão sexual do trabalho*, *a nova configuração da classe trabalhadora*, dentre vários elementos que analisarei ao longo do texto, permitiu-me recolocar e dar concretude à tese da centralidade da categoria *trabalho* na formação societal contemporânea, contra a *desconstrução teórica* que foi realizada nos últimos anos. Ao contrário da propagada substituição do trabalho pela ciência, ou ainda da substituição da produção de mercadorias pela esfera comunicacional, da substituição da produção pela informação, exploro as novas formas de *interpenetração* existentes entre as atividades produtivas e as improdutivas, entre as atividades fabris e de serviços, entre atividades laborativas e atividades de concepção, entre produção e conhecimento científico, que vêm se ampliando no mundo contemporâneo do capital e de seu sistema produtivo.

Podendo desfrutar o convívio intelectual com os professores István Mészáros e William Outhwaite, entre outros, na School of European Studies da Universidade de Sussex, a mesma escola que também acolheu, até poucos anos atrás, Tom Bottomore, encontrei as condições para a realização da pesquisa que resultou neste livro.

O primeiro e especial agradecimento vai ao professor István Mészáros, pelos diálogos, discussões, reflexões e, mais que isso, amizade, sensibilidade e solidariedade profundas, que lá se intensificaram ainda mais, e em quem sempre encontrei, desde o primeiro momento da chegada na Inglaterra, integral apoio. Nossos encontros e debates, ao longo de um ano, fizeram este trabalho ganhar novos contornos. Agradecimento que se estende também à querida amiga Donatella, por tudo que juntos pudemos vivenciar.

Ao professor William Outhwaite, o meu agradecimento pelo apoio e auxílio dados. Ao professor John McIlroy, do International Centre for Labour Studies da Universidade de Manchester, sou igualmente grato pelas atividades lá realizadas e por nossos encontros.

A Fran Whittle e Pam Cunliffe, pela colaboração amiga e despojada que deram.

Uma lembrança especial para Teresa, Ana e Caio, que me acompanharam a Sussex, o que nos permitiu vivenciar, juntos, uma bela experiência.

Para a Fapesp, pela bolsa de pós-doutorado que possibilitou o desenvolvimento do projeto, de março de 1997 a fevereiro de 1998, na Universidade de Sussex, e também ao CNPq, pela bolsa em pesquisa que permitiu a retomada deste projeto, a partir de março de 1999, e ao Faep/Unicamp, deixo registrados os meus agradecimentos.

INTRODUÇÃO

Particularmente nas últimas décadas a sociedade contemporânea vem presenciando profundas transformações, tanto nas formas de materialidade quanto na esfera da subjetividade, dadas as complexas relações entre essas formas de ser e existir da sociabilidade humana. A crise experimentada pelo capital, bem como suas respostas, das quais o neoliberalismo e a reestruturação produtiva da era da acumulação flexível são expressão, têm acarretado, entre tantas consequências, profundas mutações no interior do mundo do trabalho. Dentre elas podemos inicialmente mencionar o enorme desemprego estrutural, um crescente contingente de trabalhadores em condições precarizadas, além de uma degradação que se amplia, na relação metabólica entre homem e natureza, conduzida pela lógica societal voltada prioritariamente para a produção de mercadorias e para a valorização do capital.

Paralelamente, entretanto, têm sido frequentes as representações que visualizam nessas formas de (des)sociabilização novas e positivas dimensões de organização societal, como se a humanidade que trabalha estivesse prestes a atingir seu ponto mais avançado de sociabilidade. Muitas são as formas de fetichização: desde o culto da "sociedade democrática", que teria finalmente realizado a *utopia do preenchimento*, até a crença na desmercantilização da vida societal, no fim das ideologias, no advento de uma sociedade comunicacional capaz de possibilitar uma interação subjetiva, por meio de novas formas de intersubjetividade. Ou ainda aquelas que visualizam o *fim do trabalho* e a realização concreta do *reino do tempo livre*, dentro da estrutura global da reprodução societária vigente.

Minha investigação procurará oferecer um quadro analítico bastante distinto. Ao contrário dessas formulações, pode-se constatar que a sociedade contemporânea presencia um cenário crítico, que atinge não só os países do chamado Terceiro Mundo, como o Brasil, mas também os países capitalistas centrais. A lógica do sistema produtor de mercadorias vem convertendo a concorrência e a busca da produtividade num processo *destrutivo* que tem gerado uma imensa precarização do trabalho e aumento monumental do exército industrial de reserva, do número de desempregados. Somente a título de exemplo: até o Japão e o seu modelo toyotista, que introduziu o "emprego vitalício" para cerca de 25% de sua classe trabalhadora, vem procurando extinguir essa forma de vínculo empregatício, para adequar-se à competição que reemerge do Ocidente "toyotizado". Dentre as medidas propostas para o enfrentamento da crise japonesa encontra-se ainda aquela formulada pelo seu capital, que pretende ampliar tanto a jornada diária de trabalho de 8 para 9 horas quanto a jornada semanal de 48 para 52 horas[1]. Podemos mencionar também o exemplo da Indonésia, onde mulheres trabalhadoras da multinacional Nike ganhavam 38 dólares por mês, realizando uma longa jornada de trabalho. Em Bangladesh, as empresas Walmart, KMart e Sears utilizaram-se do trabalho feminino na confecção de roupas, com jornadas de trabalho de cerca de 60 horas por semana e salários inferiores a 30 dólares por mês[2]. O que dizer de uma forma de sociabilidade que, conforme dados recentes da OIT para o ano de 1999, desemprega ou precariza mais de 1 bilhão de pessoas, *algo em torno de um terço da força humana mundial que trabalha?*

Se é um grande equívoco imaginar o *fim do trabalho* na sociedade produtora de mercadorias, é entretanto imprescindível entender quais mutações e metamorfoses vêm ocorrendo no mundo contemporâneo, bem como quais são seus principais significados e suas mais importantes consequências. No que diz respeito ao mundo do trabalho, pode-se presenciar um conjunto de tendências que, em seus traços básicos, configuram um quadro crítico e que têm sido experimentadas em diversas partes do mundo onde vigora a lógica do capital. E a crítica às formas concretas da (des)sociabilização humana é condição para que se possa empreender também a crítica e a desfetichização das formas de representação vigentes, do ideário que domina nossa

---

1 Conforme informações que constam no *Japan Press Weekly*, fev. de 1998.

2 Dados extraídos de "Time for a Global New Deal", *Foreign Affairs*, jan.-fev. 1994, Vol. 73, nº 1: 8.

sociedade contemporânea.

Tratando dessas formas de (des)sociabilização, que estão presentes e em expansão no mundo contemporâneo, István Mészáros, num plano de maior abstração, denominou-as *mediações de segunda ordem*. Em suas palavras:

> As mediações de segunda ordem do capital – *isto é, os meios de produção alienados e suas "personificações": dinheiro; produção para troca; a diversidade de formação do Estado do capital em seu contexto global; o mercado mundial – sobrepõem-se, na própria realidade, à atividade produtiva essencial dos indivíduos sociais e à mediação primária existente entre eles. Somente um exame crítico radical desse sistema historicamente específico de mediações de segunda ordem pode oferecer uma saída para esse labirinto conceitual fetichizado. Por contraste, entretanto, a aceitação acrítica do sistema dado, historicamente contingente mas efetivamente poderoso, como o horizonte absoluto reprodutor da vida humana em geral torna impossível a compreensão da natureza real da mediação. A prevalência das mediações de segunda ordem oblitera a própria consciência das relações mediadoras primárias e se apresenta em sua "eterna presencialidade" (Hegel) como o necessário ponto de partida, que é também simultaneamente um ponto final insuperável. De fato, elas produzem uma completa inversão do atual relacionamento, que gera como resultado a degradação da ordem primária e a usurpação do seu lugar pelas mediações de segunda ordem, alienadas, com consequências potencialmente as mais perigosas para a sobrevivência da humanidade [...]* (Mészáros, 1995: 17-8).

A inversão da lógica societal, ao se efetivar, consolidou, então, as *mediações de segunda ordem*, que passaram a se constituir como elemento fundante do *sistema de metabolismo social do capital*. Desprovido de uma orientação humanamente significativa, o capital assume, em seu processo, uma lógica em que o *valor de uso* das coisas foi totalmente subordinado ao seu *valor de troca*. O sistema de *mediações de segunda ordem* passou a se sobrepor e a conduzir as *mediações de primeira ordem*. A lógica societal se inverte e se transfigura, forjando um novo sistema de metabolismo societal estruturado pelo capital.

Capítulo I

O SISTEMA DE METABOLISMO SOCIAL DO CAPITAL E SEU SISTEMA DE MEDIAÇÕES

O sistema de metabolismo social do capital nasceu como resultado da divisão social que operou a subordinação estrutural do trabalho ao capital. Não sendo consequência de nenhuma determinação ontológica inalterável, esse sistema de metabolismo social é, segundo Mészáros, o resultado de um processo historicamente constituído, em que prevalece a divisão social hierárquica que subsume o trabalho ao capital[3]. Os seres sociais tornaram-se mediados entre si e combinados dentro de uma totalidade social estruturada, mediante um sistema de produção e intercâmbio estabelecido. Um sistema de mediações de segunda ordem sobredeterminou suas mediações primárias básicas, suas mediações de *primeira ordem*.

O sistema de mediações de primeira ordem

As mediações de *primeira ordem*, cuja finalidade é a preservação das funções vitais da reprodução individual e societal, têm as seguintes características definidoras:

1) os seres humanos são parte da natureza, devendo realizar suas necessidades elementares por meio do constante intercâmbio com a própria natureza;

[3] As referências seguintes são extraídas de Mészáros (1995), que dão suporte às formulações presentes neste capítulo.

> 2) eles são constituídos de tal modo que não podem sobreviver como indivíduos da espécie à qual pertencem [...] baseados em um intercâmbio sem mediações com a natureza (como fazem os animais), regulados por um comportamento instintivo determinado diretamente pela natureza, por mais complexo que esse comportamento instintivo possa ser. (Mészáros, 1995: 138).

Partindo dessas determinações ontológicas fundamentais, os indivíduos devem reproduzir sua existência por meio de *funções primárias de mediações*, estabelecidas entre eles e no intercâmbio e interação com a natureza, dadas pela *ontologia singularmente humana do trabalho*, pelo qual a autoprodução e a reprodução societal se desenvolvem. Essas funções vitais de *mediação primária* ou de *primeira ordem* incluem:

1) a necessária e mais ou menos espontânea regulação da atividade biológica reprodutiva em conjugação com os recursos existentes;

2) a regulação do processo de trabalho, pela qual o necessário intercâmbio comunitário com a natureza possa produzir os bens requeridos, os instrumentos de trabalho, os empreendimentos produtivos e o conhecimento para a satisfação das necessidades humanas;

3) o estabelecimento de um sistema de trocas compatível com as necessidades requeridas, historicamente mutáveis e visando otimizar os recursos naturais e produtivos existentes;

4) a organização, coordenação e controle da multiplicidade de atividades, materiais e culturais, visando o atendimento de um sistema de reprodução social cada vez mais complexo;

5) a alocação racional dos recursos materiais e humanos disponíveis, lutando contra as formas de escassez, por meio da utilização econômica (no sentido de economizar) viável dos meios de produção, em sintonia com os níveis de produtividade e os limites socioeconômicos existentes;

6) a constituição e organização de regulamentos societais designados para a totalidade dos seres sociais, em conjunção com as demais determinações e funções de mediação primárias (idem: 139).

Nenhum desses imperativos de mediação primários necessitam do estabelecimento de hierarquias estruturais de dominação e subordinação, que configuram o sistema de metabolismo societal do capital e suas mediações de *segunda ordem*.

A emergência do sistema de mediações de segunda ordem

O advento dessa *segunda ordem de mediações* corresponde a um período específico da história humana, que acabou por afetar profundamente a funcionalidade das mediações de *primeira ordem* ao introduzir elementos fetichizadores e alienantes de controle social metabólico (idem:139-140). Isso porque "a constituição do sistema de capital é idêntica à emergência de suas mediações de segunda ordem. De fato, o capital, como tal, nada mais é do que uma dinâmica, um modo e meio totalizante e dominante de mediação reprodutiva, articulado com um elenco historicamente específico de estruturas envolvidas institucionalmente, tanto quanto de práticas sociais salvaguardadas. É um sistema de mediações claramente identificável, o qual em suas formas convenientemente desenvolvidas subordina estritamente todas as funções reprodutivas sociais – das relações de gênero familiares à produção material, incluindo até mesmo a criação das obras de arte – ao imperativo absoluto da expansão do capital, ou seja, da sua própria expansão e reprodução como um sistema de metabolismo social de mediação" (idem: 117).

A explicação disso está na sua finalidade essencial, que não é outra senão "expandir constantemente o valor de troca, ao qual todos os demais – desde as mais básicas e mais íntimas necessidades dos indivíduos até as mais variadas atividades de produção, materiais e culturais, – devem estar estritamente subordinados" (idem: 14). Desse modo, a "completa subordinação das necessidades humanas à reprodução do valor de troca – no interesse da autorrealização expansiva do capital – tem sido o traço mais notável do sistema de capital desde sua origem" (idem: 522). Ou seja, para converter a produção do capital em propósito da humanidade era preciso separar valor de uso e valor de troca, subordinando o primeiro ao segundo.

Essa característica constituiu-se num dos principais segredos do êxito dinâmico do capital, uma vez que as limitações das necessidades não podiam se constituir em obstáculos para a expansão reprodutiva do capital (idem: 523). "Naturalmente, a organização e a divisão do trabalho eram fundamentalmente diferentes nas sociedades em que o valor de uso e a necessidade exerciam uma função reguladora básica" (idem: 523). Com o capital erige-se uma estrutura de mando vertical, que instaurou uma divisão hierárquica do trabalho capaz de viabilizar o novo sistema de metabolismo social voltado para a necessidade da contínua, sistemática e crescente ampliação de valores de troca (idem: 537), no qual o trabalho deve subsumir-se realmente ao capital, conforme a indicação de Marx no Capítulo VI (Inédito). Desse modo, ainda segundo Mészáros, as condições necessárias para a vigência das mediações de segunda ordem, que decorrem do advento do sistema de capital, são encontradas por meio dos seguintes elementos:

1) a *separação* e *alienação* entre o trabalhador e os meios de produção;

2) a *imposição* dessas condições objetivadas e alienadas sobre os trabalhadores, como um poder separado que exerce o *mando sobre eles;*

3) a *personificação do capital* como um valor egoísta – com sua subjetividade e pseudopersonalidade usurpadas –, voltada para o atendimento dos imperativos expansionistas do capital;

4) a equivalente *personificação do trabalho*, isto é, a personificação dos operários como *trabalho*, destinado a estabelecer uma relação de dependência com o capital historicamente dominante; essa personificação reduz a identidade do sujeito desse *trabalho* a suas funções produtivas fragmentárias (idem: 617).

Assim, cada uma das formas de *mediação de primeira ordem* é alterada e subordinada aos imperativos de reprodução do capital. As funções produtivas e de controle do processo de trabalho social são radicalmente separadas entre aqueles que *produzem* e aqueles que *controlam*.

Tendo se constituído como o mais poderoso e abrangente sistema de metabolismo social, o seu *sistema de mediação de segunda ordem* tem um núcleo constitutivo formado pelo tripé *capital, trabalho e Estado*, sendo que essas três dimensões fundamentais do sistema são materialmente inter-relacionadas, tornando-se impossível superá-las sem a eliminação do *conjunto* dos elementos que compreende esse sistema. Não basta eliminar *um* ou até mesmo *dois* de seus polos. A experiência soviética (e seu desfecho histórico recente) demonstrou como foi impossível destruir o Estado (e também o capital) mantendo-se o sistema de metabolismo social do trabalho alienado e heterodeterminado. O que se presenciou naquela experiência histórica foi, ao contrário, a enorme hipertrofia estatal, uma vez que tanto a URSS quanto os demais países *pós-capitalistas* mantiveram os elementos básicos constitutivos da *divisão social hierárquica do trabalho*. A "expropriação dos expropriadores", a eliminação "jurídico-política" da propriedade, realizada pelo sistema soviético, "deixou intacto o edifício do sistema de capital" (idem: 493 e também 137)[4].

Na síntese realizada por István Mészáros:

> Dada a inseparabilidade das três dimensões do sistema do capital, que são completamente articuladas – capital, trabalho e Estado – é inconcebível emancipar o trabalho sem simultaneamente superar o capital e também o Estado. Isso porque, paradoxalmente, o material fundamental que sustenta o pilar do capital não é o Estado, mas o trabalho, em sua contínua dependência estrutural do capital [...]. Enquanto as funções controladoras vitais do metabolismo social não forem efetivamente tomadas e autonomamente exercidas pelos produtores associados, mas permanecerem sob a autoridade de um controle pessoal separado (isto é, o novo tipo de

[4] O desafio formulado por István Mészáros é superar o *tripé em sua totalidade*, nele incluído o seu pilar fundamental, dado pelo sistema hierarquizado de trabalho, com sua alienante divisão social que subordina o *trabalho* ao *capital*, tendo como elo de complementação o *Estado político*.

personificação do capital), o trabalho como tal continuará reproduzindo o poder do capital sobre si mesmo, mantendo e ampliando materialmente a regência da riqueza alienada sobre a sociedade (idem: 494).

Não sendo uma *entidade material* e nem um *mecanismo* que possa ser racionalmente controlável, o capital constitui uma poderosíssima estrutura *totalizante* de organização e controle do metabolismo societal, à qual todos, inclusive os seres humanos, devem se adaptar. Esse sistema mantém domínio e primazia sobre a totalidade dos seres sociais, sendo que suas mais profundas determinações estão *orientadas para a expansão* e *impelidas pela acumulação* (idem: 41-44)[5]. Enquanto nas formas societais anteriores ao capital, "no que concerne à relação entre produção material e seu controle, as formas de metabolismo social se caracterizavam por um alto grau de autossuficiência" (idem: 45), com o desenvolvimento do sistema global do capital, este tornou-se expansionista e totalizante, alterando profundamente o sistema de metabolismo societal. E essa nova característica "fez com que o sistema do capital se tornasse mais dinâmico que a soma do conjunto de todos os sistemas anteriores de controle do metabolismo social" (idem: 41). Por ser um sistema que *não tem limites para a sua expansão* (ao contrário dos modos de organização societal anteriores, que buscavam *em alguma medida* o atendimento das necessidades sociais), o sistema de metabolismo social do capital configurou-se como um sistema, em última instância, ontologicamente *incontrolável*[6].

---

[5] Para Mészáros, *capital* e *capitalismo* são fenômenos *distintos*, e a identificação conceitual entre ambos fez com que *todas* as experiências revolucionárias vivenciadas neste século, desde a Revolução Russa até as tentativas mais recentes de constituição societal socialista, se mostrassem incapacitadas para superar o *sistema de metabolismo social do capital*, isto é, o complexo caracterizado pela divisão hierárquica do trabalho, que subordina suas funções vitais ao *capital*. Este, segundo o autor, antecede o *capitalismo* e é a ele também posterior. O capitalismo é *uma* das formas possíveis da realização do capital, uma de suas *variantes históricas*, presente na fase caracterizada pela generalização da *subsunção real* do trabalho ao capital. Assim como existia *capital* antes da generalização do *sistema produtor de mercadorias* (de que é exemplo o capital mercantil), do mesmo modo pode-se presenciar a continuidade do capital *após* o capitalismo, por meio da constituição daquilo que Mészáros denomina "sistema de capital pós-capitalista", que teve vigência na URSS e demais países do Leste Europeu, durante várias décadas deste século XX. Esses países, embora tivessem uma configuração *pós-capitalista*, foram incapazes de romper com o sistema de metabolismo social do capital. Ver, sobre a experiência soviética, especialmente o capítulo XVII, itens 2, 3 e 4 da obra mencionada. Sobre as mais importantes diferenças entre o capitalismo e o sistema soviético, ver especialmente a síntese presente nas páginas 630-1.

[6] Na busca de controlá-lo, fracassaram tanto as inúmeras tentativas efetivadas pela social-democracia quanto a alternativa de tipo soviético, uma vez que ambas acabaram seguindo o que Mészáros denomina "linha de menor resistência do capital" (idem: 771-2. Ver especialmente capítulos 16.1 e 20).

Apesar da *aparência* de que um sistema de regulação possa se sobrepor ao capital, e no limite controlá-lo, a incontrolabilidade é consequência de suas próprias fraturas, que estão presentes desde o início no seu sistema, sendo encontradas no interior dos microcosmos que constituem as células básicas do seu sistema societal. Os *defeitos estruturais* do sistema de metabolismo social do capital e suas mediações de *segunda ordem* manifestam-se de vários modos, ainda segundo Mészáros:

> Primeiro, a produção e seu controle estão radicalmente separados e se encontram diametralmente opostos um ao outro.
>
> Segundo, no mesmo espírito, em decorrência das mesmas determinações, a produção e o consumo adquirem uma independência extremamente problemática e uma existência separada, de tal modo que o mais absurdo e manipulado "consumismo", em algumas partes do mundo, pode encontrar seu horrível corolário na mais desumana negação da satisfação das necessidades elementares para incontáveis milhões de seres.
>
> E, terceiro, os novos microcosmos do sistema de capital se combinam de modo inteiramente manejável, de tal maneira que o capital social total deveria ser capaz de integrar-se – dada a necessidade – ao domínio global da circulação, [...] visando superar a contradição entre produção e circulação. Dessa maneira, a necessária dominação e subordinação prevalece não só dentro dos microcosmos particulares – por meio da ação de "personificações do capital" individuais –, mas igualmente fora de seus limites, transcendendo não só as barreiras regionais como também as fronteiras nacionais. É assim que a força de trabalho total da humanidade se encontra submetida [...] aos imperativos alienantes de um sistema global de capital (idem: 48).

Nos três níveis acima mencionados, constata-se, segundo István Mészáros, uma deficiência estrutural nos mecanismos de controle, expressa pela *ausência de unidade*. Qualquer tentativa de criação ou sobreposição de unidade às estruturas sociais reprodutivas internamente fraturadas e fragmentadas é problemática e por certo temporária. A unidade perdida deve-se ao fato de que a fratura assume ela mesma a forma de *antagonismo social*, uma vez que se manifesta por meio de conflitos e confrontações fundamentais entre forças sociais hegemônicas alternativas. Tais antagonismos são moldados pelas condições históricas específicas, dotadas de maior ou menor intensidade, favorecendo, porém, predominantemente o capital sobre o trabalho. "Entretanto, mesmo quando o capital é vencedor na confrontação, os antagonismos não podem ser eliminados [...] precisamente porque eles são estruturais. Nos três casos, trata-se de estruturas vitais e insubstituíveis do capital e não de contingências historicamente limitadas, que o capital possa transcender. Consequentemente, os antagonismos emanados dessas estruturas são necessariamente reproduzidos sob todas as circunstâncias históricas compreendidas pela época do capital, qualquer que seja a relação de forças predominante em cada momento particular" (idem: 49).

Esse sistema escapa a um grau significativo de controle precisamente porque ele "emergiu, no curso da história, como uma estrutura de controle 'totalizante' das mais poderosas, [...] dentro da qual tudo, inclusive os seres humanos, deve ajustar-se, escolhendo entre aceitar sua 'viabilidade produtiva' ou, ao contrário, perecendo. Não se pode pensar em outro sistema de controle maior e mais inexorável – e, nesse sentido, 'totalitário' – do que o sistema de capital globalmente dominante", que impõe "seu critério de viabilidade em tudo, desde as menores unidades de seu 'microcosmo' até as maiores empresas transnacionais, desde as mais íntimas relações pessoais até os mais complexos processos de tomada de decisão no âmbito dos monopólios industriais, favorecendo sempre os mais fortes contra o mais fracos" (idem: 41).

E, na vigência de um sistema de mediações de segunda ordem, que se sobrepõe às mediações de primeira ordem (em que os indivíduos relacionavam-se com a natureza e com os seres sociais dotados de algum grau de autodeterminação), nesse "processo de alienação, o capital degrada o sujeito real da produção, o trabalho, à condição de uma objetividade reificada – um mero 'fator material de produção' –, subvertendo desse modo, não só na teoria mas também na prática social mais palpável, a relação real do sujeito/objeto [...] Entretanto, a questão que permanece para o capital é que o 'fator material da produção' não perde condição de sujeito real da produção. Para realizar suas atividades produtivas com a devida consciência que esse processo exige – sem o qual o próprio capital desapareceria –, o trabalho deve ser obrigado a reconhecer outro sujeito acima de si mesmo, ainda que na realidade seja só um pseudossujeito. É para obter esse efeito que o capital necessita de suas personificações, com a finalidade de impor e mediar seus imperativos objetivos, na condição de medidas conscientemente realizáveis, às quais o sujeito real do processo produtivo, potencialmente rebelde, deve sujeitar-se. As fantasias do nascimento de um processo produtivo capitalista totalmente automatizado e sem trabalhadores constituem-se numa imaginária eliminação desse problema" (idem: 66).

Sendo um modo de metabolismo social totalizante e, em última instância, *incontrolável*, dada a tendência *centrífuga* presente em cada microcosmo do capital, esse sistema assume cada vez mais uma lógica essencialmente *destrutiva*. Essa lógica, que se acentuou no capitalismo contemporâneo, deu origem a uma das tendências mais importantes do modo de produção capitalista, que Mészáros denomina *taxa de utilização decrescente* do valor de uso das coisas. "O capital não considera *valor de uso* (o qual corresponde diretamente à necessidade) e *valor de troca* como coisas separadas, mas como um modo que subordina radicalmente o primeiro ao último" (idem: 566). O que significa que uma mercadoria pode variar de um extremo a outro, isto é, desde ter seu valor de uso realizado, num extremo da escala, até, no outro extremo, jamais ser usada, sem por isso deixar de ter, para o capital, a sua utilidade expansionista e reprodutiva. Essa *tendência decrescente do valor de uso das mercadorias*, ao reduzir a sua vida útil e desse modo agilizar o ciclo reprodutivo, tem se constituído num dos principais mecanismos graças ao qual o capital vem atingindo seu incomensurável crescimento ao longo da história (idem: 567).

O capital operou, portanto, o aprofundamento da separação entre a produção voltada genuinamente para o atendimento das necessidades humanas e as necessidades de autorreprodução de si próprio. Quanto mais aumentam a competição e a concorrência intercapitais, mais nefastas são suas consequências, das quais duas são particularmente graves: a destruição e/ou precarização, sem paralelos em toda a era moderna, da força humana que trabalha e a degradação crescente do meio ambiente, na relação metabólica entre homem, tecnologia e natureza, conduzida pela lógica societal subordinada aos parâmetros do capital e do sistema produtor de mercadorias. "Consequentemente, por mais destruidor que seja um procedimento produtivo em particular, se produto é lucrativamente imposto ao mercado ele deve ser recebido como expressão correta e própria da 'economia' capitalista. Exemplificando, mesmo que 90% do material e dos recursos de trabalho necessários para a produção e distribuição de uma mercadoria comercializada lucrativamente – por exemplo, um produto cosmético: um creme facial –, da propaganda eletrônica ou da sua embalagem, sejam em termos físicos ou figurativos (mas, em relação aos custos de produção, efetivamente real), levada direto para o lixo, e apenas 10% sejam dedicados ao preparado químico, responsável pelos benefícios reais ou imaginários do creme ao consumidor, as práticas obviamente devastadoras envolvidas no processo são plenamente justificadas, desde que sintonizadas com os critérios de 'eficiência', 'racionalidade' e 'economia' capitalistas, em virtude da lucratividade comprovada da mercadoria em questão" (idem: 569)[7].

[7] A indústria de computadores é outro exemplo expressivo dessa tendência decrescente do valor de uso das coisas. Um equipamento se torna "obsoleto" em pouquíssimo tempo, pois a utilização de novos sistemas passa a ser incompatível com as máquinas que se tornaram "velhas", ainda que em boas condições de uso, tanto para o consumidor individual, quanto para as empresas que precisam acompanhar a competição existente em seu setor. Como disse Martin Kenney, "como resultado, os ciclos de vida dos produtos estão se tornando menores. Os empresários não têm escolha, exceto

Essa tendência à redução do valor de uso das mercadorias, assim como à agilização necessária de seu ciclo reprodutivo e de seu valor de troca, vem se acentuando desde os anos 1970, quando o sistema global do capital teve de buscar alternativas à crise que reduzia o seu processo de crescimento. Isso porque, sob "as condições de uma crise estrutural do capital, seus conteúdos destrutivos aparecem em cena trazendo uma vingança, ativando o espectro de uma incontrolabilidade total, em uma forma que prefigura a autodestruição, tanto do sistema reprodutivo social como da humanidade em geral" (idem: 44). "A esse respeito é suficiente pensar na selvagem discrepância entre o tamanho da população dos EUA – menos de 5% da população mundial – e seu consumo de 25% do total dos recursos energéticos disponíveis. Não é preciso grande imaginação para calcular o que ocorreria se os 95% restantes adotassem o mesmo padrão de consumo [...]" (idem: XV).

Expansionista, desde seu microcosmo até sua conformação mais totalizante, *mundializado*, dada a expansão e abrangência do mercado global, *destrutivo* e, no limite, *incontrolável*, o sistema de metabolismo social do capital vem assumindo cada vez mais uma estruturação crítica profunda. Sua continuidade, vigência e expansão não podem mais ocorrer sem revelar uma crescente tendência de crise estrutural que atinge a totalidade de seu mecanismo. Ao contrário dos ciclos longos de expansão alternados com crises, presencia-se um *depressed continuum* que, diferentemente de um desenvolvimento autossustentado, exibe as características de uma crise *cumulativa, endêmica*, mais ou menos uma crise permanente e crônica, com a perspectiva de uma profunda *crise estrutural*. Por isso é crescente, no interior dos países capitalistas avançados, o desenvolvimento de mecanismos de "administração das crises", como parte especial da ação do capital e do Estado visando deslocar e transferir as suas maiores contradições atuais (idem: 597-598). Porém, a "*disjunção radical* entre produção para as necessidades sociais e autorreprodução do capital não é mais algo remoto, mas uma realidade presente no capitalismo contemporâneo, com consequências as mais devastadoras para o futuro" (idem: 599).

Menos, portanto, do que grandes crises em intervalos razoavelmente longos, seguidas de fases expansionistas, como ocorreu

---

rapidamente inovar ou correr o risco de ser ultrapassados". Após referir-se à redução no tempo de substituição do sistema Hewlett Packard, na inovação de seu sistema computacional, ele acrescenta que "o tempo de vida dos produtos está ficando cada vez menor", tendência que vem afetando crescentemente cada vez mais produtos. Ver Kenney (1997: 92). A produção de computadores é um exemplo claro da *lei de tendência decrescente do valor de uso das mercadorias*, entre tantos outros que podem ser encontrados.

com a crise de 1929 e, posteriormente, com os “anos dourados” do pós-guerra, *a crise contemporânea está vivenciando a eclosão de precipitações mais frequentes e contínuas*, desde quando deu seus primeiros sinais de esgotamento, que são frequente (e equivocadamente) caracterizados como crise do fordismo e do keynesianismo.

Capítulo II

DIMENSÕES DA CRISE ESTRUTURAL DO CAPITAL

A crise do taylorismo e do fordismo como expressão fenomênica da crise estrutural

Após um longo período de acumulação de capitais, que ocorreu durante o apogeu do fordismo e da fase keynesiana, o capitalismo, a partir do início dos anos 1970, começou a dar sinais de um quadro crítico, cujos traços mais evidentes foram:

1) queda da taxa de lucro, dada, dentre outros elementos causais, pelo aumento do preço da força de trabalho, conquistado durante o período pós-1945 e pela intensificação das lutas sociais dos anos 1960, que objetivavam o *controle social da produção*[8]. A conjugação desses elementos levou a uma redução dos níveis de produtividade do capital, acentuando a tendência decrescente da taxa de lucro;

2) o esgotamento do padrão de acumulação taylorista/fordista de produção (que em verdade era a expressão mais fenomênica da crise estrutural do capital), dado pela incapacidade de responder à retração do consumo que se acentuava. Na verdade, tratava-se de uma retração em resposta ao *desemprego estrutural* que então se iniciava;

3) hipertrofia da *esfera financeira*, que ganhava *relativa autonomia* frente aos capitais produtivos, o que também já era expressão da própria crise estrutural do capital e seu sistema de produção,

[8] Tratarei mais adiante desse ponto, central para o entendimento da crise dos anos 1970.

colocando-se o capital financeiro como um campo prioritário para a especulação, na nova fase do processo de internacionalização;

4) a maior concentração de capitais graças às fusões entre as empresas monopolistas e oligopolistas;

5) a crise do Welfare State ou do "Estado do bem-estar social" e dos seus mecanismos de funcionamento, acarretando a crise fiscal do Estado capitalista e a necessidade de retração dos gastos públicos e sua transferência para o capital privado;

6) incremento acentuado das privatizações, tendência generalizada às desregulamentações e à flexibilização do processo produtivo, dos mercados e da força de trabalho, entre tantos outros elementos *contingentes* que exprimiam esse novo quadro crítico (ver Chesnais, 1996: 69 e 84)[9].

A síntese de Robert Brenner oferece um bom diagnóstico da crise: ela encontra "suas raízes profundas numa crise secular de produtividade que resultou do excesso constante de capacidade e de produção do setor manufatureiro internacional. Em primeiro lugar, o grande deslocamento do capital para as finanças foi a consequência da incapacidade da economia real, especialmente das indústrias de transformação, de proporcionar uma taxa de lucro adequada. Assim, o surgimento de excesso de capacidade e de produção, acarretando perda de lucratividade nas indústrias de transformação a partir do fim da década de 1960, foi a raiz do crescimento acelerado do capital financeiro a partir do fim da década de 1970. [...] As raízes da estagnação e da crise atual estão na compressão dos lucros do setor manufatureiro que se originou no excesso de capacidade e de produção fabril, que era em si a expressão da acirrada competição internacional" (Brenner, 1999: 12-3).

E acrescenta:

> A partir da segunda metade dos anos 1960, produtores de custos menores [Alemanha e especialmente Japão] expandiram rapidamente sua produção [...] reduzindo as fatias do mercado e taxas de lucro de seus rivais. O resultado foi o excesso de capacidade e de produção fabril, expresso na menor lucratividade agregada no setor manufatureiro das economias do G-7 como um todo. [...] Foi a grande queda de lucratividade dos Estados Unidos, Alemanha, Japão e do mundo capitalista adiantado como um todo – e sua incapacidade de recuperação – a responsável

[9] Tanto em Mészáros (1995, especialmente capítulos 14, 15 e 16) como em Chesnais (1996) pode-se encontrar uma radiografia da crise estrutural do capital, que aqui apresentamos em seus contornos mais gerais. Ver também Brenner (1999). O seu tratamento analítico e desenvolvimento mais detalhado, dada a sua enorme complexidade, escapam aos objetivos de nossa presente investigação.

pela redução secular das taxas de acumulação de capital, que são a raiz da estagnação econômica de longa duração durante o o último quartel do século, [a partir] do colapso da ordem de Bretton Woods entre 1971 e1973. [...] As baixas taxas de acumulação de capital acarretaram índices baixos de crescimento da produção e da produtividade; níveis reduzidos de crescimento da produtividade redundaram em percentuais baixos de aumento salarial. O crescente desemprego resultou do baixo aumento da produção e do investimento" (idem: 13).[10]

De fato, a denominada crise do fordismo e do keynesianismo era a expressão fenomênica de um quadro crítico mais complexo. Ela exprimia, em seu significado mais profundo, uma *crise estrutural do capital*, em que se destacava a tendência decrescente da taxa de lucro, decorrente dos elementos acima mencionados. Era também a manifestação, conforme indiquei anteriormente, tanto do sentido *destrutivo* da lógica do capital, presente na intensificação da *lei de tendência decrescente do valor de uso* das mercadorias, quanto da *incontrolabilidade* do sistema de metabolismo social do capital. Com o desencadeamento de sua crise estrutural, começava também a desmoronar o mecanismo de "regulação" que vigorou, durante o pós-guerra, em vários países capitalistas avançados, especialmente da Europa.

Como resposta à sua própria crise, iniciou-se um processo de reorganização do capital e de seu sistema ideológico e político de dominação, cujos contornos mais evidentes foram o advento do neoliberalismo, com a privatização do Estado, a desregulamentação dos direitos do trabalho e a desmontagem do setor produtivo estatal, da qual a era Thatcher-Reagan foi expressão mais forte; a isso se seguiu também um intenso *processo de reestruturação da produção e do trabalho*, com vistas a dotar o capital do instrumental necessário para tentar repor os patamares de expansão anteriores.

Nas palavras de Holloway:

> A crise capitalista não é outra coisa senão a ruptura de um padrão de dominação de classe relativamente estável. Aparece como uma crise econômica, que se expressa na queda da taxa de lucro. Seu núcleo, entretanto, é marcado pelo fracasso de um padrão de dominação estabelecido [...]. Para o capital, a crise somente pode encontrar sua resolução pela luta, mediante o estabelecimento da autoridade e por meio de uma difícil busca de novos padrões de dominação (ver Holloway, 1987: 132 e seg.).

[10] Uma boa polêmica em torno das teses de Brenner (apresentadas em *The Economics of Global Turbulence*, *New Left Review*, nº 229, mai.-jun. de 1999) encontra-se em McNally (1999: 38-52) e em Foster (1999: 32-37).

Esse período caracterizou-se também – e isso é decisivo – por uma ofensiva generalizada do capital e do Estado contra a classe trabalhadora e contra as condições vigentes durante a fase de apogeu do fordismo. Além das manifestações a que acima me referi, esse novo quadro crítico tinha um de seus polos centrais localizado no setor financeiro, que ganhava autonomia (ainda que *relativa*) dentro das complexas interrelações existentes entre a liberação e a mundialização dos capitais e do processo produtivo. Tudo isso num cenário caracterizado pela desregulamentação e expansão dos capitais, do comércio, da tecnologia, das condições de trabalho e emprego. Como vimos anteriormente, a própria recessão e crise do processo produtivo possibilitava e incentivava a expansão dos capitais financeiros especulativos.

Uma vez encerrado o ciclo expansionista do pós-guerra, presenciou-se, então, a completa desregulamentação dos capitais produtivos transnacionais, além da forte expansão e liberalização dos capitais financeiros. As novas técnicas de gerenciamento da força de trabalho, somadas à liberação comercial e às novas formas de domínio tecno-científico, acentuaram o caráter centralizador, discriminador e destrutivo desse processo, que tem como núcleo central os países capitalistas avançados, particularmente a sua tríade composta pelos EUA e o Nafta, a Alemanha à frente da União Europeia e o Japão liderando os países asiáticos, com o primeiro bloco exercendo o papel de comando.

Com exceção desses núcleos centrais, esse processo de reorganização do capital também não comportava a incorporação daqueles que não se encontravam no centro da economia capitalista, como a maioria dos países de industrialização intermediária, sem falar dos elos mais débeis dentre os países do Terceiro Mundo. Ou, melhor dizendo, incorporava-os (como são exemplos os denominados "novos países industrializados", dos quais destacam-se os asiáticos), porém numa posição de total subordinação e dependência. A reestruturação produtiva no interior desses países deu-se nos marcos de uma condição subalterna.

A crise teve dimensões tão fortes que, depois de desestruturar grande parte do Terceiro Mundo e eliminar os países *pós-capitalistas* do Leste Europeu, ela afetou também o centro do sistema global de produção do capital. Na década de 1980, por exemplo, ela afetou especialmente nos EUA, que então perdiam a batalha da competitividade tecnológica para o Japão (ver Kurz, 1992: 208 e seg.).

A partir dos anos 1990, entretanto, com a recuperação dos patamares produtivos e a expansão dos EUA, essa crise, dado o caráter mundializado do capital, passou também a atingir intensamente o Japão e os países asiáticos, que vivenciaram, na segunda metade dos anos 1990, enorme dimensão crítica. E quanto mais se avança na competitição intercapitalista, quanto mais se desenvolve a tecnologia concorrencial em uma dada região ou conjunto de países, quanto mais se expandem os capitais financeiros dos países imperialistas, maior é a desmontagem e a desestruturação daqueles que estão subordinados ou mesmo excluídos desse processo, ou ainda que não conseguem acompanhá-lo, quer pela ausência de base interna sólida, como a maioria dos pequenos países asiáticos, quer porque não conseguem acompanhar a intensidade do ritmo tecnológico hoje vivenciado, que também é controlado pelos países da tríade. São crescentes os exemplos de países excluídos desse movimento de reposição dos capitais produtivos e financeiros e do padrão tecnológico necessário, o que acarreta repercussões profundas no interior desses países, particularmente no que diz respeito ao desemprego e à precarização da força humana de trabalho.

Essa lógica destrutiva, ao reconfigurar e recompor a divisão internacional do sistema do capital, traz como resultado a desmontagem de regiões inteiras que estão, pouco a pouco, sendo eliminadas do cenário industrial e produtivo, derrotadas pela desigual concorrência mundial. A crise experimentada pelos países asiáticos como Hong Kong, Taiwan, Cingapura, Indonésia, Filipinas, Malásia, entre tantos outros, quase sempre decorrente de sua condição, de países pequenos, carentes de mercado interno e totalmente dependentes do Ocidente para se desenvolverem. Num patamar mais complexificado e diferenciado, também encontramos o Japão e a Coreia do Sul, que, depois de um grande salto industrial e tecnológico, estão vivenciando esse quadro crítico, estendido também àqueles países que até recentemente eram chamados de "tigres asiáticos"[11].

Portanto, em meio a tanta destruição de forças produtivas, da natureza e do meio ambiente, há também, em escala mundial, uma ação destrutiva contra a força humana de trabalho, que tem enormes contingentes *precarizados* ou mesmo à margem do processo produtivo, elevando a intensidade dos níveis de desemprego estrutural. Apesar do significativo avanço tecnológico encontrado (que poderia possibilitar, em escala mundial, uma real redução da jornada ou do tempo de trabalho), pode-se presenciar em vários países, como a Inglaterra e o Japão, para citar países do centro do sistema, uma política de *prolongamento da jornada de trabalho*. A Inglaterra tem a

[11] Esses países asiáticos, pequenos em sua grande maioria, não podem, portanto, se constituir como modelos alternativos a ser seguidos ou transplantados para *países continentais*, como Índia, Rússia, Brasil, México, entre outros. A recente crise financeira asiática é expressão da sua maior fragilidade estrutural, dada a ausência de suporte interno para grande parte dos países asiáticos. Ver Kurz (1992), op. cit.

maior jornada de trabalho dentre os países da União Europeia. E o Japão, se já não bastasse sua histórica jornada prolongada de trabalho, vem tentado, por meio de proposta do governo e dos empresários, aumentá-la ainda mais, como receituário para a saída da crise.

Pela própria lógica que conduz essas tendências (que, em verdade, são respostas do capital à sua *crise estrutural*), acentuam-se os elementos destrutivos. Quanto mais aumentam a competitividade e a concorrência intercapitais, mais nefastas são suas consequências, das quais duas são particularmente graves: a destruição e/ou precarização, sem paralelos em toda a era moderna, da força humana que trabalha e a degradação crescente do meio ambiente, na relação metabólica entre homem, tecnologia e natureza, conduzida pela lógica societal voltada prioritariamente para a produção de mercadorias e para o processo de valorização do capital. Como tem sido enfatizado insistentemente por diversos autores, o capital, no uso crescente do incremento tecnológico, como modalidade para aumentar a produtividade, também "necessariamente implica crises, exploração, pobreza, desemprego, destruição do meio ambiente e da natureza", entre tantas formas destrutivas (Carcheti, 1997: 73)[12]. Desemprego em dimensão estrutural, precarização do trabalho de modo ampliado e destruição da natureza em escala globalizada tornaram-se traços constitutivos dessa fase da reestruturação produtiva do capital.

---

[12] Ver também Davis, Hirsch e Stack, 1997: 4-10, e Cantor, 1999: 167-200.

Capítulo III

AS RESPOSTAS DO CAPITAL À SUA CRISE ESTRUTURAL

A reestruturação produtiva e suas repercussões no processo de trabalho

Como disse anteriormente, nas últimas décadas, sobretudo no início dos anos 1970, o capitalismo viu-se frente a um quadro crítico acentuado. O entendimento dos elementos constitutivos essenciais dessa crise é de grande complexidade, uma vez que nesse mesmo período ocorreram mutações intensas, econômicas, sociais, políticas, ideológicas, com fortes repercussões no ideário, na subjetividade e nos valores constitutivos da classe-que-vive-do-trabalho, mutações de ordens diversas e que, no seu conjunto, tiveram forte impacto[13]. Essa crise estrutural fez com que, entre tantas

[13] O tratamento detalhado da crise no mundo do trabalho, englobando um conjunto de questões, seria aqui impossível, dada a amplitude e complexidade dos elementos fundamentais para o seu entendimento. Podemos destacar como elementos constitutivos mais gerais da crise do movimento operário, além da crise estrutural do capital, bem como das respostas dadas pelo neoliberalismo e pela reestruturação produtiva do capital, anteriormente mencionados, o desmoronamento do Leste Europeu, no pós--1989, assim como suas consequências nos partidos e sindicatos, e também a crise do projeto social-democrata e suas repercussões no interior da classe trabalhadora. É necessário ainda lembrar que a crise do movimento operário é *particularizada* e

outras consequências, fosse implementado um amplo processo de reestruturação do capital, com vistas à recuperação do seu ciclo reprodutivo, que, como veremos mais adiante, afetou fortemente o mundo do trabalho. Embora a crise estrutural do capital tivesse determinações mais profundas, a resposta capitalista a essa crise procurou enfrentá-la tão somente na sua superfície, na sua dimensão fenomênica, isto é, reestruturá-la sem transformar os pilares essenciais do modo de produção capitalista. Tratava-se, então, para as forças da Ordem, de reestruturar o padrão produtivo estruturado sobre o binômio taylorismo e fordismo, procurando, desse modo, repor os patamares de acumulação existentes no período anterior, especialmente no pós-1945, utilizando-se, como veremos, de novos e velhos mecanismos de acumulação.

Dado que as lutas anteriores entre o capital e o trabalho, que tiveram seu apogeu nos anos 1960, não resultaram na instauração de um *projeto hegemônico do trabalho contra o capital*, coube a este, derrotadas as alternativas mais ousadas do mundo do trabalho, oferecer sua resposta para a crise. Atendo-se à esfera fenomênica, à sua manifestação mais visível, tratava-se, para o capital, de reorganizar o ciclo reprodutivo preservando seus fundamentos essenciais. Foi exatamente nesse contexto que se iniciou uma mutação no interior do *padrão de acumulação* (e não no *modo de produção*), visando alternativas que conferissem maior dinamismo ao processo produtivo, que então dava claros sinais de esgotamento. Gestou-se a transição do padrão taylorista e fordista anterior para as novas formas de acumulação flexibilizada.

Os limites do taylorismo/fordismo e do compromisso social-democrático

De maneira sintética, podemos indicar que o binômio *taylorismo/fordismo*, expressão dominante do sistema produtivo e de seu respectivo processo de trabalho, que vigorou na grande indústria, ao longo praticamente de todo século XX, sobretudo a partir da segunda década, baseava-se na *produção em massa* de mercadorias, que se estruturava a partir de uma produção mais *homogeneizada* e enormemente *verticalizada*. Na indústria automobilística taylorista e fordista, grande parte da produção necessária para a fabricação de

---

singularizada pelas condições específicas de cada país, dadas pelas formas da dominação política, pela situação econômica, social etc., sem as quais os elementos mais gerais não ganham concretude. Sobre os condicionantes mais gerais da crise no mundo do trabalho, ver as indicações que faço no texto *A Crise do Movimento Operário e a Centralidade do Trabalho Hoje*, de minha autoria, presente na segunda parte deste livro. No capítulo sobre a Inglaterra, ofereço um desenho dos elementos constitutivos da crise do mundo do trabalho naquele país.

veículos era realizada internamente, recorrendo-se apenas de maneira secundária ao fornecimento externo, ao setor de autopeças. Era necessário também racionalizar ao máximo as operações realizadas pelos trabalhadores, combatendo o "desperdício" na produção, reduzindo o *tempo* e aumentando o *ritmo* de trabalho, visando a intensificação das formas de exploração.

Esse padrão produtivo estruturou-se com base no trabalho *parcelar e fragmentado*, na decomposição das tarefas, que reduzia a ação operária a um conjunto repetitivo de atividades cuja somatória resultava no trabalho coletivo produtor dos veículos. Paralelamente à perda de destreza do *labor* operário anterior, esse processo de *desantropomorfização do trabalho* e sua conversão em *apêndice* da máquina-ferramenta dotavam o capital de maior intensidade na extração do sobretrabalho. À mais-valia extraída *extensivamente*, pelo prolongamento da jornada de trabalho e do acréscimo da sua dimensão *absoluta*, intensificava-se *de modo prevalecente* a sua extração *intensiva*, dada pela dimensão relativa da mais-valia. A *subsunção real do trabalho ao capital*, própria da fase da maquinaria, estava consolidada.

Uma linha rígida de produção articulava os diferentes trabalhos, tecendo vínculos entre as ações individuais das quais a *esteira* fazia as interligações, dando o ritmo e o tempo necessários para a realização das tarefas. Esse processo produtivo caracterizou-se, portanto, pela *mescla* da *produção em série fordista* com o *cronômetro taylorista*, além da vigência de uma separação nítida entre *elaboração* e *execução*. Para o capital, tratava-se de apropriar-se do *savoir-faire* do trabalho, "suprimindo" a *dimensão intelectual do trabalho operário*, que era transferida para as esferas da gerência científica. A atividade de trabalho reduzia-se a uma ação mecânica e repetitiva.

Esse processo produtivo transformou a produção industrial capitalista, expandindo-se a princípio para toda a indústria automobilística dos EUA e depois para praticamente todo o processo industrial nos principais países capitalistas[14]. Ocorreu também sua expansão para grande parte do setor de serviços. Implantou-se uma sistemática baseada na acumulação intensiva, uma produção em massa executada por operários predominantemente semiqualificados, que possibilitou o desenvolvimento do *operário-massa (mass worker)*, o trabalhador coletivo das grandes empresas verticalizadas e fortemente hierarquizadas (conforme Amin, 1996: 9; Gounet, 1991: 37-38 e Bihr, 1991: 43-5).

[14] E teve também, como sabemos, expressão nos países pós-capitalistas que, em grande medida, como foi o caso da URSS, estruturaram seu mundo produtivo utilizando-se de elementos do taylorismo e do fordismo.

A introdução da organização científica taylorista do trabalho na indústria automobilística e sua fusão com o fordismo acabaram por representar a forma mais avançada da racionalização capitalista do processo de trabalho ao longo de várias décadas do século XX, sendo somente entre o fim dos anos 1960 e início dos anos 1970 que esse padrão produtivo, *estruturalmente comprometido,* começou a dar sinais de esgotamento.

Pode-se dizer que junto com o processo de trabalho taylorista/fordista erigiu-se, particularmente durante o pós-guerra, um sistema de "compromisso" e de "regulação" que, limitado a uma parcela dos países capitalistas avançados, ofereceu a ilusão de que o sistema de metabolismo social do capital pudesse ser *efetiva, duradoura e definitivamente* controlado, regulado e fundado num compromisso entre capital e trabalho mediado pelo Estado.

Na verdade, esse "compromisso" era resultado de vários elementos imediatamente posteriores à crise de 1930 e da gestação da política keynesiana que sucedeu. Resultado, por um lado, da "própria 'lógica' do desenvolvimento anterior do capitalismo" e, por outro, do "equilíbrio relativo na relação de força entre burguesia e proletariado, que se instaurou ao fim de decênios de lutas". Mas esse compromisso era dotado de um sentido também *ilusório,* visto que se por um lado sancionava uma fase da relação de forças entre capital e trabalho, por outro ele não foi a consequência de discussões em torno de uma pauta claramente estabelecida. Essas discussões ocorreram posteriormente, "para ocupar o 'espaço' aberto pelo compromisso, para gerir suas consequências e estabelecer seus detalhamentos" (Bihr, 1991: 39-0). E tinham como elementos firmadores ou de intermediação os sindicatos e partidos políticos, como mediadores organizacionais e institucionais que se colocavam como representantes oficiais dos trabalhadores e do patronato, sendo o Estado elemento aparentemente "arbitral", mas que de fato zelava pelos interesses gerais do capital, cuidando da sua implementação e aceitação pelas entidades representantes do capital e do trabalho.

Sob a alternância partidária, ora com a social-democracia ora com os partidos diretamente burgueses, esse "compromisso" procurava delimitar o campo da luta de classes, onde se buscava a obtenção dos elementos constitutivos do Welfare State em troca do abandono, pelos trabalhadores, do seu projeto histórico-societal (idem: 40-1). Uma forma de sociabilidade fundada no "compromisso" que implementava ganhos sociais e seguridade social para os trabalhadores dos países centrais, *desde que a temática do socialismo fosse relegada a um futuro a perder de vista.* Além disso, esse "compromisso" tinha como sustentação a enorme exploração do trabalho realizada nos países do chamado Terceiro Mundo, que estavam totalmente excluídos desse "compromisso" social-democrata.

Por meio desses mecanismos de "compromisso" foi se verificando durante o fordismo o processo de *integração* do movimento operário *social-democrático*, particularmente dos seus organismos de representação institucional e política, o que acabou por convertê-lo numa espécie de *engrenagem* do poder capitalista. O "compromisso fordista" deu origem progressivamente à subordinação dos organismos institucionalizados, sindicais e políticos, da era da prevalência social-democrática, convertendo esses organismos em "verdadeiros co-gestores do processo global de reprodução do capital" (idem: 48-9).

Pela estratégia de *integração*, ainda segundo a caracterização de Alain Bihr, o proletariado europeu, *por meio dos organismos que assumiam sua representação*, tinha como eixo de sua pauta política a ação pela melhoria das condições salariais, de trabalho e de seguridade social, requerendo do Estado condições que garantissem e preservassem essas conquistas que resultavam do "compromisso". "Mas, de outra parte, por meio de sua integração, o movimento operário progressivamente se transformou em estrutura mediadora do comando do capital sobre o proletariado. Foi desse modo que, durante o período fordista, os organismos sindicais e políticos tentaram canalizar a conflitualidade do proletariado, propondo e/ou impondo-lhe objetivos e saídas compatíveis com os termos do dito compromisso, combatendo violentamente toda tentativa de transbordamento desse compromisso" (idem: 50).

O *movimento operário* de extração *social-democrata*, atrelado ao pacto com o capital, mediado pelo Estado, foi responsável também pela expansão e propagação da concepção *estatista* no interior do movimento operário: "A ideia de que a conquista do poder do Estado permite, se não a libertação do domínio do capital, pelo menos uma redução de seu peso, recebeu grande reforço no contexto socioinstitucional do fordismo". Desse modo, aparentemente confirmava-se e fortalecia-se a tese da "legitimidade do estatismo, presente no projeto e na estratégia do modelo social-democrata do movimento operário" (idem: 50-51). Tudo isso o levou "a fortalecer em seu seio um fetichismo de Estado", atribuindo ao poder político estatal um sentido "coletivo", arbitral e de exterioridade frente ao capital e trabalho (idem: 52 e 59).

Integrados pelos organismos sindicais e políticos social-democratas, que exerciam a representação do (ou sobre) os trabalhadores, "ao transformar a negociação em finalidade exclusiva de sua prática e ao 'instrumentalizá-la' como mecanismo do comando capitalista sobre o proletariado, o compromisso fordista acentuou os aspectos mais detestáveis dessa organização. Assim, por que supõe uma centralização da atividade sindical em todos os níveis; porque por definição só os responsáveis sindicais negociam; enfim, por implicar uma tecnicidade e um profissionalismo crescentes dos negociadores (em matéria jurídica, contábil ou financeira), a prática sistemática da negociação só poderia favorecer as tendências à separação entre a base e cúpula inerentes a essa organização, a autonomização crescente das direções e a redução consequente das iniciativas da base, em suma, a burocratização das organizações sindicais. Do mesmo modo, ela favorecia necessariamente o seu corporativismo, dado que a tendência era de negociação se efetuar entre empresa por empresa ou ramo por ramo" (idem: 52-53).

Esse processo significou, para segmentos importantes do proletariado europeu "um acréscimo da dependência tanto prática quanto ideológica, em relação ao Estado, sob a forma do famoso 'Estado-providência'. Dentro da moldura do fordismo, com efeito, esse Estado representa, para o proletariado, a garantia de 'seguridade social', com sua qualidade de gestor geral da relação salarial: é o Estado que fixa o estatuto mínimo dos assalariados [...]; é ele que impulsiona a conclusão e garante o respeito das convenções coletivas; é ele que gera direta ou indiretamente o 'salário indireto'" (idem: 59). Tudo isso fez com que se desenvolvesse "um fetichismo de Estado, bem como de seus ideais democráticos (inclusive no que eles têm de ilusório), aos quais o 'Estado-providência' deu conteúdo concreto (ao garantir de algum modo o direito ao trabalho, à moradia, à saúde, à educação e à formação profissional, ao lazer etc." (idem: 59-60).

O ciclo de expansão e vigência do Welfare State, entretanto, deu sinais de crise. Além das várias manifestações de esgotamento da sua fase de "regulação" keynesiana, às quais nos referimos anteriormente, houve a ocorrência de outro elemento decisivo para a crise do fordismo: *o ressurgimento de ações ofensivas do mundo do trabalho e o consequente transbordamento da luta de classes.*

A eclosão das revoltas do *operário-massa* e a crise do Welfare State

Já no fim dos anos 1960 e início dos anos 1970, deu-se a explosão do *operário-massa*, parcela hegemônica do proletariado da era taylorista/fordista que atuava no universo concentrado no espaço produtivo. Tendo perdido a identidade cultural da era artesanal e manufatureira dos ofícios, esse operário havia se ressocializado de modo relativamente "homogeneizado"[15], quer pela parcelização da indústria taylorista/fordista, pela perda da destreza anterior

[15] Dizemos *relativamente* "homogeneizado" em relação às fases anteriores, pois é evidente, como retomaremos adiante, que a *heterogeneização* dos trabalhadores, quanto à sua qualificação, estrato social, gênero, raça/etnia, faixa etária, nacionalidade etc., *são traços presentes no mundo do trabalho desde sua origem.*

ou ainda pela desqualificação repetitiva de suas atividades, além das formas de sociabilização ocorridas fora do espaço da fábrica. Isso possibilitou a emergência, em escala ampliada, de um *novo proletariado*, cuja forma de sociabilidade industrial, marcada pela *massificação*, ofereceu as bases para a construção de uma nova identidade e de uma nova forma de consciência de classe. Se o *operário-massa* foi a base social para a expansão do "compromisso" social-democrático anterior, ele *foi também seu principal elemento de transbordamento, ruptura e confrontação, da qual foram forte expressão os movimentos pelo controle social da produção ocorridos no fim dos anos 1960* (idem: 60-2).

O processo de proletarização e massificação ocorrido durante a vigência do taylorismo/fordismo mostrou-se, portanto, fortemente contraditório:

> Concentrando o proletariado no espaço social, ele tendia, por outro lado, à atomização; homogeneizando suas condições de existência, forjavam-se ao mesmo tempo as condições de um processo de personalização; ao reduzir sua autonomia individual, incentivava inversamente o desejo dessa dada autonomia, oferecendo condições para tanto; ao exigir a acentuação de sua mobilidade geográfica, profissional, social e psicológica, tornava mais rígido seu estatuto etc. Semelhante acumulação de contradições tenderia à explosão" (idem: 63).

No fim dos anos 1960 as ações dos trabalhadores atingiram seu ponto de ebulição, questionando os pilares constitutivos da sociabilidade do capital, particularmente no que concerne ao *controle social da produção*. Com ações que não pouparam nenhuma das formações capitalistas desenvolvidas e anunciavam os limites históricos do "compromisso" fordista, elas ganharam "*a forma de uma verdadeira revolta do operário-massa contra os métodos tayloristas e fordistas de produção, epicentro das principais contradições do processo de massificação*" (idem: 63-4). O taylorismo/fordismo realizava uma *expropriação intensificada* do *operário-massa*, destituindo-o de qualquer participação na organização do processo de trabalho, que se resumia a uma atividade repetitiva e desprovida de sentido. Ao mesmo tempo, o *operário-massa* era frequentemente chamado a corrigir as deformações e enganos cometidos pela "gerência científica" e pelos quadros administrativos.

Essa contradição entre autonomia e heteronomia, própria do processo de trabalho fordista, acrescida da contradição entre produção (dada pela existência de um despotismo fabril e pela vigência de técnicas de disciplinamento próprias da exploração intensiva de força de trabalho) e consumo (que exaltava o lado "individualista" e "realizador"), intensificava os pontos de saturação do "compromisso" fordista. Acrescido, do aumento da contradição essencial existente no processo de criação de valores, que subordina estruturalmente o trabalho ao capital, de algum modo esse processo pode ser "suportável pela primeira geração do operário--massa, para quem as vantagens do fordismo compensavam o 'preço' a pagar pelo seu acesso. Mas certamente esse não foi o caso da segunda geração. Formada nos marcos do próprio fordismo, ela não se encontrava disposta a 'perder sua vida para ganhá-la': a trocar o trabalho e uma existência desprovida de sentido pelo simples crescimento de seu 'poder de compra', privando-se de *ser* por um excedente de *ter*. Em suma, a satisfazer-se com os termos do compromisso fordista, assumido pela geração anterior" (idem: 64).

O boicote e a resistência ao trabalho despótico, taylorizado e fordizado assumiam modos diferenciados. Desde as formas individualizadas do absenteísmo, da fuga do trabalho, do *turnover*, da busca da condição de trabalho não operário, até as formas coletivas de ação visando a conquista do poder sobre o processo de trabalho, por meio de greves parciais, operações de zelo (marcados pelo "cuidado" especial com o maquinário, que diminuía o tempo/ritmo de produção), contestações da divisão hierárquica do trabalho e do despotismo fabril emanado pelos quadros da gerência, formação de conselhos, propostas de controle autogestionárias, chegando inclusive à recusa do controle do capital e à defesa do controle social da produção e do poder operário (idem: 65).

Realizava-se, então, uma interação entre elementos constitutivos da crise capitalista, que impossibilitavam a permanência do ciclo expansionista do capital, vigente desde o pós-guerra: além do esgotamento econômico do ciclo de acumulação (manifestação contingente da crise estrutural do capital), as lutas de classes ocorridas ao fim dos anos 1960 e início dos 1970 solapavam pela base o domínio do capital e afloravam as possibilidades de uma hegemonia (ou uma contra--hegemonia) oriunda do mundo do trabalho. A confluência e as múltiplas determinações de reciprocidade entre esses dois elementos centrais (o estancamento econômico e a intensificação das lutas de classes) tiveram, portanto, papel central na crise dos fins dos anos 1960 e inícios dos 1970.

Particularmente com relação às lutas dos trabalhadores, elas também exprimiam descontentamento em relação ao *caminho social--democrata do movimento operário,* predominante nos organismos de representação do (ou sobre o) mundo do trabalho. Por um lado, esse caminho *adaptava-se* ao proletariado da fase taylorista/fordista, particularmente pela sua atomização, razão pela qual as organizações mostravam-se como momentos de uma ressocialização. Por outro lado, ao adotarem a via negocial e institucional, contratualista, dentro dos marcos do "compromisso", *esses organismos mostravam-se incapazes de incorporar efetivamente o movimento das bases sociais de trabalhadores*, dado que essas organizações, em seu sentido mais genérico, eram respaldadoras do capital, colocando-se, frequentemente, contra os movimentos sociais de base operária.

Na formulação de Bihr: "Foi então essencialmente *sem* e mesmo *contra* as organizações sindicais e políticas constitutivas do modelo social-democrata do movimento operário que as lutas proletárias da época se desenvolveram. Ademais, essas lutas se opunham a esse modelo em seu conjunto. Ao afirmarem a auto-organização do coletivo de trabalhadores em contrapoder permanentemente no próprio seio da empresa", essas ações do mundo do trabalho resgatavam "as virtudes emancipatórias da autoatividade dos trabalhadores" (idem: 67). E, desse modo, opunham-se fortemente à perspectiva institucionalizada, central no caminho social-democrata.

Tratou-se, portanto, de uma fase de ofensiva das lutas dos trabalhadores, resultado de ações que frequentemente ocorriam

> fora das instituições sindicais e dos mecanismos de negociação legalmente instituídos, [sendo] por isso denominadas greves "selvagens" e [que] ficaram conhecidas como movimentos autônomos. [...] Nessas condições, ao exercerem um controle direto sobre as lutas, os trabalhadores nas décadas de 1960 e 1970 mostraram que a questão decisiva não diz respeito à mera propriedade formal do capital [...], às relações de propriedade, mas à própria forma como são organizadas as relações sociais de trabalho. Em numerosíssimos casos os trabalhadores, naquelas décadas, prosseguiam a sua luta ocupando as empresas, e mantiveram-nas eles próprios em funcionamento, prescindindo dos patrões e dos administradores. Mas como o controle do movimento era diretamente assegurado pela base, os trabalhadores, ao tomarem decisões sobre a atividade produtiva, necessariamente violaram a disciplina instituída e começaram a remodelar as hierarquias internas da empresa. Durante o período em que estiveram nas mãos dos trabalhadores, as empresas alteraram as suas formas de funcionamento e reorganizaram-se internamente. Os trabalhadores não se limitaram a reivindicar o fim da propriedade privada. Mostraram na prática que eram capazes de levar o processo revolucionário até um nível muito mais fundamental, que é o da alteração das próprias relações sociais de trabalho e de produção (Bernardo, 1996:19-20).

O que estava no centro da ação operária era, portanto, a possibilidade efetiva do *controle social dos trabalhadores, dos meios materiais do processo produtivo.* Como esse controle foi, no curso do processo de desenvolvimento societal, *alienado* e subtraído de seu corpo social produtivo – o trabalho social – e transferido para o capital, essas ações do trabalho, desencadeadas em várias partes do mundo capitalista, no centro e também em seus polos subordinados, nos anos 1960 e

1970, retomavam e davam enorme vitalidade e concretude à ideia de *controle social do trabalho sem o capital* (Mészáros, 1986: 96-7).

Estas ações, entretanto, encontraram limites que não puderam transcender. Primeiro, era difícil desmontar uma estruturação organizacional social-democrática consolidada durante décadas e que tinha deixado marcas no interior do próprio proletariado. A luta dos trabalhadores, se teve o mérito de ocorrer no espaço produtivo fabril, denunciando a organização taylorista e fordista do trabalho bem como dimensões da divisão social hierarquizada que subordina o trabalho ao capital, não conseguiu se converter num projeto societal hegemônico contrário ao capital. Como diz Alain Bihr (1991: 69-70), "a contestação do poder do capital sobre o trabalho não se estendeu ao poder fora do trabalho", não conseguindo articular-se com os chamados "novos movimentos sociais" então emergentes, como os movimentos ecológicos, urbanos, antinucleares, feministas, dos homossexuais, entre tantos outros. Do mesmo modo, a conflitualidade proletária emergente não conseguiu *consolidar* formas de organização alternativas, capazes de se contrapor aos sindicatos e aos partidos tradicionais. As práticas auto-organizativas acabaram por se limitar ao plano microcósmico da empresa ou dos locais de trabalho, e não conseguiram criar mecanismos capazes de lhes dar longevidade.

Por não conseguir superar essas limitações, apesar de sua radicalidade, a ação dos trabalhadores enfraqueceu-se e refluiu, não sendo capaz de se contrapor hegemonicamente à sociabilidade do capital. Sua capacidade de auto-organização, entretanto, "perturbou seriamente o funcionamento do capitalismo", constituindo-se num dos elementos causais da eclosão da crise dos anos 1970 (Bernardo, 1996:19). O enorme salto tecnológico, que então se iniciava, constituiu-se já numa primeira resposta do capital à confrontação aberta do mundo do trabalho, que aflorava nas lutas sociais dotadas de maior radicalidade no interior do espaço fabril. E respondia, por outro lado, às necessidades da própria concorrência intercapitalista na fase monopólica.

Foi nesse contexto que as forças do capital conseguiram reorganizar-se, introduzindo novos problemas e desafios para o mundo do trabalho, que se viu a partir de então em condições bastante desfavoráveis. A reorganização capitalista que se seguiu, com novos processos de trabalho, recuperou temáticas

> que haviam sido propostas pela classe trabalhadora. [...] Os trabalhadores tinham se mostrado capazes de controlar diretamente não só o movimento reivindicatório mas o próprio funcionamento das empresas. Eles demostraram, em suma, que não possuem apenas uma força bruta, sendo dotados também de inteligência, iniciativa e capacidade organizacional. Os capitalistas compreenderam então que, em vez de se limitar a explorar

> a força de trabalho muscular dos trabalhadores, privando-os de qualquer iniciativa e mantendo-os enclausurados nas compartimentações estritas do taylorismo e do fordismo, podiam multiplicar seu lucro explorando-lhes a imaginação, os dotes organizativos, a capacidade de cooperação, todas as virtualidades da inteligência. Foi com esse fim que desenvolveram a tecnologia eletrônica e os computadores e que remodelaram os sistemas de administração de empresa, implantando o toyotismo, a qualidade total e outras técnicas de gestão. [...] O taylorismo constituiu a técnica de gestão adequada a uma situação em que cada um dos agentes conhecia apenas o seu âmbito de trabalho imediato. [...] Com efeito, não podendo aproveitar economias de escala humanas – já que cada trabalhador se limitava a um único tipo de operação –, essas empresas tiveram de se concentrar nas economias de escala materiais. Sucede, porém, que as economias de escala materiais têm rendimentos decrescentes e a partir de um dado limiar os benefícios convertem-se em custos. A recuperação da capacidade de auto-organização manifestada pelos trabalhadores permitiu aos capitalistas superar esse impasse. Um trabalhador que raciocina no ato de trabalho e conhece mais dos processos tecnológicos e econômicos do que os aspectos estritos do seu âmbito imediato é um trabalhador que pode ser tornado polivalente. É esse o fundamento das economias de escala humanas. Cada trabalhador pode realizar um maior número de operações, substituir outras e coadjuvá-las. A cooperação fica reforçada no processo de trabalho, aumentando por isso as economias de escala, em benefício do capitalismo (idem: 19-20).

Com a derrota da luta operária pelo controle social da produção, estavam dadas então as bases sociais e ideopolíticas para a retomada do processo de reestruturação do capital, num patamar distinto daquele efetivado pelo taylorismo e pelo fordismo.

Capítulo IV

O TOYOTISMO E AS NOVAS FORMAS DE ACUMULAÇÃO DE CAPITAL

Foi no contexto acima referido que o chamado toyotismo e a era da acumulação flexível emergiram no Ocidente. O quadro crítico, a partir dos anos 1970, expresso de modo contingente como crise do padrão de acumulação taylorista/fordista, já era expressão de uma crise estrutural do capital que se estendeu até os dias atuais e fez com que, entre tantas outras consequências, o capital implementasse um vastíssimo processo de reestruturação, visando recuperar do seu ciclo reprodutivo e, ao mesmo tempo, repor seu projeto de dominação societal, abalado pela confrontação e conflitualidade do trabalho, que, como vimos, questionaram alguns dos pilares da sociabilidade do capital e de seus mecanismos de controle social.

O capital deflagrou, então, várias transformações no próprio processo produtivo, por meio da constituição das formas de acumulação flexível, do *downsizing*, das formas de gestão organizacional, do avanço tecnológico, dos modelos alternativos ao binômio taylorismo/fordismo, em que se destaca especialmente o "toyotismo" ou o modelo japonês. Essas transformações, decorrentes da própria concorrência intercapitalista (num momento de crises e disputas intensificadas entre os grandes grupos transnacionais e monopolistas) e, por outro lado, da própria necessidade de controlar as lutas sociais oriundas do trabalho, acabaram por suscitar a resposta do capital à sua crise estrutural.

Opondo-se ao contrapoder que emergia das lutas sociais, o capital iniciou um processo de reorganização das suas formas de dominação societal, não só procurando reorganizar em termos capitalistas o processo produtivo, mas procurando gestar um projeto de recuperação da hegemonia nas mais diversas esferas da sociabilidade. Fez isso, por exemplo, no plano ideológico, por meio do culto de um *subjetivismo* e de um ideário fragmentador que faz apologia ao individualismo exacerbado contra as formas de solidariedade e de atuação coletiva e social. Segundo Ellen Wood, trata-se da fase em que transformações econômicas, as mudanças na produção e nos mercados, as mudanças culturais, geralmente associadas ao termo "pós-modernismo", estariam, em verdade, conformando um momento de *maturação* e *universalização* do capitalismo, muito mais do que um trânsito da "modernidade" para a "pós-modernidade" (Wood, 1997: 539-40).

Estas mutações, iniciadas nos anos 1970 e em grande medida ainda em curso, têm, entretanto, gerado mais *dissensão* que *consenso*. Segundo alguns autores, elas seriam responsáveis pela instauração de *uma nova forma de organização industrial* e de relacionamento entre o capital e o trabalho, mais favorável quando comparada ao taylorismo/fordismo, uma vez que possibilitaram o advento de um trabalhador mais *qualificado, participativo, multifuncional, polivalente*, dotado de "maior realização no espaço do trabalho". Essa interpretação, que teve sua origem com o texto de Sabel e Piore (1984), vem encontrando muitos seguidores, que, mais ou menos próximos à tese da *especialização flexível*, defendem as chamadas "características inovadoras" da "nova fase", mais apropriada a uma interação entre o capital e o trabalho e, nesse sentido, superadora das contradições básicas constitutivas da sociedade capitalista.

Segundo outros, as mudanças encontradas não caminhariam na direção de uma "japonização ou toyotização da indústria", mas sim estariam intensificando tendências existentes, que não configurariam, portanto, uma nova forma de organização do trabalho. Ao contrário, no contexto das economias capitalistas avançadas seria possível perceber uma reconfiguração do "poder no local de trabalho e no próprio mercado de trabalho, muito mais em favor dos empregadores do que dos trabalhadores" (Tomaney, 1996: 157-8)[16].

Para Tomaney, que faz um desenho crítico das tendências acima resumidas, as novas pesquisas realizadas, especialmente na Inglaterra, mostram que a tese da "nova organização do trabalho", dotada

[16] Ver também Pollert, 1996; Stephenson, 1996; Ackers, Smith e Smith 1996; e Wood, 1989, entre outros, que discutirei mais adiante.

de um "novo otimismo", vem sido desmentida. As mudanças que estão afetando o mundo do trabalho, especialmente no "chão da fábrica", são resultado de fatores históricos e geográficos, e não somente das novas tecnologias e do processo de desenvolvimento organizacional (idem: 158). Ao criticar a teoria da especialização flexível ele mostra que, em sua abordagem, "é possível identificar três conjuntos maiores de problemas": "primeiro, a utilidade da dicotomia entre produção de massa e especialização flexível; segundo, a incapacidade de dar conta dos resultados do processo de reestruturação e tratar das implicações políticas disso; finalmente, o fato de que, mesmo onde exemplos de especialização flexível podem ser identificados, isso não necessariamente tem trazido benefícios para o trabalho, como eles supõem" (idem: 164).

Ao contrário, tem sido possível constatar exemplos crescentes de *intensificação do trabalho* onde o sistema *just in time* é implantado (idem: 170). Ele conclui que a "nova ortodoxia", baseada na ideia de que "as mudanças técnicas estão forçando os empregadores ao estabelecimento de um relacionamento mais cooperativo com o trabalho", está sendo revista pelas novas pesquisas que mostram tendências diferenciadas:

1) onde tem sido introduzida a tecnologia computadorizada, esta não vem acarretando, como consequência, a emergência de trabalho qualificado. Mais ainda, tem havido a consolidação da produção em larga escala e das formas de acumulação intensiva;

2) as teses defensoras do "pós-fordismo" superestimaram a amplitude das mudanças, particularmente no que diz respeito ao trabalho qualificado e mais habilitado, o que leva o autor a concluir que as mudanças no processo capitalista de trabalho não são tão profundas, mas exprimem uma contínua transformação dentro do mesmo processo de trabalho, atingindo sobretudo as formas de gestão e o fluxo de controle, mas levando frequentemente à intensificação do trabalho (idem: 175-6)[17].

Ainda que próximos desse enfoque crítico, outros autores procuram acentuar tanto os elementos de *continuidade* com o padrão produtivo anterior quanto os de *descontinuidade*, mas *retendo o caráter essencialmente capitalista do modo de produção vigente e de seus pilares fundamentais.* Nesse universo temático, eles discutem a necessidade de apontar para a especificidade dessas mutações e as consequências que elas acarretam no interior do sistema de produção capitalista, onde estaria ocorrendo a emergência de "um regime de acumulação flexível nascido em 1973", do qual são características a nova "divisão de mercados, o desemprego, a divisão

[17] Retomarei essas teses mais detalhadamente quando tratar do caso inglês.

global do trabalho, o capital volátil, o fechamento de unidades, a reorganização financeira e tecnológica", entre tantas mutações que marcam essa nova fase da produção capitalista (Harvey, 1996: 363-4). O que, sugestivamente, Juan J. Castillo disse ser pela expressão de um processo de *liofilização organizativa*, com eliminação, transferência, terceirização e enxugamento de unidades produtivas (Castillo, 1996: 68, e 1996a).

Minha reflexão tem maior afinidade com essa linhagem: as mutações em curso são expressão da reorganização do capital com vistas à retomada do seu patamar de acumulação e ao seu projeto global de dominação. E é nesse sentido que o processo de acumulação flexível, com base nos exemplos da Califórnia, Norte da Itália, Suécia, Alemanha, entre tantos outros que se sucederam, bem como as distintas manifestações do toyotismo ou o modelo japonês, devem ser objeto de reflexão crítica. Comecemos pela questão da "qualidade total", para posteriormente retomarmos a reflexão sobre a *liofilização organizativa* da "empresa enxuta".

A falácia da "qualidade total" sob a vigência da taxa de utilização decrescente do valor de uso das mercadorias

Um primeiro elemento diz respeito à temática da *qualidade* nos processos produtivos. Na fase de intensificação da *taxa de utilização decrescente do valor de uso das mercadorias* (Mészáros, 1995: cap. 15 e 16), necessária para a reposição do processo de valorização do capital, a falácia da *qualidade total*, tão difundida no "mundo empresarial moderno", na empresa *enxuta* da era da reestruturação produtiva, torna-se evidente: quanto mais "qualidade total" os produtos devem ter, *menor deve ser seu tempo de duração*. A necessidade imperiosa de reduzir o tempo de vida útil dos produtos, visando aumentar a velocidade do circuito produtivo e desse modo ampliar a velocidade da produção de valores de troca, faz com que a "qualidade total" seja, na maior parte das vezes, o *invólucro, a aparência* ou o aprimoramento do *supérfluo*, uma vez que os produtos devem durar pouco e ter uma reposição ágil no mercado. A "qualidade total", por isso, não pode se contrapor à taxa de utilização decrescente do valor de uso das mercadorias, mas deve adequar-se ao sistema de metabolismo socioeconômico do capital, afetando desse modo tanto a produção de bens e serviços como as instalações e maquinarias e a própria força humana de trabalho (idem: 575).

Como o capital tem uma tendência *expansionista* intrínseca ao seu sistema produtivo, a "qualidade total" deve tornar-se inteiramente compatível com a lógica da *produção destrutiva*. Por isso, em seu sentido e tendências mais gerais, o modo de produção capitalista converte-se em inimigo da *durabilidade* dos produtos; ele deve inclusive desencorajar e mesmo inviabilizar as práticas produtivas orientadas para a durabilidade, o que o leva a *subverter deliberadamente sua qualidade* (idem: 548-9). A "qualidade total" torna-se, ela também, a negação da durabilidade das mercadorias. Quanto mais "qualidade" as mercadorias aparentam (e aqui a *aparência* faz a diferença), menor tempo de duração elas devem efetivamente ter. Desperdício e destrutividade acabam sendo os seus traços determinantes.

Desse modo, o apregoado desenvolvimento dos processos de "qualidade total" converte-se na expressão *fenomênica, involucral, aparente e supérflua* de um mecanismo produtivo que tem como um dos seus pilares mais importantes a *taxa decrescente do valor de uso* das mercadorias, como condição para a reprodução ampliada do capital e seus imperativos expansionistas.

Não falamos aqui somente dos *fast foods* (do qual o McDonald's é exemplar), que despejam toneladas de descartáveis no lixo, após um lanche produzido sob o ritmo *seriado* e fordizado, de qualidade mais que sofrível. Poderíamos lembrar o tempo médio de vida útil estimada para os automóveis modernos e mundiais, cuja durabilidade é cada vez mais reduzida.

A indústria de computadores, conforme mencionamos anteriormente, mostra-se, pela importância no mundo produtivo contemporâneo, exemplar dessa tendência depreciativa e decrescente do valor de uso das mercadorias. Um sistema de *softwares* torna-se obsoleto e desatualizado em tempo bastante reduzido, levando o consumidor à sua substituição, pois os novos sistemas não são compatíveis com os anteriores. As empresas, em face da necessidade de reduzir o tempo entre produção e consumo, ditada pela intensa competição existente entre elas, incentivam ao limite essa tendência destrutiva do valor de uso das mercadorias. Precisando acompanhar a competitividade existente em seu setor, cria-se uma lógica que se intensifica, e da qual a "qualidade total" está totalmente prisioneira. Mais que isso, ela se torna mecanismo intrínseco de seu funcionamento e funcionalidade. Com a redução dos ciclos de vida útil dos produtos, os capitais não têm outra opção, para sua sobrevivência, senão inovar ou correr o risco de ser ultrapassados pelas empresas concorrentes, conforme o exemplo da empresa transnacional de computadores *Hewlett Packard*, que com a "inovação" constante de seu sistema computacional reduziu enormemente o tempo de vida útil dos produtos (ver Kenney, 1997: 92). A produção de computadores é, por isso, um exemplo da vigência da *lei de tendência decrescente do valor de uso das mercadorias*, entre tantos outros que poderíamos citar.

Claro que aqui não se está questionando o efetivo avanço tecno-científico, quando pautado pelos reais imperativos humano-

-societais, mas sim a lógica de um sistema de metabolismo do capital que converte em descartável, supérfluo e desperdiçado aquilo que deveria ser preservado, tanto para o atendimento efetivo dos valores de uso sociais quanto para evitar uma destruição incontrolável e degradante da natureza, da relação metabólica entre homem e natureza. Isso sem mencionar o enorme processo de destruição da força humana de trabalho, causada pelo processo de *liofilização organizativa* da "empresa enxuta".

A liofilização organizacional e do trabalho na fábrica toyotizada: as novas formas de intensificação do trabalho

Tentando reter seus traços constitutivos mais gerais, é possível dizer que o padrão de *acumulação flexível* articula um conjunto de elementos de *continuidade* e de *descontinuidade* que acabam por conformar algo *relativamente* distinto do padrão taylorista/fordista de acumulação. Ele se fundamenta num padrão produtivo organizacional e tecnologicamente avançado, resultado da introdução de técnicas de gestão da força de trabalho próprias da fase informacional, bem como da introdução ampliada dos computadores no processo produtivo e de serviços. Desenvolve-se em uma estrutura produtiva mais flexível, recorrendo frequentemente à desconcentração produtiva, às empresas terceirizadas etc. Utiliza-se de novas técnicas de gestão da força de trabalho, do trabalho em equipe, das "células de produção", dos "times de trabalho", dos grupos "semiautônomos", além de requerer, ao menos no plano discursivo, o "envolvimento participativo" dos trabalhadores, em verdade uma participação manipuladora e que preserva, na essência, as condições do trabalho alienado e estranhado[18]. O "trabalho polivalente", "multifuncional', "qualificado"[19], combinado com uma estrutura mais horizontalizada e integrada entre diversas empresas, inclusive nas empresas terceirizadas, tem como finalidade a redução do tempo de trabalho.

De fato, trata-se de um processo de organização do trabalho cuja finalidade essencial, real, é a *intensificação das condições de exploração da força de trabalho*, reduzindo muito ou eliminando tanto o *trabalho improdutivo*, que não cria *valor*, quanto suas formas

---

[18] Ver Antunes, 1995, pp. 34-5, 91-3 e 121-34.

[19] Isso faz aflorar o sentido falacioso da "qualificação do trabalho", que muito frequentemente assume a forma de uma manifestação mais *ideológica* do que de uma necessidade efetiva do processo de produção. A qualificação e a competência exigidas pelo capital muitas vezes objetivam de fato a *confiabilidade* que as empresas pretendem obter dos trabalhadores, que devem entregar sua subjetividade à disposição do capital.

assemelhadas, especialmente nas atividades de manutenção, acompanhamento, e inspeção de qualidade, funções que passaram a ser diretamente incorporadas ao trabalhador *produtivo*. Reengenharia, *lean production, team work*, eliminação de postos de trabalho, aumento da produtividade, qualidade total, fazem parte do ideário (e da prática) cotidiana da "fábrica moderna". Se no apogeu do taylorismo/fordismo a pujança de uma empresa mensurava-se pelo número de operários que nela exerciam sua atividade de trabalho, pode-se dizer que na era da acumulação flexível e da "empresa enxuta" merecem destaque, e são citadas como exemplos a ser seguidos, aquelas empresas que dispõem de *menor* contingente de força de trabalho e que apesar disso têm maiores índices de produtividade.

Algumas das repercussões dessas mutações no processo produtivo têm resultados imediatos no mundo do trabalho: desregulamentação enorme dos direitos do trabalho, que são eliminados cotidianamente em quase todas as partes do mundo onde há produção industrial e de serviços; aumento da fragmentação no interior da classe trabalhadora; precarização e terceirização da força humana que trabalha; destruição do sindicalismo de classe e sua conversão num sindicalismo dócil, de parceria *(partnership)*, ou mesmo em um "sindicalismo de empresa" (ver Kelly, 1996: 95-8).

Dentre experiências do capital que se diferenciavam do binômio taylorismo/fordismo, pode-se dizer que o "toyotismo" ou o "modelo japonês" encontrou maior repercussão, quando comparado ao exemplo sueco, à experiência do norte da Itália (Terceira Itália), à experiência dos EUA (Vale do Silício) e da Alemanha, entre outros.

O sistema industrial japonês, a partir dos anos 1970, teve grande impacto no mundo ocidental, quando se mostrou para os países avançados como uma opção possível para a superação capitalista da crise. Naturalmente, a "transferibilidade" do toyotismo carecia, para sua implantação no Ocidente, das inevitáveis adaptações às singularidades e particularidades de cada país. Seu desenho organizacional, seu avanço tecnológico, sua capacidade de extração intensificada do trabalho, bem como a combinação de trabalho em equipe, os mecanismos de envolvimento, o controle sindical, eram vistos pelos capitais do Ocidente como uma via possível de superação da crise de acumulação.

E foi nesse contexto que se presenciou a expansão para o Ocidente da *via japonesa de consolidação do capitalismo industrial*. Nas palavras de Sayer, o impacto do modelo japonês:

> *intensificou-se no fim dos anos 1970, depois de uma década de redução da produtividade do Ocidente, [quando] a performance exportadora e o extraordinariamente rápido crescimento da indústria japonesa, sobretudo*

no ramo de automóveis e produtos eletrônicos, começaram a gerar grande interesse no Ocidente. [...] Além dos conhecidos elementos da indústria japonesa, tais como círculos de qualidade e emprego vitalício, acrescentavam-se outras características importantes, como a prática de produzir modelos completamente diferentes na mesma linha. Pouco a pouco se tornou claro que o que existia não eram apenas algumas poucas 'peculiaridades culturais', mas um sistema de organização da produção inovado e altamente integrado (Sayer, 1986: 50-1).

O toyotismo (ou *ohnismo*, de Ohno, engenheiro que o criou na fábrica Toyota), *como via japonesa de expansão e consolidação do capitalismo monopolista industrial*, é uma forma de organização do trabalho que nasce na Toyota, no Japão pós-1945, e que, muito rapidamente, se propaga para as grandes companhias daquele país. Ele se diferencia do fordismo basicamente nos seguintes traços[20]:

1) *é uma produção muito vinculada à demanda*, visando atender às exigências *mais individualizadas* do mercado consumidor, diferenciando-se da produção *em série* e *de massa* do taylorismo/fordismo. Por isso sua produção *é variada e bastante heterogênea*, ao contrário da homogeneidade fordista;

2) fundamenta-se no trabalho operário em *equipe*, com *multivariedade* de funções, rompendo com o caráter parcelar típico do fordismo;

3) a produção se estrutura num processo produtivo flexível, que possibilita ao operário operar *simultaneamente* várias máquinas (na Toyota, em média até 5 máquinas), alterando-se a relação *homem/máquina* na qual se baseava o taylorismo/fordismo;

4) tem como princípio o *just in time*, o melhor aproveitamento possível do tempo de produção;

5) funciona segundo o sistema de *kanban*, placas ou senhas de comando para reposição de peças e de estoque. No toyotismo, os estoques são mínimos quando comparados ao fordismo;

6) as empresas do complexo produtivo toyotista, inclusive as terceirizadas, têm uma estrutura horizontalizada, ao contrário da verticalidade fordista. Enquanto na fábrica fordista aproximadamente 75% da produção era realizada no seu interior, a fábrica toyotista é responsável por somente 25% da produção, tendência que vem se intensificando ainda mais. Essa última prioriza o que é central em sua especialidade no processo produtivo (a chamada "teoria do foco") e transfere a "terceiros" grande parte do que antes era produzido dentro de seu espaço produtivo. Essa *horizontalização* estende-se às

[20] Ver, sobre o toyotismo, Gounet, 1997, 1992 e 1991; Teague, 1997; Shimizu, 1994; Ichiyo, 1995; Takaichi, 1992; Coriat, 1992; Sayer, 1986; e Kamata, 1985.

subcontratadas, às firmas "terceirizadas", *acarretando a expansão dos métodos e procedimentos para toda a rede de fornecedores.* Desse modo, flexibilização, terceirização, subcontratação, CCQ, controle de qualidade total, *kanban, just in time, kaizen, team work*, eliminação do desperdício, "gerência participativa", sindicalismo de empresa, entre tantos outros pontos, são levados para um espaço ampliado do processo produtivo;

7) organiza os Círculos de Controle de Qualidade (CCQs), constituindo grupos de trabalhadores que são *instigados* pelo capital a discutir seu trabalho e desempenho, com vistas a melhorar a produtividade das empresas, convertendo-se num importante instrumento para o capital apropriar-se do *savoir-faire* intelectual e cognitivo do trabalho, que o fordismo desprezava[21];

8) o toyotismo implantou o "emprego vitalício" para uma parcela dos trabalhadores das grandes empresas (cerca de 25 a 30% da população trabalhadora, onde se presenciava a *exclusão* das mulheres), além de ganhos salariais intimamente vinculados ao aumento da produtividade. O "emprego vitalício" garante ao trabalhador japonês que trabalha nas fábricas inseridas nesse modelo a estabilidade do emprego, sendo que aos 55 anos o trabalhador é deslocado para outro trabalho menos relevante, no complexo de atividades existentes na mesma empresa.

Inspirando-se inicialmente na experiência do ramo têxtil, em que o trabalhador operava ao mesmo tempo várias máquinas e depois na importação das técnicas de gestão dos supermercados dos EUA, que deram origem ao *kanban*, o toyotismo também ofereceu uma resposta à crise financeira japonesa do pós-guerra, aumentando a produção sem aumentar o contingente de trabalhadores. A partir do momento em que esse receituário se amplia para o conjunto das empresas japonesas, seu resultado foi a retomada de um patamar de produção que levou o Japão, num curtíssimo período, a atingir padrões de produtividade e índices de acumulação capitalista altíssimos.

A racionalização do processo produtivo, dotada de forte *disciplinamento* da força de trabalho e impulsionada pela necessidade de implantar formas de *capital* e de *trabalho intensivo*, caracterizou a *via toyotista de desenvolvimento do capitalismo monopolista no Japão* e seu processo de *liofilização organizacional e do trabalho*. O trabalho em equipe, a transferência das responsabilidades de elaboração e controle da qualidade da produção, anteriormente realizadas pela gerência científica e agora interiorizadas na própria ação dos

---

[21] No Ocidente, os CCQs têm variado, dependendo das especificidades e singularidades dos países em que são implementados.

trabalhadores, deu origem ao *management by stress* (Gounet, 1997: 77). Como mostrou o clássico depoimento de Satochi Kamata, a racionalização da Toyota Motor Company, empreendida em seu processo de constituição,

> não é tanto para economizar trabalho mas, mais diretamente, para eliminar trabalhadores. Por exemplo, se 33% dos 'movimentos desperdiçados' são eliminados em três trabalhadores, um deles torna-se desnecessário. A história da racionalização da Toyota é a história da redução de trabalhadores, e esse é o segredo de como a Toyota mostra que sem aumentar trabalhadores alcança surpreendente aumento na sua produção. Todo o tempo livre durante as horas de trabalho tem sido retirado dos trabalhadores da linha de montagem, sendo considerado como desperdício. Todo o seu tempo, até o último segundo, é dedicado à produção (Kamata, 1982: 199).

O processo de produção de tipo toyotista, por meio dos *team work*, supõe portanto uma *intensificação da exploração do trabalho*, quer pelo fato de os operários trabalharem simultaneamente com várias máquinas diversificadas, quer pelo ritmo e a velocidade da cadeia produtiva dada pelo sistema de luzes. Ou seja, *presencia-se uma intensificação do ritmo produtivo dentro do mesmo tempo de trabalho ou até mesmo quando este se reduz.* Na fábrica Toyota, quando a luz está *verde*, o funcionamento é normal; com a indicação da cor *laranja*, atinge-se uma intensidade máxima, e quando a luz *vermelha* aparece, é porque houve problemas, devendo-se diminuir o ritmo produtivo. A apropriação das atividades *intelectuais* do trabalho, que advém da introdução de maquinaria automatizada e informatizada, aliada à intensificação do ritmo do processo de trabalho, configuraram um quadro extremamente positivo para o capital, na retomada dos ciclo de acumulação e na recuperação da sua rentabilidade (Ichiyo, 1995: 45-6; Gounet, 1991: 41; Coriat, 1992: 60; Antunes: 27-8).

De modo que, similarmente ao fordismo vigente ao longo do século XX, mas seguindo um receituário diferenciado, o toyotismo reinaugura um novo patamar de intensificação do trabalho, combinando fortemente as formas relativa e absoluta da extração da mais-valia. Se lembrarmos que a proposta do governo japonês, recentemente elaborada, conforme já indicamos, "é de aumentar o limite da jornada de trabalho (de 9 para 10 horas) e a jornada semanal de trabalho (de 48 para 52 horas)", teremos um claro exemplo do que acima mencionamos (Japan Press Weekly, op. cit.).

A expansão do trabalho *part time*, assim como as formas pelas quais o capital se utiliza da divisão *sexual* do trabalho e do crescimento dos trabalhadores imigrantes, cuja expressão são os *dekasseguis* executando trabalhos desqualificados e frequentemente ilegais, constituem claros exemplos da enorme tendência à intensificação e exploração da força de trabalho no universo do toyotismo. Este se estrutura *preservando* dentro das empresas matrizes um número reduzido de trabalhadores mais *qualificados, multifuncionais* e envolvidos com o seu ideário, bem como *ampliando* o conjunto flutuante e flexível de trabalhadores com o aumento das horas extras, da terceirização no interior e fora das empresas, da contratação de trabalhadores temporários etc., opções estas que são diferenciadas em função das condições do mercado em que se inserem. Quanto mais o trabalho se distancia das empresas principais, maior tende a ser a sua precarização. Por isso os trabalhadores da Toyota trabalham cerca "de 2.300 horas por ano enquanto os trabalhadores das empresas subcontratadas chegam a trabalhar 2.800 horas" (Gounet, 1997: 78)[22].

A transferibilidade do toyotismo, *ou de parte do seu receituário*, mostrou-se, portanto, de enorme interesse para o capital ocidental, em crise desde o início dos anos 1970. Claro que sua adaptabilidade, em maior ou menor escala, estava necessariamente condicionada às singularidades e particularidades de cada país, no que diz respeito tanto às condições econômicas, sociais, políticas, ideológicas, quanto como à inserção desses países na divisão internacional do trabalho, aos seus respectivos movimentos sindicais, às condições do mercado de trabalho, entre tantos outros pontos presentes quando da incorporação (de elementos) do toyotismo.

Como enfatizam Costa e Garanto, enquanto o modelo japonês implementou o "emprego vitalício" para uma parcela de sua classe trabalhadora (30%, segundo os autores), algo muito diverso ocorre no Ocidente, onde a segurança no emprego aparece com ênfase muito mais restrita e limitada, *mesmo nas empresas de capital japonês estabelecidas na Europa.* "Com efeito, a segurança no emprego não é aceita por mais do que 11% das empresas. Ela é relativamente mais aceita no Reino Unido (13% das firmas instaladas dentro dele) do que na França (5%) ou na Espanha (6%)" (Costa e Garanto, 1993: 98). Os dados oferecidos pelos autores os levam a relativizar o "mito da japonização" no continente europeu (idem: 110). O processo de ocidentalização do toyotismo mescla, portanto, elementos presentes no Japão com práticas existentes nos novos países receptores, decorrendo daí *um processo diferenciado, particularizado e mesmo singularizado de adaptação desse receituário.*

---

[22] A título de comparação, acrescente-se que, na Bélgica (Ford-Genk, General Motors-Anvers, Volkswagen-Forest, Renault-Vilvorde e Volvo-Gand), os operários trabalham entre 1600 e 1700 horas por ano (idem: 99).

A vigência do neoliberalismo, ou de políticas sob sua influência, propiciou condições em grande medida favoráveis à adaptação *diferenciada* de elementos do toyotismo no Ocidente. Sendo o *processo de reestruturação produtiva do capital a base material do projeto ideopolítico neoliberal*[23], a estrutura sob a qual se erige o *ideário* e a *pragmática* neoliberal, não foi difícil perceber que desde fins dos anos 1970 e início dos 1980 o mundo capitalista ocidental começou a desenvolver técnicas similares ao toyotismo. Este mostrava-se como a mais avançada experiência de reestruturação produtiva, originado do próprio *fordismo* japonês e posteriormente convertida em uma *via singular de acumulação capitalista*, capaz de operar um enorme avanço no capitalismo no Japão, derrotado no pós-guerra e reconvertido à condição de país de enorme destaque no mundo capitalista dos fins dos anos 1970.

Foi nesse contexto que a General Motors, em meados de 1970, iniciou seus contatos com a experiência toyotista introduzindo dos Círculos de Qualidade. Desconsiderando o *conjunto* dos elementos básicos constitutivos do toyotismo e utilizando-se apenas de um dos seus aspectos, de modo isolado, a GM viu fracassar sua primeira experiência de assimilação do toyotismo. Essa experiência teve início com o agravamento da crise em sua fábrica de Detroit, momento em que a GM resolveu investir alta quantia de recursos, com o objetivo de enfrentar a expansão japonesa no mercado norte-americano. A empresa investiu na robotização de sua linha de montagem, processo esse que se iniciou com 302 robôs em 1980, objetivando atingir 14 mil em 1990 (ver Gounet, 1991: 44)[24].

Disposta a competir com os pequenos carros japoneses, a GM programou também o desenho de um novo modelo, que entretanto não conseguiu superar os preços dos similares produzidos no Japão pela Mazda e pela Mitsubishi. Dessa fase resultou o projeto Saturno, iniciado em 1983 e que levou à construção de uma nova fábrica em Spring Hill, Tennessee. O projeto utilizou-se do *just in time*, do *team work*, da automatização e informatização avançadas, da produção modular, da terceirização, da subcontratação, operando com empresas que foram chamadas para a proximidade da GM, reproduzindo o mesmo sistema de produção da Toyota. Do mesmo modo que no projeto inspirador, o vínculo mais direto com o consumidor permitia a produção dos veículos com as conformações solicitadas, além de envolver o Sindicato dos Trabalhadores da Indústria Automobilística, o UAW (United Automobile Workers).

---

[23] Conforme a feliz expressão de J. Paulo Netto (1998).

[24] Sobre o projeto Saturno da GM, ver também Bernardo, 1996. Sobre a experiência japonesa nos EUA, ver Berggren, 1993.

Paralelamente ao desenvolvimento dessa experiência, a GM associou-se a empresas como a Isuzu e a Suzuki, e em 1983 realizou uma *joint venture* com a própria Toyota para produzir um carro de pequeno porte na fábrica da GM na Califórnia, que tinha uma tecnologia bastante atrasada. Cabia à Toyota toda a gestão desse novo projeto. Enquanto a GM acumulou, até 1986, um resultado desalentador com o seu projeto, contabilizando prejuízos, a Toyota, instalada em NUMMI (New United Motor Manufacturing Inc.), no outro lado dos EUA, sem precisar recorrer à introdução de robôs suplementares tornou-se altamente lucrativa.

A primeira conclusão dessa experiência da GM diz respeito à utilização de alta tecnologia: sua implantação mostrou-se mais complexa do que parecia, apresentando inúmeros pontos deficientes, além de frequentemente demonstrar inadequação entre a tecnologia avançada e a força de trabalho. Esta, apesar de sua qualificação, não conseguiu adaptar-se ao novo modelo. O projeto de implantação de uma fábrica altamente tecnologizada foi, então, abandonado pela GM/Saturno, que passou a investir mais recursos na melhor qualificação e preparação da sua força de trabalho, do *trabalho humano em equipe. Reconheceu-se, desse modo, que não adiantava introduzir robôs e tecnologia avançadas, sem a equivalente qualificação e preparação de sua força de trabalho.* As transformações humanas e organizacionais devem caminhar passo a passo com as mutações tecnológicas. Data de 1987 a criação do Quality Network System, cuja finalidade foi transferir para os trabalhadores o controle da qualidade, o bom atendimento aos consumidores e o aumento da produtividade. Esse sistema foi posteriormente, em 1989, estendido para suas unidades na Europa.

O resultado dessa política da GM preservou-lhe uma fatia em torno de 36 a 37% do mercado americano, o que não lhe garantiu grande faixa lucrativa. No mercado europeu, entretanto, sua presença tornou-se mais agressiva, estando à frente da Ford-Europa e da Renault e situando-se abaixo apenas da Volkswagen, da Fiat e da Peugeot. Foi utilizando-se dessa trajetória, oscilante em suas primeiras fases e posteriormente com correções de rota, que a GM introduziu novos processos de trabalho em suas unidades, com base em elementos oferecidos pelo modelo japonês.

Essa assimilação do toyotismo vem sendo realizada por quase todas as grandes empresas, a princípio no ramo automobilístico e, posteriormente, propagando-se também para o setor industrial em geral e para vários ramos do setor de serviços, tanto nos países centrais quanto nos de industrialização intermediária. Não poderia ser diferente na Inglaterra, onde o experimento de tipo toyotista associou-se ao neoliberalismo, vigente no Reino Unido desde a derrota do Labour Party em 1979. É sobre essa experiência que vamos discorrer na parte seguinte.

Capítulo V

DO NEOLIBERALISMO DE THATCHER À "TERCEIRA VIA" DE TONY BLAIR

A experiência inglesa recente

Neoliberalismo,mundo do trabalho e crise do sindicalismo na Inglaterra

A experiência inglesa recente, particularmente depois da ascensão de Margareth Thatcher e da implantação do projeto neoliberal, trouxe profundas consequências para o mundo do trabalho no Reino Unido e particularmente na Inglaterra[25]. A sociedade inglesa alterou-se profundamente. Mutações ocorreram em seu parque produtivo, passando pela redução das empresas estatais, pela retração do setor industrial, pela expansão do setor de serviços privados, enfim, pela reconfiguração da Inglaterra na nova divisão internacional do trabalho. Houve também enormes repercussões na *forma de ser* da classe trabalhadora, de seu movimento sindical, de seus partidos, de seus movimentos sociais, de seus ideários e valores.

Pode-se dizer que o movimento sindical inglês – o *trade unionism* – vivenciou períodos de ascensão, como nas décadas de 1890 e 1970, como também períodos de declínio, como nos anos 1930 e especialmente a partir dos anos 1980. Fases ascensionais e de declínio também ocorreram em outros países da Europa Ocidental, com significados e

[25] Estas considerações, ainda que muitas vezes válidas para todo o Reino Unido, têm a Inglaterra como referência central.

momentos diferenciados, em função das características e especificidades de cada país. Realidades nacionais diferenciadas criaram um movimento sindical de configurações políticas, ideológicas, religiosas, ocupacionais etc. bastante heterogêneas no interior do continente europeu ocidental (Ackers, Smith, Smith, 1996: 1-2; Pelling, 1987: 264).

Enquanto no sindicalismo na França, Itália e Espanha houve uma forte competição entre católicos, socialistas e comunistas, no norte da Europa, por exemplo Inglaterra, Alemanha, Holanda e países escandinavos, as disputas pela hegemonia estavam predominantemente sob influência da social-democracia (e dos trabalhistas, no caso inglês). Na Suécia, por exemplo, são altas as taxas de filiação sindical (as mais altas do mundo, seguidas pela Holanda), sendo que o oposto ocorre na França e na Espanha. Do mesmo modo, pode-se presenciar um maior nível de politização das atividades sindicais no sul da Europa, em comparação com maior institucionalização e organização nos locais de trabalho no norte da Europa (Ackers, Smith, Smith, 1996: 2-3; McIlroy, 1995: 415-7; e Taylor, 1989: XIV-V).

Esse quadro diferenciado, que acima tão somente indicamos, é suficiente para ilustrar o risco que existe quando se oferece uma generalização abusiva e mesmo uma identificação do processo sindical em curso nos países da Europa Ocidental. Se é possível capturar algumas das tendências mais gerais presentes no cenário sindical europeu, deve-se também oferecer um exame levando em conta as diferenças presentes na história de cada país.

Em seu relacionamento com o movimento operário e sindical o capitalismo inglês tem, nesse sentido, traços que lhe são bastante particulares: enquanto nos anos 1970 a Alemanha manteve seu sistema de contratação, seu Welfare State, sua estabilidade nas condições de emprego, a Inglaterra da fase Thatcher implementou mudanças em direção ao sistema de "livre mercado", diferenciando-se ainda mais em relação aos países do norte da Europa. "Por todas essas razões, o sindicalismo britânico necessita de um tratamento especial" para se compreender suas tendências mais gerais, bem como seus desafios atuais, marcados, entre tantos pontos, pelo debate "entre o 'coletivismo' do Capítulo Social Europeu e o mercado livre, a alternativa 'individualista' americana", polêmica presente e que "pode ser crucial para o futuro do sindicalismo na Grã-Bretanha e na Europa" (Ackers, Smith, Smith, 1996: 4).

Desde o fim do governo trabalhista, e em particular já no ano de 1978, era possível detectar um quadro de crise histórica no movimento operário inglês. "O sintoma visível da doença (dramaticamente confirmado no ano seguinte) foi o voto declinante do Partido Trabalhista Inglês" (idem: 4-5). Mudanças sociais importantes vinham ocorrendo durante as décadas posteriores ao pós-guerra, incluindo a redução do número de trabalhadores manuais, a feminização da força de trabalho e o crescimento da diversificação étnica no interior dela. Paralelamente, as ações grevistas, durante esse mesmo período, encontravam crescente oposição pública. Em verdade, presenciava-se uma significativa alteração nos traços constitutivos do movimento operário e sindical existente na Inglaterra desde o fim do século XIX (idem: 5; Pelling, 1987: 282-4; e Ackers, Smith, Smith, 1996).

Ao longo da sua história, o sindicalismo inglês esteve sempre associado à ideia de força e estabilidade. Seu nível de sindicalização era amplo e extensivo. Em 1920, 8.348.000 trabalhadores, representando 45,2% da força de trabalho, eram membros do sindicato. "Se esses números reduziram-se à metade durante a depressão entreguerras, o crescimento a partir da segunda metade dos anos 1930 levou à expansão da taxa de sindicalização para 9 milhões nos anos 1940 e 13,5 milhões – mais de 55% da força de trabalho – em 1979" (McIlroy, 1996: 2-3; e 1995: 11). Enquanto em 1910 a taxa de sindicalização era de 14,6%, atingindo 2.565.000 membros associados, em 1933 ela chegou a 22,6%, totalizando 4.392.000. Em 1955 os índices de sindicalização chegaram a 44.5%, abarcando 9.741.000 trabalhadores sindicalizados (McIlroy, 1995: 11).

Institucionalmente organizado, dotado de relativa ausência de fragmentação, tanto política quanto partidária, o movimento operário e sindical inglês está estruturado de modo bifronte: seu braço sindical está nacionalmente aglutinado em torno do TUC (Trades Union Congress), a central sindical inglesa. Seu braço político, que se originou do próprio TUC, é formado pelo Labour Party. Essa trajetória singular inverteu a sequencialidade existente em grande parte do movimento operário dos países capitalistas avançados; na Inglaterra, o TUC deu origem ao Partido Trabalhista e tem sido o seu pilar básico de sustentação (embora isso venha mudando muito nos últimos anos).

O TUC, nascido em 1868, praticamente não teve oponentes importantes ao longo de todo o século, estruturando-se por meio de "padrões complexos de organização e de um plurissindicalismo que comportava uma variedade de sindicatos de ofícios, industriais, ocupacionais e gerais em competição pela adesão dos trabalhadores. Nos anos 1960, mais de 20 sindicatos representavam os trabalhadores em uma fábrica da Ford. Existiam 651 sindicatos na Inglaterra, com 183 deles organizando 80% do conjunto dos membros associados ao TUC. Nos anos 1970, um número crescente de fusões levou a uma tendência para um sindicalismo multiocupacional" (McIlroy, 1996: 3).

Com forte enraizamento nas fábricas e nos locais de trabalho, combinando de maneira complexa tanto *cooperação* quanto *oposição*, o sindicalismo inglês contabilizava, no fim da década de 1950, mais de 90 mil *shop stewards* (representantes sindicais de base, que atuavam nas empresas), volume que chegou, nos anos 1970, a aproximadamente 350 mil. Pela estruturação nos locais de trabalho, por meio dos *shop stewards*, o sindicalismo inglês tinha uma base de apoio para sua política de negociação e contratação, de feição institucionalizada e hierarquizada. Sua principal sustentação encontrava-se nos setores industriais, estatais e privados. As indústrias de carvão, a siderurgia, entre outras atividades produtivas estatais, contabilizavam em diversas áreas industriais forte presença operária e sindical, que resultava das políticas de nacionalização desenvolvidas durante os governos trabalhistas.

Capital, trabalho e Estado apoiavam-se numa "regulamentação voluntária das relações de emprego. Inexistia de uma legislação detalhada – traço marcante, se comparado a qualquer outro sistema nacional – e a prioridade foi dada à negociação coletiva autônoma. Até a década de 1970, e em alguns casos posteriormente, não havia nenhum direito legal de filiação ao sindicato ou de seu reconhecimento, nenhuma obrigação de negociar, por parte dos empregadores, nenhuma garantia do cumprimento de acordos coletivos, por parte da Justiça, e nenhum direito à greve. [...] O enraizado reformismo do sindicalismo britânico obteve uma forma organizacional independente com a criação do Partido Trabalhista. [...] Os sindicatos marcaram essa criação por meio do domínio constitucional do processo decisório do partido" (idem: 5-6).

O Partido Trabalhista relacionou-se com os sindicatos e com o movimento operário, concebendo-o como um braço industrial (dado pelos sindicatos) e um braço político (dado pelo próprio partido). "A retórica socialista da constituição do Partido Trabalhista estava divorciada da sua prática, a qual apenas adquiriu uma coerência reformista com a adoção do keynesianismo e do Estado-proprietário nos anos 1940. Entretanto, isso monopolizou a lealdade dos eleitores da classe trabalhadora. O Partido Comunista e outras organizações de esquerda tinham um crescimento débil: eles exerciam influência nas indústrias mas tinham importância política marginal. Os horizontes da maioria dos trabalhadores eram limitados pelo trabalhismo, sustentados por reformas vindas de um Estado complacente e pelo sucesso obtido na negociação coletiva. Até 1979, o Labour esteve no governo durante onze dos quinze anos anteriores, assegurando-lhe uma importante, embora exagerada, influência sindical nos negócios do Estado, sustentado por um consenso pós-guerra, em torno do pleno emprego e do Welfare State" (idem: 5-6. Ver também Taylor, 1989: 121-3).

Defendendo economicamente a força de trabalho e evitando a aplicação de medidas restritivas às conquistas trabalhistas, o sindicalismo inglês avançou, "recrutando um número crescente de trabalhadores *white collar*, cuja densidade sindical cresceu nesse grupo de 32% em 1968 para 44% em 1979. Como cresceu também a força de trabalho feminino, cuja densidade sindical aumentou de 26% em 1965 para quase 40% em 1979. Mais de 70% da força de trabalho foi incluída nos acordos coletivos. Na indústria e no setor público, 90% dos locais de trabalho possuíam shop stewards" (McIlroy, 1996: 7).

A expansão do sindicalismo do setor público foi também um traço muito expressivo daqueles anos de avanço do trabalhismo inglês. Durante esse período, o "NUPE [National Union of Public Employees, posteriormente incorporado ao UNISON] cresceu de 200 mil membros em 1960 para 700 mil em 1979. A NALGO [National and Local Governmemt Officer's Association, também posteriormente incorporada ao UNISON] tinha 274 mil membros em 1960 e 753 mil em 1979. Existiam em torno de 370 mil associados sindicais no NHS [National Health Service] em 1967 e 1,3 milhão em 1979. Esses desenvolvimentos mudaram bastante a face do sindicalismo britânico, que possuía anteriormente o selo do setor privado" (McIlroy, 1995: 10).

A expansão do TUC e do Labour Party, o primeiro representando o braço *sindical* dos trabalhadores e o segundo expressando sua atuação *político-parlamentar* (dada a forte inter-relação entre os dois organismos, frequentemente esses níveis de ação se mesclavam), caracterizou uma fase ascensional também do movimento grevista inglês. Na década de 1960 houve grande expansão das paralisações, que atingiram, nos anos 1969 a 1974, a média anual de 3 mil greves, alcançando 12,5 milhões de trabalhadores paralisados. Combinavam-se greves locais com greves nacionais em escala ampliada, envolvendo especialmente os trabalhadores públicos. Ocorreram também greves políticas, das quais foram exemplos as paralisações políticas contra a prisão dos trabalhadores portuários, que desafiaram a legislação do governo conservador em 1972, as ações contra a restrição à atividade sindical de 1969 e especialmente a greve dos mineiros, em 1974, que levou à queda de Edward Heath, ministro do gabinete conservador. Além dessas paralisações políticas ampliadas, os anos que antecederam o advento do thacherismo caracterizaram-se pela ampliação da presença dos *shop stewards*, da organização nos locais de trabalho e dos piquetes, além das ocupações das empresas e dos locais de trabalho, denominadas *work-ins*, quando muitas vezes os trabalhadores assumiam inclusive a direção da empresa. A votação ampla dos trabalhadores ingleses no Labour Party dava-se basicamente pela imbricação existente entre o TUC e o Labour Party. Mediada pela vinculação sindical, parte significativa da classe trabalhadora inglesa garantia seus votos ao trabalhismo, conferindo base sindical à ação política do Labour Party[26]. Apesar da sua

[26] Ver, por exemplo, os dados eleitorais apresentados em Callinicus e Harman, 1987: especialmente 83-8.

ampliação e politização nos anos 1960 a 1970, o movimento sindical inglês, por meio da ação institucional e política do Labour Party, foi pouco a pouco dando sinais de esgotamento, mostrando-se limitado, quer no sentido de viabilizar um projeto mais densamente *social-democrático*, como aquele existente nos países do norte da Europa, quer no sentido de assumir um perfil mais claramente *socialista*, à maneira de alguns países do sul da Europa, como França e Itália, onde eram fortes as correntes de esquerda, especialmente aquelas vinculadas aos Partidos Comunistas. Essa limitação e mesmo esgotamento teve sua expressão clara em 1979, quando o Partido Conservador consegue, através da ascensão de Thatcher, quebrar a trajetória anterior, marcada por forte presença do trabalhismo inglês. Essa nova fase da história recente do Reino Unido alterou profundamente as condições econômicas, sociais, políticas, ideológicas e valorativas, dando inicio à longa noite do sindicalismo britânico. Era o advento, na Inglaterra, da variante neoliberal, na sua forma mais ousada e virulenta, que manteve os conservadores no poder até maio de 1997.

Com a ascensão do conservadorismo de Thatcher, uma *nova agenda* vai transformar substancialmente a trajetória participacionista anterior do Labour. Pouco a pouco, foi se desenhando um modelo que alterava tanto as condições econômicas e sociais existentes na Inglaterra quanto a sua estrutura jurídico-institucional, de modo a compatibilizar-se com a implementação do modelo neoliberal. Seu eixo central era fortalecer a liberdade de mercado, buscando o espaço da Inglaterra na nova configuração do capitalismo. A *nova agenda* contemplava, entre outros pontos:

1) a *privatização* de praticamente tudo o que havia sido mantido sob controle estatal no período trabalhista[27];

2) a redução e mesmo extinção do capital produtivo estatal;

3) o desenvolvimento de uma legislação *fortemente desregulamentadora* das condições de trabalho e flexibilizadora dos direitos sociais;

4) a aprovação, pelo Parlamento Conservador, de um conjunto de atos fortemente coibidores da atuação sindical, visando destruir desde a forte base fabril dos *shop stewards* até as formas mais estabelecidas do contratualismo entre capital, trabalho e Estado, expresso, por exemplo, nas negociações coletivas.

Erigiu-se um contexto que propiciou o advento de uma "nova cultura empresarial", marcada pela proliferação de conceitos e práticas como Busines School, Human Resource Management (HRM), Total Quality

---

[27] À exceção do metrô e do correio, praticamente todas as demais atividades públicas (de serviços) passaram, após a fase das privatizações, para as mãos do capital privado. E frequentemente volta ao debate inglês a possibilidade de privatização dessas empresas estatais.

Management (TQM), Employee Involvement (EI) e Empowerment. Contra o "coletivismo" existente no mundo do trabalho, em sua fase anterior, a Inglaterra ingressava na era do individualismo, do *novo gerenciamento e das novas técnicas de administração.* Essa *nova agenda,* que se expandiu intensamente na década de 1980, contemplava ainda a expansão dos empregos entre trabalhadores não manuais, a elevação e ampliação do setor de serviços, especialmente os privados, a expansão do trabalhador autônomo, que duplicou entre 1979 e 1990, e o enorme incremento do trabalho *part time.* O mesmo acontece com a redução ou enxugamento das empresas (*lean production*), o crescimento das pequenas unidades produtivas, a diminuição da estrutura burocrática gerencial, cujos resultados se fizeram notar no aumento acentuado dos níveis (cíclicos e estruturais) de desemprego, além de acarretar significativas mudanças na estrutura e nas relações de classe durante as décadas de 1980 e 1990 (Ackers, Smith, Smith, 1996: 4-7).

A existência de condicionantes políticos e ideológicos extremamente favoráveis, dados pela hegemonia do neoliberalismo thatcherista, bem como das suas seguidas vitórias eleitorais (derrotando por quatro vezes consecutivas os trabalhistas), aliadas ao seu ímpeto privatista e à defesa ideológica do sistema de livre mercado, constituíram-se no solo fértil sobre o qual se erigiu uma nova fase do capitalismo inglês. Seu impacto se sente no resultado: menos *industrializante* e mais voltado para os *serviços,* menos orientado para a *produção* e mais *financeiro,* menos *coletivista* e mais *individualizado,* mais *desregulamentado* e menos *contratualista,* mais *flexibilizado* e menos "rígido" nas relações entre capital e trabalho, mais fundamentado no *laissez-faire,* no *monetarismo,* e totalmente contrário ao *estatismo nacionalizante* da fase trabalhista. Em síntese, mais sintonizado com o capitalismo pós-crise dos anos 1970 (Ackers, Smith, Smith, 1996: 3-9; e Kelly, 1996: 77-82).

A conversão do sindicalismo em *inimigo central* do neoliberalismo trouxe consequências diretas no relacionamento entre Estado e classe trabalhadora. Dirigentes sindicais foram excluídos das discussões da agenda estatal (particularmente em relação às políticas de desemprego e ao direcionamento da economia e do papel do Estado) e retirados dos diversos órgãos econômicos, locais e nacionais. Assistiu-se também ao fechamento de vários órgãos tripartites, como o National Enterprise Board, que estabelecia o campo da intervenção estatal, o Manpower Services Comission, voltado para o treinamento de recursos humanos e para a política de mercado, além do National Economic Development Committe, voltado para as medidas nacionalizantes e corporativas, que vigorava desde os anos 1960.

Essa prática de exclusão acentuou-se nos anos 1980 e 1990. Nos Training and Enterprise Councils a presença de sindicalistas reduziu-se a apenas 5%, sendo que em muitos deles ela foi literalmente eliminada. Houve boicote à atuação sindical dos associados da agência de informações do Governo (GCHQ, Government Communications Headquarters), cujos funcionários foram proibidos de exercer atividade sindical (McIlroy 1995: 207 c 1996: 10; Taylor, 1989: 121-3).

O thatcherismo reduziu fortemente a ação sindical, ao mesmo tempo em que criou as condições para a introdução das novas técnicas produtivas, fundadas na individualização das relações entre capital e trabalho e no boicote sistemático à atuação dos sindicatos. Incluiu nessa política antissindical a restrição à atuação dos *shop stewards* e limitou também os locais de trabalho (*closed shop*) onde eram garantidos os direitos de filiação sindical. Transitou-se de um sistema legal anterior, que regulamentava de maneira mínima as relações de trabalho, *para um forte sistema de regulamentação cujo significado essencial era, por um lado, desregulamentar as condições de trabalho e, por outro, coibir e restringir ao máximo a atividade sindical.* Em outras palavras, de um sistema de pouca regulamentação que possibilitava a ampla atividade sindical, para uma sistemática de ampla regulamentação, restritiva para os sindicatos e desregulamentadora no que diz respeito às condições do mercado de trabalho.

O exemplo da greve é elucidativo: para que sua decretação tenha validade legal, há um ritual complexo de votações que burocratizam e limitam fortemente a sua ocorrência, que deve ser anunciada e posteriormente seguir toda uma teia de restrições. As greves de solidariedade foram proibidas; também foram coibidas as ações de conscientização dos sindicatos, como os piquetes e a pressão sindical tradicionalmente exercida sobre os trabalhadores que desconsideravam as decisões coletivas, tomadas por voto secreto, pela realização da greve. Somente as paralisações que seguiam o ritual burocrático-legal restritivo tinham validade. Quando essa sistemática não era rigorosamente cumprida, os sindicatos sofriam penalidades que atingiam multas altíssimas, de modo a inviabilizar a vida associativa e sindical. A "autonomia sindical foi significativamente comprometida: votações compulsórias, com complexos e detalhados requerimentos, diziam respeito à ação industrial, às eleições internas, bem como às decisões sobre as atividades políticas dos sindicatos. Quase todos os aspectos da atividade dos sindicatos, das finanças às medidas visando obter a filiação dos membros, até o Bridlington Agreement, que regulamentava as disputas entre sindicatos, tudo isso foi objeto de intervenção legal. Apesar de sua oposição à intervenção estatal, os conservadores estabeleceram duas novas comissões estatais para financiar indivíduos que exercessem seus direitos contra os sindicatos. Simultaneamente, os direitos dos trabalhadores contra os empregadores, de ter proteção contra a demissão no gozo da licença-maternidade, têm sido reduzidos gradualmente" (McIlroy, 1996: 12-3).

O conservadorismo thatcherista foi tão virulento que excluiu o Reino Unido da assinatura e adesão à Carta Social estabelecida pela União Europeia, que estipulava um conjunto de direitos sociais a serem seguidos pelos países participantes. O neoliberalismo inglês, continuado por Major, procurou restringir e rebaixar *ao máximo* as decisões concernentes ao capítulo social da União Europeia, cujas decisões eram tomadas em Bruxelas.

Restringido fortemente o âmbito de ação do sindicalismo do setor produtivo estatal, como aquele existente nas minas de carvão e na siderurgia, limitada ou mesmo eliminada a participação dos sindicalistas nas decisões das empresas públicas, finda a obrigatoriedade da contratação coletiva, que foi substituída pela negociação individualizada entre capital e trabalho, tudo isso veio afetar e mesmo mudar substancialmente as relações sociais existentes entre capital, trabalho e Estado na Inglaterra.

O neoliberalismo inglês teve, entretanto, que se defrontar com movimentos de oposição de grande envergadura, como as greves dos mineiros em 1982 e especialmente a histórica greve de 1984-5, voltada contra a política de fechamento das minas, que durou quase um ano. Mais de 220 mil postos de trabalho nas minas foram eliminados pela política thatcherista desde 1979, resultando na quase extinção de uma das mais importantes categorias do movimento operário inglês, responsável por histórica tradição de luta e resistência, que combinava o sindicalismo combativo e de oposição ao neoliberalismo, sob a liderança de Arthur Scargill[28]. Apesar da solidariedade que se espalhou por todo o Reino Unido, da coesão entre trabalhadores mineiros e suas famílias, especialmente as mulheres, da importante solidariedade internacional, da fortíssima resistência dos mineiros, ao cabo de quase um ano de luta a greve findou sem conseguir realizar seu intento principal, que era *impedir o fechamento das minas* (McIlroy, 1995: 213 e 1996: 11-2; e Pelling, 1987: 288-90).

Entre 1989 e 1990, nova onda de explosões sociais atingiu em cheio o conservadorismo thatcherista, com as revoltas contra o *poll tax* (Strange, 1997: 14). Essas rebeliões foram contrárias ao aumento generalizado dos impostos, que afetava especialmente os mais pobres. Constituíram-se, em verdade, na mais forte manifestação pública de desgaste do neoliberalismo, uma vez que a greve dos mineiros de 1984-5, apesar de seu enorme significado social, político, ideológico e simbólico, tinha tido um desfecho desfavorável para os trabalhadores.

---

[28] Arthur Scargill, então presidente do NUM (National Union of Mineworker), sindicato dos trabalhadores nas minas.

Nas rebeliões contra o *pool tax* houve um recuo do Governo, motivado pelo forte descontentamento social e político contra o neoliberalismo, o que acarretou o aumento do desgaste de Margareth Thatcher.

Dentre as profundas repercussões na estrutura da classe trabalhadora inglesa durante os quase 20 anos de vigência do neoliberalismo, deve-se enfatizar, também, que o enorme processo de desindustrialização abalou profundamente o mundo do trabalho. Como indica Huw Beynon: "*[...] as impressionantes mudanças que ocorreram na composição e organização do trabalho e do emprego em todo o Reino Unido*" podem ser "*apreendidas de modo mais notável nas mudanças nas indústrias de carvão e siderurgia. Anteriormente centro da administração da economia estatal 'smoke-stack', hoje elas estão privatizadas e contam com uma força de trabalho de menos de 40 mil trabalhadores, reduzidos a somente 3% da sua força no pós-guerra*" (Beynon, 1995: 1-2).

A produção industrial no Reino Unido contava, em 1979, com mais de 7 milhões de trabalhadores empregados, ocorrendo uma redução para 3,75 milhões em 1995. Os dados abaixo evidenciam a intensidade da perda de postos de trabalho:

Mudanças nos padrões de emprego no Reino Unido (em milhões)

	Manufatura	Serviços	Total*
1979	7,013	13,68	22,97
1985	5,307	13,86	21,073
1995	3,789	15,912	21,103

Fonte: *Employment Gazette*, vários anos (citado por Beynon, 1995: 2)

(*) Inclui "outras atividades"

Enquanto o desemprego atingiu fortemente os ramos têxtil e de couro, que se reduziram de 723 mil em 1979 para 366,2 mil em 1995, houve também a introdução de unidades com capitais norte-americano, alemão, japonês, coreano etc., que encontraram inúmeros incentivos e concessões feitas pelo governo neoliberal. As empresas envolvidas desenvolveram-se especialmente nos ramos da microeletrônica, mas também no ramo automobilístico, de que é exemplo a construção da Nissan Motor Manufacturing, no norte da Inglaterra. Mas elas não conseguiram impedir os níveis crescentes de desemprego, que aumentaram intensamente na década de 1980 e nos primeiros anos da década de 1990. Já nos dois anos iniciais do Governo Thatcher, os trabalhadores desempregados somavam mais de 2 milhões, chegando a 3 milhões em 1986. Seus índices apontavam

5% em 1979, chegando a 12% em 1983, atingindo áreas onde era particularmente forte a presença dos sindicatos.

Recentemente os índices de desemprego têm sido "abrandados" por estatísticas que escondem formas de desemprego. As consequências do enorme processo de desregulamentação da força de trabalho, da inexistência de mecanismos regulamentadores das condições de trabalho e da enorme flexibilização do mercado possibilitaram uma expansão sem precedentes do trabalho *part time;* no entanto, a consideração dos trabalhadores nessas condições como fazendo parte do contingente de empregados, reduz fortemente as estatísticas de desemprego[29].

Paralelamente à redução do trabalho industrial, sobretudo nas áreas de maior densidade sindical, ampliava-se o número de trabalhadores no setor de serviços, onde os índices de sindicalização eram menores. O contingente feminino aproximava-se de 50% do total da força de trabalho, sendo que foi crescente também o aumento de trabalhadores *part time*, temporários etc[30]. O mesmo processo de ampliação deu-se com os empregados nas áreas administrativas, nos setores liberais e especialmente entre trabalhadores autônomos. Ainda no setor de serviços, destacou-se o comércio, com a enorme expansão para as grandes redes de supermercados (Tesco, Safeway etc.), além das companhias de seguros, das empresas de serviços financeiros e de turismo. Como diz Huw Beynon, no ano de 1995 mais da metade da Grã-Bretanha colhia resultados maiores do setor financeiro e de serviços do que do industrial. Nesse mesmo ano havia cerca de 1,25 milhão de pessoas empregadas no ramo hoteleiro e de lazer, correspondendo a uma quantidade da força de trabalho maior do que a existente em vários ramos industriais tradicionais, herdeiros do fordismo[31] (Beynon, 1995: 4).

Desse complexo quadro de mutações, tanto na estrutura de classes quanto nas relações sociais, políticas, ideológicas, valorativas etc., a classe trabalhadora britânica viu desenvolver um grupo variado de trabalhadores, do qual se pode citar os *"part-time-workers"*,

---

[29] Enquanto os números oficiais de junho de 1997 estipulavam em 5,7% o índice de desemprego no Reino Unido, estimativas baseadas em critérios aceitos pela OIT apontavam o índice de 7,2% (*Financial Times*, 17 jul. 1997: 9). A partir de fevereiro de 1998, o governo passou a adotar como critério para a mensuração dos índices oficiais os padrões aceitos pelos organismos internacionais (*Financial Times*, 4 fev. 1998: 18).

[30] Segundo a pesquisadora Sheila Rowbotham, da Universidade de Manchester, em fins de 1997, o Office for National Statistics anunciou que o contingente de trabalho feminino suplantava, pela primeira vez na Inglaterra, nos últimos 50 anos, o volume de trabalho masculino (*The Guardian*, 3 jan. 1998).

[31] Beynon discorre longamente sobre a heterogeneidade desses "novos trabalhadores dos serviços", comparando-os com os trabalhadores manuais da indústria tradicional. Mostra ainda como foi grande a ampliação do trabalho feminino nesse ramo da atividade econômica, particularmente pela expansão do regime de trabalho *part time* (idem: 6).

"temporary-workers", "casual-workers", "self-employed-workers", entre outros exemplos, configurando-se o que Beynon, sugestivamente, caracterizou como *trabalhadores hifenizados* (*hyphenated workers*) (idem: 8). Em suas palavras: "*Eles são os* trabalhadores hifenizados *em uma* economia hifenizada. *A velha economia industrial da Grã-Bretanha era altamente regulada; ela empregava grande número de trabalhadores altamente sindicalizados, empregados em contrato de tempo integral*" (idem: 12). Sua maior parcela era composta de homens-trabalhadores, responsáveis pela maior parte do salário familiar. Como consequência dessas mutações no mundo do trabalho, cada vez mais o salário feminino tornou-se fundamental no orçamento doméstico. Beynon mostra ainda que, além da redução do trabalho masculino no conjunto da força de trabalho na Inglaterra, tem havido também redução dos trabalhadores menores de 18 e com mais de 54 anos (idem: 16).

Esse quadro complexificado e contraditório de mutações na estrutura da classe trabalhadora inglesa levou o autor a afirmar que "Curiosamente, no momento em que 'o trabalho está se tornando escasso', mais e mais pessoas estão trabalhando mais horas" (idem: 12) Essas novas tendências, baseadas nas técnicas da *lean production*, *just-in--time*, qualidade total, *team work*, têm sido responsáveis por um nítido processo de *intensificação* do trabalho, com o consequente aumento da insegurança no emprego, do *stress* e das doenças decorrentes da atividade laborativa (idem: 15-22)[32].

Essas mutações ocorridas no interior da estrutura da classe trabalhadora desencadearam consequências importantes no universo sindical, uma vez que paralelamente à retração dos setores industriais com maior densidade sindical se presenciou uma ampliação em segmentos de trabalhadores médios, autônomos, *part time*, dotados quase sempre de pouca tradição de luta sindical, dada a sua expansão relativamente recente (Beynon, 1995; e McIlroy, 1996).

Se foi significativo o movimento sindical e grevista desencadeado pelos trabalhadores ingleses nos anos 1960 e 1970, a partir de 1979, com a vitória do Partido Conservador e o início da Era Thatcher, a ação política do governo assumiu um forte sentido antissindical, afetando profundamente o sistema de representação dos trabalhadores. Conforme afirma McIlroy, "o número de sindicalizados reduziu-se de 13,5 milhões em 1979 para 8,2 milhões em 1994. O número de filiados ao TUC caiu de 12,2 milhões em 1979 para 6,9 milhões em 1994. Os ganhos obtidos nos anos 1960 e 1970 foram revertidos com forte vingança: em 1948 excediam em 1 milhão membros sindicalizados os registrados em 1994. Hoje os sindicatos organizam apenas um terço

[32] Ver também, sobre as doenças do trabalho na Inglaterra, *Hard Labour* (*Stress, Ill--health and Hazardous Employment Practices*, 1994: 23-5).

da força de trabalho e o TUC menos ainda. Para cada sindicato, o declínio foi diferenciado. Aqueles que recrutavam trabalhadores manuais no setor privado foram os mais afetados. O TGWU (Transport and General Workers' Union) viu seu número de sindicalizados se reduzir pela metade, de mais de 2 milhões em 1979 para 914 mil em 1994. [...] O Sindicato Nacional dos Mineiros (National Union of Mineworkers, NUM) tinha 257 mil membros em 1979, enquanto nos anos 1990 reduziu-se para cerca de 8 mil filiados, tendo sido superado pelo Sindicato dos Atores (Actors Equity)" (McIlroy, 1996: 19).

Menor declínio sofreu o UNISON, maior sindicato da atualidade, que atua no setor público e é fortemente vinculado ao serviço de saúde e aos funcionários municipais. Essa sigla resultou da fusão, que ocorreu em 1993, entre três sindicatos que muitas vezes atuavam nos mesmos setores, basicamente vinculados aos trabalhadores públicos: a Confederation of Health Service Employees (COHSE), que aspirava ser o sindicato representante do setor de saúde; o National Union of Public Employees (NUPE), que representava os trabalhadores do setor público, e ainda a National and Local Government Officers' Association (NALGO), que incorporava os trabalhadores white collar do serviço público e também recrutava trabalhadores vinculados aos serviços de saúde, gás, energia elétrica, água, transporte e educação superior. Após o processo de privatização, o UNISON vem recrutando associados também no setor privado (McIlroy, 1995: 14 e 1996: 19).

Conforme dados oferecidos pela TUC, em 1992 os sindicatos que tinham maior número de filiados na Inglaterra, eram: o UNISON, com 1.486.984, o TGWU (Transport and General Workers' Union) com 1.036.000, o AEEU (Amalgamated Engineering and Electrical Union), com 884 mil, o GMB (General Municipal Boilermakers), com 799.101 e o MSFU (Manufacturing, Science and Finance Union), com 552 mil associados (McIlroy, 1995: 15).

Conforme vimos acima, esse processo de redução vem se intensificando ainda mais nos últimos anos e atingiu mais fortemente o TGWU. *A fusão dos sindicatos tem sido uma das mais frequentes respostas do sindicalismo inglês, em face da desmontagem e da diminuição de seu número de associados.* Se em 1979 o TUC tinha 112 sindicatos filiados, em 1994 esse número reduziu-se para 69 (McIlroy, 1996: 27).

A redução dos índices de sindicalização, presente ao longo de todo o período pós-1979, foi resultado de um conjunto de elementos que fizeram parte do governo Thatcher-Major, quer pelas transformações estruturais quer pelo conjunto de políticas antissindicais implementadas. A complexidade e diversidade dos elementos que estiveram presentes no mundo do trabalho levaram a uma das fases mais difíceis do sindicalismo e do movimento operário britânicos. As restrições ocasionadas pela coibição da atuação política dos sindicatos, combinando com a restrição de sua organização nos locais de trabalho, num contexto adverso e de intensa virulência antissocial, acabaram por levar a esse quadro agudamente defensivo do sindicalismo inglês.

A retração é também visível quando se compara a ocorrência das greves: enquanto na segunda metade dos anos 1970 a média anual foi de 2.412 greves, na primeira metade dos anos 1980 houve uma redução para 1.276 paralisações, tendência que se acentuou ainda mais entre 1986 e 1989, quando ocorreram em média 893 greves por ano. Durante a década de 1990 essa tendência acentuou-se ainda mais no Reino Unido: em 1990 ocorreram 630 greves; em 1991, esse número caiu para 369; em 1992 chegou a 253; em 1993 a 211, e em 1994 reduziu-se a 205 greves. Se em 1980, primeiro ano de vigência do neoliberalismo, as greves atingiram o volume de 1.330 paralisações, envolvendo 834 mil trabalhadores e acarretando 11.964.000 jornadas diárias não trabalhadas, em 1993 as 211 paralisações envolveram 385 mil trabalhadores e acarretaram 649 mil jornadas diárias não trabalhadas. "*As estatísticas demonstram um substancial declínio dos conflitos industriais desde 1979 e refletem o ambiente modificado – dado pela erosão da indústria do carvão, do ramo automobilístico e das docas. O número de greves declinou profundamente no início dos anos 1980 e acentuou-se em 1988*" (McIlroy, 1995: 120-1 e 1996: 22).

Também se reduziram os espaços de reconhecimento dos sindicatos nos locais de trabalho. Em 1984, eles contavam com 66% de aceitação no conjunto das empresas e em 1990 esse índice caiu para 53%. Somente 30% das novas empresas reconheciam os sindicatos, sendo 23% no âmbito das empresas privadas. Grande ainda foi a redução da amplitude das negociações coletivas, de abrangência significativa no período pré-1979; se em 1984 ela alcançava o total de 71% da classe trabalhadora, em 1990, esse índice era de 54% e essa tendência decrescente continuava num ritmo forte. Do mesmo modo, nos locais de trabalho os *shop stewards* reduziram-se de 54% em 1984 para 38% em 1990 (McIlroy, 1996: 21).

Esse quadro crítico afetou fortemente a vida associativa sindical. O TUC, em particular, distanciado-se de seu passado trabalhista anterior, viu, ao longo da década de 1980 e particularmente de 1990, tornarem-se cada vez mais tênues seus vínculos com o Labour Party (convertido posteriormente em New Labour). Viu-se também representando uma parcela menor do conjunto da classe trabalhadora. *Tornou-se cada vez mais a expressão institucionalizada de um grupo de pressão e cada vez menos um sindicalismo com representação de classe.* Conforme decisão de seu mais recente congresso, realizado em 1997, o desafio maior do TUC é:

1) qualificar a força de trabalho;

2) dar-lhe maior empregabilidade;

3) manter *parceria* com a Confederação das Indústrias Britânicas (Confederation of British Industries, COB) e com as empresas no âmbito local;

4) colaborar com o "novo" ideário patronal, marcado pela novas técnicas de gerenciamento, pela aceitação das privatizações e pelo reconhecimento da necessidade de flexibilizar o mercado de trabalho, entre tantos outros elementos. Desse modo, o TUC está operando, no universo sindical, um processo similar à metamorfose realizada no interior do New Labour. Tony Blair, discursando no Congresso de 1997 do TUC, afirmou que este *deveria tornar-se o New TUC, seguindo a mesma trajetória de "modernização" empreendida pelo New Labour* (*Financial Times*, 10 set.1997)[33].

A aproximação com o projeto recente do *New Labour*, entretanto, implicou *um maior distanciamento dos sindicatos em relação à estrutura partidária. Cada vez mais se torna menor a influência dos sindicatos no comando político do New Labour, operando-se uma enorme mudança em relação ao seu projeto original.*

Essas mutações políticas tiveram uma clara relação tanto com as transformações ocorridas na Inglaterra ao longo do neoliberalismo, que alteraram fortemente a estrutura produtiva naquele país, quanto com as mudanças que vinham ocorrendo em escala global. Tudo isso afetou intensamente as relações entre o TUC e o Labour Party.

Elementos da reestruturação produtiva britânica: ideário e pragmática

Compatibilizando-se com os mecanismos presentes nas principais economias capitalistas avançadas, as unidades produtivas britânicas adaptavam-se aos processos de enxugamento (*downsizing* ou *lean production*), à introdução de maquinário, à "japonização" e ao toyotismo, à acumulação flexível, em suma, ao conjunto de mecanismos requeridos pelo capital nessa fase de concorrência e transnacionalização. As formas mais estáveis de emprego, herdadas do fordismo, foram desmontadas e substituídas pelas formas flexibilizadas, terceirizadas, do que resultou um mundo do trabalho totalmente desregulamentado, um desemprego maciço, além da implantação de reformas legislativas nas

---

[33] Tony Blair conclamou o TUC a abandonar sua imagem de oposição aos empresários e a somar-se ao New Labour "na cruzada para tornar o Reino Unido mais competitivo" (*Financial Times*, 10 set. 1998). Os representantes John Monks, secretário-geral do TUC, e Adair Turner, diretor-geral da CBI (Confederation of British Industry) discutiram formas de parceria e cooperação possíveis entre as duas entidades (*Financial Times*, 04 set., 10 set., 11 set. 1998).

relações entre capital e trabalho. Esse processo, conforme a indicação de Elger, vem afetando de maneira *desigual* a organização sindical nos locais de trabalho, ainda que enfraquecendo-a *substancial* e *crescentemente* (Elger, 1996: 2; e Beynon, 1996: 10-3).

O ingresso de capitais estrangeiros, com suas práticas e experiências no relacionamento sindical dos países de origem (como o Japão, por exemplo, que introduziu unidades produtivas no Reino Unido), bem como o impacto das novas tecnologias, especialmente as dadas pelos computadores e pelo maquinário informacional, tudo isso fez parte do processo de integração da Inglaterra num mundo econômico transnacionalizado.

O estudo de diferentes experiências implantadas no Reino Unido durante o período recente mostra claramente algumas das principais tendências que vêm ocorrendo. É importante indicar, entretanto, que grande parte da literatura voltada para o estudo concreto da produção no Reino Unido nas últimas décadas tem enfatizado a necessidade de aprofundamento das pesquisas empíricas, quer para se conhecer o significado dessas mudanças, quer também para desmistificar o ideário dominante, que defende os "valores" presentes na "nova empresa", "nas novas formas de relacionamento" entre capital e trabalho, no "novo universo produtivo", nas "novas formas de colaboração" etc. (Ackers, Smith, Smith, 1996; Pollert, 1996; Stephenson, 1996; Amin, 1996; e Tomaney, 1996).

Os traços particularizadores e mesmo singularizadores da experiência recente sobre as "relações industriais" na Inglaterra que as novas pesquisas críticas vêm oferecendo já têm permitido elucidar algumas das principais tendências existentes naquele país. Elas têm demostrado como a implantação das novas técnicas produtivas vêm acarretando a deterioração das condições de trabalho, a intensificação do ritmo produtivo e o aumento da exploração do trabalho, resultando muito frequentemente na própria exclusão da atividade sindical. Em outros casos tem ocorrido algo diverso: após a tentativa inicial de exclusão dos sindicatos pelas gerências, frente à ausência de mecanismos de representação dos trabalhadores, os organismos sindicais acabam por retornar ao âmbito fabril, do qual haviam sido excluídos. Isso mostra a complexidade e diferenciação presentes nessas experiências das chamadas "novas técnicas de gestão" na Inglaterra.

A questão que se torna relevante, então, é compreender como os trabalhadores vêm vivenciando essas novas condições, marcadas por formas flexíveis de trabalho, e de que modo essas mutações vêm afetando a sua *forma de ser*. Indicarei isso apresentando alguns resultados de experiências recentes de implantação dessas novas técnicas (Ackers, Smith, Smith, 1996; Stephenson, 1996; e Pollert, 1996).

Começarei expondo os elementos principais de dois empreendimentos japoneses no Reino Unido, vinculados ao ramo automobilístico:

o caso da Nissan Motor Manufacturing, no norte, e da Ikeda Hoover, no nordeste da Inglaterra, sendo essa última resultado da associação entre a Nissan e a Hoover, para suprimento daquela unidade de produção. Tanto a Nissan quanto a Ikeda Hoover implantaram o sistema de *just in time*, mas enquanto na Nissan o processo ocorreu sem resistências à lógica da flexibilização do trabalho, na Ikeda Hoover desenvolveu-se uma oposição à flexibilização e ao enxugamento da produção (Stephenson, 1996: 210-1).

A Nissan, quarta maior empresa do ramo automobilístico mundial, vindo atrás da General Motors, da Ford e da Toyota, está implantada em várias partes do mundo (24 unidades) e sua produção já ultrapassou a casa de 2 milhões e 600 mil veículos (idem: 237).

O entendimento do processo vivenciado pela Nissan na Inglaterra remete-nos ao fim dos anos 1970 e início da década de 1980, quando a recessão econômica, resultante da implantação da primeira fase do neoliberalismo, tinha acarretado fortes níveis de desemprego, particularmente na região Norte, base principal da industrialização inglesa. Em 1981 a quantidade de trabalhadores desempregados na região era de 40 mil, principalmente aqueles oriundos da indústria, tendência esta presente também em várias outras regiões do país. Nesse mesmo ano, a Nissan anunciou seu interesse em estabelecer fábricas nos EUA e na Europa, visando, além da ampliação de sua produção, o estabelecimento de unidades produtivas antes que se desenvolvessem novos entraves alfandegários.

Não deixa de ser particularmente interessante, com relação à Nissan, que "depois da Segunda Guerra Mundial, vários aspectos dos métodos do Ocidente estavam sendo imitados pelo Japão, por incentivo do seu Centro de Produtividade. Um exemplo disso – em retrospectiva irônica – foi a licença – que a Nissan obteve da Austin britânica para aprender as técnicas de produção avançadas na Inglaterra dos anos 1950" (Sayer, 1986: 59). Bem realizada a lição, a empresa aprendiz voltou-se, nos anos 1980, para competir no solo britânico.

Desde os anos 1970 e 1980 o mercado inglês mostrava-se aberto para a *Nissan*, que crescentemente vinha exportando automóveis para o mercado europeu. Dentro do acordo que limitava o mercado britânico em 12% para a importação de veículos do Japão, a Nissan era responsável por 6%, tendo mais do que a Toyota, a Honda, a Mazda e a Colt juntas. Além disso, tanto os governos locais quanto o governo nacional ofereceram vários incentivos, que excederam 100 milhões de libras esterlinas para que as unidades produtivas (a montadora e as fornecedoras) fossem instaladas na região. A Nissan estabeleceu um relacionamento com 177 fornecedoras, das quais 18 se encontravam na região. Empregando diretamente cerca de 4 mil trabalhadores (dos quais 400 foram demitidos em 1993), a Nissan dizia-se responsável pela criação de cerca de 8 mil empregos na região (Stephenson, 1996: 214-5).

Segundo a concepção da sua administração, o sucesso do empreendimento estava na implementação de três princípios básicos: flexibilidade, controle da qualidade e *team work*[34]. O que, por sua vez, dependia de outros três elementos:

1) a transferência da responsabilidade para o próprio trabalhador, individualmente;

2) como os trabalhadores detêm conhecimentos, estes devem ser incorporados ao processo produtivo e ao "ambiente da empresa";

3) os trabalhadores tornam-se muito mais produtivos quando fazem parte do *team work* (Stephenson; 1996: 217-8).

No que diz respeito à atividade sindical, além das condições adversas do mercado de trabalho na região caracterizada pela elevação do desemprego, a Nissan impôs as condições para a aceitação da presença sindical. O Amalgamated Engineering and Electrical Union (AEEU) foi reconhecido pelas duas unidades produtivas referidas[35]. Embora a empresa reconhecesse a existência de *shop stewards* no interior da fábrica, eles não eram reconhecidos como representantes do sindicato nas negociações no interior da empresa.

No modelo implementado na Nissan, a relação entre os trabalhadores e o Conselho da Empresa é dada pela participação de no máximo dez trabalhadores do chão da fábrica e dos escritórios no referido conselho. Desse modo, a redução e enfraquecimento do papel dos *shop stewards* também acabou ocorrendo em relação ao sindicato. Embora aproximadamente 1/3 da força de trabalho da Nissan seja filiada ao sindicato, há um relativo descrédito em relação ao seu papel.

Com a sistemática do Kaizen, os trabalhadores são "incentivados" a "fazer suas próprias mudanças". Na constatação da pesquisa realizada por Carol Stephenson, "'Kaizen' (que significa contínuo aprendizado) é o resultado das atividades dos trabalhadores reunidos em grupos, visando o desenvolvimento de projetos para a melhoria das diversas etapas do processo de trabalho, com base na experiência dos trabalhadores. Os administradores avaliam os projetos e aqueles considerados melhores são postos em operação. Os projetos que resultam do Kaizen têm relatado diferentes experiências, como a rota dos ônibus, facilidades de práticas esportivas, a qualidade

---

[34] A expressão inglesa "team work" pode ser traduzida por "equipes de trabalho" ou mesmo "times de trabalho", como tem se tornado frequente.

[35] Esse sindicato resultou da fusão, em 1992, do Amalgamated Engineering Union (AEU) com o Electrical Eletronic Telecommunication and Plumbing Union (EETPU), que se constitui no terceiro sindicato em importância, conforme me referi anteriormente, quando se toma como critério o número de filiados (Stephenson, 1996: 217-8; McIlroy, 1995: 14-5).

da alimentação e do restaurante, além do melhoramento da própria produção. O Kaizen compreende um conjunto de funções práticas e ideológicas na Nissan. Ele permite que a comunicação ocorra entre os trabalhadores do chão da fábrica e a alta administração, sem a interferência de terceiros (isto é, o sindicato) ou a ameaça de paralisações. Possibilita aos trabalhadores a identificação de áreas potenciais de conflito e insatisfação em um ambiente seguro. O Kaizen permitiu à administração apropriar-se dos conhecimentos dos trabalhadores no processo de produção. Garrahan e Stewart também notaram que os trabalhadores têm sugerido mudanças que levaram ao aumento do ritmo de trabalho. Ambos também reconheceram que com o Kaizen os trabalhadores aprendem como participar do sistema de trabalho da Nissan, de uma forma que é aceitável pelos empregadores. Em adição a isso, é importante notar que a legitimidade do Kaizen tem sido mantida por meio de projetos que não são somente dirigidos ou direcionados para melhorias no processo de trabalho ou de outras áreas que afetam diretamente a acumulação e o lucro. Os trabalhadores entrevistados foram capazes de apontar os avanços e mudanças obtidos pelo Kaizen que melhoraram suas experiências de trabalho, mesmo quando eram tão simples quanto a mudança do local do serviço de ônibus para os funcionários" (Stephenson, 1996: 220).

Ainda segundo a autora, as mudanças dessa natureza, que resultam de um novo sistema de comunicação, têm significado que os trabalhadores acabam legitimando-o e assumindo essa nova via comunicacional dentro da empresa. Com ele revitalizou-se a comunicação entre o chão da fábrica e a direção gerencial da empresa, num claro e evidente sentido de "melhoria" desta. O sistema trouxe vantagens no uso dos transportes, na alimentação, no desenvolvimento de práticas esportivas, mas trouxe também mudanças no processo de trabalho, aumentando sua intensidade e velocidade, por meio da eliminação do "desperdício" de tempo (idem: 220).

Desde sua instalação na Inglaterra, a Nissan, claramente inserida no "espírito" do modelo toyotista, definia-se como "a fábrica da nova era" (Holloway, 1987). Com essa nova sistemática comunicacional, a empresa reduzia fortemente a ação do sindicato, tornando-o "quase supérfluo", além de evitar, pela percepção antecipada de descontentamentos, a eclosão de greves e manifestações de rebeldia. O Kaizen, portanto, cumpre uma função claramente *ideológica*, de envolvimento dos trabalhadores com o projeto da empresa. O ideário da Toyota, cujo lema era "proteger a empresa para proteger sua vida", vigente desde o início dos anos 1950 no Japão, encontrava seu similar na fábrica da Nissan instalada na Inglaterra.

A Nissan tornou-se a experiência que mais se aproxima da versão *inglesa* do modelo *japonês* do toyotismo, experiência esta que é bastante diferente quando comparada com outros setores ou ramos produtivos, conforme veremos mais adiante. A Nissan é possivelmente a mais celebrada das empresas japonesas no Reino Unido. Foi a primeira grande montadora japonesa a ser incentivada pelo governo conservador para introduzir, na Inglaterra, as novas relações industriais inspiradas no modelo japonês (Ackers, Smith, Smith, 1996: 30).

A Ikeda Hoover, fornecedora da Nissan, é resultado de uma associação entre a Ikeda Bussan Co., do Japão, e a Hoover Universal Ltda., da Inglaterra. A primeira tem 51% das ações e a segunda, 49%. A Ikeda Hoover é responsável pelo suprimento da parte de acabamento interior dos carros da Nissan, operando pelo sistema *just in time.* Um sistema computacional faz a ligação entre ambas, de modo que a Ikeda Hoover responda às demandas da Nissan no que diz respeito à cor e estilo do carro que está sendo fabricado na Nissan. A cada quinze minutos a Ikeda Hoover fornece os equipamentos à montadora. O termo "produção sincronizada" é utilizado para descrever a sofisticada precisão do seu sistema *just in time.* Ela deve ter o mesmo sistema de administração, as mesmas práticas e a mesma sistemática de funcionamento da Nissan, uma vez que, sem o suprimento dos equipamentos no *tempo certo* a produção da montadora se vê frente à possibilidade de paralisação. Mas, tratando-se de empresas diferentes, é um equívoco imaginar que o funcionamento da Nissan seja *integralmente* transplantado para a Ikeda Hoover. Existem elementos de diferenciação, mesmo quando o projeto implementado é relativamente similar em sua concepção. Sua viabilização, entretanto, acaba por adequar-se às diferentes singularidades e particularidades presentes em cada caso (Stephenson, 1996: 216).

As experiências da Nissan e da Ikeda Hoover, como exemplos de implantação do modelo japonês e de seu receituário técnico no Reino Unido, quer na forma de capital integralmente japonês (caso da primeira) quer na forma de *joint venture* (caso da segunda), acabaram por realizar, segundo Stephenson, no que tange ao processo de trabalho, "uma combinação das práticas tayloristas e pós-fordistas" (idem: 233). Ambas dependem de operações e tempos padronizados. Os trabalhadores das duas empresas foram envolvidos no processo de intensificação de seus próprios trabalhos, pelo autocontrole de seu padrão de qualidade, e também pelo controle de qualidade referente aos demais companheiros. Ou seja, além de fazer o controle de qualidade de seu trabalho eles realizavam também o controle da qualidade do trabalho dos companheiros.

Mas houve diferenciação nítida entre os dois projetos: "os trabalhadores da Nissan foram envolvidos em mais atividades de autossubordinação, como o Kaizen e o monitoramento de várias atividades de seus companheiros de local de trabalho, de acordo com a filosofia da ação participativa, presente nas metas da empresa. Os trabalhadores da Ikeda resistiram à introdução das novas tecnologias e práticas (por exemplo, a colocação das máquinas de costura no chão) e alguns trabalhadores consultados, ofereceram críticas às práticas de flexibilização do trabalho, que indicavam o entendimento de possíveis perigos associados à participação na estratégia de melhoria constante". A prevenção relativa das tensões, que se deu na Nissan, não pôde se realizar na fábrica fornecedora, uma vez que o sistema de encontros (Kaizen) não foi implementado na Ikeda (idem: 233).

Enquanto na Nissan foi maior o "envolvimento" dos trabalhadores, na Ikeda as tensões e conflitos entre estes e a administração da empresa foram mais frequentes. Na Nissan, a sistemática dos encontros (Kaizen), da comunicação que então se desenvolveu, acabou por "substituir" o sindicato como canal de interlocução entre os trabalhadores e a direção da empresa. Os ganhos obtidos, com a economia de tempo, benefícios etc., realizaram-se no processo de trabalho, pela apropriação do *savoir-faire* dos trabalhadores, e não pela atuação dos gerentes e administradores, o que reduziu o conflito vertical no interior da fábrica. "O estilo da administração dentro das duas companhias era qualitativamente diferente. O estilo da administração na Ikeda foi descrito pelos trabalhadores como confrontacional, e eles também reclamaram que os administradores adotavam uma atitude intervencionista" (idem: 234). Enquanto na Ikeda Hoover os conflitos tinham uma presença vertical (entre os trabalhadores e a administração), uma vez que a atuação gerencial era frequentemente intervencionista, na Nissan o conflito assumia uma forma mais horizontalizada, de competição entre os próprios trabalhadores.

A pesquisa de Carol Stephenson confirma o peso do desemprego e do contexto econômico depressivo como fatores que propiciam o "envolvimento" dos trabalhadores com o projeto da empresa, bem como sua atitude de distanciamento em relação ao sindicato. A própria escolha da fábrica da Nissan foi projetada para uma área de maiores possibilidades de *consentimento* operário e também de refluxo da atuação sindical.

A pesquisa também constata que, além do estudo do que se passa na empresa central, é importante que se investiguem de modo mais aprofundado as condições de trabalho nas empresas supridoras, que fornecem suprimentos com base no sistema *just in time*, e onde frequentemente se utiliza do trabalho semiqualificado ou mesmo desqualificado, recorre-se com mais frequência ao trabalho feminino e ao trabalho imigrante, que vivenciam níveis de exploração mais intensos, além de condições de vida mais precarizadas (idem: 235-6).

Ao realizar um estudo mais abrangente, incluindo a empresa e suas fornecedoras, sobre a diversidade das condições de trabalho, é possível perceber que as teses que fazem o *culto desses novos ideários* como instauradores de novas condições positivas e integradoras na relação capital e trabalho devem ser questionadas. Evidencia-se a necessidade de aprofundamento dos estudos sobre as mutações nos diversos ramos, de modo a evitar uma generalização abusiva, que não dá conta das diferenças, além de frequentemente oferecer uma visão de aceitação dos trabalhadores, nos marcos desse novo ideário. A própria reserva dos trabalhadores ao organismo sindical, apontada pela pesquisa de Stephenson, muitas vezes decorre da aceitação sem questionamentos, pelos sindicatos, das novas condições existentes no interior das empresas. Isso, acrescido à condição de recessão e desemprego, bem como da necessidade imperiosa de preservar o emprego, acaba por criar as condições desfavoráveis para uma atuação mais visivelmente crítica dos trabalhadores, impulsionando-os no sentido da necessidade de seu *envolvimento* como forma de preservação do próprio trabalho. Menos do que envolvidos no projeto empresarial, com a aceitação e adesão de seus valores, o que se coloca para o conjunto dos trabalhadores é a necessidade de preservação do emprego nas condições as mais adversas, em que, qualquer forma de questionamento acaba se convertendo num elemento de indisposição na empresa, com a possibilidade iminente de demissão.

Ao contrário do que ocorreu com o modelo toyotista, tal como ele foi implementado nas principais empresas do Japão, sua *viabilização e implantação* no Ocidente *deu-se sem a contrapartida do "emprego vitalício"*. Mais ainda, sua concretização tem se efetivado dentro de um mercado de trabalho, como o britânico, fortemente desregulamentado, flexibilizado, e que presenciou, e ainda presencia, níveis de desemprego que intimidam fortemente os trabalhadores.

Nessas condições, ao concluir as referências a essas empresas, *posso afirmar que, ao mesmo tempo em que os trabalhadores devem demonstrar "espírito de cooperação" com as empresas, condição geral para a "boa implementação" do modelo de tipo toyotista, sua efetivação concreta tem se dado em um solo de frequente instabilidade. A possibilidade de perda de emprego, ao mesmo tempo em que empurra o trabalhador para a aceitação desses novos condicionantes cria uma base desfavorável para o capital nesse processo de "integração", na medida em que o trabalhador se vê constantemente sob a ameaça do desemprego. Essa contradição no interior do espaço fabril tem se mostrado como um dos elementos que mais dificultam para o capital a implementação de um processo de "envolvimento" da classe trabalhadora.*

Outro exemplo expressivo das tendências em curso no processo de reestruturação produtiva do capital no Reino Unido pode ser encontrado na indústria de alimentos, que recentemente se expandiu, em função do aumento da importância do setor de serviços, em especial das grandes redes de supermercados. A pesquisa realizada por Anna Pollert na Choc-Co, grande empresa do ramo de alimentos, procura estudar a sistemática de funcionamento do *team work*, buscando apreender as percepções diferenciadas que ocorrem desde o topo da empresa até o chão da fábrica.

Entre a ideologia do *team work*, sua propositura, seu discurso patronal e o que efetivamente se passa no espaço do trabalho, enfim, entre o ideário da *nova empresa* e sua equação prática, existe um fosso, um descompasso, que foi explorado pela pesquisa. Além de estudar o papel dos *shop stewards*, suas formas de relacionamento com os times de trabalho, a relação com o sindicato, a pesquisa faz também um fino recorte no processo de trabalho, procurando reter como a questão da qualificação e desqualificação se articulam nesse espaço produtivo, marcado por uma indústria do tipo tradicional, alimentício, bem como de que maneira essas mutações se mesclam com as questões de gênero. A própria escolha de uma empresa do ramo de alimentos deveu-se à preocupação de estudar outras experiências que possibilitem maior visualização do trabalho feminino e suas interfaces com o trabalho masculino.

Enquanto as indústrias de alimentos, bebidas e cigarros detêm 59% de trabalhadores masculinos e 41% de trabalhadoras, a divisão sexual do trabalho no setor industrial em geral é de 70,3% para o contingente masculino e 29,7% para o feminino, sendo que na indústria automotiva, incluindo o ramo de autopeças, a presença masculina chega a 88,5% (Pollert, 1996: 180).

As indústrias alimentícias, de fumo e bebidas constituem-se no segundo segmento em número de trabalhadores da indústria britânica, totalizando 500.800 trabalhadores, concentrando-se a maior parte no setor de alimentos. Como diz a autora, esse setor é responsável em boa parte pela expansão econômica britânica, apesar da recessão que ocorreu durante os anos 1980. Durante o largo período de 1974 a 1992, esse setor ampliou seu volume de empregos de 9.9% para 11.4%. Trata-se de um setor altamente concentrado e de capital transnacional, regido por uma lógica fortemente competitiva (idem).

Dentro do ramo de alimentos, a Choc-Co, desde sua origem, tinha uma política de administração Quaker, herança da Era Vitoriana, dotada de forte traço paternalista e de relacionamento personalizado com os trabalhadores. Desde 1918 a empresa utilizava-se de métodos tayloristas, e desde o ano seguinte podia-se presenciar a participação de trabalhadores no conselho da empresa.

Essa trajetória anterior permite que as "novas" técnicas de gerenciamento, presentes nos anos 1980 e 1990, sejam confrontadas com uma empresa dotada de forte tradição. A Choc-Co tinha, em 1992, quando a pesquisa se iniciou, 3.400 trabalhadores na produção, com destaque para sua linha de chocolates. Anteriormente, em 1988, a empresa havia sido incorporada pela Food-Co, forte empresa transnacional do ramo. Porém, antes mesmo dessa incorporação, a Choc-Co tinha dado início a um processo de reestruturação e ampla racionalização, que acarretou o fechamento de unidades produtivas. Entre 1984 e 1987 duas fábricas foram fechadas e a empresa abriu uma nova unidade de fabricação de chocolates, especializando-se nessa atividade. Ainda nessa fase deu-se a introdução do *team work*.

Após a incorporação pela Food-Co, o processo de introdução das "novas técnicas" de produção acentuou-se sobremaneira, uma vez que se tratava, na nova configuração produtiva inglesa, de um mercado altamente competitivo. O objetivo fundante era "a redução do número de homens-hora por tonelada produzida" (idem: 182). A utilização do *team work* e do processo de envolvimento dos trabalhadores por meio dos círculos de controle de qualidade, datados da segunda metade dos anos 1980, foi então intensificada. Nas unidades onde os trabalhadores ofereceram maior resistência à implantação desses elementos a resposta gerencial foi mais dura. Diferentemente, portanto, de um "envolvimento" mais "consensual", eram frequentes as intervenções diretas da direção, combinando "novas" e velhas formas de relação industrial. Ou, em outras palavras, deu-se um processo de introdução do "novo", utilizando-se de "velhos" instrumentos. A introdução dos *team work* foi concebida como fundamental para que a "nova cultura empresarial" fosse implementada, reduzindo-se os níveis de supervisão existentes. Os líderes tinham como atribuição:

1) a motivação dos times de trabalho;
2) planejar, organizar e cuidar da qualidade;
3) identificar as necessidades de treinamento e desenvolvimento;
4) dimensionar a *performance* do trabalho, dos custos e do orçamento;
5) estabelecer o padrão da produção e a discussão do desempenho;
6) cuidar da comunicação, das questões disciplinares e outros problemas (idem: 183).

Os líderes tinham um papel importante na comunicação entre o chão da fábrica e a gerência, o que levava à redução da atividade sindical e ao isolamento dos *shop stewards*. "Com 150 times de trabalho e somente 29 *shop stewards* em toda a fábrica, era muito difícil para o sindicato acompanhar diretamente todos os aspectos que estavam sendo introduzidos por essa via. Como foi observado em outro estudo sobre o trabalho em equipe (Garrahan and Stewart, 1992), o objetivo era aumentar a coesão do grupo, mas também acompanhar a competição entre os times e entre os trabalhadores" (Pollert, 1996: 183).

A divulgação dos resultados da produção mostrando a *performance* dos times tinha como objetivo criar o clima de competição entre eles no interior da fábrica.

A estratégia da Choc-Co foi no sentido de iniciar a implantação dos times de trabalho nos setores dotados tanto de trabalho semi-qualificado ou mesmo sem qualificação. Suas consequências, entretanto, foram poucas. Nas palavras de Pollert: "Realmente, a despeito da retórica do 'envolvimento', o sistema de produção 'fordista' de maquinaria especializada, de trabalho fragmentado e produção estandardizada, não foi alterado pelo entusiasmo dos administradores" uma vez que se mantinha a finalidade básica de redução dos custos, desqualificação do trabalho e produção em massa (idem: 185). O maior obstáculo transpareceu na dificuldade em adequar o sistema de times de trabalho com a linha de montagem, problema que ocorre frequentemente quando se procura transferir padrões toyotistas para fábricas produtivas rígidas de base fordista. No sistema de produção em massa "o trabalho é repetitivo, no ritmo da máquina, com poucas oportunidades para uma influência direta no processo produtivo. Para a maioria dos trabalhadores a 'flexibilidade' dos times de trabalho é limitada pela rotação do trabalho, pela forte integração do controle da qualidade junto à produção, pela 'limpeza geral' da produção e intensificação do trabalho" (idem: 186). A introdução de microprocessadores e de novas tecnologias tem tido pequeno impacto no conjunto da rotina da linha produtiva, especialmente pelo fato de que essa nova tecnologia se defronta com uma força de trabalho que não está apta a operar com esse maquinário, o que cria ainda mais descompasso entre as propostas de introdução de "novos métodos de trabalho" e a estrutura produtiva existente, de base fordista. O propalado "envolvimento" dos trabalhadores no relacionamento entre capital e trabalho, tem se constituído muito frequentemente em maior intensificação do ritmo de trabalho (idem: 186).

No que concerne à *divisão sexual do trabalho*, é visível a distinção que se opera entre trabalho masculino e feminino. Enquanto o primeiro atua *predominantemente* em áreas de *capital intensivo*, com maquinaria informatizada, o trabalho feminino se concentra nas áreas mais rotineiras, de *trabalho intensivo*. Por exemplo, as áreas de trabalho mais valorizadas na fabricação de chocolate (frequentemente chamadas de *kitchen* pelos trabalhadores) ficam predominantemente com o trabalho masculino, ao passo que as áreas mais manuais, como aquelas destinadas ao empacotamento, ficam com o trabalho feminino. Há diferenças também quanto ao horário de trabalho, sendo o trabalho feminino bem menos frequente no período da noite, tendência que se mantém mesmo depois de 1986, quando foram removidos os elementos legais que proibiam o trabalho feminino noturno.

Nas áreas de tecnologia mais avançada, as mulheres são incorporadas somente nas atividades mais rotineiras e que requerem menor qualificação. Enquanto a administração afirma que os próprios trabalhadores (homens) não querem o ingresso de trabalhadoras no mesmo espaço, os trabalhadores alegam que a gerência não toma as medidas necessárias para que o trabalho feminino encontre condições razoáveis de trabalho (*facilities*, na expressão dos trabalhadores) (idem: 188).

Em diversas áreas da produção, tanto no setor de embalagens como em outros onde predomina o trabalho feminino – nas áreas de *trabalho intensivo* – também são mais frequentes os trabalhos em tempo parcial. "Na Choc-Co a perpetuação da divisão sexual do trabalho com os homens concentrados nas áreas de capital intensivo e as mulheres na produção de trabalho intensivo, significou que os times de trabalho, mesmo na sua forma mais limitada para todos os trabalhadores semi-qualificados da produção, eram uma construção ainda mais artificial para a maioria das mulheres do que para a maioria dos homens" (idem: 188). Ou seja, na divisão sexual do trabalho existente naquela empresa, a implantação da nova sistemática acarretava uma intensificação ainda maior do trabalho feminino.

Por isso, acrescenta Anna Pollert, a existência de noções como flexibilização qualificadora", "envolvimento" etc. numa realidade marcada pela presença de trabalho semi e não qualificado, e *particularmente num sistema de trabalho intensivo realizado pela força de trabalho feminina,* onde predomina a produção em massa, tem se mostrado como uma contradição. O que evidencia o descompasso entre os objetivos patronais por uma "nova cultura empresarial" e a realidade do processo produtivo. Também na Choc-Co a atividade dos representantes dos times de trabalho procurou minimizar a atividade sindical, uma vez que nesse sistema comunicacional a relação entre o chão da fábrica e a direção não era mais mediada pelo sindicato e pela ação dos *shop stewards,* mas pelos líderes dos grupos, que eram escolhidos pela administração e não pelos trabalhadores. Porém quando a comunicação e a capacidade de negociação dos líderes das equipes falhava, os *shop stewards* eram chamados para representar os trabalhadores.

A Choc-Co é um exemplo de que, apesar da tentativa de exclusão da representação sindical e de base dos trabalhadores pelos novos líderes de times, estes mostram-se limitados em seu âmbito de ação quando atuam no espaço que normalmente pertence ao sindicato e aos representantes deles nos locais de trabalho. Como resultado, desenvolveu-se uma sistemática onde frequentemente os *shop stewards* eram consultados pela administração intermediária e pelos líderes das equipes para assuntos referentes ao emprego, questões de saúde, horário de trabalho e todo um conjunto de problemas que emerge no cotidiano do trabalho. O sistema, que objetivava excluir ou limitar em muito a ação sindical, frequentemente teve que recorrer ao auxílio dela, desenvolvendo um sistema *paralelo* entre o "novo" e o "velho mecanismo". O primeiro tornou-se, na experiência cotidiana, largamente dependente do segundo, mantendo com ele um relacionamento reposto pela própria experiência cotidiana. Novamente transparece aqui outro elemento de contraditoriedade em relação ao ideário presente nessas "novas técnicas" e a sua implantação no Reino Unido (idem: 191-2).

A percepção acerca do funcionamento do sistema de times de trabalho é particularizada pela inserção diferenciada dos seus participantes, havendo *nuances* entre o olhar dos líderes dos grupos, entre os próprios trabalhadores e a visão dos sindicatos, além do corte diferenciado no interior desses próprios segmentos. Entre os líderes das equipes de trabalho, por exemplo, é difícil uma generalização da experiência, uma vez que há variação inclusive de departamento para departamento no interior da fábrica. Mas a conclusão que a pesquisa de Pollert oferece é de que somente um grupo minoritário, composto de jovens, realmente gosta da introdução das "novas técnicas", enquanto a maioria se considera sobrecarregada de trabalho e insatisfeita.

O trabalho é crescentemente intensificado e, apesar disso, o seu resultado sempre aparece, para os níveis de gerência, como estando aquém do esperado. Essa síntese surge frequentemente nos depoimentos colhidos pela pesquisa, como demostra um trabalhador consultado, líder de grupo: "Eles não nos chamam líderes de times, nos chamam de cogumelos", o que acentua uma visão crítica, presente na metáfora dos *mushrooms*: "eles nos mantêm no escuro e nos dão merda (*shit*) como alimento". No mesmo sentido aparece o depoimento de outro líder de time: "Mais e mais as responsabilidades são empurradas, sobre nós" (idem: 196-7).

A autora cita outros depoimentos que permitem uma leitura menos crítica, por parte de líderes dos times, mas reitera que existe uma "contradição sistêmica, fundamental, entre a demanda social dos times formados e o aumento da produtividade obtida pela intensificação do trabalho. A exortação dos administradores seniores no sentido de que os líderes dos times tivessem maior delegação, para exigir que suas equipes trabalhassem mais intensamente, tem sido em vão. Havia insuficiente elasticidade para fazer isso" (idem: 198). A intensificação do trabalho e necessidade de estar permanentemente superando metas já realizadas, ou ainda a ideia de que "a empresa está sempre no vermelho", acaba tendo uma consequência desmotivante, impedindo que se possa falar efetivamente em "novas técnicas" numa empresa como a Choc-Co. A distância e o descontentamento dos trabalhadores do chão da fábrica confirmam a ideia de que as modificações ocorrem muito mais no plano do discurso do que na realidade do trabalho cotidiano. Somente 206 trabalhadores, menos de 10% do total da força de trabalho, estavam vinculados aos 46 Círculos de Controle de Qualidade (idem: 200).

Segundo Pollert, o estudo realizado dentro da Choc-Co demonstrou que os times, concebidos como um sistema de organização do trabalho e de envolvimento dos empregados, não estavam funcionando, gerando, ao contrário, várias formas de tensão. Existem "contradições estruturais no núcleo da estratégia: entre a alienação dos trabalhadores dentro do sistema de produção, que ainda depende de trabalhos repetitivos, desqualificados, e os objetivos de conquistar os corações e mentes visando o avanço empresarial; entre as necessidades de ampliar as unidades de produção baseadas no processo de trabalho coletivo e a necessidade de redução dos times de trabalho"; em síntese, "entre a dinâmica ampliada de reestruturação capitalista, envolvendo trabalho intensificado, redução de emprego e insegurança, e os objetivos de construir um envolvimento dos trabalhadores com a empresa" (idem: 205). É como se o discurso do *envolvimento racional* dos trabalhadores, propalado pelo capital, se defrontasse cotidianamente com sua efetiva negação, manifestada na intensificação do trabalho, no risco iminente de desemprego, na diferenciação por gênero, na qualificação, na idade etc., entre tantas fraturas presentes no mundo produtivo, condicionantes estes que se mostram como dotados de *irracionalidade* para o mundo do trabalho.

A experiência de uma empresa como a Choc-Co, do ramo de alimentos, e a da Nissan e da Ikeda Hoover, do ramo automobilístico, nos oferecem indicações de como o processo de expansão do toyotismo (ou de elementos dessa nova forma de organização do trabalho) assume, no Reino Unido, formas singulares, não possibilitando uma generalização analítica de suas aplicações. O toyotismo apresenta enormes diferenças não só entre os diversos países onde ele tem sido implementado, mas também quando se analisam experiências feitas de setor para setor, no interior de um mesmo país.

Pode-se afirmar, entretanto, com base na experiência inglesa já pesquisada, que nas empresas que vêm implementando essas fórmulas baseadas no *just in time, kanban, processo de qualidade total, Kaizen etc.*, tem sido possível constatar uma redução da atividade sindical e uma tentativa de substituição dos *shop stewards* pelo novo sistema comunicacional, que o capital vem procurando implementar dentro das fábricas. Se no Japão os sindicatos, em muitos casos, assumiram a feição de *sindicatos de empresa*, participando amiúde da condução da gerência de recursos humanos, dada a sintonia que ele tem com o projeto patronal, em outros países, como na Inglaterra, a condução empresarial forçou a redução e mesmo, frequentemente, a eliminação da atividade sindical. No caso da Nissan, o reconhecimento da atividade sindical esteve condicionado à aceitação, por parte do sindicato, do projeto empresarial em sua totalidade. A própria escolha do local para a implantação do projeto da Nissan e da Ikeda Hoover levou em conta o desgaste do sindicato no norte da Inglaterra, o grave desemprego, além dos vultosos incentivos oferecidos pelo governo neoliberal.

A vigência do projeto neoliberal, com seus enormes significados na estruturação jurídico-política e ideológica, *e o processo de reestruturação produtiva do capital* acabaram acarretando enormes consequências no interior da classe trabalhadora inglesa. Pode-se destacar a ausência de regulamentação da força de trabalho, a amplíssima flexibilização do mercado de trabalho e a consequente precarização dos trabalhadores, *particularmente no que concerne aos seus direitos sociais.* Como resultado desse quadro, especialmente durante a recessão dos anos 1980 houve também um aumento crescente do desemprego, tanto estrutural quanto conjuntural, que converteu a Inglaterra no país onde as condições de trabalho são mais deterioradas, quando comparadas aos demais países da União Europeia. Isso pode ser constatado pelos seguintes dados:

1) A Inglaterra foi o único país da União Europeia cuja jornada de trabalho semanal aumentou na última década;

2) o número médio de horas trabalhadas por semana, para trabalhadores em tempo integral, é de aproximadamente 40 (42 para os homens e 38 para as mulheres). Os trabalhadores alemães, por exemplo, trabalham 36 horas por semana;

3) os trabalhadores manuais trabalham 44,2 horas por semana e os trabalhadores não manuais trabalham 38,2 horas;

4) em 1996, 3,9 milhões pessoas trabalharam mais do que 48 horas por semana, sendo que em 1984 esse contingente era de 2,7 milhões (dados extraídos de *The Observer*, 30 nov. 1997).

Nessas condições de flexibilização e desregulamentação do mercado de trabalho, pode-se compreender o porquê da decidida recusa do neoliberalismo da era Thacher/Major em aceitar os termos da Carta Social da União Europeia, bem como da recusa de Tony Blair, à frente do New Labour, em iniciar uma revisão da desregulamentação e da flexibilização do mercado de trabalho no Reino Unido. A existência de um mercado de trabalho altamente flexibilizado e desregulamentado constituiu-se no traço distintivo da reestruturação produtiva do capital sob a condução do projeto neoliberal.

Não foi sem resistências, entretanto, que se implementou essa política. Já me referi anteriormente a alguns confrontos ocorridos na década de 1980. Nos anos 1990 também foi possível perceber a eclosão de diversos movimentos de trabalhadores que expressavam o descontentamento e a oposição às transformações que vinham afetando fortemente o mundo do trabalho.

As greves inglesas nos anos 1990: as formas de confrontação com o neoliberalismo e a precarização do trabalho

Entre meados de 1995 e início de 1996 a Vauxhall Motors, subsidiária da General Motors na Inglaterra, foi palco de uma ação de resistência dos trabalhadores, cujo sentido era contrapor-se à implantação das "novas relações industriais" com base na *lean production.* Pela primeira vez em mais de uma década, a empresa viu-se frente a uma ação organizada pelos trabalhadores desencadeada em duas fábricas, a de Ellesmere Port (a unidade produtora do Astra) e a de Luton (produtora do Vectra). Todo o ideário que cultuava os "novos sistemas produtivos" foi questionado e se viu em dificuldades. De acordo com Stewart, "os trabalhadores das duas unidades produtivas, que totalizavam quase 10 mil empregos, desencadearam uma ação visando obter uma redução da jornada semanal de trabalho e aumento salarial para todos os trabalhadores. A ação inclui a proibição do trabalho extra e a realização de uma greve não oficial de duas horas às sextas-feiras" (Stewart, 1997: 1-2). A retórica de "consenso e participação", elaborada e propugnada pela empresa durante a tentativa de introdução da *lean production,* não conseguiu obter a adesão e o envolvimento dos *shop stewards,* dos trabalhadores do chão da fábrica. Junto com outra greve não oficial ocorrida em 1995, na fábrica da Ford, a disputa da Vauxhall representou um divisor de águas no processo de reestruturação produtiva do ramo automobilístico britânico.

Pela realização de uma votação, os trabalhadores da Vauxhall, com mais de 70% de aprovação, manifestaram-se a favor da greve para a obtenção de suas reivindicações, dentre as quais esse movimento obteve especialmente uma redução da jornada semanal de 39 para 38 horas, além de aumento salarial (idem: 3-4). Particularmente em relação à redução da jornada de trabalho, foi um ganho efetivo, pois a greve atacava diretamente a fraseologia do empresariado: este defendia o ideário das "novas condições" de emprego, mas que na prática resultavam entretanto em aumento da intensidade do trabalho. Essa luta de resistência permitiu fazer aflorar o real estado de insatisfação dos trabalhadores do chão da fábrica. A ação desencadeada pelos trabalhadores da Vauxhall possibilitou a percepção, pelos trabalhadores, do descompasso existente entre a retórica participacionista e a realidade da intensificação e do estresse no trabalho, com repercussões físicas e emocionais na subjetividade dos trabalhadores. Quanto mais o capital falava em novas condições de trabalho, mais se intensificavam os ritmos no chão da fábrica. E a greve dos trabalhadores da Vauxhall consistiu em uma vitória dos trabalhadores contra a falácia das novas condições de trabalho (idem: 6).

Talvez o mais expressivo e simbólico movimento de resistência ao neoliberalismo inglês e às suas formas destrutivas, ao longo dos anos 1990, possa ser encontrado na greve dos doqueiros de Liverpool. Iniciada em setembro de 1995, ela se voltou contra as formas de flexibilização do trabalho no sistema portuário, que acarretava um forte processo de precarização das condições de trabalho. A ação, considerada ilegal, resultou na demissão de 500 trabalhadores que, a partir de então, iniciaram um significativo movimento grevista que perdurou até fevereiro de 1998. Ao mesmo tempo em que confrontava diretamente a política neoliberal de destruição dos direitos do trabalho, bem como sua legislação fortemente coibidora da ação dos trabalhadores, esse movimento, em seus mais de 2 anos de duração, estampou os limites do sindicalismo tradicional britânico, representado pelo TUC, cuja ação de respaldo e solidariedade ao movimento foi limitadíssima e, em vários momentos, se revestiu de um caráter político que dificultou a ampliação da luta dos portuários para outros portos e também para outras categorias de trabalhadores (Gibson, 1997: 1-2).

A história recente desse movimento remete a 1988, quando Thatcher anunciou a intenção de repelir o sistema de emprego permanente que os doqueiros haviam conquistado. O comitê dos doqueiros reagiu com ações, reuniões, atos, em várias partes do país, para organizar a luta contra aquela decisão e, como resposta, iniciou uma greve. Ela foi desencadeada em dois portos, em Tilbury (Londres) e em Liverpool. O sindicato oficial TGWU, sindicato dos trabalhadores em geral e do transporte, que também engloba a categoria dos doqueiros, por meio de suas lideranças posicionou-se contra a greve, temendo pelo seu caráter "ilegal", de confronto com o governo. Embora os *shop stewards* tenham iniciado uma paralisação não oficial, sua sustentação foi impossível depois da retirada do apoio do TGWU. Seguindo os ditames legais, iniciou-se naquele ano uma greve que durou 22 dias contra as medidas promovidas por Thatcher.

Expressando uma tendência que vinha se acentuando há vários anos, o movimento não contou com a participação efetiva do TGWU, repetindo o que ocorrera antes, com a greve dos mineiros de 1984-1985. Os doqueiros em greve foram demitidos, os armazéns foram fechados pela Companhia e posteriormente reabertos com outros nomes, porém utilizando-se de trabalho precário. Enquanto a greve foi derrotada em Tilbury (Londres), em Liverpool os piquetes e as ações de solidariedade mantiveram a paralisação. A oposição à greve, feita pela TGWU, sob a alegação de que "não era possível defender o sindicalismo na Grã-Bretanha hoje" (conforme declaração de seu secretário-geral, Ron Todd), e a derrota em Tilbury levaram ao fim o movimento. Enquanto em Tilbury o trabalho precário se manteve e os *shop stewards* foram demitidos, recorrendo à Justiça para a sua volta ao trabalho, em Liverpool os doqueiros conseguiram manter a greve não oficial por mais uma semana, retornando posteriormente ao trabalho com sua organização independente mantida e estruturada. Os doqueiros haviam constituído um movimento independente, fora dos marcos institucionais do sindicalismo oficial, denominado Unofficial Docks Shop Stewards Committee (UDSSC), que teve um papel relevante no movimento dos doqueiros a partir daquele ano de 1988.

Foi então que começou a preparação da luta de resistência que eclodiu em setembro de 1995. A companhia (Mersey Docks and Harbour Company's, MDHC) vinha providenciando, desde o desfecho da greve de 1988, uma série de medidas para enfraquecer a organização dos trabalhadores dos portos, dentre as quais a separação dos *shop stewards* dos demais trabalhadores, seccionando e fragmentando a força de trabalho e forçando um grande número de trabalhadores, que estava na empresa há muitos anos, a aceitar trabalhos de limpeza de banheiros e outras atividades similares, numa represália que procurava humilhar os trabalhadores. Nas palavras de Bobby Morton, *shop steward* na doca, "um sentimento de fracasso espalhou-se sobre os doqueiros". Milhares deles acabaram aposentando-se mais cedo (idem: 2). Nesse contexto, no ano de 1995 a companhia voltou à pressão e anunciou sua intenção de demitir 20 trabalhadores e substituí-los por trabalho temporário e precarizado. Reiniciou-se a resistência dos doqueiros que, sob a forma de um longo movimento grevista, perdurou até o início de 1998. Além de contar com forte solidariedade dos trabalhadores do Reino Unido, o movimento organizou vários encontros internacionais, como a Conferência Internacional dos Trabalhadores nos Portos, em fevereiro de 1996, em Liverpool, objetivando estruturar uma ação conjugada com os trabalhadores portuários de diversos países[36].

Uma vez mais a ação da TGWU e do TUC foi eivada de dubiedades, além da recusa política de defender um movimento de clara confrontação com a política neoliberal, particularmente em relação ao setor portuário, mas que vinha atingindo fortemente os mais diversos setores do mundo do trabalho no Reino Unido. Uma intensa campanha internacional procurou pressionar a companhia e fazê-la recuar na proposta de introdução do *casual labour*, o trabalho precário no interior das docas. Durante um longo período, por meio da ação de piquetes e de ampla solidariedade, o movimento dos doqueiros em Liverpool manteve sua postura de resistência visando impedir as mudanças nas condições de trabalho. Recusou, por diversas vezes, propostas patronais oferecendo recursos que chegaram até 28 mil libras, a título de indenização individual, para que os trabalhadores em greve abandonassem sua reivindicação e

[36] Conforme *International Conference of Dockworkers*, fevereiro de 1996.

encerrassem a luta, uma vez que o trabalho que realizavam já havia sido substituído por outros trabalhadores que o exerciam segundo as novas condições (precarizadas) de trabalho.

Ainda que localizada, essa ação estava repleta de significado simbólico: rememorava a ação anterior dos mineiros, entre 1984-1985 e se colocava claramente contrária à política neoliberal. Expressava um exemplo real de resistência às mudanças que precarizavam ainda mais as condições de trabalho. "A greve dos doqueiros recebeu forte solidariedade da classe trabalhadora britânica e de vários movimentos em diversas partes do mundo, que lhe davam recursos, inclusive financeiros, para a sustentação da luta. Muitos portos em várias partes do mundo se recusavam a receber carga inicialmente destinada a Liverpool, acarretando enormes prejuízos às companhias de transporte (Gibson, 1997: 3).

Em fins de janeiro de 1998, após transcorridos vários meses do governo do New Labour, sem maior demonstração de seu envolvimento na solução desse confronto e sem contar com *o apoio sindical e político efetivo da TGWU,* os trabalhadores doqueiros de Liverpool não encontraram alternativa senão aceitar a proposta patronal, de 28 mil libras, que haviam recusado anteriormente. Não existiam mais condições, nem materiais e nem políticas, para o prolongamento da greve que perdurou quase dois anos e meio[37].

O desfecho não se deu sem polêmica, como se pode depreender deste balanço: "Os doqueiros não cederam; eles foram abandonados e forçados a encerrar a sua memorável greve de dois anos, o que não se deveu a nenhuma falha por parte deles. Pelo contrário, a ação que inspiraram em várias partes do mundo, contra o retorno da exploração, do trabalho precarizado, galvanizou milhares em todos os continentes, algo sem precedentes neste século".

"Sua luta neste país foi derrotada porque o TGWU praticamente a obrigou a esse desfecho. Tivesse essa rica e poderosa organização lançado uma campanha nacional contestando as sinistras circunstâncias e a total injustiça da demissão dos doqueiros, junto com uma campanha contra as leis antissindicais, que a maioria do mundo democrático considera uma vergonha em um país livre, a batalha poderia ter sido vencida naquele momento. Em vez disso, ocorreu um silêncio da liderança do sindicato [TGWU], que acabou por encerrar os esforços imaginativos e corajosos daqueles a que uma vez a Lloyds

[37] A paralisação durou 2 anos, 3 meses e 29 dias, segundo informação presente em *The Guardian.* O pagamento de 28 mil libras, aceito quando do encerramento da greve, havia sido recusado anteriormente pelos trabalhadores em greve, como já disse (*The Guardian*, 27 jan. 1998). No encerramento da greve, 250 doqueiros ainda se encontravam paralisados (*The Times*, 27 jan. 1998).

List se referiu como 'a mais produtiva força de trabalho da Europa' e que representava o melhor do Reino Unido" (Pilger, John, Workers Done Down, *The Guardian*, 29 jan. 1998)[38].

O processo da greve dos portuários foi viva expressão de um quadro contemporâneo que se configura pelo crescente distanciamento dos sindicatos tradicionais em relação às suas bases sociais, pela expressão forte dessa tendência no TUC e pela enorme burocratização e ênfase institucional dos sindicatos. Isso, aliado à necessidade de "modernização" dos organismos sindicais, de implementação das formas de "parceria" com o capital, tendo como eixo da sua ação a necessidade de qualificar a força de trabalho do Reino Unido, de modo a dotá-la de "empregabilidade", configura um quadro contemporâneo de crise dos sindicatos tradicionais, da qual a greve dos portuários de Liverpool foi um expressivo exemplo[39].

Quando os trabalhadores portuários esperavam que sob o governo do New Labour, as condições se tornassem ao menos mais favoráveis, presenciou-se algo diverso. A falta de apoio efetivo à ação dos trabalhadores e a necessidade imperiosa do New Labour em consolidar o apoio do capital ao seu projeto de governo fizeram com que o seu distanciamento crescente em relação à classe trabalhadora levasse os portuários a não ver outra saída que não o encerramento da greve. Menos de um ano após o início de seu governo, no início de 1998, o New Labour de Tony Blair sepultava um dos mais importantes movimentos de resistência e confrontação ao neoliberalismo britânico, quer pelo seu nível de confrontação, quer pelo seu próprio significado simbólico. Mas isso era só o começo.

O New Labour e a "Terceira Via" de Tony Blair

Além do crescente distanciamento dos sindicatos em relação às suas bases sociais, vem se configurando também o crescente distanciamento do New Labour em relação aos sindicatos, que tiveram papel central na *origem* e *desenvolvimento histórico* daquele partido, acentuando-se ainda mais as dificuldades da classe trabalhadora inglesa. As *trade unions* vêm perdendo progressivamente seu peso

---

38 Os demais dados sobre a greve foram extraídos de Gibson, 1997; Gibson, 1996; *Dockers Charter*, 1997; *The Guardian*, 27 jan., 29 jan., 30 jan. e 31 jan. 1998; *Daily Mail*, 27 jan. 1998 e *The Observer Review*, 1º fev. 1998.

39 Essa crise não atingiu somente o sindicalismo inglês e o TUC, mas tem grande amplitude e abrangência, afetando, de alguma maneira, da CGT e CFDT francesas à CGIL italiana, da DGB alemã à AFL-CIO norte-americana, entre outros exemplos. Na impossibilidade de, nos limites deste texto, tratar a crise sindical desses países, veja-se Mouriaux et al., (1991), Armingeon et al. (1981) que tratam da França, Alemanha, Itália, Reino Unido e Espanha; Visser, 1993 e Rosanvallon, 1988, além das referências anteriormente feitas.

na estrutura partidária, ao mesmo tempo em que o New Labour desvencilhou-se do seu passado *trabalhista e reformista.* Vem se acelerando, dentro do Partido, especialmente a partir de 1994, a "nova" postura, que procura um *caminho alternativo,* dado pela preservação de um traço *social-democrático* associado a elementos básicos do *neoliberalismo.* Quando Tony Blair iniciou o processo de conversão do Labour Party em New Labour, em 1994, pretendia-se não só um maior distanciamento frente ao conteúdo *trabalhista* anterior mas também limitar ao máximo os vínculos do New Labour com os sindicatos, além de eliminar qualquer vestígio anterior evocativo de sua designação "socialista", que, ao menos como referência formal, ainda permanecia nos estatutos do Labour Party.

O debate levado à frente por Tony Blair, em torno da *eliminação* da cláusula 4 da Constituição partidária (que defendia a *propriedade comum dos meios de produção*), resultou na criação de um substitutivo que expressa exemplarmente o conjunto de mutações em curso no interior do Labour Party. Em substituição à cláusula que se referia à *propriedade coletiva* nasceu a defesa do *empreendimento do mercado e rigor da competição,* selando, no interior do NL, a vitória da economia de livre mercado frente à fórmula anterior. A retórica *socialista* e *a* prática *trabalhista* e *reformista* anteriores, que na verdade exprimiam a defesa de uma economia fortemente estatizada e mista, encontraram seu substitutivo na defesa da economia de mercado, mesclando liberalismo com traços da "moderna" social-democracia. Começava então a se desenhar o que posteriormente Tony Blair, respaldado em seu suporte intelectual mais sólido, dado por Anthony Guiddens e David Miliband, chamou de "Terceira Via".

Em seu sentido mais profundo, a "Terceira Via" do NL tem como objetivo dar *continuidade* ao projeto de reinserção do Reino Unido, iniciado na Era Thatcher, e que pretende redesenhar a alternativa *inglesa* dentro da nova configuração do capitalismo contemporâneo. Essa nova conduta partidária consolidou, como vimos, o distanciamento do Partido em relação aos sindicatos e ao TUC, passando a pressioná-los em direção à adesão de uma proposta programática em conformidade com o seu projeto. E aproximou cada vez mais o NL do "moderno empresariado britânico", do qual é hoje expressão, o que levou a revista *The Economist* a apresentá-lo como a versão inglesa do Partido Democrático de Clinton (*The Economist,* 8 nov. 1997: 35).

Nessa sua nova fase, iniciada em meados de 90, o NL, sob a condução de Tony Blair, ainda que tenha assinado o capítulo social presente na Carta da União Europeia, vem reiterando sistematicamente seu compromisso em *preservar* a legislação que flexibiliza e desregulamenta o mercado de trabalho, que foi, como vimos anteriormente, uma imposição da era Thatcher-Major sobre a classe trabalhadora.

"Flexibilização sim, porém com *fair play*", conforme proposição feita por Tony Blair durante a realização do Congresso do New Labour, em 30 de setembro de 97. A preservação da flexibilidade, introduzida por Thatcher e defendida por Blair, deveria ser contrabalançada com ações como o reconhecimento dos sindicatos no interior das empresas, estabelecimento de níveis mínimos de salário, assinatura da Carta Social da União Europeia, entre outras medidas anunciadas pelo primeiro-ministro britânico (*The Guardian*, 1º out. e 2 out. 1997; e *Le Monde*, 4 out. 1997).

A "Terceira Via" tem se configurado, portanto, como uma forma de *continuidade* do que é essencial da fase thatcherista. Isso porque, com o enorme desgaste que o neoliberalismo clássico acumulou ao longo de quase vinte anos, era necessário buscar uma alternativa que preservasse, no *essencial*, as metamorfoses ocorridas durante aquele período. A vitória eleitoral do NL de Tony Blair, no início de 1997, apesar de canalizar um enorme descontentamento social e político, já trazia em seu conteúdo programático a preservação do essencial do projeto neoliberal. Não haveria revisão das privatizações; a flexibilização (e precarização do trabalho) seria preservada e em alguns casos intensificada; os sindicatos iriam manter-se restringidos em sua ação; o ideário da "modernidade", "empregabilidade", "competitividade", entre tantos outros, continuaria a sua carreira ascensional e dominante.

O traço de *descontinuidade* do NL em relação ao thatcherismo aflora ao tomar ele algumas decisões políticas – em verdade *politicistas* –, como o reconhecimento do Parlamento na Escócia, mas que não se constituem num entrave para a continuidade do projeto do capital britânico, reorganizado durante a fase neoliberal. O NL que emergiu vitorioso no processo eleitoral de 1997, despojado de vínculos com o seu passado reformista-trabalhista, converteu-se no New Labour pós-Thatcher, "moderno", defensor vigoroso da "economia de mercado", da flexibilização do trabalho, das desregulamentações, da "economia globalizada e moderna", enfim, de tudo o que foi fundamentalmente estruturado durante a fase clássica do neoliberalismo. Sua defesa do Welfare State, por exemplo, é completamente diferente da social-democracia clássica. Tony Blair quer "modernizar" o Welfare State. Porém, "modernizá-lo" significa a destruição dos direitos do trabalho, que são definidos por ele como "herança arcaica"[40].

Giddens oferece um claro desenho desse projeto: "A Terceira Via" apresenta um cenário bastante diverso dessas duas alternativas

[40] Em Mészáros (1995, op. cit.), pode-se encontrar uma crítica antecipadora do significado essencial do New Labour de Tony Blair. Ver especialmente as indicações presentes no capítulo 18. Ver também McIlroy (1997, op. cit.).

[social-democracia e neoliberalismo]. Algumas das críticas formuladas pela nova direita ao Welfare State são válidas. As instituições de bem-estar social são muitas vezes alienantes e burocráticas; benefícios previdenciários criam direitos adquiridos e podem acarretar consequências perversas, subvertendo o que originalmente tinham como alvo. O Welfare State precisa de uma reforma radical, não para reduzi-lo, mas para fazer com que responda às circunstâncias nas quais vivemos hoje".

Politicamente, "a Terceira Via representa um movimento de modernização do centro. Embora aceite o valor socialista básico da justiça social, ela rejeita a política de classe, buscando uma base de apoio que perpasse as classes da sociedade".

Economicamente, a Terceira Via propugna a defesa de uma "nova economia mista", que deve pautar-se pelo "equilíbrio entre a regulamentação e a desregulamentação e entre o aspecto econômico e o não econômico na vida da sociedade". Ela deve "preservar a *competição* econômica quando ela é ameaçada pelo monopólio". Deve também "controlar os monopólios naturais" e "criar e sustentar as bases institucionais dos mercados"[41].

Em conformidade no *essencial* com os valores do capitalismo da "era da modernidade", o *abrandamento* discursivo e a *ambiguidade* do ideário da Terceira Via (sempre se definindo entre a social-democracia e o neoliberalismo) são condicionantes que o capitalismo *assimilou* e mesmo *moldou*, condição para continuar mantendo a sua pragmática, dado o esgotamento da sua variante neoliberal clássica no Reino Unido depois de quase vinte anos de vigência. Como disse Tony Blair, "A Terceira Via é a rota para a renovação e o êxito para a moderna social-democracia. *Não se trata simplesmente de um compromisso entre a esquerda e a direita.* Trata-se de recuperar os valores essenciais do centro e da centro-esquerda e aplicá-los a um mundo de mudanças sociais e econômicas fundamentais, e de *livrá-las de ideologias antiquadas.* [...] Na economia, nossa abordagem não elege nem o '*laissez-faire*' nem a interferência estatal. O papel do governo é promover a estabilidade macroeconômica, desenvolver políticas impositivas e de bem-estar, [...] equipar as pessoas para o trabalho melhorando a educação e a infraestrutura, e promover a atividade empresarial, particularmente as indústrias do futuro, baseadas no conhecimento. Orgulhamo-nos de contar com o apoio tanto dos empresários como dos sindicatos" (*Clarin*, Buenos Aires, 21 set. 1998: 15).

---

41 Giddens, A. "A Terceira Via em Cinco Dimensões", *Folha de S.Paulo* (Mais), 21 fev. 1999, p. 5. Ver também, do mesmo autor, o livro *The Third Way:* The Renewal of Social Democracy, Polity Press, 1998, que a revista britânica *The Economist* apresentou como sendo "em certo sentido perturbadoramente vago". Ver "The Third Way Revealed", *The Economist*, 19 set. 1998: 48.

A sua postura antissindical e contrária aos trabalhadores, estampada na Greve dos Doqueiros de Liverpool, a aceitação do essencial da Era Thatcher, a preservação da desmontagem dos direitos do trabalho (e por vezes a intensificação dela, como já foi o caso da restrição dos direitos sociais das mães solteiras e dos deficientes físicos, que gerou uma onda enorme de protestos contra Tony Blair), assim como a tentativa de ampliação das privatizações (como foi proposto para o metrô), sem falar na adesão incondicional de Tony Blair ao domínio político-militar dos EUA, em suas seguidas incursões belicistas, são evidências de que a "Terceira Via" acaba configurando-se como a *preservação do que é fundamental do neoliberalismo, dando-lhe um frágil verniz social-democrático cada vez menos acentuado.*

Tony Blair é, em verdade, expressão da subjetividade e do projeto político gestado pelo "moderno" capital britânico após o incontornável desgaste do neoliberalismo thatcherista. Era preciso encontrar, nas fileiras da oposição, uma *nova variante* mais abrandada do neoliberalismo, que mantivesse sua pragmática e fosse, desse modo, capaz de preservar os interesses do capital britânico *mesmo com a derrota eleitoral dos Tories.* E mantendo, também, elementos políticos e ideológicos que encontram sintonia entre o conservadorismo britânico[42].

Laboratório dos mais avançados na implantação do neoliberalismo europeu, inicialmente na sua *variante clássica, desmontando a experiência operária e trabalhista anterior e introduzindo de maneira intensiva as práticas da reestruturação produtiva do capital e, mais recentemente, sob a "Terceira Via" do New Labour, o mundo do trabalho vem presenciando no solo britânico uma de suas manifestações críticas mais profundas.*

[42] Como afirmou recentemente o jornalista Robert Taylor: o New Labour "é socialmente autoritário e representa uma ameaça para as liberdades civis. Ele não tolera a dissensão política. Adota um ponto de vista punitivo em relação aos pobres e destituídos. Imigrantes e refugiados que, em certa época, podiam esperar por uma resposta humana do partido... são tratados como inimigos do Estado". E acrescenta: "Ele também é extraordinariamente acrítico em relação aos caprichos do capitalismo global. O NL apaixonou-se pelos super-ricos, especialmente por aqueles que financiam o Partido Trabalhista" ("The Spectator", *O Estado de São Paulo*, 29 nov. 1998: D3).

Capítulo VI

A *CLASSE-QUE-VIVE-DO-TRABALHO*

A *forma de ser* da classe trabalhadora hoje

Por uma noção ampliada de classe trabalhadora

A expressão "classe-que-vive-do-trabalho", que utilizamos nesta pesquisa, tem como primeiro objetivo conferir *validade contemporânea* ao conceito marxiano de *classe trabalhadora*. Quando tantas formulações vêm afirmando a *perda da validade* analítica da noção de classe, nossa designação pretende *enfatizar o sentido atual da classe trabalhadora*, sua *forma de ser*. Portanto, ao contrário dos autores que defendem o fim das classes sociais, o fim da classe trabalhadora, ou até mesmo o fim do trabalho, a expressão *classe-que-vive-do-trabalho* pretende dar contemporaneidade e amplitude ao *ser social que trabalha*, à classe trabalhadora hoje, apreender sua *efetividade* sua *processualidade e concretude*[43]. Nesse sentido, a definição dessa classe compreende os elementos analíticos que indico a seguir.

---

[43] A tese do trabalho como *um valor em via de desaparição* figura, desenvolvida com rigor analítico, no texto elaborado por Méda, 1997. Um texto de corte mais empírico, onde a crescente redução do emprego possibilita a visualização (como tendência) *do fim do trabalho* é o de Rifkin, J., 1995. Ver também Pakulski, J. e Waters, M., 1996, que propugnam a tese da dissolução das classes sociais e da perda da sua validade conceitual nas sociedades avançadas, e o fazem de modo insuficiente, conforme a recente crítica de Harvie, 1997: 192-3. Robert Castells (1998), num patamar analítico denso e abrangente, ofereceu novos elementos para pensar a centralidade do trabalho hoje a partir da defesa contratualista da sociedade salarial.

A *classe-que-vive-do-trabalho*, a classe trabalhadora, hoje inclui a totalidade daqueles que vendem sua força de trabalho, tendo como núcleo *central* os trabalhadores *produtivos* (no sentido dado por Marx, especialmente no *Capítulo VI, Inédito*). Ela não se restringe, portanto, ao *trabalho manual direto*, mas incorpora a *totalidade do trabalho social*, a totalidade do *trabalho coletivo assalariado*. Sendo o trabalhador *produtivo* aquele que produz diretamente mais-valia e participa *diretamente do processo de valorização do capital, ele detém, por isso, um papel de centralidade no interior da classe trabalhadora*, encontrando no *proletariado industrial* o seu núcleo principal. Portanto, o *trabalho produtivo*, onde se encontra o proletariado, no entendimento que fazemos de Marx, *não se restringe ao trabalho manual direto* (ainda que nele encontre seu núcleo central), *incorporando também formas de trabalho que são produtivas, que produzem mais-valia, mas que não são diretamente manuais* (idem).

Mas a *classe-que-vive-do-trabalho* engloba também os trabalhadores *improdutivos*, aqueles cujas formas de trabalho são utilizadas como serviço, seja para uso público ou para o capitalista, e que não se constituem como elemento diretamente produtivo, como elemento vivo do processo de valorização do capital e de criação de mais-valia. São aqueles em que, segundo Marx, o trabalho é consumido como *valor de uso* e não como trabalho que cria *valor de troca*. O *trabalho improdutivo* abrange um *amplo leque* de assalariados, desde aqueles inseridos no setor de serviços, bancos, comércio, turismo, serviços públicos etc., até aqueles que realizam atividades nas fábricas mas não criam diretamente valor. Constituem-se em geral num segmento assalariado em expansão no capitalismo contemporâneo – os trabalhadores em serviços –, ainda que algumas de suas parcelas encontrem-se em retração, como veremos adiante. São aqueles que se constituem em "agentes não produtivos, geradores de antivalor no processo de trabalho capitalista, [mas que] vivenciam as mesmas premissas e se erigem sobre os mesmos fundamentos materiais. Eles pertencem àqueles 'falsos custos e despesas inúteis', os quais são, entretanto, absolutamente vitais para a sobrevivência do sistema" (Mészáros, 1995: 533).

Considerando, portanto, que todo *trabalhador produtivo* é *assalariado* e nem todo *trabalhador assalariado* é *produtivo*, uma noção contemporânea de *classe trabalhadora*, vista de modo ampliado, deve, em nosso entendimento, incorporar a *totalidade dos trabalhadores assalariados*. Isso não elide, repetimos, *o papel de centralidade do trabalhador produtivo, do trabalho social coletivo*, criador de valores de troca, do *proletariado industrial moderno* no conjunto da *classe-que-vive-do-trabalho*, o que nos parece por demais evidente quando a referência é dada pela formulação de Marx. Mas como há uma crescente *imbricação* entre trabalho *produtivo* e *improdutivo* no capitalismo contemporâneo e como a classe trabalhadora incorpora essas duas dimensões básicas do trabalho sob o capitalismo, essa *noção ampliada* nos parece fundamental para a compreensão do que é a classe trabalhadora hoje[44].

Sabemos que Marx (muitas vezes com a colaboração de Engels) utilizou como sinônimos a noção de *proletariado, classe trabalhadora e assalariados*, como se pode notar, por exemplo, no *Manifesto Comunista*. Mas também enfatizou muitas vezes especialmente em *O Capital* que o proletariado era essencialmente constituído pelos produtores de *mais-valia*, que vivenciavam as condições dadas pela *subsunção real* do trabalho ao capital. Nesse nosso desenho analítico, procuraremos manter essa "distinção", ainda que de modo não rígido: usaremos *"proletariado industrial"* para indicar aqueles que *criam diretamente mais-valia e participam diretamente do processo de valorização do capital*, e utilizaremos a noção de *classe trabalhadora* ou *classe-que-vive-do-trabalho* para englobar tanto o proletariado industrial, como o conjunto dos assalariados que vendem a sua força de trabalho (e, naturalmente, os que estão desempregados, pela vigência da lógica destrutiva do capital)[45].

Uma noção ampliada de classe trabalhadora inclui, então, todos aqueles e aquelas que *vendem sua força de trabalho em troca de salário*, incorporando, além do proletariado industrial, dos assalariados do setor de serviços, também o proletariado rural, que vende sua força de trabalho para o capital. Essa noção incorpora o *proletariado precarizado*, o *subproletariado moderno, part time*, o novo proletariado dos McDonald's, os *trabalhadores hifenizados* de que falou Beynon, os trabalhadores terceirizados e precarizados das empresas *liofilizadas* de que falou Juan José Castillo, os trabalhadores *assalariados* da chamada "economia informal"[46], que muitas vezes são indiretamente subordinados ao capital, além dos trabalhadores desempregados,

---

44 Sobre o *trabalho produtivo* e *improdutivo*, bem como sobre o significado do *trabalho social combinado*, ver Marx (1994: 443 e seg.). É bastante sugestiva e fértil, ainda que sucinta, a indicação feita por Mandel, para pensar a contemporaneidade da classe trabalhadora (1986:10-1).

45 Ver no apêndice deste livro o texto "Os Novos Proletários do Mundo na Virada do Século", que retoma essa discussão.

46 Penso aqui basicamente nos trabalhadores assalariados *sem* carteira de trabalho, em enorme expansão no capitalismo contemporâneo, e também naqueles que trabalham *por conta própria*, que prestam serviços de reparação, limpeza etc., *excluindo-se*, entretanto, os proprietários de microempresas etc. Novamente, a chave analítica para a definição de classe trabalhadora é dada pelo assalariamento e pela venda da sua própria força de trabalho. Por isso a denominamos *classe-que-vive-do-trabalho*, uma expressão que procura captar e englobar a *totalidade dos assalariados que vivem da venda de sua força de trabalho*.

expulsos do processo produtivo e do mercado de trabalho pela reestruturação do capital e que hipertrofiam o exército industrial de reserva, na fase de expansão do *desemprego estrutural.*

A classe trabalhadora hoje *exclui*, naturalmente, *os gestores do capital, seus altos funcionários*, que detêm papel de controle no processo de trabalho, de valorização e reprodução do capital no interior das empresas e que recebem rendimentos elevados (Bernardo, 2009) ou ainda aqueles que, de posse de um capital acumulado, vivem da especulação e dos juros. *Exclui* também, em nosso entendimento, os pequenos empresários, a pequena burguesia urbana e rural *proprietária*[47].

Compreender contemporaneamente a *classe-que-vive-do-trabalho* desse modo *ampliado*, como *sinônimo* da *classe trabalhadora*, permite reconhecer que o *mundo do trabalho* vem sofrendo mutações importantes. Vamos procurar, então, oferecer um balanço dessas mutações, dando-lhe inicialmente maior ênfase descritiva para, posteriormente, oferecer algumas indicações analíticas.

Dimensões da diversidade, heterogeneidade e complexidade da classe trabalhadora

Tem sido uma tendência frequente a redução do proletariado industrial, fabril, tradicional, manual, *estável* e *especializado*, herdeiro da era da indústria verticalizada. Esse proletariado se desenvolveu intensamente na vigência do binômio taylorismo/fordismo e vem diminuindo com a reestruturação produtiva do capital, o desenvolvimento da *lean production*, a expansão ocidental do toyotismo e das formas de horizontalização do capital produtivo, a flexibilização e desconcentração (e muitas vezes *desterritorialização*) do espaço físico produtivo. Ou ainda motivado pela introdução da máquina informatizada, com a "telemática" (que permite relações diretas entre empresas muito distantes, por meio do vínculo possibilitado pelo computador, bem como a introdução de novas formas de "trabalho doméstico"), dentre tantos elementos causais da redução do proletariado estável, anteriormente referidos (ver, por exemplo, Beynon, 1995; Fumagalli, 1996; Castillo, 1996a; e Bihr, 1991).

Há, por outro lado, um enorme incremento do *novo proletariado fabril e de serviços*, que se traduz pelo impressionante crescimento, em escala mundial, do que a vertente crítica tem denominado *trabalho precarizado* (a que, exatamente por esse traço de precarização, me referi em *Adeus ao Trabalho?* como o *novo subproletariado*). São os "terceirizados", subcontratados, *part*

[47] Esses segmentos da *pequena burguesia proprietária* podem, por certo, se constituir em importantes aliados da classe trabalhadora, embora não seja parte de seu núcleo constitutivo.

time, entre tantas outras formas assemelhadas, que proliferam em inúmeras partes do mundo.

Inicialmente, décadas atrás, esses postos de trabalho eram prioritariamente preenchidos pelos imigrantes, como os *gastarbeiters* na Alemanha, o *lavoro nero* na Itália, os *chicanos* nos EUA, os *dekasseguis* no Japão, entre tantos outros exemplos. Mas hoje sua expansão atinge também *os trabalhadores remanescentes da era da especialização taylorista-fordista*, cujas atividades vêm desaparecendo cada vez mais, atingindo diretamente os trabalhadores dos países centrais que, com a desestruturação crescente do Welfare State e o crescimento do *desemprego estrutural* e da crise do capital, são obrigados a buscar alternativas de trabalho em condições muito adversas, quando comparadas àquelas existentes no período anterior. Essa processualidade atinge também, ainda que de modo diferenciado, os *países subordinados de industrialização intermediária*, como Brasil, México, Coreia, entre tantos outros que, depois de uma enorme expansão de seu proletariado industrial nas décadas anteriores, começaram a presenciar mais recentemente significativos processos de *desindustrialização e desproletarização*, tendo como consequência a expansão do trabalho precarizado, parcial, temporário, terceirizado, informalizado etc.

Mas não se esgotam aqui as metamorfoses no interior do mundo do trabalho, conforme veremos na sequência.

Divisão sexual do trabalho: transversalidades entre as dimensões de classe e gênero

Vivencia-se um aumento significativo do trabalho feminino, que atinge mais de 40% da força de trabalho em diversos países avançados e tem sido absorvido pelo capital, preferencialmente no universo do trabalho *part time*, precarizado e desregulamentado. No Reino Unido, como já vimos, o contingente feminino superou recentemente o masculino na composição da força de trabalho. Sabe-se que esta expansão do trabalho feminino tem, entretanto, significado inverso quando se trata da temática salarial, terreno em que a desigualdade salarial das mulheres contradita a sua crescente participação no mercado de trabalho. Seu percentual de remuneração é bem menor do que aquele auferido pelo trabalho masculino. O mesmo frequentemente ocorre no que concerne aos direitos e condições de trabalho.

Na *divisão sexual do trabalho*, operada pelo capital dentro do *espaço fabril*, geralmente as atividades de concepção ou aquelas baseadas em *capital intensivo* são preenchidas pelo trabalho masculino, enquanto aquelas dotadas de menor qualificação, mais elementares e muitas vezes fundadas em *trabalho intensivo*, são destinadas às mulheres trabalhadoras (e, muito frequentemente também aos trabalhadores/as imigrantes e negros/as).

Nas pesquisas que realiza no mundo do trabalho no Reino Unido, Anna Pollert, ao tratar dessa temática sob o prisma da *divisão sexual do trabalho*, afirma que é visível a distinção entre os trabalhos masculino e feminino. Enquanto aquele atém-se na maior parte das vezes às unidades onde é maior a presença de *capital intensivo* (com máquinas mais avançadas), o trabalho das mulheres é muito frequentemente restrito às áreas mais rotinizadas, onde é maior a necessidade de *trabalho intensivo*.

Analisando uma fábrica tradicional de alimentos na Inglaterra, a Choc-Co, Pollert mostrou, conforme mencionei anteriormente, o fato de que justamente nas áreas de trabalho mais valorizadas na fabricação de chocolate predominam os *homens trabalhadores* e nas áreas ainda mais rotinizadas, que envolvem o trabalho manual, tem sido crescente a presença feminina. E quando se defronta com unidades tecnologicamente mais sofisticadas, sua pesquisa constatou que ainda aqui o trabalho feminino tem sido reservado para a realização de atividades rotinizadas, com menores índices de qualificação e onde são também mais constantes as formas de trabalho temporário, *part time* etc. O que lhe permitiu concluir que na *divisão sexual do trabalho* operada pela reestruturação produtiva do capital na empresa pesquisada podia-se perceber uma exploração ainda mais intensificada no universo do trabalho feminino (Pollert, 1996: 186-88).

Ao efetivar sua pesquisa acerca das formas de vigência do trabalho feminino, Helena Hirata também ofereceu indicações relevantes e semelhantes ao desenho acima apresentado. Ela considera que "as teses de alcance universal como a da especialização flexível ou aquela da emergência de um novo paradigma produtivo alternativo ao modelo fordista de produção são fortemente questionáveis à luz de pesquisas empíricas que levam em consideração as diferenças Norte-Sul ou as diferenças relacionadas ao gênero. [...] A especialização flexível ou a organização do trabalho em pequenas ilhas ou módulos não se realiza de maneira indiferenciada quando se trata de ramo com mão de obra feminina ou masculina, de países altamente industrializados ou ditos 'subdesenvolvidos'" (Hirata, 1995: 86).

Nesse estudo comparativo realizado pela autora entre Japão, França e Brasil, abarcando as empresas matrizes e as suas filiais, Hirata constatou uma extrema variedade na organização e gestão da força de trabalho, em função da divisão sexual do trabalho e do corte Norte-Sul. Em suas palavras: "No que concerne à organização do trabalho, a primeira conclusão é que nos estabelecimentos dos três países o pessoal envolvido era masculino ou feminino segundo o tipo de máquinas, o tipo de trabalho e a organização do trabalho. O trabalho manual e repetitivo era atribuído às mulheres e aquele que requeria conhecimentos técnicos era atribuído aos homens.

Um outro traço comum: os empregadores reconheciam facilmente, nos estabelecimentos dos três países, as qualidades próprias da mão de obra feminina, mas não havia o reconhecimento dessas qualidades como sendo qualificações. [...] Os movimentos de taylorização/destaylorização não vão no mesmo sentido nos países muito industrializados e nos países 'semidesenvolvidos', como o Brasil" (idem: 87). O caráter parcelar do trabalho é muito mais acentuado em países como o nosso.

E a autora acrescenta: Quanto à política de gestão da mão de obra, a primeira conclusão, similar à organização do trabalho, é que se trata de políticas diferenciadas segundo o sexo" (idem: 87). Nas empresas japonesas, por exemplo, praticam-se abertamente dois sistemas de remuneração, em função do sexo. Outro exemplo é o da discriminação das mulheres casadas. Na França, quando do processo de seleção, as empresas matrizes não discriminam as mulheres casadas como fazem nas suas filiais brasileiras.

> *Finalmente, quanto aos sistemas de gestão participativa, o estudo de círculo de controle de qualidade mostrou que havia diferenças no grau de participação, segundo os países (muito alto no Japão, relativamente fraco no Brasil e intermediário na França) e segundo o sexo; sendo as mulheres menos associadas às atividades de grupo e menos solicitadas para dar sugestões de melhoria no plano técnico, e sobretudo sendo frequentemente excluídas dos processos de tomadas de decisões* (idem: 88).[48]

Dentre tantas consequências dessa divisão sexual do trabalho, posso lembrar, a título de exemplo, que frequentemente os sindicatos excluem do seu espaço as mulheres trabalhadoras, além de mostrarem-se incapazes também de incluir os trabalhadores *terceirizados e precarizados*. Ocorre que a classe trabalhadora moderna é crescentemente composta por esses segmentos diferenciados, mulheres e terceirizados e/ou precarizados (e ainda mais frequentemente por *mulheres terceirizadas*), que são parte constitutiva central do mundo do trabalho. Se os organismos sindicais não forem capazes de permitir a *(auto)organização das mulheres* e/ou dos/as trabalhadores/as *part time* no *espaço sindical*, não é difícil imaginar um aprofundamento ainda maior da crise dos organismos de representação sindical dos trabalhadores.

---

[48] Helena Hirata conclui afirmando que as formas de utilização da força de trabalho feminina, considerando-se o estado civil, a idade e a qualificação, variam consideravelmente segundo cada país. "Diferenças significativas existem também nas práticas discriminatórias, que parecem estar diretamente relacionadas com a evolução das relações sociais dos sexos no conjunto da sociedade considerada" (idem: 89).

Esses elementos nos permitem avançar um pouco nas difíceis e absolutamente necessárias interações entre classe e gênero.

Vimos que nas últimas décadas o trabalho feminino vem aumentando ainda mais significativamente no *mundo produtivo fabril*. Essa incorporação, entretanto, tem desenhado uma (nova) *divisão sexual do trabalho* em que, salvo raras exceções, ao trabalho feminino têm sido reservadas as áreas de *trabalho intensivo*, com níveis ainda mais intensificados de exploração do trabalho, enquanto aquelas áreas caracterizadas como de *capital intensivo*, dotadas de maior desenvolvimento tecnológico, permanecem reservadas ao trabalho masculino. Consequentemente, a expansão do trabalho feminino tem se verificado sobretudo no trabalho *mais precarizado*, nos trabalhos em regime de *part time*, marcados por uma *informalidade* ainda mais forte, com desníveis salariais ainda mais acentuados em relação aos homens, além de realizar jornadas mais prolongadas[49].

Acrescente-se a isso outro elemento decisivo, quando se tematiza a questão do *gênero* no *trabalho*, articulando-a, portanto, com as questões de classe. A mulher *trabalhadora*, em geral, realiza sua atividade de trabalho *duplamente*, *dentro e fora de casa*, ou, se quisermos, *dentro e fora da fábrica*. E, ao fazê-lo, além da *duplicidade do ato do trabalho*, ela é duplamente explorada pelo capital: desde logo por exercer, no *espaço público*, seu trabalho *produtivo* no âmbito fabril. Mas, no universo da *vida privada*, ela consome horas decisivas no *trabalho doméstico*, com o que possibilita (ao mesmo capital) a sua *reprodução*, nessa esfera do *trabalho não diretamente mercantil*, em que se criam as *condições indispensáveis para a reprodução* da força de trabalho de seus maridos, filhos/as e de si própria[50]. Sem essa esfera da *reprodução* não diretamente mercantil, as condições

---

[49] Recentemente, o *Le Monde*, em seu número especial de 1999, com o título "Bilan du Monde", mostrou que "As mulheres trabalham mais do que os homens em quase todas as sociedades. A disparidade é particularmente elevada nas zonas rurais dos países em desenvolvimento. Nos países industrializados a disparidade é menor, mas existe sobretudo na Itália (28%), na França (11%), e nos Estados Unidos (11%)", quando comparada aos homens (*Le Monde*, 1999, "Bilan du Monde": 19, Fonte: PNUD 1998).

[50] Segundo Helena Hirata, quando se tematiza acerca do trabalho *não assalariado*, e, mais particularmente, sobre a *divisão sexual do trabalho*, deve-se incorporar também o trabalho não remunerado, extra-assalariado, cujo exemplo é o trabalho doméstico realizado pelas mulheres que, mesmo trabalhando como assalariadas, o fazem também no espaço doméstico, como não assalariadas. Em suas palavras: "Considerar o trabalho doméstico e assalariado, remunerado e não remunerado, formal e informal, como sendo modalidades de trabalho, implica um alargamento do conceito de trabalho e a afirmação da sua centralidade. Se o emprego assalariado retrai-se, a atividade real do trabalho continua a ter um lugar estratégico nas sociedades contemporâneas" (Hirata, 1993: 7).

de *reprodução* do sistema de metabolismo social do capital estariam bastante comprometidas, se não inviabilizadas[51].

Evidenciam-se as interações necessárias entre gênero e classe, particularmente quando se tematiza o universo do mundo do trabalho. E, como afirma Liliana Segnini, "a categoria analítica 'gênero' possibilita a busca dos significados das representações tanto do feminino quanto do masculino, inserindo-as nos seus contextos sociais e históricos. A análise das relações de gênero também implica a análise das relações de poder"; é nesse sentido, acrescenta Liliana Segnini, citando Joan Scott, "que essa relação permite a apreensão de duas dimensões, a saber:

– o gênero como elemento constitutivo das relações sociais, baseado nas diferenças perceptíveis entre os sexos;

– o gênero como forma básica de representar relações de poder em que as representações dominantes são apresentadas como naturais e inquestionáveis" (Segnini, 1998).

As relações entre *gênero* e *classe* nos permitem constatar que, no universo do mundo produtivo e reprodutivo, vivenciamos também a efetivação de uma *construção social sexuada*, onde os homens e as mulheres que trabalham são, desde a família e a escola, *diferentemente* qualificados e capacitados para o ingresso no mercado de trabalho. E o capitalismo tem sabido apropriar-se desigualmente dessa *divisão sexual do trabalho*.

É evidente que a ampliação do trabalho feminino no mundo produtivo das últimas décadas é parte do processo de emancipação *parcial* das mulheres, tanto em relação à sociedade de classes quanto às inúmeras formas de opressão masculina, que se fundamentam na tradicional divisão social e sexual do trabalho. Mas – e isso tem sido central – o capital incorpora o trabalho feminino de *modo desigual e diferenciado em sua divisão social e sexual do trabalho*. Vimos anteriormente, com base nas pesquisas referidas, *que ele faz precarizando com intensidade maior o trabalho das mulheres*. Os salários, os direitos, as condições de trabalho, em suma, a *precarização das condições de trabalho tem sido ainda mais intensificada quando, nos estudos sobre o mundo fabril, o olhar apreende também a dimensão de gênero* (ver Lavinas, 1996: 174 e seg.).

Mas o capital tem sabido também se apropriar intensificadamente da *polivalência e multiatividade* do trabalho feminino, da experiência que as mulheres trabalhadoras trazem das suas atividades realizadas na esfera do *trabalho reprodutivo, do trabalho doméstico*. Enquanto os homens – pelas condições histórico-sociais vigentes, que são, como

---

[51] Ver, por exemplo, *Reventando*, publicação da corrente feminista Clara Zetkin, Córdoba, Argentina, 1998: 8.

vimos, uma *construção social sexuada* – mostram mais dificuldade em adaptar-se às novas dimensões polivalentes (em verdade, conformando níveis mais profundos de *exploração*), o capital tem se utilizado desse atributo social herdado pelas mulheres.

O que, portanto, era um momento efetivo – ainda que limitado – de emancipação *parcial* das mulheres frente à exploração do capital e à opressão masculina, o capital converte em uma fonte que intensifica a desigualdade.

Essas questões podem nos permitir fazer algumas indicações conclusivas acerca das interações analíticas entre *gênero* e *classe*.

No processo mais profundo de emancipação do *gênero humano*, há uma ação conjunta e imprescindível entre *os homens e as mulheres que trabalham*. Essa ação tem no capital e em seu sistema de metabolismo social a fonte de *subordinação e estranhamento*[52]. Uma vida cheia de sentido, capaz de possibilitar o afloramento de uma *subjetividade autêntica*, é uma luta contra esse sistema de metabolismo social, é ação *de classe do trabalho contra o capital*. A mesma condição que molda as distintas formas de *estranhamento*, para uma vida *desprovida* de sentido no trabalho, oferece as condições para o afloramento de uma *subjetividade autêntica* e capaz de construir uma vida *dotada de sentido*.

Mas a luta das mulheres por sua emancipação é também – e decisivamente – uma ação contra as formas histórico-sociais da opressão masculina. Nesse domínio, a luta feminista emancipatória é pré-capitalista, encontra vigência sob o domínio do capital; será também pós-capitalista, pois o fim da sociedade de classes *não significa direta e imediatamente o fim da opressão de gênero*. Claro que o fim das formas de opressão de classe, se geradoras de uma forma societal autenticamente livre, autodeterminada e emancipada, possibilitará o aparecimento de condições histórico-sociais *nunca anteriormente vistas, capazes de oferecer condicionantes sociais igualitários que permitam a verdadeira existência de subjetividades diferenciadas, livres e autônomas*. Aqui, as diferenças de gênero tornam-se completamente distintas e autênticas, capazes por isso de possibilitar relações entre homens e mulheres verdadeiramente desprovidas das formas de opressão existentes nas mais distintas formas de *sociedade de classes*.

Se o primeiro e monumental empreendimento – a emancipação da humanidade e a criação de uma "associação livre dos indivíduos" – é um empreendimento dos homens e mulheres que trabalham, da

---

[52] Utilizo "estranhamento" *(Entfremdung)* no mesmo sentido que comumente é atribuído a "alienação", pelos motivos apresentados mais detalhadamente em Antunes, 1995:121-34. Utilizo "alienação" especialmente quando estiver fazendo citação ou referência explícita a algum autor. Ver também Ranieri, 1995.

classe trabalhadora, a emancipação *específica* da mulher em relação à opressão masculina é decisiva e prioritariamente uma *conquista feminina para a real e omnilateral emancipação do gênero humano.* À qual os homens livres podem e devem somar-se, *mas sem papel de mando e controle*[53].

Os assalariados no setor de serviços, o "terceiro setor" e as novas formas de trabalho em domicílio

Retomemos então outras tendências que vêm caracterizando o mundo do trabalho. Tem ocorrido, nas últimas décadas, uma significativa expansão dos assalariados médios e de serviços, que permitiu a incorporação de amplos contingentes oriundos do processo de reestruturação produtiva industrial e também da desindustrialização. Nos EUA esse contingente ultrapassa a casa dos 70%, tendência que se assemelha ao Reino Unido, França, Alemanha, bem como às principais economias capitalistas (Wood, 1997a: 5). Mas é necessário lembrar que as mutações organizacionais e tecnológicas, as mudanças nas formas de gestão, também vêm afetando o setor de serviços, que cada vez mais se submete à racionalidade do capital[54]. Veja-se, por exemplo, o caso da intensa diminuição do trabalho bancário ou da monumental privatização dos serviços públicos, com seus enormes níveis de desempregados, durante a última década. O que levou Lojkine a dizer que a partir de 1975-80 começou a se desenvolver uma *redução* no ritmo de crescimento do setor de serviços, ampliando os índices do desemprego estrutural (Lojkine, 1995a: 261).

Se acrescentarmos a imbricação *crescente* entre mundo produtivo e setor de serviços, bem como a crescente subordinação desse último ao primeiro, o *assalariamento* dos trabalhadores do setor de serviços aproxima-se cada vez mais da lógica e da racionalidade do mundo produtivo, gerando uma *interpenetração recíproca* entre eles, entre trabalho *produtivo* e *improdutivo* (idem: 257). Essa absorção de força de trabalho pelo setor de serviços possibilitou um significativo incremento dos assalariados médios no sindicalismo, o que, entretanto, não foi suficiente para compensar as perdas de densidade sindical nos polos industriais. Mas significou um forte contingente de assalariados na nova configuração da classe trabalhadora.

---

53 Ainda que impossibilitado de tematizar neste espaço as conexões entre raça e classe, bem como dos movimentos dos homossexuais, do movimento ecológico, parece-me necessário afirmar que as ações desses movimentos ganham muito mais vitalidade e força emancipadora quando estão articuladas com a luta do trabalho contra o capital. Ver, por exemplo, Saffioti, 1997.

54 Tendência que claramente contradiz e contrapõe-se à formulação de Offe (1989).

O mundo do trabalho dos países centrais, com repercussões também no interior dos países de industrialização intermediária, tem presenciado um processo crescente de exclusão dos jovens e dos trabalhadores considerados "velhos" pelo capital: os primeiros acabam muitas vezes engrossando as fileiras de movimentos neonazistas, sem perspectivas frente à vigência da *sociedade do desemprego estrutural.* E aqueles com cerca de 40 anos ou mais, uma vez excluídos do trabalho dificilmente conseguem se *requalificar* para o reingresso. Ampliam os contigentes do chamado trabalho informal, além de aumentar ainda mais os bolsões do exército industrial de reserva. A expansão dos movimentos religiosos tem se utilizado enormemente desses segmentos de desempregados. O mundo do trabalho capitalista moderno hostiliza diretamente esses trabalhadores, em geral herdeiros de uma "cultura fordista", de uma especialização que, por sua *unilateralidade*, contrasta com o operário *polivalente e multifuncional* (muitas vezes no sentido *ideológico* do termo) requerido pela era toyotista. Paralelamente a esta exclusão, há uma inclusão precoce e criminosa de crianças no mercado de trabalho, não só nos países asiáticos, latino-americanos, mas também em vários países do centro.

Tem ocorrido também uma expansão do trabalho no denominado "terceiro setor", especialmente em países capitalistas avançados, como EUA, Inglaterra, entre outros, assumindo uma forma alternativa de ocupação, em empresas de perfil mais comunitário, motivadas predominantemente por formas de trabalho voluntário, abarcando um amplo leque de atividades, sobretudo assistenciais, sem fins diretamente lucrativos e que se desenvolvem um tanto à margem do mercado. O crescimento do "terceiro setor" decorre da retração do mercado de trabalho industrial e também da redução que começa a sentir o setor de serviços, em decorrência do desemprego estrutural (ver, por exemplo, Dickens, 1997: 1-4). Em verdade, ele é consequência da crise estrutural do capital, da sua lógica destrutiva vigente, bem como dos mecanismos utilizados pela reestruturação produtiva do capital visando reduzir trabalho *vivo* e ampliar trabalho *morto.*

Se discordo daqueles que atribuem a esse setor um papel de relevo numa economia mundializada pela lógica do capital (como faz Rifkin, 1995), devo mencionar, entretanto, que essa forma de atividade social, movida predominantemente por valores não mercantis, tem tido certa expansão, com trabalhos realizados no interior das ONGs e outros organismos ou associações similares. Alternativa *limitadíssima* para repor as perdas de postos de trabalho causadas pela vigência da lógica destrutiva da sociedade contemporânea, o "terceiro setor" tem, entretanto, merecido reflexão em diversos países. Especialmente nos EUA e Inglaterra, onde é também um exemplo da exclusão do trabalho do sistema produtivo, em função do aumento do *desemprego estrutural,* uma vez que o "terceiro setor" incorpora uma parcela relativamente pequena daqueles trabalhadores que são expulsos do mercado de trabalho capitalista. Nesse sentido, em nosso entendimento o "terceiro setor" não é uma alternativa efetiva e duradoura ao mercado de trabalho capitalista, mas cumpre um papel de *funcionalidade* ao incorporar parcelas de trabalhadores desempregados pelo capital.

Se dentro do "terceiro setor" as atividades que vêm caracterizando a *economia solidária* têm a positividade de frequentemente atue *à margem* da lógica mercantil, parece-me entretanto um equívoco grande concebê-la como uma *real alternativa transformadora da lógica do capital e de seu mercado,* como capaz de minar os mecanismos da unidade produtiva capitalista. Como se, por meio da expansão da *economia solidária,* inicialmente pela franja do sistema, se pudesse reverter e alterar *substancialmente* a essência da lógica do sistema produtor de mercadorias e da valorização do capital.

Uma coisa é presenciar nas diversas formas de atividade próprias da *economia solidária* e do "terceiro setor" um mecanismo de incorporação de homens e mulheres que foram expulsos do mercado de trabalho e das relações de emprego assalariado e passaram a desenvolver atividades não lucrativas, não mercantis, reinvestindo nas limitadas (mas necessárias) formas de sociabilidade que o trabalho possibilita na sociedade atual. Esses seres sociais veem-se, então, não como *desempregados, excluídos,* mas como realizando atividades efetivas, dotadas de algum sentido social. Aqui há, por certo, um momento de dispêndio de atividade útil e portanto positiva, relativamente à margem (ao menos diretamente) dos mecanismos de acumulação. Mas é bom não esquecer, também, que essas atividades cumprem um papel de *funcionalidade* em relação ao sistema, que hoje não quer ter nenhuma preocupação pública e social com os desempregados.

Desmontando-se o Welfare State, naquele escasso número de países onde ele existiu, essas associações ou empresas solidárias preenchem em alguma medida aquelas lacunas. Agora, atribuir a elas a possibilidade de, em se expandindo, *substituir, alterar e, no limite, transformar* o sistema global de capital parece-nos um equívoco enorme. Como mecanismo minimizador da barbárie do desemprego estrutural, elas cumprem uma efetiva (ainda que limitadíssima) parcela de ação. Porém, quando concebidas como um momento efetivo de *transformação social em profundidade,* elas acabam por converter-se em uma nova forma de mistificação que pretende, na hipótese mais generosa, "substituir" as formas de transformação radical, profunda e totalizante da lógica societal por mecanismos mais palatáveis e parciais, de algum modo *assimiláveis* pelo capital. E na sua versão mais branda e adequada à Ordem pretendem em realidade *evitar* as transformações capazes de *eliminar* o capital.

Para finalizar esse desenho das tendências que vêm caracterizando o mundo do trabalho devemos mencionar também a expansão do trabalho em domicílio, propiciada pela desconcentração do processo produtivo, pela expansão de pequenas e médias unidades produtivas, de que é exemplo a "Terceira Itália". Com a introdução da *telemática*, a expansão das formas de flexibilização (e precarização) do trabalho, o avanço da horizontalização do capital produtivo e a necessidade de atender a um mercado mais "individualizado", o trabalho em domicílio vem presenciando formas de expansão em várias partes do mundo. Como caracterizou Chesnais:

> A teleinformática (às vezes chamada "telemática") surgiu da convergência entre os novos sistemas de telecomunicações por satélite e a cabo, as tecnologias de informação e a microeletrônica. Ela abriu às grandes empresas e aos bancos, possibilidades maiores de controlar a expansão de seus ativos em escala internacional e de reforçar o âmbito mundial de suas operações [...].
>
> A teleinformática permite a extensão das relações de terceirização, particularmente entre as empresas situadas a centenas de milhares de quilômetros umas das outras, bem como a deslocalização de tarefas rotineiras nas indústrias que se valem grandemente da informática. Ela abre caminho para a fragmentação de processos de trabalho e para novas formas de "trabalho em domicílio" (Chesnais, 1999: 28).

Os seus efeitos dizem respeito, ainda segundo o autor, à economia de força de trabalho e de capital, pois possibilitam:
– maior flexibilidade dos processos de produção;
– redução dos estoques de produtos intermediários, por meio da utilização do sistema de *just in time* e dos estoques dos produtos finais;
– encurtamento nos prazos de entrega;
– diminuição nos capitais de giro;
– emprego de equipamentos eletrônicos no setor de vendas e franquias, dentre outras vantagens (idem: 28-9).

Acredito, entretanto, que essas duas últimas tendências, a do "terceiro setor" e a do "trabalho em domicílio", embora visíveis e fazendo parte da conformação mais heterogênea e mais fragmentada da *classe-que-vive-do-trabalho*, encontram-se ainda limitadas: no caso do "terceiro setor", ele se compõe de formas de trabalho comunitário e assistencial que se expandem prioritariamente *numa fase de desmoronamento do Estado do bem-estar social*, tentando suprir em parte aquelas esferas de atividade que eram anteriormente realizadas pelo Estado. No caso do "trabalho em domicílio", sua utilização não pode abranger inúmeros setores produtivos, como a empresa automobilística, a siderurgia, a petroquímica etc. Mas onde ela tem proliferado, seu vínculo com o sistema produtivo capitalista é muito mais evidente, *sua subordinação ao capital é direta*, sendo um mecanismo de reintrodução de formas *pretéritas* de trabalho, como o *trabalho por peça*, de que falou Marx, o qual o capitalismo da era da mundialização está recuperando em grande escala. Basta lembrar o caso da monumental expansão da *Benetton*, da *Nike*, em tantas partes do mundo, dentre as inúmeras experiências de trabalho realizado no espaço domiciliar, doméstico ou em pequenas unidades.

É mister acrescentar que o trabalho *produtivo* em domicílio, do qual se utilizam essas empresas, mescla-se com o trabalho *reprodutivo* doméstico, do qual falamos anteriormente, fazendo aflorar novamente a importância do trabalho feminino.

Transnacionalização do capital e mundo do trabalho

Essa conformação mais complexificada da classe trabalhadora assume, no contexto do capitalismo atual, uma dimensão decisiva, dada pelo caráter *transnacionalizado* do capital e de seu sistema produtivo. Sua configuração local, regional e nacional se amplia em laços e conexões na cadeia produtiva, que é cada vez mais internacionalizada. Isso porque "as formas singulares e particulares de trabalho são subsumidas pelo trabalho social, geral e abstrato que se expressa no âmbito do capitalismo mundial, realizando-se aí. Da mesma maneira que as mais diferentes formas singulares e particulares do capital são levadas a subsumir-se ao capital em geral, que se expressa no âmbito do mercado mundial, algo semelhante ocorre com as mais diversas formas e significados do trabalho" (Ianni, 1996: 169).

Assim como o capital é um sistema global, o mundo do trabalho e seus desafios são também cada vez mais *transnacionais*, embora a internacionalização da cadeia produtiva não tenha, até o presente, gerado uma resposta *internacional* por parte da classe trabalhadora, que ainda se mantém predominantemente em sua estruturação nacional, o que é um limite enorme para a ação dos trabalhadores. Com a reconfiguração, tanto do *espaço* quanto do *tempo* de produção, dada pelo sistema global do capital, há um processo de *re-territorialização* e também de *desterritorialização*. Novas regiões industriais emergem e muitas desaparecem, além de cada vez mais as fábricas serem *mundializadas*, como a indústria automotiva, onde os carros *mundiais* praticamente substituem o carro nacional.

Isso recoloca a luta de classes num patamar cada vez mais internacionalizado: a recente greve dos trabalhadores metalúrgicos da General Motors, nos EUA, de junho de 1998, iniciada em Michigan, em uma pequena unidade estratégica da empresa, teve repercussões profundas em vários países, como México, Canadá, Brasil etc. A ampliação do movimento foi crescente, na medida em que frequentemente faltavam equipamentos e peças em diversas unidades fora do *espaço* desencadeador da greve, a unidade produtiva em Flint, que fornecia partes acessórias do automóvel. Pouco a pouco outras unidades foram sendo afetadas, paralisando praticamente todo o processo produtivo da GM por falta de equipamentos e peças.

Essa nova conformação produtiva do capital desafia, portanto, crescentemente o mundo do trabalho, uma vez que o centro da confrontação social contemporânea é dado pela contradição entre o *capital social total* e a *totalidade do trabalho* (Mészáros,1995). Assim como o capital utiliza-se desses mecanismos mundializados e dispõe de seus organismos *internacionais*, a luta dos trabalhadores deve ser cada vez mais caracterizada pela sua configuração também internacionalizada. E, nesse terreno, como sabemos, a solidariedade e a ação de classe do capital está bem à frente da ação dos trabalhadores. Muitas vezes a vitória ou derrota de uma greve em um ou mais países depende do apoio, solidariedade e ação de trabalhadores em outras unidades produtivas da mesma empresa.

Os organismos sindicais internacionais existentes no mundo contemporâneo têm quase sempre uma estruturação tradicional, burocrática e bastante institucionalizada, mostrando-se por isso completamente incapazes de oferecer um desenho societal alternativo e claramente contrário à lógica do capital. Assumem uma pauta sobretudo defensiva ou que se subordina à lógica da internacionalização do capital, opondo-se apenas a algumas das suas *consequências* mais nefastas. O conflito entre trabalhadores nacionais e imigrantes é também um claro exemplo desse processo de transnacionalização da economia, *reterritorialização* e *desterritorialização* da força de trabalho, a que o movimento sindical não tem conseguido responder satisfatoriamente.

Desse modo, além das clivagens entre os trabalhadores estáveis e precários, homens e mulheres, jovens e idosos, nacionais e imigrantes, brancos e negros, qualificados e desqualificados, "incluídos e excluídos", e tantos outros exemplos que ocorrem no interior de um espaço nacional, *a estratificação e a fragmentação do trabalho também se acentuam em função do processo crescente de internacionalização do capital.* Esse universo ampliado, complexificado e fragmentado do mundo do trabalho manifesta-se, portanto:

> 1) dentro de um grupo particular ou segmento do trabalho;
> 2) entre diferentes grupos de trabalhadores pertencentes à mesma comunidade nacional;
> 3) entre conjuntos de trabalhadores de diversas nações, opostos entre si no contexto da competição capitalista internacional [...];
> *4) [entre] a força de trabalho dos países capitalistas avançados – relativamente beneficiados pela divisão capitalista global do trabalho –*

em oposição à força de trabalho relativamente mais explorada do "Terceiro Mundo";

5) [entre] o trabalhador empregado, separado e oposto aos interesses objetivamente diferenciados – e geralmente política e organizacionalmente não articulados – e os "não assalariados" ou desempregados, inclusive os crescentemente vitimados pela "segunda revolução industrial" (Mészáros; 1995: 929).

Esse desenho *compósito, diverso* e *heterogêneo* da *classe-que-vive-do-trabalho* me possibilita, na parte seguinte deste livro, tecer algumas considerações de caráter acentuadamente analítico. Tratarei das formas atuais da teoria do valor, bem como das distintas modalidades de trabalho existentes.

Capítulo VII

MUNDO DO TRABALHO E TEORIA DO VALOR

As formas de vigência do trabalho material e imaterial

A interação crescente entre trabalho e conhecimento científico: uma crítica à tese da "ciência como principal força produtiva"

Começo pelas conexões existentes entre o *trabalho* e as novas exigências da *lei do valor.* Ao conceber a forma contemporânea do trabalho como expressão do *trabalho social,* que é mais *complexificado, socialmente combinado* e ainda mais *intensificado* nos seus ritmos e processos, não posso concordar com as teses que minimizam ou mesmo desconsideram o processo de criação de valores de troca. Ao contrário, defendo a tese de que a sociedade do capital e sua *lei do valor* necessitam cada vez *menos* do trabalho *estável* e cada vez *mais* das diversificadas formas de trabalho parcial ou *part time,* terceirizado, que são, em escala crescente, parte constitutiva do processo de produção capitalista.

Do mesmo modo é bastante evidente a redução do *trabalho vivo* e a ampliação do *trabalho morto.* Mas, exatamente porque o capital não pode eliminar o *trabalho vivo* do processo de criação de valores, ele deve aumentar *a utilização e a produtividade do trabalho de modo a intensificar as formas de extração do sobretrabalho em tempo cada vez mais reduzido.* A diminuição do tempo físico de trabalho, bem como a redução do trabalho manual direto, articulado com a ampliação do trabalho qualificado, multifuncional, dotado de maior dimensão intelectual, permite constatar que a tese segundo a qual o *capital não tem mais interesse em explorar o trabalho abstrato* acaba por converter a *tendência* pela *redução* do trabalho vivo e ampliação do trabalho morto na *extinção* do primeiro, o que é algo completamente diferente. E, ao mesmo tempo em que desenvolve as tendências acima, o capital recorre cada vez mais às formas precarizadas e intensificadas de exploração do trabalho, que se torna ainda mais fundamental para a realização de seu ciclo reprodutivo num mundo onde a competitividade é a garantia de sobrevivência das empresas capitalistas.

Portanto, uma coisa é *ter a necessidade imperiosa de reduzir a dimensão variável do capital e a consequente necessidade de expandir sua parte constante. Outra, muito diversa, é imaginar que eliminando o trabalho vivo o capital possa continuar se reproduzindo.* Não seria possível *produzir capital* e também não se poderia integralizar o ciclo reprodutivo por meio do consumo, uma vez que é uma abstração imaginar consumo *sem assalariados*. A articulação entre *trabalho vivo e trabalho morto é condição para que o sistema produtivo do capital se mantenha*. A tese da *eliminação* do *trabalho abstrato*, considerado dispêndio de energia física e intelectual para a produção de mercadorias, não encontra respaldo teórico e empírico para a sua sustentação nos países capitalistas avançados, como os EUA, o Japão, a Alemanha, e muito menos nos países do chamado Terceiro Mundo[55]. E tem como principal problema analítico o fato de desconsiderar as interações existentes entre – para usar a bela síntese de Francisco de Oliveira – a *potência constituída* de que se reveste o *trabalho vivo* e a *potência constituída* presente no *trabalho morto*[56].

A redução do proletariado estável, herdeiro do taylorismo/fordismo, a ampliação do *trabalho intelectual abstrato* no interior das fábricas modernas e a ampliação generalizada das formas de trabalho precarizado *(trabalho manual abstrato)* sob a forma do trabalho terceirizado, *part time*, desenvolvidas intensamente na "era da empresa flexível" e da desverticalização produtiva, *são fortes exemplos*

[55] Uma análise da relação entre valor e maquinaria, atualizando o debate para o universo da era informacional e computadorizada, pode ser encontrada em Caffentzis (1997: 29-56). O autor parte do referencial analítico de Marx para demonstrar a impossibilidade de a máquina ser ela própria criadora de valor de troca.

[56] Francisco de Oliveira a expressou, com a sua conhecida riqueza analítica, em atividade que Nobuco Kameyama, José Paulo Netto, Evaldo Amaro Vieira, Francisco de Oliveira e eu realizamos conjuntamente na UFRJ, em abril de 1999. Em seu livro *Os Direitos do Antivalor*, 1997, especialmente na primeira parte, encontram-se vários elementos para pensar as relações entre trabalho vivo, trabalho morto e, em particular, a *autonomização* do capital constante.

da vigência da lei do valor. O aumento dos trabalhadores que vivenciam as condições de desemprego (a expressão "excluídos", frequentemente usada para designá-los, contém um sentido crítico e de denúncia, mas é analiticamente insuficiente) é parte constitutiva crescente do *desemprego estrutural* que atinge o mundo do trabalho, em função da lógica destrutiva que preside seu sistema de metabolismo societal. Conforme a sugestiva indicação de Tosel (retomando indicações também de J. M. Vincent), como o capital tem um forte sentido de desperdício e de exclusão, é a própria "centralidade do trabalho abstrato que produz a não centralidade do trabalho, presente na massa dos excluídos do trabalho vivo" que, uma vez (des)socializados e (des)individualizados pela expulsão do trabalho, "procuram desesperadamente encontrar formas de individuação e de socialização nas esferas isoladas do não trabalho (atividade de formação, de benevolência e de serviços)" (Tosel, 1995: 210)[57].

Pelo que acima indiquei, não posso concordar com a tese da transformação da ciência "na principal força produtiva", em substituição ao valor-trabalho, que se teria tornado inoperante (Habermas, 1975; 320). Nas palavras de Habermas: "Desde os fins do século XIX, uma outra tendência de desenvolvimento que caracteriza o capitalismo em fase tardia vem se impondo cada vez mais: a *cientificização da técnica* [...]. Com a pesquisa industrial em grande escala, ciência, técnica e valorização foram inseridas no mesmo sistema. Ao mesmo tempo, a industrialização liga-se a uma pesquisa encomendada pelo Estado que favorece, em primeira linha, o progresso científico e técnico no setor militar. De lá as informações voltam para os setores da produção de bens civis. Assim, a técnica e a ciência tornam-se a principal força produtiva, com o que caem por terra as condições de aplicação da *teoria do valor do trabalho* de Marx. Não é mais sensato querer calcular as verbas de capital para investimentos em pesquisa e desenvolvimento, à base do valor da força de trabalho não qualificado (simples), se o progresso tecno-científico tornou-se uma fonte independente de mais-valia, face à qual a única fonte de mais-valia considerada por Marx, a força de trabalho dos produtores imediatos, perde cada vez mais seu peso" (idem: 320-1).

Essa formulação, ao "substituir" a tese do valor-trabalho pela conversão da ciência em principal força produtiva, acaba por desconsiderar um elemento essencial dado pela complexidade das relações entre a teoria do valor e a do conhecimento científico. Ou

57 Ao que acrescenta Tosel: "Não é, aliás, com base nesse aparente descentramento (*décentration*) do trabalho que se encontram enraizadas as diversas teorias que opõem ao paradigma do trabalho os paradigmas concorrentes do agir comunicacional ou da esfera pública?" (idem: 210). Voltaremos mais adiante a esse ponto.

seja, desconsidera que o "trabalho vivo, em conjunção com ciência e tecnologia, constitui uma complexa e contraditória unidade, sob as condições dos desenvolvimentos capitalistas", uma vez que "a tendência do capital para dar à produção um caráter científico é neutralizada pelas mais íntimas limitações do próprio capital: isto é, pela necessidade última, paralisante e antissocial, de 'manter o já criado valor, como valor', visando restringir a produção dentro da base limitada do capital" (Mészáros, 1989: 135-6).

Liberada pelo capital para expandir-se, mas sendo *em última instância* prisioneira da necessidade de subordinar-se aos imperativos do processo de criação de valores de troca, a ciência não pode converter-se em "principal força produtiva", em ciência e tecnologia independentes, pois isso *explodiria, faria saltar pelos ares a base material* do sistema de produção do capital, como alertou Marx nos *Grundrisse* (Marx, 1974b: 705-9). As suas notas antecipatórias mostram que desde meados do século XIX a relação entre valor-trabalho e ciência tinha extrema relevância. Mas, mesmo reconhecendo o hiperdimensionamento assumido pela ciência no mundo contemporâneo, o conhecimento social gerado pelo progresso científico tem seu objetivo *restringido* pela lógica da reprodução do capital. Impossibilitado de instaurar uma forma societal que *produza coisas úteis com base no tempo disponível*, resta à *cientifização da tecnologia* adequar-se ao *tempo necessário para produzir valores de troca*. A ausência de *independência* frente ao capital e seu ciclo reprodutivo a impede de romper essa lógica.

Não se trata de dizer que a teoria do valor-trabalho não reconhece o papel crescente da ciência, mas que a ciência encontra-se tolhida em seu desenvolvimento pela base material das relações entre capital e trabalho, a qual ela não pode superar. E é por essa restrição estrutural, que *libera* e mesmo *impele* a sua expansão para o incremento da produção de valores de troca *mas impede o salto qualitativo societal para uma sociedade produtora de bens úteis segundo a lógica do tempo disponível*, que a ciência não pode se converter na principal força produtiva. Prisioneira dessa base material, menos do que uma *cientificização da tecnologia* há, conforme sugere Mészáros, um processo de *tecnologização da ciência* (idem: 133). Profundamente vinculadas aos condicionantes sociais do sistema de capital, a ciência e a tecnologia não têm lógica autônoma e nem um curso independente, mas têm vínculos sólidos com o seu movimento reprodutivo. Na síntese oferecida por Mészáros:

> O maior dilema da ciência moderna é que o seu desenvolvimento esteve sempre vinculado ao dinamismo contraditório do próprio capital. Além do mais [...] a ciência moderna não pode deixar de ser orientada para a implementação a mais efetiva possível dos imperativos objetivos

> que determinam a natureza e os limites inerentes ao capital, assim como seu modo necessário de funcionamento sob as mais variadas circunstâncias. [...] A obtenção da justa disjunção entre a ciência e as determinações capitalistas destrutivas é concebível somente se a sociedade como um todo tiver sucesso em sair fora da órbita do capital e prover um novo patamar – com princípios de orientação diferentes – no qual as práticas científicas possam florescer a serviço de finalidades humanas (idem: 195-6).

O que implica *eliminar* a relação hoje dominante, onde a produção de valores de uso está subordinada ao seu valor de troca. Sem desconhecer a dialética das interações recíprocas, o sentido estruturalmente dominante do valor de troca acaba por impor-se aos avanços científicos e tecnológicos (idem: 199-200). As *mediações de segunda ordem*, de que tratamos anteriormente, impostas pelo sistema de metabolismo societal do capital, por meio da propriedade privada, da troca, da divisão social hierárquica do trabalho etc., além de atingir e metamorfosear as mediações primárias, também afetaram outras dimensões da atividade dos seres sociais. A ciência padeceu igualmente dessas consequências negativas, pois teve que se submeter aos imperativos sociais, institucionais e materiais reificados pela vigência do sistema de *mediações de segunda ordem* (idem: 507, nota 525).

Ontologicamente prisioneira do solo material estruturado pelo capital, a ciência não poderia tornar-se a sua *principal força produtiva*. Ela *interage* com o trabalho, na necessidade preponderante de participar do processo de valorização do capital. *Não se sobrepõe ao valor, mas é parte intrínseca de seu mecanismo.* Essa interpenetração entre atividades laborativas e ciência associa e articula a *potência constituinte do trabalho vivo* à *potência constituída do conhecimento tecno-científico na produção de valores (materiais ou imateriais).* O saber científico e o saber laborativo mesclam-se mais diretamente no mundo produtivo contemporâneo *sem que o primeiro "faça cair por terra" o segundo.*

Várias experiências, das quais o projeto Saturno da *General Motors* é exemplar, fracassaram quando procuraram automatizar o processo produtivo *minimizando e desconsiderando* o trabalho. As máquinas inteligentes não podem substituir os trabalhadores. Ao contrário, a sua introdução utiliza-se do trabalho intelectual do operário, que ao interagir com a máquina informatizada acaba também por transferir parte dos seus novos atributos intelectuais e cognitivos à nova máquina que resulta desse processo. Estabelece-se, então, um complexo processo interativo entre trabalho e ciência produtiva, que não leva (e não pode levar) à extinção do *trabalho vivo* e de sua *potência constituinte* sob o sistema de metabolismo social do capital. Esse processo de retroalimentação impõe ao capital a necessidade de encontrar *uma força de trabalho ainda mais complexa, multifuncional, que deve ser explorada de maneira mais intensa e sofisticada*, ao menos nos ramos produtivos dotados de maior incremento tecnológico.

A superioridade japonesa dos anos 1980 não estava estruturada *somente* sobre o avanço tecnológico, mas baseada numa *crescente interação entre trabalho e ciência, entre execução e elaboração*, entre avanço tecnólogico e "envolvimento" adequado da força de trabalho, exatamente onde o fordismo, fundado numa separação rígida entre *produção* e *elaboração, execução* e *concepção*, mostrava-se exaurido na sua capacidade de expropriação do *saber fazer intelectual do trabalho*, do *trabalho intelectual abstrato*, da dimensão cognitiva presente no trabalho vivo. A principal mutação no interior do processo de produção de capital na fábrica toyotizada e flexível não se encontra, portanto, na *conversão da ciência em principal força produtiva que substitui e elimina o trabalho no processo de criação de valores, mas sim na interação crescente entre trabalho e ciência, trabalho material e imaterial, elementos fundamentais no mundo produtivo (industrial e de serviços) contemporâneo.*

Feitas essas considerações entre ciência e trabalho, podemos retomar outros desdobramentos da relação entre *trabalho e valor*. O primeiro deles é aquele que possibilita a conversão do *trabalho vivo* em *trabalho morto*, a partir do momento em que, pelo desenvolvimento dos *softwares*, a máquina informacional passa a desempenhar atividades próprias da inteligência humana. Dá-se então um processo de *objetivação das atividades cerebrais na maquinaria*, de transferência do saber *intelectual* e *cognitivo* da classe trabalhadora para a maquinaria informatizada.

Conforme a síntese de Lojkine:

> Fase suprema do maquinismo, a fábrica automática permanece inscrita na revolução industrial, porque seu princípio permanece sendo sempre a substituição da mão humana. Mas, ao mesmo tempo, essa hipermecanização leva à objetivação da 'mão inteligente' (as formas mais refinadas de habilidades gestuais) [...] O princípio da automação implica a flexibilidade, ou seja, a capacidade de a máquina não somente corrigir-se, mas ao mesmo tempo adaptar-se às demandas variáveis, mudando sua programação (Lojkine, 1995: 44).

A transferência de capacidades intelectuais para a maquinaria informatizada, que se converte em linguagem da máquina própria da fase informacional, por meio dos computadores, acentua a tendência (apontada por Marx, no Livro I de *O Capital* de redução e transformação do *trabalho vivo* em *trabalho morto*.

Outra tendência operada pelo capital, na fase da reestruturação produtiva, no que concerne à relação entre trabalho e valor, é aquela que *reduz os níveis de trabalho improdutivo dentro das fábricas*. A eliminação de várias funções como *supervisão, vigilância, inspeção, gerências intermediárias etc.*, medida que se constitui em elemento central do toyotismo e da empresa capitalista moderna com base na *lean production*, visa transferir e incorporar ao trabalho *produtivo* atividades que eram anteriormente feitas por trabalhadores *improdutivos*. Reduzindo o trabalho improdutivo, com sua incorporação ao próprio trabalho produtivo, o capital se desobriga de uma *parcela* do conjunto de trabalhadores que não participa diretamente do processo de criação de valores. *É importante lembrar, conforme vimos no capítulo anterior, que o capital não pode eliminar a totalidade do trabalho improdutivo, os trabalhos geradores de antivalor (que são imprescindíveis para o processo de criação de valor), mas pode reduzir ou realocar parcelas dessas atividades que passam a ser realizadas pelo próprio trabalhador produtivo.*

A interação entre trabalho *material* e *imaterial*

Além da redução do trabalho improdutivo, há outra tendência dada pela crescente imbricação entre trabalho *material* e *imaterial*, uma vez que se presencia, no mundo contemporâneo, a expansão do trabalho dotado de maior dimensão intelectual, quer nas *atividades industriais mais informatizadas* quer nas esferas compreendidas pelo *setor de serviços ou nas comunicações*, entre tantas outras[58]. O avanço do trabalho em atividades de pesquisa, na criação de *softwares*, *marketing* e publicidade, é também exemplo da *ampliação do trabalho na esfera imaterial*. A expansão do trabalho em serviços, em esferas não diretamente produtivas mas que muitas vezes desempenham atividades *imbricadas* com o trabalho produtivo, mostra-se como outra característica importante da *noção ampliada de trabalho*, quando se quer compreender o seu significado no mundo contemporâneo.

Na divisão social capitalista do trabalho, considerando-se as atividades manual e intelectual, *embora se possa presenciar, particularmente no universo do trabalho terceirizado e precarizado, uma enorme expansão de atividades laborativas manuais em inúmeros setores* (especialmente, mas não só nos países industrializados do

---

58 Parece-me imprescindível alertar, entretanto, que essas *tendências*, presentes nos núcleos *de ponta* dos processos produtivos, não podem, sob o risco de uma generalização abstrata, ser tomadas como expressando a *totalidade* do processo produtivo, onde a *precarização e a desqualificação do trabalho são frequentes e estão em franca expansão, quando se toma a totalidade do processo produtivo em escala mundial*. Mas *generalizar falsamente* a vigência das formas dadas pelo *trabalho imaterial*, entretanto, me parece tão equivocado quando *desconsiderá-las*.

chamado Terceiro Mundo), é possível visualizar também a tendência para o *incremento das atividades intelectuais na esfera do trabalho produtivo, especialmente nos setores de ponta do processo produtivo* (que, do mesmo modo, são mais frequentes nos países centrais mas não se restringem a eles)[59]. O caráter *desigualmente combinado do sistema global do capital* diferencia a incidência dessas tendências, que, entretanto, se encontram presentes, ambas, em praticamente todos os países com núcleos de produção industrial moderna.

Discutindo essas novas conformações do mundo produtivo, J. M. Vincent assim as caracteriza: "Num contexto de progresso técnico muito rápido as relações com a tecnologia modificam-se profundamente. Os sistemas de produção automatizados são feitos de trabalho morto cada vez mais complexo e controlam cada vez mais operações e encadeamentos de operações. Eles não são simplesmente conjunto de máquinas, mas sistemas evolutivos que podem se aperfeiçoar em função das transformações da demanda e de inovações programadas". Dado que, ainda segundo o autor, no mundo da tecno-ciência a produção de conhecimento torna-se um elemento essencial da produção de bens e serviços, ele acrescenta: "As capacidades dos trabalhadores de ampliar seus saberes [...] tornam-se uma característica decisiva da capacidade de trabalho em geral. E não é exagero dizer que a força de trabalho apresenta-se cada vez mais como força inteligente de reação às situações de produção em mutação e ao equacionamento de problemas inesperados" (Vincent, 1995: 160).

A ampliação das formas de *trabalho imaterial* torna-se, portanto, outra tendência do sistema de produção contemporâneo, uma vez que ele carece crescentemente de atividades de pesquisa, comunicação e *marketing* para a obtenção antecipada das informações oriundas do mercado (Lazzarato, 1993[2]: 111). Como as empresas necessitam de um vínculo mais direto com o mercado consumidor, conforme vimos anteriormente, a esfera do consumo acaba por incidir de modo mais direto na esfera da produção. "Um produto, antes de ser fabricado, deve ser vendido (mesmo numa indústria 'pesada', como a automobilística, um automóvel é colocado na produção somente depois que as redes de vendas dão o comando). Essa estratégia está apoiada na produção e consumo da informação. Ela mobiliza importantes estratégias de comunicação e de marketing para recolher a informação (conhecer as tendências do mercado) e a faz circular (construir o mercado)." Enquanto no sistema de produção taylorista/fordista as mercadorias eram padronizadas e

[59] Claro que, ao destacar os aspectos *quantitativos*, a tendência de expansão do trabalho *manual* precarizado tem uma incidência muito maior que a das formas de vigência do trabalho intelectual abstrato. Entretanto, quando a análise acentua os elementos *qualitativos*, a importância dessas últimas também se evidencia.

estandardizadas (lembre-se o Ford Modelo T5 preto, única "escolha" oferecida pela montadora), hoje a indústria automobilística produz carros singularizados, de acordo com a demanda (idem: 112).

Evidencia-se, então, no universo das empresas produtivas e de serviços, um alargamento e ampliação das atividades denominadas imateriais: "O trabalho imaterial se encontra na fusão (ele é a interface) dessa nova relação produção-consumo. É o trabalho imaterial que ativa e organiza a relação produção-consumo. A ativação da cooperação produtiva, assim como da relação social com o consumidor, é materializada no e para o processo de comunicação. É o trabalho imaterial que inova continuamente a forma e as condições da comunicação (e, portanto, do trabalho e do consumo). Ele dá forma e materializa as necessidades, o imaginário, os gostos. A particularidade da mercadoria produzida pelo trabalho imaterial (seu valor de uso sendo essencialmente seu conteúdo informacional e cultural) consiste no fato de que ela não se destrói no ato de consumo, mas sim se expande, transforma-se e cria o ambiente ideológico e cultural do consumidor" (idem: 114). Desse modo, o trabalho imaterial "não produz somente mercadorias, mas antes de tudo a própria relação do capital. [...] Que o trabalho imaterial produza ao mesmo tempo subjetividade e valor econômico, isso demonstra como a produção capitalista tem invadido toda a vida, rompendo todas as oposições entre economia, poder e conhecimento" (idem: 115).

O *trabalho imaterial*, portanto, ainda segundo Lazzarato, expressa a vigência da esfera informacional da forma-mercadoria: ele evidencia o conteúdo *informacional* da mercadoria, exprimindo as mutações do trabalho operário no interior das grandes empresas e do setor de serviços, onde o trabalho manual direto está sendo substituído pelo trabalho dotado de maior dimensão intelectual, ou, nas palavras do autor, "os índices de trabalho imediato são crescentemente subordinados à capacidade de tratamento da informação e da comunicação horizontal e vertical" (Lazzarato, 1992[2]: 54)[60].

O *trabalho imaterial* no interior da *grande indústria* possui uma interseção clara entre a esfera da subjetividade do trabalho (seu traço mais propriamente intelectual e cognitivo) e o processo produtivo, que obriga frequentemente o trabalhador a "tomar decisões", "analisar as situações", oferecer alternativas frente a ocorrências inesperadas. O operário deve converter-se num elemento de "integração cada vez mais envolvido na relação equipe/sistema", expressando uma "capacidade de ativar e gerar a cooperação produtiva. O trabalhador deve converter-se

[60] Lazzarato acrescenta ainda o *conteúdo cultural* presente na forma/mercadoria, mais voltada para os procedimentos culturais e artísticos, vinculados à moda, aos padrões de consumo etc. (Lazzarato, 1993[2]: 117-20).

em 'sujeito ativo' da coordenação de diferentes funções da produção, em vez de ser simplesmente comandado. O aprendizado coletivo se converte no principal aspecto da produtividade" (idem).

No âmbito *reificado* do projeto do capital e de seus mecanismos de funcionamento, o trabalho assume uma forma ativa de subjetividade, desde que seu objetivo precípuo seja colocá-la a serviço do capital e suas necessidades de acumulação (idem). Como já destaquei anteriormente, a diminuição da divisão rígida entre *elaboração* e *execução* torna mais presente a dimensão ativa do trabalho, uma vez que a sua esfera de subjetividade é incitada para o *envolvimento* com o projeto da empresa e o seu consequente processo de criação de valores.

Trata-se, entretanto, da construção de uma subjetividade *inautêntica*, na precisa conceituação de Tertulian (1993: 442)[61], pois a dimensão de subjetividade presente nesse processo de trabalho está tolhida e voltada para a valorização e autorreprodução do capital, para a 'qualidade', para o 'atendimento ao consumidor', entre tantas formas de representação ideológica, valorativa e simbólica que o capital introduz no interior do processo produtivo. A subjetividade operária deve transcender a esfera da *execução*, para, além de produzir, pensar também diuturnamente naquilo que é melhor para a empresa e o seu projeto. Mesmo no trabalho dotado de maior significado intelectual, imaterial, o exercício da atividade subjetiva está *constrangido* em última instância pela lógica da *forma/mercadoria e sua realização.*

Na interpretação que aqui estou oferecendo, as novas dimensões e formas de trabalho vêm trazendo um alargamento, uma ampliação e uma complexificação da atividade laborativa, de que a expansão do trabalho imaterial é exemplo. Trabalho *material* e *imaterial*, na imbricação crescente que existe entre ambos, encontram-se, entretanto, centralmente subordinados à lógica da produção de mercadorias e de capital. No universo da expansão da atividade intelectual dentro da produção, "a própria forma valor do trabalho se metamorfoseia. Ela assume crescentemente a forma valor do trabalho intelectual/abstrato. A força de trabalho intelectual produzida dentro e fora da produção é absorvida como mercadoria pelo capital que se lhe incorpora para dar novas qualidades ao trabalho morto: flexibilidade, rapidez de deslocamento e autotransformação constante. A produção material e a produção de serviços necessitam crescentemente de inovações, tornando-se por isso cada vez mais subordinadas a uma produção crescente de conhecimento que se converte em mercadorias e capital" (Vincent, 1993: 121).

Nesse contexto, o trabalho intelectual que participa do processo de criação de valores encontra-se também sob a regência do fetichismo

---

[61] Conceito a que retornarei no capítulo dedicado à polêmica entre Habermas e Lukács.

da mercadoria. É ilusório pensar que se trata de um trabalho intelectual dotado de sentido e autodeterminação: é antes um *trabalho intelectual/abstrato.* Como acrescenta Vincent, uma dimensão reflexiva, voltada para o saber e o conhecimento autênticos, *"isto é, tudo o que se encontra distante em relação à mercantilização generalizada, à reprodução repetitiva das relações sociais, ao funcionamento obstinado dos automatismos sociais, está implicitamente proscrito. Não é importante saber para onde se vai, ou interrogar se a orientação caminha para a autodestruição; basta produzir para o capital"* (Vincent, 1993: 123). E talvez se possa dizer que o dispêndio de energia física da força de trabalho está se convertendo, *ao menos nos setores tecnologicamente mais avançados do processo produtivo*, em dispêndio de capacidades intelectuais (idem: 124)[62].

Ao recorrer à discussão acerca das formas de vigência do trabalho *imaterial,* devo acrescentar que minha interpretação oferece uma *reelaboração* do seu significado, quando discuto a centralidade do trabalho hoje. Essa é a expressão da vigência da força constituinte do *trabalho vivo,* tanto na sua manifestação como trabalho *material* – em meu entendimento ainda *fortemente predominante,* quando se analisa o sistema produtivo *global* – quanto também nas formas de vigência do trabalho *imaterial,* que *não é dominante hoje, mas se mostra como uma tendência cada vez mais presente e crescente nos processos de ponta do mundo produtivo.*

Ao contrário da formulação habermasiana – de que tratarei: indicativamente no próximo capítulo – a vigência do trabalho imaterial não confere centralidade à esfera comunicacional, e menos ainda estaria desvinculada da esfera instrumental do sistema. O trabalho *imaterial,* mesmo quando mais centrado na esfera da circulação, interage com o mundo produtivo do trabalho *material* e encontra-se aprisionado pelo sistema de metabolismo social do capital. Minha análise não apenas recusa a *disjunção* entre trabalho *material* e *imaterial* como recusa fortemente, conforme veremos a seguir, a *disjunção binária e dualista* entre "sistema" e "mundo da vida", tal como aparece na construção habermasiana.

Desse modo, a reflexão em torno do trabalho vivo e de sua centralidade hoje deve recuperar a discussão sobre o trabalho imaterial *como uma tendência presente no mundo produtivo da empresa capitalista moderna* e em interação com as formas de trabalho material. E

[62] É também merecedora de nota a tentativa de recuperação da ideia marxiana do "*general intellect*" *(Grundrisse)* para se pensar a crescente importância do trabalho intelectual no interior da produção capitalista, de uma *inteligência geral e plural presente no processo produtivo* ou, ainda, das inter-relações entre as formas imediatas de trabalho e as formas mediatas (dadas pela ciência) no mundo contemporâneo. Ver as indicações presentes em Vincent (1993: 122 e seg.) e Tosel (1995: 212 e seg.).

essa articulação nos parece decisiva para que uma apreensão mais aproximada do mundo produtivo seja efetivada. Por isso, concordamos com Toni Negri e Michael Hardt quando eles afirmam que "os horizontes monetários, simbólicos e políticos, pelos quais por vezes se tenta substituir a lei do valor como elemento constitutivo do tecido social, conseguem efetivamente excluir o trabalho da esfera teórica, mas não podem, em todo caso, excluí-lo da realidade" (Negri, Hardt, 1998-99: 6-7).

As formas contemporâneas do estranhamento

Quer pelo exercício laborativo *manual*, quer pelo *imaterial*, ambos, entretanto, controlados pelo sistema de metabolismo societal do capital, o *estranhamento* (*Entfremdung*) *do trabalho* encontra-se, em sua essência, preservado. Ainda que fenomenicamente minimizada pela redução da separação entre a elaboração e a execução, pela redução dos níveis hierárquicos no interior das empresas, a subjetividade que emerge na fábrica ou nas esferas produtivas contemporâneas é expressão de uma *existência inautêntica* e estranhada. Contando com maior "participação" nos projetos que nascem das discussões dos círculos de controle de qualidade, com maior "envolvimento" dos trabalhadores, a subjetividade que então se manifesta encontra-se *estranhada* em relação ao *que se produz e para quem se produz.*

Os benefícios aparentemente obtidos pelos trabalhadores no processo de trabalho são largamente compensados pelo capital, uma vez que *a necessidade de pensar, agir e propor dos trabalhadores deve levar sempre em conta prioritariamente os objetivos intrínsecos da empresa, que aparecem muitas vezes mascarados pela necessidade de atender aos desejos do mercado consumidor. Mas sendo o consumo parte estruturante do sistema produtivo do capital, é evidente que defender o consumidor e sua satisfação é condição necessária para preservar a própria empresa.* Mais complexificada, a aparência de maior liberdade no espaço produtivo tem como contrapartida o fato de que as *personificações do trabalho* devem se converter ainda mais em *personificações do capital.* Se assim não o fizerem, se não demonstrarem essas "aptidões", ("vontade", "disposição" e "desejo"), trabalhadores serão substituídos por outros que demonstrem "perfil" e "atributos" para aceitar esses "novos desafios".

Nessa fase do capital, caracterizada pelo *desemprego estrutural,* pela redução e precarização das condições de trabalho, evidencia-se a existência de uma materialidade adversa aos trabalhadores, um solo social que *constrange* ainda mais o afloramento de uma subjetividade autêntica. Múltiplas fetichizações e reificações poluem e permeiam o mundo do trabalho, com repercussões enormes na vida *fora do trabalho,* na esfera da reprodução societal, onde o consumo de mercadorias, materiais ou imateriais, também está em enorme medida estruturado pelo capital. Dos serviços *públicos* cada vez mais *privatizados*, até o turismo, onde o "tempo livre" é instigado a ser gasto no consumo dos *shoppings*, são enormes as evidências *do domínio do capital na vida fora do trabalho*. Um exemplo ainda mais forte é dado pela necessidade crescente de *qualificar-se melhor e preparar-se* mais para conseguir trabalho. Parte importante do "tempo livre" dos trabalhadores está crescentemente voltada para adquirir "empregabilidade", palavra que o capital usa para transferir aos trabalhadores as necessidades de sua qualificação, que anteriormente eram em grande parte realizadas pelo capital (ver Bernardo, 1996).

Além do *saber* operário, que o fordismo expropriou e transferiu para a esfera da gerência científica, para os níveis de elaboração, a nova fase do capital, da qual o toyotismo é a melhor expressão, retransfere o *savoir-faire* para o trabalho, mas o faz visando apropriar-se crescentemente da sua dimensão *intelectual*, das suas capacidades cognitivas, *procurando* envolver mais forte e intensamente a subjetividade operária. Os trabalhos em equipes, os círculos de controle, as sugestões oriundas do chão da fábrica, são recolhidos e apropriados pelo capital nessa fase de reestruturação produtiva. Suas ideias são absorvidas pelas empresas, após uma análise e comprovação de sua exequibilidade e vantagem (lucrativa) para o capital. Mas o processo não se restringe a essa dimensão, uma vez que parte do *saber intelectual* é transferido para as máquinas informatizadas, que se tornam *mais inteligentes, reproduzindo uma parcela das atividades a elas transferidas pelo saber intelectual do trabalho*.

Como a máquina não pode *suprimir* o trabalho humano, ela necessita de uma maior *interação* entre a subjetividade que trabalha e o novo maquinário inteligente. E, nesse processo, o *envolvimento interativo* aumenta ainda mais o *estranhamento do trabalho*, amplia as formas modernas da *reificação*, distanciando ainda mais a subjetividade do exercício de uma cotidianeidade autêntica e autodeterminada. Com a *aparência* de um despotismo mais brando, a sociedade produtora de mercadorias torna, desde o seu nível microcósmico, dado pela fábrica moderna, ainda mais *profunda* e *interiorizada* a condição do *estranhamento* presente na subjetividade operária.

Ao discorrer sobre as diferentes formas de entendimento do estranhamento (da alienação), John Holloway afirma que como *condição* ele assim se expressa:

> Se humanidade é definida como atividade – pressuposto básico de Marx – então alienação significa que a humanidade existe sob a forma de inumanidade, que os sujeitos humanos existem como objetos. Alienação é a objetificação do sujeito. O sujeito (homem ou mulher) aliena sua

> subjetividade, e essa subjetividade é apropriada por outros [...] Ao mesmo tempo, como o sujeito é transformado em objeto, o objeto que o sujeito produz, o capital, é transformado no sujeito da sociedade. A objetificação do sujeito implica também a subjetificação do objeto (Holloway, 1997: 146).

Mas a alienação, entendida como expressão contraditória no capitalismo, como *processo*, é também expressão de luta e resistência (idem: 147).

Como a "alienação é a produção do capital realizada pelo trabalho", ela deve ser entendida "como atividade, estando sempre em disputa. Em outras palavras, a alienação é a luta do capital para sobreviver, a luta do capital para subordinar o trabalho [...], é a luta incessante do capital pelo poder. A alienação não é um aspecto da luta de classes: ela é a luta do capital para existir" (idem: 148). O processo de alienação é, portanto, vivenciado cotidianamente pelo trabalho, e a desalienação é parte imprescindível desse processo, é "a incessante rebelião da atividade contra a passividade, do ser contra o sofrimento" (idem). É a expressão da revolta da atividade contra a sua condição *estranhada*.

Se o *estranhamento* permanece e mesmo se complexifica nas atividades de ponta do ciclo produtivo, naquela parcela aparentemente mais "estável" e inserida da força de trabalho que exerce o *trabalho intelectual abstrato* o quadro é ainda mais intenso nos estratos precarizados da força humana de trabalho, que vivenciam as condições mais desprovidas de direitos e em situação de instabilidade cotidiana, dada pelo trabalho *part time*, temporário etc.

Ramtin assim caracteriza o *estranhamento* (a alienação) nessa parcela da classe trabalhadora mais precarizada:

> Para os permanentemente desempregados e desempregáveis, a realidade da alienação significa não somente a extensão da impotência ao limite, mas uma ainda maior intensificação da desumanização física e espiritual [...]. O aspecto vital da alienação deve-se ao fato de que a impotência está baseada na condição) da integração social pelo trabalho. Se essa forma de integração social está sendo crescentemente prejudicada pelo avanço tecnológico, então a ordem social começa a dar claros sinais de instabilidade e crise, levando gradualmente em direção a uma desintegração social geral (Ramtin, 1997: 248).

Sob a condição da separação absoluta do trabalho, a alienação assume a forma de *perda de sua própria unidade*: *trabalho e lazer, meios e fins, vida pública e vida privada*, entre outras formas de disjunção dos elementos de unidade presentes na *sociedade do trabalho*.

Expandem-se, desse modo, as formas de alienação dos que se encontram à margem do processo de trabalho. Ainda nas palavras do autor: "Contrariamente à interpretação que vê a transformação tecnológica movendo-se em direção à idade de ouro de um capitalismo saneado, próspero e harmonioso", estamos "presenciando um processo histórico de desintegração, que se dirige para um aumento do antagonismo, o aprofundamento das contradições e a incoerência. Quanto mais o sistema tecnológico da automação avança, mais a alienação tende em direção a limites absolutos" (idem: 248-9).

Quando se pensa na enorme massa de trabalhadores *desempregados*, as formas de *absolutização* da alienação são diferenciadas. Variam, segundo o autor, da *rejeição da vida social, do isolamento, da apatia e do silêncio (da maioria) até a violência e agressão diretas*. Aumentam os focos de contradição entre os desempregados e a sociedade como um todo, entre a "racionalidade" no âmbito produtivo e a "irracionalidade" no universo societal. Os conflitos tornam-se um problema social, mais do que uma questão empresarial, transcendendo o âmbito fabril e atingindo o espaço público e societal. Da explosão de Los Angeles, em 1992, às explosões de desempregados da França, em expansão desde o início de 1997, muitas manifestações de revolta contra os *estranhamentos* ocorreram entre aqueles que foram expulsos do mundo do trabalho e, consequentemente, impedidos de ter uma vida dotada de algum sentido. A desumanização segregadora leva, ainda segundo o autor, ao isolamento individual, às formas de criminalidade, à formação de *guetos* de setores excluídos, até a formas mais ousadas de explosão social que, entretanto, "não podem ser vistas meramente em termos de coesão social da sociedade como tal, isoladas das contradições da forma de produção capitalista (que é produção de valor e de mais-valor)" (idem: 250).

Nos polos mais intelectualizados da classe trabalhadora, que exercem seu *trabalho intelectual abstrato*, as formas de reificação têm uma concretude particularizada, mais complexificada (mais *"humanizada" em sua essência desumanizadora*), dada pelas novas formas de "envolvimento" e interação entre trabalho vivo e maquinaria informatizada. Nos estratos mais penalizados pela precarização/exclusão do trabalho, a reificação *é diretamente* mais desumanizada e brutalizada em suas formas de vigência. O que compõe o quadro contemporâneo dos *estranhamentos* no mundo do capital, diferenciados quanto à sua incidência, mas vigentes como manifestação que atinge a totalidade da *classe-que-vive-do-trabalho.*

***

Procurei mostrar anteriormente como as relações entre trabalho *produtivo* e *improdutivo*, *manual* e *intelectual*, *material e imaterial*, bem como a forma assumida pela *divisão sexual do trabalho, a nova configuração da classe trabalhadora*, dentre vários elementos apresentados, nos permitem recolocar e dar concretude à tese da centralidade (e da transversalidade) da categoria *trabalho* na formação societal contemporânea.

Posso portanto, afirmar que, em vez da substituição do trabalho pela ciência, ou ainda da substituição da produção de valores de troca pela esfera comunicacional, da substituição da produção pela informação, o que vem ocorrendo no mundo contemporâneo é maior *inter-relação*, maior *interpenetração*, entre as atividades produtivas e as improdutivas, entre as atividades fabris e as de serviços, entre atividades laborativas e as atividades de concepção, entre produção e conhecimento científico, que se expandem fortemente no mundo do capital e de seu sistema produtivo.

Posso, em seguida, a discutir as conexões analíticas existentes entre *trabalho* e *interação*, entre *práxis laborativa* e *práxis interativa* ou *intersubjetiva*, que se mostram como desdobramentos analíticos decisivos quando se pensa na centralidade do trabalho na sociabilidade contemporânea. O que nos remete à polêmica entre Habermas e Lukács.

Capítulo VIII

EXCURSO SOBRE A CENTRALIDADE DO TRABALHO

A polêmica entre Lukács e Habermas

Nesta última parte discorro sobre elementos mais acentuadamente teóricos que compõem a centralidade da categoria trabalho. Faço isso por meio de uma discussão inicial entre Lukács e Habermas, procurando explorar alguns pontos de diferenciação analítica presentes nas respectivas formulações desses autores, tendo em vista as conexões entre práxis laborativa e interativa ou intersubjetiva, entre trabalho e interação. Pretendo recuperar tanto as conexões existentes entre esses níveis da práxis social como os seus elementos ontológicos fundantes.

1 – A CENTRALIDADE DO TRABALHO NA *ONTOLOGIA DO SER SOCIAL* DE LUKÁCS

Inicio com a seguinte indagação: por que a categoria *trabalho* tem estatuto de centralidade na *Ontologia* de Lukács[63]?

[63] Não é possível aqui, dados os objetivos deste trabalho, recuperar os elementos determinativos mais gerais da *Ontologia do Ser Social* de Lukács. Farei tão somente um *excurso* sobre a sua tematização acerca do caráter ontologicamente fundante do *trabalho*, visando oferecer elementos para a crítica da formulação habermasiana. Como a obra do último Lukács teve publicação póstuma e estava inconclusa quando do seu falecimento, esse traço transparece em muitas passagens. Prefiro, nas indicações que farei a seguir, manter essa característica da última obra de Lukács. Utilizo, neste estudo,

Quando se parte de uma perspectiva ontológica "a resposta é mais simples do que pode parecer à primeira vista: isso se dá porque todas as demais categorias dessa forma de ser já têm em sua natureza um caráter social; as suas propriedades e modos de efetivar-se desenvolveram--se somente no ser social já constituído". E Lukács acrescenta:

> Somente o trabalho tem na sua natureza ontológica um caráter claramente transitório. Ele é em sua natureza uma inter-relação entre homem (sociedade) e natureza, tanto com a natureza inorgânica [...], quanto com a orgânica, inter-relação [...] que se caracteriza acima de tudo pela passagem do homem que trabalha, partindo do ser puramente biológico ao ser social [...]. Todas as determinações que, conforme veremos, estão presentes na essência do que é novo no ser social estão contidas *in nuce* no trabalho. O trabalho, portanto, pode ser visto como um fenômeno originário, como modelo, protoforma do ser social [...] (Lukács, 1980: IV-V).

Embora seu aparecimento seja simultâneo ao trabalho, a *sociabilidade*, a *primeira divisão do trabalho*, a *linguagem* etc. encontram sua origem a partir do próprio ato laborativo. O trabalho constitui-se como *categoria intermediária* que possibilita o salto ontológico das formas pré-humanas para o ser social. Ele está no *centro do processo de humanização do homem* (idem: V e 1). Para apreender a sua essencialidade é preciso, pois, vê-lo tanto como momento de surgimento do *pôr teleológico* quanto como *protoforma* da práxis social. Comecemos pelas conexões existentes entre *trabalho* e *teleologia*.

Trabalho e teleologia

O fato de buscar a produção e a reprodução da sua vida societal por meio do trabalho e luta por sua existência, o ser social cria e renova as próprias condições da sua reprodução. O trabalho é, portanto, resultado de um *pôr teleológico* que (previamente) o ser social tem ideado em sua consciência, fenômeno este que não está essencialmente presente no ser biológico dos animais. É bastante conhecida a distinção marxiana entre a abelha e o arquiteto. Pela capacidade de prévia ideação, o arquiteto pode imprimir ao objeto a forma que melhor lhe aprouver, algo que é teleologicamente concebido e que é uma impossibilidade para a abelha.

Desse modo, a categoria ontologicamente central, presente no processo de trabalho, é anunciada: "através do trabalho, uma posição teleológica é realizada no interior do ser material, como nascimento de

---

a edição inglesa *The Ontology of Social Being Labour* (1980), cuja tradução é de David Fernbach. Em vários momentos, cotejei-a com a edição italiana (Lukács, 1981, II-1), traduzida por Alberto Scarponi. Um quadro geral introdutório do conjunto da *Ontologia do Ser Social* pode ser encontrado em Tertulian, 1990 e Scarponi, 1976.

uma nova objetividade. A primeira consequência disso é que o trabalho torna-se protoforma de toda a práxis social [...] sua forma originária desde que o ser social se constitui. O simples fato de que o trabalho é a realização de uma posição teleológica é para todos uma experiência elementar da vida cotidiana..." (idem: 3). Por isso, acrescenta Lukács, pensadores como Aristóteles e Hegel se aperceberam com toda a lucidez do *caráter teleológico do trabalho.* O problema emerge quando se constata que eles elevaram a teleologia para além da esfera da práxis social, convertendo-a numa categoria cosmológica universal. Em Hegel, por exemplo, a teleologia se converteu em "motor da história" (idem: 4-6).

Ao contrário de Aristóteles e Hegel, entretanto, em Marx o trabalho não é entendido como uma das diversas formas fenomênicas da teleologia em geral, mas como o *único ponto* onde a posição teleológica pode ser ontologicamente demonstrada como um momento efetivo da realidade material. "*Não precisamos repetir a definição que Marx ofereceu para constatar que todo trabalho seria impossível se não estivesse precedido por esse tipo de posição, o de determinar o processo em todas as suas fases*" (idem: 8-9). Isso permite a Lukács afirmar que *"só poderei falar razoavelmente em ser social quando entendermos que sua gênese, seu elevar-se em relação à sua própria base e a aquisição de autonomia, se baseia no trabalho, na realização contínua de posições teleológicas"* (idem: 9).

Lukács recorreu a Aristóteles para compreender claramente as complexas conexões entre *teleologia* e *causalidade* a partir do *trabalho.* A *teleologia* está presente na própria colocação de finalidades. A *causalidade* é dada pela materialidade fundante, pelo movimento que se desenvolve em suas próprias bases, ainda que tendo como elemento desencadeador um ato teleológico. Aristóteles distingue dois componentes no trabalho: o *pensar* e o *produzir.* O primeiro, o *pensar*, coloca a finalidade e concebe os meios para realizá-la. O segundo, o *produzir*, realiza a concreção do fim pretendido.

Nicolai Hartmann separou analiticamente o *primeiro componente* (o *pensar*) em dois atos, dando mais concretude à formulação aristotélica: 1) a *posição do fim* e 2) a *concepção dos meios.* Ambos são fundamentais para compreender o processo de trabalho, particularmente na *ontologia do ser social.* Pode-se ver o *irremovível* vínculo existente entre teleologia e causalidade, que tomadas *em si mesmas* são antitéticas e, quando tratadas abstratamente, são mutuamente exclusivas. Pelo *trabalho* pode-se perceber, entretanto, essa relação de reciprocidade e interação entre teleologia e causalidade (idem: 10-11).

Essa relação de reciprocidade entre teleologia e causalidade tem sua essência dada pela realização material de uma *idealidade posta; um fim previamente ideado transforma a realidade material, introduzindo-lhe algo qualitativa e radicalmente novo em relação à natureza.* Ela se torna uma atividade que se põe (idem: 10). "Natureza e trabalho, meios e fins, então, produzem algo que é em si mesmo homogêneo: o processo laborativo e, ao fim, o produto do trabalho" (idem: 13). Naturalmente a busca de uma finalidade, de uma posição teleológica, é resultado de uma *necessidade humana e social,* mas "*para que ela se concretize é necessária uma investigação dos meios, isto é, o conhecimento da natureza deve ter atingido o seu nível apropriado; se isso não ocorre, a posição de finalidade permanece como um projeto utópico, uma espécie de sonho, como se deu com o voo, por exemplo, de Ícaro até Leonardo, e mesmo posteriormente a eles*" (idem: 14).

Desse modo, quando comparado com as formas precedentes do ser, orgânicas e inorgânicas, tem-se o *trabalho,* na ontologia do ser social, como uma *categoria qualitativamente nova.* O ato teleológico é seu elemento constitutivo central, "*que funda, pela primeira vez, a especificidade do ser social*" (idem: 20). Por meio do trabalho, da contínua realização de necessidades, da busca da produção e reprodução da vida societal, a consciência do ser social deixa de ser epifenômeno, como a consciência animal que, *no limite,* permanece no universo da reprodução biológica. A consciência humana deixa, então, de ser uma mera adaptação ao meio ambiente e configura-se como uma *atividade autogovernada.* E, ao fazer isso, deixa de ser um mero epifenômeno da reprodução biológica (idem: 21-2). O lado ativo e produtivo do ser social "torna-se pela primeira vez ele mesmo visível através do pôr teleológico presente no processo de trabalho (e da práxis social)" (idem: 31).

O trabalho, entretanto, "não é um mero ato decisório, mas um processo, de uma contínua cadeia temporal que busca sempre novas alternativas" (idem: 32). O que possibilita a Lukács afirmar que o desenvolvimento do trabalho, a busca das alternativas presentes na práxis humana, encontra-se fortemente apoiado sobre decisões entre alternativas. "O ir-além da animalidade por meio do salto humanizador conferido pelo trabalho, o ir-além da consciência epifenomênica, determinada de modo meramente biológico, adquire, então, com o desenvolvimento do trabalho, um momento de refortalecimento, uma tendência em direção à universalidade" (idem: 35).

Tem-se aqui, portanto, a "gênese ontológica da liberdade, que aparece pela primeira vez na realidade como alternativa no interior do processo de trabalho [...] Se concebemos o trabalho em seu sentido original – como produtor de valores de uso – como forma 'eterna' que se mantém através das mudanças nas formações sociais, isto é, do metabolismo entre homem (sociedade) e natureza, torna-se então claro que a intenção que define o caráter da alternativa está direcionada para as transformações nos objetos naturais, desencadeadas pelas necessidades sociais" (idem: 39).

O trabalho é, portanto, o elemento mediador introduzido entre a esfera da necessidade e a da realização desta; dá-se "uma vitória do comportamento consciente sobre a mera espontaneidade do instinto biológico quando o trabalho intervém como mediação entre necessidade e satisfação imediata" (idem: 41). Nesse processo de autorrealização da humanidade, de avanço do ser consciente em relação ao seu agir instintivo, bem como do seu avanço em relação à natureza, configura-se o *trabalho como referencial ontológico fundante da práxis social*. É desse ponto que trato a seguir.

O trabalho como protoforma da práxis social

O trabalho, entendido em seu sentido mais *genérico* e *abstrato*, como produtor de *valores de uso*, é expressão de uma relação metabólica entre o ser social e a natureza. No seu sentido primitivo e limitado, por meio do ato laborativo, objetos naturais são transformados em coisas úteis. Mais tarde, nas formas mais desenvolvidas da práxis social, paralelamente a essa relação homem-natureza desenvolvem-se inter-relações com outros seres sociais, também com vistas à produção de valores de uso. Emerge aqui a *práxis social interativa*, cujo objetivo é *convencer outros seres sociais a realizar determinado ato teleológico*. Isso se dá porque o *fundamento das posições teleológicas intersubjetivas tem como finalidade a ação entre seres sociais*.

Conforme a formulação de Lukács: "Esse problema surge assim que o trabalho se torna suficientemente social, passando a depender da cooperação entre muitas pessoas; isso independentemente do fato de que já tenha emergido o problema do valor de troca ou se a cooperação é ainda orientada apenas para a produção de valores de uso" (idem: 47). A segunda forma de posição teleológica, a da esfera interativa, visa atuar teleologicamente sobre outros seres sociais, o que já apareceu em estágios societais bastante rudimentares, de que foi exemplo a prática da caça no período paleolítico (idem). Nessas formas da práxis social, a posição teleológica não é mais dada pela relação direta com a natureza, *mas atua e interage junto com outros seres sociais, visando a realização de determinadas posições teleológicas*.

Essas *posições teleológicas secundárias*, na expressão de Lukács, que visam o convencimento e a inter-relação dos seres sociais, configuram-se como expressões mais desenvolvidas e crescentemente *complexificadas* da práxis social, guardando por isso *maior distanciamento em relação ao trabalho, às posições teleológicas primárias*.

Aqui emerge o problema da linguagem:

> Se quisermos entender corretamente a gênese dessas complicadas e mesmo intrincadíssimas interações, tanto em seu desenvolvimento inicial quanto nos desdobramentos ulteriores [...] teremos de reconhecer que

estamos tratando com genuínas mutações que têm lugar no próprio ser. [...]. Palavra e conceito, linguagem e pensamento conceitual permanecem juntos como elementos desse complexo, o complexo do ser social, e eles somente podem ser apreendidos em sua verdadeira natureza no contexto de uma análise ontológica do ser social, pelo reconhecimento das reais funções que se realizam plenamente no interior desse complexo. Naturalmente, é claro, existe um momento predominante, em todo sistema de inter-relações dentro de um complexo do ser, em toda forma de interação [...] Deduzir geneticamente a linguagem e o pensamento conceitual a partir do trabalho é certamente possível, uma vez que a execução do processo de trabalho coloca demandas ao sujeito envolvido que só podem ser preenchidas suficiente e simultaneamente pela reconstrução das possibilidades e habilidades psicofísicas que estavam presentes na linguagem e no pensamento conceitual, uma vez que eles não podem ser entendidos ontologicamente sem os antecedentes requeridos pelo trabalho, ou sem as condições que permitiram a gênese do processo de trabalho (idem: 49).

Com o aparecimento da linguagem e do pensamento conceitual, "*seu desenvolvimento deve ter uma incessante e indissolúvel interação; o fato de que o trabalho continue a ser o momento predominante, não suprime o caráter permanente dessa interação, mas, ao contrário, a fortalece e a intensifica. É consequência necessária disso que no interior de um complexo desse tipo deve existir uma influência contínua do trabalho sobre a linguagem e o pensamento conceitual, e vice-versa*" (idem: 50).

Com o aparecimento de formas mais complexificadas da práxis social, as *ações interativas*, estas acabam assumindo uma supremacia frente aos níveis inferiores, ainda que estes continuem permanentemente sendo a base da existência daquelas. É exatamente nesse sentido que Lukács define-as como sendo posições teleológicas *secundárias*, em relação ao sentido *originário* do trabalho, das *posições teleológicas primárias*, que têm um estatuto ontológico fundante. A *autonomia* das posições teleológicas é, por isso, *relativa* quanto a sua estruturação original. As relações existentes entre a ciência, a teoria, e o trabalho podem ser mencionadas como exemplo: mesmo quando ambas (ciência e teoria) atingem um grau máximo de desenvolvimento, de autoatividade e de autonomia em relação ao trabalho, elas não podem desvincular-se completamente do seu ponto de origem, *não podem romper inteiramente a relação de última instância com sua base originária:* (idem, 52). Por mais complexificadas e avançadas, a ciência e a teoria preservam vínculos com a busca das necessidades do gênero humano (que são, como vimos, determinadas pelo sistema de metabolismo societal dominante). Estrutura-se uma relação de vinculação e autonomia com sua base originária (idem: 52). Por meio do trabalho erige-se uma relação autêntica entre teleologia e causalidade, onde a primeira altera a configuração da segunda e vice-versa.

O trabalho, portanto, é a forma fundamental, mais simples e elementar daqueles complexos cuja interação dinâmica constitui-se na especificidade do ser social. "Precisamente por essa razão, é necessário enfatizar continuamente que as características específicas do trabalho não podem ser transpostas de modo direto para as mais complexas formas de práxis social. [...] O trabalho realiza materialmente o relacionamento radicalmente novo do metabolismo com a natureza, enquanto as formas mais complexificadas da práxis social, em seu metabolismo com a natureza, têm na reprodução humana em sociedade a sua insuperável pré-condição" (idem: 59). As formas mais avançadas da práxis social encontram no ato laborativo sua base originária. Por mais complexas, diferenciadas e distanciadas, elas se constituem em *prolongamento* e *avanço*, e não em uma esfera *inteiramente* autônoma e desvinculada das posições teleológicas primárias.

Nas palavras de Lukács: "A autoelevação em relação às formas anteriores, o caráter autóctone que o ser social adquire, expressa-se precisamente pela supremacia dessas categorias onde o novo e o mais alto desenvolvimento desse tipo de ser ganha expressão em relação aos que lhe deram fundamento" (idem: 67). Nas posições teleológicas secundárias, a subjetividade adquire um sentido qualitativamente novo, além de sua maior complexificação. O autocontrole que emerge inicialmente a partir do trabalho, no domínio crescente sobre sua esfera biológica e espontânea, refere-se à objetividade desse processo. Dá-se uma nova forma de inter-relação entre subjetividade e objetividade, entre teleologia e causalidade, no interior do modo humano e societal de preenchimento das necessidades. Desse modo, é tão falso "*derivar as formas mais complexas do 'dever ser' a partir do processo de trabalho, como a falsa lógica dualista presente no idealismo filosófico*" (idem: 74).

Lukács destaca, portanto, o quão fundamental é, além de *compreender* o papel ontológico do trabalho, *apreender* também sua função na constituição do ser social, como ser dotado de autonomia e, por isso, inteiramente diferente das formas de ser antes (idem: 77). "Hegel, analisando o ato de trabalho em si mesmo, dá ênfase ao instrumento como um momento que tem um efeito duradouro para o desenvolvimento social, uma categoria de mediação de importância decisiva, por meio do qual o ato de trabalho individual transcende sua própria individualidade e o elege como um momento de continuidade social. Hegel, então, fornece uma primeira indicação de como o ato de trabalho pode tornar-se um momento da reprodução social. Marx, por outro lado, considera o processo econômico em sua totalidade dinâmica e desenvolvida, e nessa totalidade o homem deve aparecer tanto no início quanto no fim, como iniciador e resultado ao fim de todo processo [...], constituindo-se na essência real desse processo" (idem: 86).

O trabalho tem, portanto, quer em sua *gênese*, quer em seu *desenvolvimento*, em seu *ir-sendo* e em seu *vir-a-ser*, uma intenção ontologicamente voltada para o processo de *humanização do homem em seu sentido amplo*. O aparecimento de formas mais complexificadas da vida humana, as posições teleológicas *secundárias*, que se constituem como momento de interação entre seres sociais, de que são exemplos a *práxis política*, a *religião*, a *ética*, a *filosofia*, a *arte* etc., que são dotadas de maior autonomia em relação às posições teleológicas *primárias*, encontra o seu fundamento *ontológico-genético* a partir da esfera do trabalho. Menos que *descontinuidade e ruptura* em relação às atividades laborativas, elas se configuram como tendo um *maior distanciamento e* um *prolongamento complexificado* (e não pura derivação) em relação ao trabalho. Porém, esses níveis mais avançados de sociabilidade encontram sua *origem* a partir do trabalho, do intercâmbio metabólico entre ser social e natureza (idem: 99).

Essa distância ocorre também no interior do próprio trabalho. A título de exemplificação: mesmo nas formas mais simples de trabalho, dá-se o nascimento de uma nova dialeticidade entre meios e fins, entre imediatidade e mediação, uma vez que toda satisfação das necessidades obtida a partir do trabalho é uma *satisfação realizada pela mediação*. Enquanto o cozinhar ou o assar a carne é uma forma de *mediação*, comê-la cozida ou assada é algo *imediato*. Essa relação se complexifica com o desenvolvimento posterior do trabalho, que incorpora séries de mediação entre os seres sociais e os fins imediatos que são perseguidos. Nesse processo, desde sua origem, pode-se presenciar uma diferenciação entre finalidade *mediata* e *imediata*. A expansão crescente das atividades de trabalho traz novos elementos que, entretanto, não modificam a diferenciação presente no ato laborativo entre *mediato e imediato, mediação e imediatidade* (idem: 101-2).

Tem-se, portanto, por meio trabalho, um processo que simultaneamente altera a natureza e autotransforma o próprio ser que trabalha. A natureza humana é também metamorfoseada a partir do processo laborativo, dada a existência de uma posição teleológica e de uma realização prática. Nas palavras de Lukács: "a questão central das transformações no interior do homem consiste em atingir um controle consciente sobre si mesmo. Não somente o fim existe na consciência antes da realização material; essa estrutura dinâmica do trabalho também se estende a cada movimento individual. O homem que trabalha deve planejar cada momento com antecedência e permanentemente conferir a realização de seus planos, crítica e conscientemente, se pretende obter no seu trabalho um resultado concreto o melhor possível. Esse domínio do corpo humano pela consciência, que afeta uma parte da esfera da sua consciência, isto é, dos hábitos, instintos, emoções etc., é um requisito básico até no trabalho mais primitivo, e deve dar uma marca decisiva da representação que o homem forma de si mesmo" (idem: 103).

No novo ser social que emerge, a consciência humana deixa de ser epifenômeno biológico e se constitui num momento ativo e essencial da vida cotidiana. Sua consciência é um fato ontológico objetivo (idem). E a busca de uma vida cheia de sentido, dotada de autenticidade, encontra no trabalho seu *locus primeiro* de realização. A própria busca de uma vida cheia de sentido é socialmente empreendida pelos seres sociais para sua autorrealização individual e coletiva. É uma categoria genuinamente humana, que não se apresenta na natureza. "Vida, nascimento e morte como fenômenos da vida natural são destituídos de sentido [...] Somente quando o homem em sociedade busca um sentido para sua própria vida e falha na obtenção desse objetivo é que isso dá origem à sua antítese, a perda de sentido. No início da sociedade esse efeito particular aparece numa forma espontânea e puramente social. [...] Somente quando a sociedade se torna bastante diferenciada, de modo que cada homem organize individualmente sua própria vida em um caminho cheio de sentido ou também se deixe levar pela perda de sentido, que esse problema emerge como geral [...]" (idem: 108)[64].

Dizer que uma vida cheia de sentido encontra na esfera do trabalho seu *primeiro momento* de realização *é totalmente diferente de dizer que uma vida cheia de sentido se resume exclusivamente ao trabalho, o que seria um completo absurdo.* Na busca de uma vida cheia de sentido, a *arte*, a *poesia*, a *pintura*, a *literatura*, a *música*, o *momento de criação*, o *tempo de liberdade*, têm um significado muito especial. Se o trabalho se torna *autodeterminado, autônomo e livre*, e por isso *dotado de sentido*, será também (e decisivamente) por meio da *arte, da poesia, da pintura, da literatura, da música, do uso autônomo do tempo livre* e da *liberdade* que o ser social poderá se humanizar e se emancipar em seu sentido mais profundo. Mas isso nos remete a pensar, no nível de abstração em que estamos discutindo neste capítulo, as conexões mais profundas existentes entre o trabalho e a liberdade.

Trabalho e liberdade

A busca de uma vida dotada de sentido a partir do trabalho permite explorar as conexões decisivas existentes entre trabalho e liberdade, ainda segundo as indicações presentes na *Ontologia* de Lukács: "O quão fundamental é o trabalho para a humanização do homem está também presente no fato de que sua constituição ontológica forma o ponto de partida genético para uma outra questão vital que afeta profundamente

---

[64] São férteis as indicações de Lukács sobre a morte, a "alma", o sonho, que aqui é impossível discutir.

os homens no curso de toda a sua história: a questão da liberdade. Sua gênese ontológica também se origina a partir da esfera do trabalho" (idem: 112-3). "Numa primeira aproximação, podemos dizer que a liberdade é o ato de consciência que [...] consiste numa decisão concreta entre diferentes possibilidades concretas. Se a questão da escolha é feita em um alto nível de abstração, estando completamente divorciada do concreto, perdendo toda conexão com a realidade, ela se torna uma especulação vazia. Em segundo lugar, a liberdade é, em última instância, um desejo de alterar a realidade (que, é claro, inclui em certas circunstâncias, o desejo de manter a situação existente)" (idem: 114).

Sob determinados nexos causais existentes, a decisão tem um intrínseco e efetivo momento de liberdade:

> É fácil ver como a vida cotidiana, antes de tudo, coloca frequentemente alternativas que aparecem de modo imprevisto, para as quais se deve responder imediatamente, sob o risco da destruição. Nesses casos, o caráter essencial da alternativa é que se trata de uma decisão a ser tomada ignorando a maioria dos componentes presentes na situação, bem como suas consequências. Mas mesmo aqui existe um mínimo de liberdade na decisão; aqui, também, existe ainda uma alternativa, mesmo nesse caso marginal, em que não se trata somente de um evento natural determinado por uma causalidade puramente espontânea (idem: 116).

De fato, quando se concebe o trabalho no seu sentido mais *simples* e *abstrato* (Marx, 1978: 208), como criador de valores de uso, cada ato laborativo tem seu *pôr* teleológico que o desencadeia. Sem o ato teleológico, nenhum trabalho (entendido como resposta à vida cotidiana, aos seus questionamentos e necessidades) seria possível. A subjetividade que formula alternativas no interior do metabolismo social entre os seres sociais e a natureza o faz "determinada e simplesmente pelas suas necessidades e pelo conhecimento das propriedades naturais de seu objeto" (idem).

Naturalmente, ainda segundo Lukács, o conteúdo da liberdade é essencialmente distinto nas formas mais avançadas e complexas. Quanto maiores são os conhecimentos das cadeias causais presentes e operantes, mais adequadamente eles (os conhecimentos) poderão ser transformados em *cadeias causais postas*, e maior será o domínio dos sujeitos sobre elas, o que significa dizer que maior será a esfera de liberdade (idem: 116-7). O ato teleológico, expresso por meio da colocação de finalidades é, portanto, uma manifestação intrínseca de liberdade, no interior do processo de trabalho. É um momento efetivo de interação entre subjetividade e objetividade, causalidade e teleologia, necessidade e liberdade.

Portanto, para Lukács, o complexo que dá fundamento ao ser social encontra seu momento originário, sua *protoforma*, a partir da esfera do trabalho. Como se procurou indicar, essa estrutura originária, formada a partir do ato laborativo, vivencia mutações fundamentais quando as posições teleológicas não visam mais a relação metabólica entre homem e natureza, e sim a práxis interativa no interior dos próprios seres sociais, de modo a procurar influenciá-los nas suas ações e decisões. Diante da "segunda natureza", as distâncias que separam essas estruturas de interação e aquelas que remetem diretamente ao trabalho são por certo grandes. Mas seus embriões já estavam presentes nas suas manifestações sociais mais simples. De modo que menos do que falar em descolamento e separação entre as diferentes esferas do ser social, menos do que tratá-las de modo dualista, deve-se perceber entre o trabalho e as formas mais complexificadas da práxis social interativa uma relação de *prolongamento, de distanciamento,* e não de *separação* e *disjunção.* Isso porque, pelo trabalho, o ser social produz-se a si mesmo como gênero humano; pelo processo de autoatividade e autocontrole, o ser social salta da sua origem natural baseada nos instintos para uma produção e reprodução de si como *gênero humano,* dotado de auto-controle consciente, caminho imprescindível para a realização da liberdade (idem: 135).

Na síntese de Lukács: "Se a liberdade conquistada no trabalho primitivo era necessariamente ainda rudimentar e restrita, isso em nenhum sentido altera o fato de que até a liberdade mais espiritualizada e elevada deve ser obtida pelos mesmos métodos existentes no trabalho originário", qual seja, pelo domínio da ação individual própria do gênero humano sobre sua esfera natural. É exatamente nesse sentido que o trabalho pode ser considerado como *modelo de toda a liberdade* (idem: 136). E as demais esferas presentes na práxis social, de sentido interativo, mostram-se como um prolongamento *complexificado* (e não puramente derivativo) da atividade laborativa.

O trabalho, portanto, configura-se como *protoforma* da práxis social, como momento fundante, *categoria originária,* onde os nexos entre causalidade e teleologia se desenvolvem de modo substancialmente novo; o trabalho, como categoria de mediação, permite o salto ontológico entre os seres anteriores e o ser que se torna social. É, como a linguagem e a sociabilidade, uma categoria que se opera no interior do ser: ao mesmo tempo em que transforma a relação metabólica entre homem e natureza e, num patamar superior, entre os próprios seres sociais, autotransforma o próprio homem e a *sua natureza humana.* E como no interior do trabalho estão pela primeira vez presentes todas as determinações constitutivas da essência do ser social, ele se mostra como sua categoria *originária.*

Por isso Lukács fala em posições teleológicas *primárias*, que remetem diretamente ao trabalho e à interação com a natureza, e em posições teleológicas *secundárias* (como a arte, a literatura, a filosofia, a religião, a práxis política etc.) mais *complexificadas e desenvolvidas que as anteriores* porque supõem a *interação entre seres sociais, como práxis interativa e intersubjetiva*, mas que se constituem como *complexos* que ocorrem *a partir do trabalho em sua forma primeira*. São *secundárias*, portanto, não quanto à sua importância, uma vez que a esfera da intersubjetividade é decisiva e dotada de maior *complexidade* nas formações societais contemporâneas, *mas são secundárias* tão somente em seu sentido *ontológico-genético*. Mas entre elas não é possível estabelecer uma disjunção binária e dualista; ao contrário, como procuramos explorar, para Lukács, entre o *trabalho* (categoria *fundante*) e as *formas superiores de interação*, a *práxis interativa*, existem nexos indissolúveis, por maior que sejam as distâncias, os prolongamentos e as complexificações existentes entre essas esferas do ser social.

Essa não é, entretanto, uma leitura consensual e hoje nem mesmo prevalecente. As teses que propugnam a perda da centralidade do trabalho desenvolveram-se muito nas últimas décadas. E dentre elas encontra-se a crítica sócio-filosófica de Habermas, sua elaboração mais sofisticada. É dela que tratarei a seguir.

2 – A CRÍTICA DE HABERMAS AO "PARADIGMA DO TRABALHO"

Habermas propugna, em sua análise sobre a sociedade contemporânea, que a *centralidade do trabalho* foi substituída pela centralidade da *esfera comunicacional ou da intersubjetividade*[65]. Constituindo-se numa formulação teórico-analítica estruturada, vou procurar reter *alguns dos seus principais elementos críticos. Não pretendo, portanto, no espaço deste texto, reconstruir a concepção habermasiana da teoria da ação comunicativa.* Essa empreitada fugiria totalmente ao objetivo deste trabalho e, por si só, se constituiria numa pesquisa teórica de grande envergadura, muito além das minhas possibilidades. Aqui pretendo, do mesmo modo que fiz com a *Ontologia* de Lukács, *tão somente* explorar alguns *elementos centrais da crítica*

---

[65] Já referi anteriormente à conhecida formulação do autor acerca da prevalência da ciência como força produtiva, subordinando e reduzindo o papel do trabalho no processo de criação de valores. Na continuidade e avanço de sua crítica, Habermas acrescentou que o desenvolvimento de uma teoria da ação comunicativa tornava-se necessário para que se fizesse uma adequada tematização da racionalização societal, empreendimento que foi, segundo o autor, em grande medida relegado depois de Weber (Habermas, 1991, [I]: 7). Entendendo a racionalidade como tendo uma relação bastante próxima com o saber, ele acrescenta, entretanto, que a "a racionalidade tem menos vínculos com a posse do saber do que com o modo como os sujeitos dotados de linguagem e ação *adquirem e usam o conhecimento*" (idem: 8).

de Habermas ao "paradigma do trabalho"[66]. Para procurar entender o universo mais geral da sua crítica, tentarei oferecer alguns elementos prévios e introdutórios.

O paradigma da ação comunicativa e da esfera da intersubjetividade

Talvez eu pudesse iniciar dizendo que o *constructo* habermasiano relativiza e minimiza o papel do trabalho na sociabilização do ser social, na medida em que na contemporaneidade este é substituído pela esfera da *intersubjetividade,* que se converte no momento privilegiado do agir societal. Em suas palavras:

> O domínio da subjetividade é complementar ao mundo exterior, o qual é definido pelo fato de ser dividido com os outros. O mundo objetivo é pressuposto em comum como a totalidade dos fatos [...] E o mundo social é pressuposto também como a totalidade das relações interpessoais que são reconhecidas pelos membros como legítimas. Contrariamente a isso, o mundo subjetivo incorpora a totalidade das experiências a que, em cada caso, somente um indivíduo tem um acesso privilegiado (Habermas, 1991 [I]: 52).

O núcleo categorial em que se desenvolve a subjetividade é dado pela conceitualização de *mundo da vida,* que é "o lugar transcendental onde o que fala e o que ouve se encontram, onde eles podem reciprocamente colocar a pretensão de que suas declarações se adequam ao mundo (objetivo, social ou subjetivo) e onde eles podem criticar e confirmar a validade de seus intentos, solucionar seus desacordos e chegar a um acordo. Numa sentença: os participantes não podem *in actu* assumir em relação à linguagem e à cultura a mesma distância que assumem em relação à totalidade dos fatos, normas ou experiências concernentes sobre os quais é possível um mútuo entendimento" (Habermas, 1992 [II]: 126).

O conceito de mundo da vida, embora distanciado da filosofia da consciência, tem proximidade analítica com a versão proposta pela fenomenologia (idem: 135). Constitui-se num conceito complementar ao de ação comunicativa. Esta se fundamenta em um processo cooperativo de interpretação no qual os participantes relacionam-se simultaneamente a algo no mundo objetivo, no mundo social e no mundo subjetivo, mesmo quando *tematicamente enfatizam somente um* dos três componentes (idem: 119-20). Esse processo cooperativo de interpretação, que dá fundamento à intersubjetividade, assenta-se na regra de que um ouvinte reconhece e confere validade àqueles

---

[66] Neste estudo utilizo a edição inglesa *The Theory of Communicative Action* (1991 e 1992), II volumes, com tradução de Thomas McCarthy. Um panorama introdutório sobre a obra habermasiana pode-se encontrar em Outhwaite, 1994.

que formulam suas emissões. "O consenso não ocorre quando, por exemplo, o ouvinte aceita a verdade de uma asserção mas ao mesmo tempo duvida da sinceridade daquele que fala ou da propriedade normativa da emissão" (idem: 121). O reconhecimento do princípio da alteridade, da validade e do entendimento entre os seres sociais, por meio da interação subjetiva, da intersubjetividade que ocorre no mundo da vida, assume o caráter de centralidade na ação humana. Nas palavras de Habermas: "*A situação da ação é o centro do mundo da vida*" (idem: 119-20).

No conceito de mundo da vida, formulado em termos da teoria da ação comunicativa, "na prática comunicativa cotidiana as pessoas não apenas se encontram com outras dotadas de uma atitude de partícipes; elas também fazem apresentações narrativas sobre os fatos que têm lugar no contexto de seu mundo da vida" (idem: 136). O mundo da vida, por meio da situação da ação, aparece como um reservatório de convicções não abaladas e não questionadas, de que os partícipes do processo comunicacional se utilizam em seus processos interpretativos de cooperação. Elementos simples são, entretanto, mobilizados sob a forma de um conhecimento ou saber consensual somente quando eles se tornam relevantes para a situação (idem: 124).

O mundo da vida tem, portanto, como elementos constitutivos básicos a linguagem e a cultura (idem: 125). As estruturas simbólicas do mundo da vida são reproduzidas pela via da continuação do saber válido, pela estabilização da solidariedade dos grupos e pela socialização dos atores responsáveis. Esse processo de reprodução envolve as novas situações com as condições existentes do mundo da vida; isso tanto na dimensão semântica dos significados ou conteúdos (da tradição cultural) quanto na dimensão do espaço social (os grupos socialmente integrados) e seu tempo histórico (de gerações sucessivas). A esses processos de reprodução cultural, integração social e socialização correspondem os componentes estruturais do mundo da vida: cultura, sociedade, pessoa."

Habermas acrescenta: "Eu uso o termo 'cultura' para a reserva de saber da qual cada participante da comunicação supre a si mesmo com interpretações de como eles chegam ao entendimento sobre algo do mundo. Uso 'sociedade' para as ordens legitimadas por meio das quais os participantes regulam suas vinculações junto aos grupos sociais, garantindo a solidariedade. Por 'personalidade' entendo os componentes que tornam o sujeito capaz de falar e agir, que o colocam em posição de tomar parte em processos de entendimento para afirmar sua própria identidade. As dimensões nas quais a ação comunicativa se estende compreendem o campo semântico dos conteúdos simbólicos, o espaço social e o tempo histórico. As interações tecidas na elaboração prática comunicativa cotidiana constituem o meio graças ao qual a cultura, a sociedade e a pessoa são reproduzidas" (idem: 137-8). A ação comunicativa não se constitui "somente de processos de interpretação onde o saber cultural é 'testado contra o mundo'; eles são, ao mesmo tempo, processos de integração social e de socialização" (idem: 139).

O desacoplamento entre sistema e mundo da vida

O problema fundamental da teoria social, segundo Habermas, é o de como articular, de modo satisfatório, as duas estratégias conceituais indicadas pela noção de "sistema" e "mundo da vida", bem como entender o desacoplamento (*uncoupling)* ou separação que ocorre entre elas (idem: 151 e 153). "Eu entendo a evolução social como um processo de diferenciação de segunda ordem: sistema e mundo da vida são diferenciados no sentido de que aumentaram a complexidade de um e a racionalidade do outro. Mas não é somente nisso que sistema e mundo da vida se diferenciam; eles se diferenciam um do outro de modo simultâneo" (idem: 155). No universo da análise sistêmica, desenvolvida por Habermas, o desacoplamento ou separação entre sistema e mundo da vida se consolida com complexificação maior da sociedade moderna e com o advento de novos níveis de diferenciação sistêmica, que dá origem ao aparecimento de subsistemas (idem: 153-4).

Enquanto o *sistema* engloba as esferas econômicas e políticas voltadas para a reprodução societal, esferas que têm como meios de controle o dinheiro e o poder, o *mundo da vida* é o *locus* do espaço intersubjetivo, da organização dos seres em função da sua identidade e dos valores que nascem da esfera da comunicação. A cultura, a sociedade e a subjetividade, como dissemos acima, encontram seu universo no mundo da vida. O desacoplamento entre sistema e mundo da vida só poderá ser compreendido na medida em que se possa apreender as transformações que vêm ocorrendo nas relações entre ambas (idem: 155).

O poder e o dinheiro, como meios de controle que se desenvolvem no interior do sistema, acabam por se sobrepor ao sistema interativo, à esfera comunicacional. Opera-se uma instrumentalização do mundo da vida, sua tecnificação. Com o aumento e complexificação dos subsistemas, o fetichismo, descrito por Marx, acaba por invadir e instrumentalizar o mundo da vida. Dá-se, então, o que Habermas caracteriza como o processo de *colonização do mundo da vida* (idem: 318). Esses fenômenos já se constituem como efeitos do desacoplamento entre sistema e mundo da vida. A racionalização do mundo da vida torna possível realizar a integração social, por meios *diferenciados* daqueles presentes no mundo da vida, como a linguagem.

Para Habermas, o capitalismo e seu aparato estatal moderno configuram-se como *subsistemas* que, pelos meios poder e dinheiro, se diferenciam do poder institucional, isto é, do componente social do mundo da vida. Na sociedade burguesa, sempre segundo o autor, as áreas de ação *socialmente* integradas assumem, frente às áreas de ação *sistemicamente* integradas, dadas pela economia e pelo Estado, as formas de esfera privada e pública, que mantêm uma relação de complementaridade (idem: 318-9). "Da perspectiva do mundo da vida várias relações sociais cristalizam-se em torno dessa relação de intercâmbio: as relações entre o empregado e o consumidor, por um lado, e a relação entre o cliente e o cidadão do Estado, por outro" (idem: 318).

Efetiva-se um processo de monetarização e burocratização do poder do trabalho. "O modo de produção capitalista e a dominação burocrático-legal podem cumprir melhor as tarefas da reprodução material do mundo da vida" (idem: 321). Os meios poder e dinheiro podem regular as relações de intercâmbio entre sistema e mundo da vida somente na medida em que o mundo da vida se ajuste, num processo de abstração real, aos *in puts* que se originam do subsistema correspondente (idem: 323).

A instrumentalização do mundo da vida, por constrangimentos oriundos do universo sistêmico, leva a uma redução e ao ajustamento da prática comunicativa às orientações de ação cognitivo-instrumental. "Na prática comunicativa da vida cotidiana, as interpretações cognitivas, as expectativas morais, as expressões e valores, têm que formar um todo racional, interpenetrar-se e interconectar-se por meio da transferência de validade, que é possibilitada pela atitude realizada. Essa infraestrutura comunicativa é ameaçada por duas tendências que se interligam e reforçam-se mutuamente: uma *reificação induzida sistematicamente* e um *empobrecimento cultural.* [...] Nas deformações da prática cotidiana, sintomas de rigidificação combinam-se com sintomas de desolação" (idem: 327).

Com isso, tanto se tem a racionalização unilateralizada da comunicação cotidiana, dotando o horizonte do mundo da vida de uma ausência de conteúdo normativo, como também se presencia o fim das tradições vivas (idem). *Reificação e desolação passam a ameaçar cada vez mais o mundo da vida.* O empobrecimento cultural na prática comunicativa cotidiana resulta, portanto, "da penetração das formas de racionalidade econômica e administrativa no interior das áreas de ação, que resistem a ser convertidas pelos meios do poder e dinheiro, uma vez que são especializadas em transmissões culturais, integração social e educação infantil e permanecem dependentes do entendimento mútuo como mecanismo para a coordenação de suas ações" (idem: 330).

Efetiva-se o que Habermas denomina a *colonização do mundo da vida,* que ocorre quando, despojados de seu véu ideológico, os imperativos dos subsistemas autonomizados invadem o mundo da vida de fora – *como senhores coloniais numa sociedade tribal* – e forçam um processo de assimilação sobre eles (idem: 355). Foi o que ocorreu com a expansão dos subsistemas regulados por meios como dinheiro e poder, monetarização e burocracia, que acabam por invadir, com a monetarização e a burocratização, o mundo da vida e, desse modo, colonizá-lo. E aqui, além das incorporações que Habermas faz de Marx e Weber[67], aflora o eixo central de sua crítica à teoria marxiana do valor, presente em sua *Teoria da Ação Comunicativa*, que vamos indicar a seguir.

A colonização do mundo da vida e a crítica de Habermas à teoria do valor

Para Habermas, a *colonização do mundo da vida* não deve permitir a unificação, efetivada por Marx, entre *sistema* e *mundo da vida* numa "*totalidade ética cujos momentos, abstratamente divididos, estão condenados a fenecer*" (idem: 339). Marx "*move-se nos dois planos analíticos dados pelo 'sistema' e pelo 'mundo da vida', mas sua separação não está realmente pressuposta em seus conceitos econômicos básicos, os quais permanecem ligados à lógica de Hegel*". Para o autor, Marx "compreende a totalidade abarcando ambos os momentos" (idem: 339), numa lógica na qual "o processo de acumulação, desvinculada de uma orientação com base em valores de uso, assume literalmente a forma de ilusão – o sistema capitalista não é nada mais que a forma fantasmagórica de suas relações de classe que se tornaram anonimamente corrompidas e fetichizadas. A autonomia sistêmica do processo de produção tem o caráter de um encantamento. Marx está *a priori* convencido de que o capital não tem perante si próprio nada mais do que a forma mistificada da relação de classe [...]. Ele concebe tão fortemente a sociedade

---

[67] Toda uma gama de autores é citada e/ou assimilada por Habermas, *mais* ou *menos* criticamente, como Parsons, Mead, Lukács, Luhmann, entre tantos outros. Impressiona, entretanto, a constatação de que, enquanto Weber é amplamente citado, *no original* ou *na fonte*, ao longo de toda obra e particularmente no item referente à sua Teoria da Modernidade, o mesmo procedimento não se verifica em relação à obra marxiana. Particularmente no item denominado "Marx e a Teoria da Colonização Interna", onde Habermas empreende sua crítica à Teoria do Valor de Marx, *este não é nunca citado no original ou na fonte.* A referência à sua obra é sempre feita à luz de interpretações, como as de Claus Offe, Georg Lohmann, Lange, Brunkhorst etc. Se é compreensível o porquê das abundantes referências a Weber, ao longo da obra (dado o peso e o respaldo encontrado na teoria weberiana para dar suporte à formulação de Habermas), causa bastante estranheza o procedimento em relação a Marx, não pelas escassas referências à sua obra, ao longo do livro (o que naturalmente é também compreensível, dada a impossibilidade de se respaldar em Marx para estruturar a sua teoria da ação comunicativa), *mas pela quase inexistência de referência, no original ou na fonte, à obra marxiana, particularmente no item a ele dedicado,* em visível contraste com o tratamento dado à obra de Weber.

capitalista como uma totalidade, que desconsidera o *intrínseco* valor evolutivo que os subsistemas regidos por meios possuem. Ele não vê que a diferenciação entre aparato de Estado e economia também representa um nível mais alto de diferenciação sistêmica, que abre novas possibilidades de direção e força a reorganização de relações de classe velhas, feudais" (idem: 339).

Para Habermas, esse equívoco marxiano afeta e macula sua teoria da revolução, na medida em que concebe um "Estado futuro" onde a "objetividade do capital será dissolvida e o mundo da vida, que havia sido capturado pelos ditames da lei do valor, retornará à sua espontaneidade" (idem: 340). Tal alternativa, realizada pelo proletariado industrial "sob a liderança de uma vanguarda teoricamente esclarecida", deverá se apoderar do poder político e revolucionar a sociedade (idem). "Sistema e mundo da vida aparecem em Marx sob a metáfora do 'reino da necessidade' e 'reino da liberdade'. A revolução socialista libertará o último dos ditames do primeiro" (idem). A eliminação do trabalho abstrato, subsumido sob a forma de mercadoria, e sua conversão em trabalho vivo criaria uma intersubjetividade de produtores associados, "mobilizada pela vanguarda", capaz de *levar ao triunfo o mundo da vida sobre o sistema do poder do trabalho desumanizado* (idem)[68].

Após conferir validade ao prognóstico de Weber contra as "expectativas revolucionárias" de Marx, acrescenta Habermas que o "erro" marxiano decorre da "travagem dialética entre sistema e mundo da vida, que não permite uma separação suficientemente nítida entre o *nível de diferenciação do sistema* que aparece no período moderno, e as *formas específicas de classe em que esses níveis se institucionalizam*. Marx não resistiu às tentações do pensamento totalizante hegeliano; ele construiu a unidade entre sistema e mundo da vida dialeticamente como um 'todo falso'" (idem).

Disso decorre, ainda conforme o autor, a segunda fraqueza de Marx no que diz respeito à sua teoria do valor. "Marx não tem critério que lhe permita distinguir a destruição das formas tradicionais da vida frente à reificação dos mundos da vida pós-tradicionais." E acrescenta: "Em Marx e na tradição marxista o conceito de 'alienação'

[68] Anteriormente, ao criticar Lukács, Habermas fez essa mesma crítica à "teoria da vanguarda iluminada" (Habermas, 1991 [I]: 364). Embora não querendo problematizar, nesse momento de reconstrução da formulação habermasiana – procurarei fazer sua crítica a seguir –, é necessário dizer que é ampla a literatura que demonstra ser a formulação lukacsiana presente em *História e Consciência de Classe* fortemente tributária da concepção leniniana de Partido. É vasta também a literatura que *problematiza* a *identificação* pura e simples entre as formulações de Lênin (e Lukács de *HCC*) e a formulação de Marx, identificação que Habermas faz sem nenhuma mediação e de modo caricatural.

tem sido aplicado sobre todos os modos de existência dos trabalhadores assalariados" (idem). Sempre segundo Habermas, nos *Manuscritos de Paris*, Marx ofereceu elementos para uma crítica do trabalho alienado, embora numa versão "muito fortemente marcada pela orientação fenomenológica e antropológica"; mas é com o desenvolvimento posterior da teoria do valor e a consequente predominância do trabalho abstrato que "o conceito de alienação perde sua determinação. [...] Marx fala em abstrato sobre a vida e suas possibilidades vitais; ele não tem um conceito de racionalização ao qual fica sujeito o mundo da vida, a partir da expansão e diferenciação de suas estruturas simbólicas. Então, no contexto histórico de suas investigações, o conceito de alienação permanece peculiarmente ambíguo", uma vez que não permite distinguir entre "o aspecto da *reificação* e o da *diferenciação estrutural do mundo da vida.* Para isso, o conceito de alienação não é suficientemente seletivo. A teoria do valor não fornece base para o conceito de reificação, que lhe possibilite identificar síndromes de alienação relativa ao grau de racionalização alcançado no mundo da vida. [...] Em um mundo da vida amplamente racionalizado, a reificação pode ser mensurada somente em contraste com as condições da socialização comunicativa, e não em relação a uma nostálgica intenção, que frequentemente romantiza o passado pré-moderno das formas da vida" (idem: 341-2).

A terceira crítica de Habermas ao que considera as *fragilidades* da teoria do valor de Marx diz respeito à "sobregeneralização de um caso específico de subsunção do mundo da vida sob o sistema" (idem: 342). A reificação não deve confinar-se à esfera do trabalho social, *podendo manifestar-se tanto no âmbito público como no privado, como produtor e como consumidor.* Por contraste, a teoria do valor valida somente um canal por meio do qual se efetiva a monetarização da esfera do trabalho. Nas suas palavras: "Marx estava impedido de conceber a transformação do trabalho concreto em trabalho abstrato como um caso especial de uma reificação sistemicamente induzida das relações sociais em geral, porque ele parte de um modelo de ator que, junto com seus produtos, é despojado da possibilidade de desenvolver suas potencialidades essenciais" (idem).

Essas críticas permitem-lhe afirmar que Marx não oferece uma análise satisfatória do capitalismo tardio: "Para a ortodoxia marxista é difícil explicar a intervenção governamental, a democracia de massas e o Welfare State. O *approach* economicista se desmorona frente à pacificação do conflito de classes e aos sucessos prolongados do reformismo nos países europeus desde a Segunda Guerra Mundial, sob a bandeira do programa social-democrático, em sentido amplo" (idem: 343). E será sobre esses pontos que Habermas discorrerá, nas últimas páginas de sua *Teoria da Ação Comunicativa.*

Talvez seja necessário indicar tão somente mais dois aspectos da crítica habermasiana, visto que eles se mesclam diretamente com a temática de nossa pesquisa. A questão da *pacificação do conflito de classes* e as conexões que o autor oferece entre a *teoria do valor e a tese da consciência de classe.*

Em relação ao primeiro aspecto o autor assim o desenvolve:

> A institucionalização legal da negociação coletiva tornou-se a base da reforma política que levou a uma pacificação do conflito de classes no *social-Welfare State*. O núcleo desse problema é a legislação dos direitos na esfera do trabalho e do *welfare*, provendo os traços básicos da existência dos trabalhadores assalariados e compensando-os pelas desvantagens que nascem da fraqueza estrutural da sua posição de mercado (empregados, inquilinos, consumidores etc.) (idem: 347).

No capítulo em que desenha sua crítica à teoria da reificação de Lukács, presente em *História e Consciência de Classe*, Habermas refere-se ao poder de integração do capitalismo tardio: "O desenvolvimento nos Estados Unidos demonstra por outra via o poder de integração do capitalismo: sem uma repressão aberta, a cultura de massas limita a consciência de amplas massas aos imperativos do *status quo*. A perversão do conteúdo humano da Rússia soviética e do socialismo revolucionário, o colapso do movimento operário social-revolucionário em todas as sociedades industriais e a realização da integração social pela racionalização que penetrou na reprodução cultural" constituíram-se nos elementos que conformam a integração do movimento operário (Habermas, 1991[I]: 367). Na vigência de uma democracia de massas, no intervencionismo estatal e na existência do Welfare State, que se desenvolveram fortemente no pós-guerra, encontram-se os elementos constitutivos do capitalismo tardio, que para Habermas são garantidores da pacificação dos conflitos sociais.

Isso o leva a concluir que, nesse universo pacificador do mundo do trabalho, a teoria da reificação de Marx e Lukács "é suplementada e escorada pela teoria da consciência de classe [...] Em face da pacificação dos antagonismos de classe por meio do Welfare State, entretanto, e do crescimento do anonimato das estruturas de classe, a teoria da consciência de classe perde sua referência empírica. Ela não mais pode ter aplicação a uma sociedade onde nos encontramos crescentemente incapacitados para identificar mundos da vida estritamente específicos de classe" (Habermas, 1992[II]: 352)[69]. Isso porque, no capitalismo tardio, a estrutura de classes "perde sua forma

[69] Ver também Habermas (1991[I]: 364).

historicamente palpável. A desigual distribuição das compensações sociais reflete uma estrutura de privilégios que não pode mais derivar da posição de classe de forma não qualificada" (idem: 348).

Concluo este esboço da crítica habermasiana dizendo que sua teoria da ação comunicativa "*não se constitui como uma metateoria, mas no marco inicial de uma teoria da sociedade*", tendo nos "*paradigmas do mundo da vida e do sistema*" seus núcleos categoriais básicos (Habermas, 1991[I]: XLI-II). O primeiro, o *mundo da vida*, é reservado à esfera da *razão comunicativa*, espaço por excelência da intersubjetividade, da interação. O segundo, o *sistema*, é movido predominantemente pela *razão instrumental*, onde se estruturam as esferas do *trabalho*, da *economia* e do *poder*. A disjunção operada entre esses níveis, que se efetivou com a complexificação das formas societais, levou o autor a concluir que a "*utopia da ideia baseada no trabalho perdeu seu poder persuasivo [...] Perdeu seu ponto de referência na realidade*". Isso porque as condições capazes de possibilitar uma vida emancipada "*não mais emergem diretamente de uma revolucionarização das condições de trabalho, isto é, da transformação do trabalho alienado em uma atividade autodirigida*" (Habermas, 1989: 53-4). Ou seja, para Habermas a centralidade transferiu-se da esfera do trabalho para a esfera da ação comunicativa, onde se encontra o novo núcleo da utopia (idem: 54 e 68)[70].

3 – UM ESBOÇO CRÍTICO À CRÍTICA DE HABERMAS

Vou procurar finalizar esta discussão em torno da centralidade do trabalho, de feição mais abstrata, tentando tão somente problematizar alguns elementos da polêmica introduzida por Habermas. Quer pelo interesse que suscita em minha pesquisa, quer pela sua intrínseca complexidade, quer pelos limites deste texto, aqui explorarei centralmente a *separação* realizada pelo empreendimento habermasiano entre *trabalho* e *interação* ou, nos termos da *Teoria da Ação Comunicativa*, entre *sistema* e *mundo da vida*. No que diz respeito à temática da minha pesquisa, esse tema se constitui, como vimos, em ponto central.

---

[70] Essa concepção aparece mais recentemente também em Méda, sob a forma do "desencanto do trabalho", na linhagem weberiana do "desencanto do mundo". A proposta de Méda, de relativização e minimização da esfera do trabalho na sociabilidade contemporânea, de redução da razão instrumental, se compensa pela ampliação da esfera pública, no exercício de "uma nova cidadania", "no aumento do tempo social dedicado à atividade que é, de fato, política", na medida em que esta se mostra capaz de estruturar um tecido social baseado na autonomia e na cooperação (Méda, 1997: 220-7). Uma indicação crítica das relações entre Habermas e Weber encontra-se em Löwy (1998). Sobre dimensões críticas da obra de Habermas, ver também o dossiê *Habermas, Une Politique Délibérative* (1998).

Naturalmente, essa exploração é indicativa e inicial, devendo merecer aprofundamento em reflexões ulteriores[71].

A partir do desenho preliminar que procurei fazer entre Lukács e Habermas, entendo que a *práxis interativa*, como momento de expressão da subjetividade, encontra seu solo ontológico fundante na esfera do *trabalho*, onde o *ato teleológico* se manifesta pela primeira vez em sua plenitude. Embora a esfera da linguagem ou da comunicação seja um elemento constitutivo central do ser social, em sua gênese e em seu salto ontológico em relação às formas anteriores, não posso concordar com Habermas, quando ele confere à esfera intercomunicacional o papel de elemento *fundante* e estruturante do processo de sociabilização do homem.

Como procurei indicar, pela recuperação da construção lukacsiana, entendo que o trabalho se apresenta como a *chave analítica* para a apreensão das posições teleológicas mais complexificadas, que se pautam não mais pela relação direta entre homem e natureza, mas sim por aquela que se estabelece entre os próprios seres sociais. O trabalho constitui-se numa categoria central e fundante, *protoforma do ser social*, porque possibilita a *síntese* entre teleologia e causalidade, que dá origem ao ser social. O trabalho, a sociabilidade, a linguagem, constituem-se em *complexos* que permitem a gênese do ser social. Como vimos anteriormente, entretanto, o trabalho possibilita pela primeira vez no ser social o advento do ato teleológico interagindo com a esfera da causalidade. *No trabalho o ser se expõe como subjetividade (pelo ato teleológico, pela busca de finalidades) que cria e responde ao mundo causal.*

Mas se o trabalho tem o sentido de momento predominante, a linguagem e a sociabilidade, *complexos fundamentais do ser social*, estão intimamente relacionadas a ele, e como momentos da práxis social esses complexos não podem ser separados e colocados em disjunção. *Quando Habermas transcende e transfere a subjetividade e o momento da intersubjetividade para o mundo da vida, como universo diferenciado e separado do sistema, o liame ontologicamente indissolúvel se rompe na sua construção analítica.*

---

[71] Por isso não vou discutir aqui tantos pontos que poderiam ser explorados, como a questão da distinção habermasiana da esfera pública e privada, da relação Estado e sociedade, entre tantas outras, em que a divergência com a formulação marxiana (e marxista) é maior. Não vou tampouco reproduzir aqui a crítica que esboçei anteriormente, sobre a relativa minimização operada por Habermas (e também por diversos críticos da centralidade do trabalho), acerca das dimensões *abstrata* e *concreta* do trabalho, central na formulação marxiana. Ver Antunes, (1995: 75-86) e também o texto de minha autoria, "As Metamorfoses e a Centralidade do Trabalho Hoje", que aparece no apêndice deste livro, onde também faço algumas indicações críticas.

Ao operar com a disjunção analítica essencial entre *trabalho* e *interação*, entre *práxis laborativa* e *ação intersubjetiva*, entre *atividade vital* e *ação comunicativa, entre sistema* e *mundo da vida*, perde-se o momento em que se realiza a articulação inter-relacional entre teleologia e causalidade, entre mundo da objetividade e da subjetividade, questão nodal para a compreensão do ser social.

Como consequência, aquilo que aparece como a mais ousada reformulação de Habermas em relação a Marx mostra-se como o seu maior limite. Habermas atribui a Marx a redução da *esfera comunicacional* à *ação instrumental*[72]. Como contraposição, realiza uma *sobrevalorização* e *disjunção* entre essas dimensões decisivas da vida social, e a *perda desse liame indissolúvel permite a Habermas valorizar e autonomizar a esfera comunicacional.* Nesse sentido, falar em *colonização do mundo da vida* pelo *sistema* parece ser, então, uma versão muito tênue, no mundo contemporâneo, frente à totalização operada pela vigência do *trabalho abstrato* e pela fetichização da mercadoria e suas repercussões reificadas no interior da esfera comunicacional. E o capitalismo por certo é muito mais do que um *subsistema.*

No nível mais abstrato, *a sobrevalorização habermasiana se efetiva pela perda da relação de distância e prolongamento existente entre o trabalho e a práxis interativa, que assume a forma relacional entre esferas que se tornaram dissociadas, a partir da complexificação da vida societal.* Enquanto para Habermas opera-se um *desacoplamento* que leva à separação, para Lukács tem lugar um *distanciamento, complexificação* e *ampliação* que, entretanto, não rompe o liame e os vínculos indissolúveis entre essas esferas da sociabilidade, vínculos que ocorrem tanto na *gênese* como no próprio *processo emancipatório.* Habermas, ao contrário, na disjunção que opera a partir da complexificação das formas societais, conferirá à esfera da linguagem e da comunicação o espaço e o sentido privilegiado da emancipação.

Ambos, entretanto, conferem papel central à esfera da subjetividade, tanto na gênese quanto no vir a ser. Mas o tratamento que oferecem a essa categoria é complemente distinto. Para Habermas,

---

[72] Conforme os termos indicados por Outhwaite (1994: 15-6), que, entretanto, como disse anteriormente, incorpora o essencial da formulação de Habermas, a quem considera generosamente "o mais importante teórico social da segunda metade do século XX", capaz de operar uma síntese sobre a modernidade que o converteu numa espécie de "Max Weber marxista" (idem: 4-5). Com uma leitura bastante diferenciada da anterior, Mészáros (1989: especialmente 130-40) faz uma crítica aguda a Habermas. Entre nós, pode-se encontrar elementos da polêmica Habermas/Lukács, ainda que em dimensões e aspectos diferenciados daqueles que aqui desenvolvemos, em Coutinho (1996: especialmente 21 e seg.); Maar (1996: especialmente 48 e seg.); e Lessa (1997: 173-215).

o domínio da subjetividade é complementar ao mundo exterior, enquanto para Lukács essa separação é desprovida de significado.

Pelo que acima esbocei, não posso concordar com a separação analítica operada por Habermas – e que se constitui no eixo de sua crítica a Marx e Lukács –, entre sistema e mundo da vida, ou se preferirmos, esfera do trabalho e esfera da interação. O sistema não *coloniza o mundo da vida* como algo exterior a ela. "Mundo da vida" e "sistema" não são subsistemas que possam ser separados entre si, mas são partes integrantes e constitutivas da totalidade social que Habermas, sistêmica, binária e dualisticamente secciona.

É exatamente por operar essa disjunção que a crítica de Habermas à teoria do valor começa pela recusa da noção de *totalidade* em Marx. Se *trabalho* e *interação* são momentos distintos de um todo articulado, se entre as *posições teleológicas primárias* e as *posições teleológicas secundárias*, no sentido dado por Lukács, existe alargamento, complexificação e *distanciamento*, mas não *separação*, a crítica realizada por Habermas, tanto a Marx quanto a Lukács, pode mostrar-se desprovida de maior fundamentação. Pode ser uma *complexa construção gnosiológica desprovida, entretanto, de densidade ontológica*.

A crítica de Habermas de que o fetichismo e a reificação em Marx ficam restritos à esfera do trabalho mas deveriam estender-se ao cidadão-consumidor também nos parece sem sustentação, a menos que raciocinemos a partir da *disjunção* habermasiana. Mas se essa disjunção é desprovida de fundamento, a crítica de Habermas torna-se também aqui irrealizada. Se para Marx a totalidade social compreende tanto o *trabalho* como a *práxis social interativa*, a crítica da alienação e do fetichismo não pode separar rigidamente *produtor* de *consumidor*, como se essas fossem esferas totalmente distintas, e, o que é mais evidente ainda, não se restringe em nenhuma hipótese à esfera da produção. Os desdobramentos analíticos oferecidos por Lukács em sua tematização sobre o *estranhamento* (*Entfremdung*), presentes na *Ontologia do Ser Social*, são, entre tantos outros exemplos, desenvolvimentos abrangentes e ampliados da teoria marxiana da alienação/estranhamento (ver Lukács, 1981: IV). O mesmo ocorre em relação à esfera da subjetividade, conforme veremos a seguir.

Subjetividade autêntica e subjetividade inautêntica

Nicolas Tertulian, em um ensaio seminal, mostrou que na *Ontologia do Ser Social* Lukács construiu "uma verdadeira fenomenologia da subjetividade, para tornar inteligíveis as bases sócio-históricas do fenômeno da alienação. Ele distingue dois níveis de existência: o gênero humano em-si e o gênero humano para-si. O que caracteriza o primeiro é a tendência a reduzir o indivíduo à sua própria 'particularidade'; o segundo é a aspiração em busca de uma *nicht mehr partikulare Persönlichkeit* [personalidade não mais particular]. O ato teleológico (*teleologische Setzung*), definido como fenômeno originário e *principium movens* da vida social, é decomposto, por sua vez, em dois momentos distintos: a objetivação (*die Vergegenständlichung*) e a exteriorização (*die Entäusserung*)[73].

Sublinhando a conjunção, assim como a possível divergência, entre esses dois momentos, no interior do mesmo ato, Lukács exalta o espaço da autonomia da subjetividade em relação às exigências da produção e reprodução sociais [...] O campo da alienação situa-se no 'espaço interior' do indivíduo, como uma contradição vivenciada entre a aspiração em busca da autodeterminação da personalidade e a multiplicidade de suas qualidades e de suas atividades, que visam a reprodução de um conjunto estranho" (Tertulian, 1993: 439-40).

O indivíduo que aceita a imediatidade de sua condição, imposta pelo *status quo* social, e não tem aspirações voltadas para a autodeterminação é, para Lukács, o indivíduo no estado de "particularidade", o agente por excelência do gênero humano *em-si*. *É o momento em que, na belíssima reconstrução de Tertulian, a subjetividade vivencia condições de inautenticidade.* A busca de uma existência verdadeiramente humana implica a vontade de reencontrar uma força ativa, consciente, "contra os imperativos de uma existência social heterônoma, na força para vir a ser uma personalidade autônoma" (idem: 440)[74].

A vida cotidiana não se mostra, então, como o espaço *por excelência* da vida alienada, mas, ao contrário, como um campo de disputa entre a alienação e a desalienação. A *Ontologia da Vida Cotidiana* fornece inúmeros exemplos desse embate (idem)[75].

Como os "fenômenos da reificação ou, em um grau superior de generalidade, a alienação, encontram-se no centro da pesquisa de Lukács, ao longo de toda sua obra" (idem: 439), o filósofo húngaro pôde desenvolver todas as potencialidades presentes na tese da reificação de Marx, o que foi, como vimos acima, tematizado equivocadamente por Habermas como o *confinamento* da teoria da reificação à esfera do trabalho.

---

73 Os parênteses constam no original de N. Tertulian (1993).

74 Uma exposição exploratória sobre o conceito de *pessoa*, *personalidade*, do "modo ontológico da individualidade" na *Ontologia* de Lukács pode ser encontrada em Oldrini (1993). Interagindo dentro de um conjunto de condições concretas, a *personalidade*, diz o autor, "é o resultado de uma dialética social que alcança as bases reais da vida do indivíduo, relacionando-o com um 'campo de manobra histórico e social concreto'", no qual ela tanto vivencia as condições de *objetivação* quanto de *exteriorização*. A chave para a compreensão do conceito marxista de *pessoa* e de *personalidade* é concebê-la, "em toda a sua problematicidade, como uma categoria social". A personalidade "não é nem um epifenômeno do ambiente, um simples resultado do determinismo", nem uma "força autárquica, que se plasma acima da totalidade social" (Oldrini, 1993: 146-9).

75 Ver minhas anotações sobre a vida cotidiana no capítulo seguinte, com o título "Elementos para uma Ontologia da Vida Cotidiana".

Ao buscar as diferenciações existentes na vida social, Tertulian, com grande rigor filosófico e sofisticação analítica, desenvolve outra ideia rica em desdobramentos: aquela que se refere à diferenciação, feita por Lukács na sua obra de maturidade, entre as *reificações "inocentes"* e as *reificações "alienantes"*. As *reificações inocentes* manifestam-se quando ocorre a condensação das atividades em um *objeto*, em uma *coisa*, propiciando a "coisificação" das energias humanas, que funcionam como reflexos condicionados e acabam por levar às reificações "inocentes". A subjetividade é reabsorvida no funcionamento do objeto, sem efetivar-se uma "alienação" propriamente dita (idem: 441).

As reificações "alienadas" ocorrem quando a subjetividade é transformada em um objeto, em um "*sujeito-objeto*, que funciona para a autoafirmação e a reprodução de uma força estranhada. O indivíduo [...] chega a autoalienar suas possibilidades mais próprias, vendendo por exemplo sua força de trabalho sob condições que lhe são impostas, ou, em outro plano, sacrifica-se ao 'consumo de prestígio', imposto pela lei de mercado" (idem).

Evidencia-se aqui o limite da crítica habermasiana, ao afirmar que a teoria da reificação de Marx e Lukács confina-se à esfera do trabalho social e mostrar-se-ia por isso incapaz de incorporar também a esfera do consumo. Como vimos acima, com as indicações de Nicolas Tertulian, a incorporação lukacsiana da reificação é muito mais complexa e fértil, abrangente e ampliada, complexa e nuançada, do que sugere a crítica habermasiana. É verdade que Habermas não trata da obra lukacsiana da maturidade. Mas como ele critica tanto o Lukács de *História e Consciência de Classe* quanto o *conjunto* da obra marxiana, evidencia-se a improcedência da limitação apontada por Habermas à teoria (marxiana e marxista) da reificação.

A tensão e a disputa entre *inautenticidade* e *autenticidade*, entre alienação e desalienação, *leitmotiv* dos últimos escritos de Lukács, em particular na *Ontologia do ser Social* e nos seus *Prolegômenos*, é observada na luta exercida pela subjetividade para transcender a "particularidade" e atingir um "nível verdadeiro de humanidade. A autodeterminação da personalidade, que faz explodir os sedimentos da reificação e da alienação, é sinônimo de emancipação do gênero humano" (idem: 442). Essa alternativa positiva de constituição da *genericidade para-si* não exclui, como possibilidade, "o definhamento trágico do sujeito no curso do combate" (idem).

Talvez eu possa concluir essas indicações dizendo que tanto Lukács como Habermas conferem um papel central à esfera da subjetividade, quer na gênese, quer no desenvolvimento e emancipação do ser social. Mas o tratamento que eles oferecem à esfera da subjetividade é completamente distinto. O *constructo* de Habermas acerca da intersubjetividade, presente na *Teoria da Ação Comunicativa*, tributário que é da disjunção anteriormente referida, isola o mundo da vida como uma *coisa em si*, conferindo-lhe uma *separação* inexistente em relação à esfera *sistêmica*.

Em Lukács, ao contrário, na *Ontologia do Ser Social* desenvolve-se uma articulação fértil entre subjetividade e objetividade, onde a *subjetividade é um momento constitutivo da práxis social*, numa inter-relação ineliminável entre a esfera do sujeito e a atividade do trabalho. É ontologicamente inconcebível, nessa formulação, *separar* a esfera da subjetividade do universo laborativo, que, como vimos anteriormente, com o ato teleológico intrínseco ao processo de trabalho deu nascimento à própria subjetividade no ato social laborativo.

Para Habermas, na disjunção que realiza a partir da complexificação das formas societais, com a efetivação do *desacoplamento* entre sistema e mundo da vida e a consequente autonomização da intersubjetividade, caberá à esfera da linguagem e da razão comunicacional um sentido emancipatório. Em Lukács, ao contrário, os vínculos entre *subjetividade* e *trabalho* são indissolúveis. Assim, tanto na *gênese* do ser social quanto no seu *desenvolvimento* e no próprio *processo emancipatório*, o trabalho, como momento fundante da própria subjetividade humana, por meio contínua realização das necessidades humanas, da busca da produção e reprodução da sua vida societal, da gênese da própria consciência do ser social, mostra-se como elemento ontologicamente essencial e fundante.

Se para Habermas o fim do "paradigma do trabalho" é uma constatação possível, em decorrência de seus próprios pressupostos analíticos, para Lukács a complexificação societal não dissolveu o sentido original (e essencial) presente no processo de trabalho, entre teleologia e causalidade, entre mundo da objetividade e esfera da intersubjetividade.

Concluirei indicando um último comentário crítico: no contexto do capitalismo tardio, a tese habermasiana da *pacificação dos conflitos de classes* encontra-se hoje, há menos de vinte anos de sua publicação, sofrendo forte questionamento. Não só o Welfare State vem desmoronando no relativamente escasso conjunto de países onde ele teve efetiva vigência, como também as mutações presenciadas no interior do *Estado intervencionista* acentuaram seu sentido fortemente privatizante. Desse quadro cheio de mutações vem desintegrando também, e de maneira crescente, a base empírica *limitada* de sustentação da crítica habermasiana à pacificação das lutas sociais, dada pela hegemonia do projeto social-democrático no interior do movimento dos trabalhadores. E mesmo quando esse projeto apresenta-se vitorioso eleitoralmente, ele está cada vez mais distanciado dos valores do reformismo social-democrático que vigorou no pós-guerra.

Como procurei mostrar na primeira parte deste livro, a reestruturação produtiva do capital, o neoliberalismo e as mutações no interior do Estado, a perda de seu *intervencionismo social*, foram responsáveis pela consolidação da crise desse ciclo de *contratualismo social*, e não há evidências concretas de uma retomada, no limiar do século XXI, de algo parecido com "os anos dourados da social-democracia". Nem nos países centrais *e muito menos nos países que se encontram em posição subalterna na nova divisão internacional do trabalho.* De modo que começou a desmoronar a tese habermasiana da "pacificação das lutas sociais", que encontrava ancoragem (por certo limitada e restrita a uma parcela central do mundo europeu e norte-americano) na possibilidade de vigência duradoura do Welfare State e do keynesianismo. Com a erosão crescente de ambos (e o consequente enfraquecimento de seu sistema de seguridade social), ao longo das últimas décadas e em particular dos anos 1990, a expressão *fenomênica* e *contingente* da *pacificação dos conflitos de classes* – a que Habermas queria conferir estatuto de determinação – vem dando mostras crescentes de envelhecimento precoce. O que era uma suposta crítica exemplificadora da *"incapacidade marxiana de compreender o capitalismo tardio"* (que Habermas tão efusivamente endereçou a Marx) mostra-se em verdade uma fragilidade do *constructo* habermasiano. Operada analiticamente a *desconstrução conceitual e teórica do trabalho e da teoria do valor*, a lógica societal contemporânea legitimaria o *consenso negocial* da esfera da *intersubjetividade*, do *modo de vida relacional*. Mas ao propugnar tal programática, quando da elaboração de sua *Teoria da Ação Comunicativa*, na segunda metade dos anos 1970, Habermas não parecia considerar seriamente que a *economia política do capital e de seus mecanismos de funcionalidade (dentre eles a teoria do valor)* pudessem fazer erodir as 'bases" da suposta *pacificação dos conflitos sociais* e da prevalência do espaço público em detrimento da lógica (privada) do capital[76].

[76] Num plano mais *sociológico*, pode-se presenciar uma tentativa também limitada de *alargamento* da tese da crise do "paradigma do trabalho" para o período atual. É o que procura fazer Muckenberger (1997: 46-49): "Esse paradigma se refere a uma ideia de bem-estar social fundamentada numa coletividade que compartilha um modo de vida em que o trabalho lucrativo é a base. É a partir daí que se originam as reivindicações para a substância individual (tanto privada como pública). O que está causando uma mudança dramática na atual superfície da sociedade é a ligação entre *full-employement* e bem-estar social – particularmente sob as condições do aumento estrutural e, por longos períodos, do desemprego. Isso implica um novo modo de exclusão do trabalho que se baseia numa rede de seguro social e ameaça a totalidade dos regimes de seguro social". Muito próximo da formulação de Offe, o autor caracteriza a "centralidade da vida do trabalho" como comportando "aprendizagem como fase inicial, habilidade como fundamento para o trabalho lucrativo, solidariedade do local de trabalho como fundamento para o sindicalismo e administração dos conflitos, princípio de entendimento e ética protestante como as principais características para o desempenho no trabalho". Com a crise do "modelo

As recentes ações de resistência dos trabalhadores parecem, em verdade, sinalizar em direção oposta e exemplificam as formas contemporâneas de confrontação assumidas entre o *capital social total* e a *totalidade do trabalho.*

Muitos exemplos singulares poderiam ser enumerados: a greve dos trabalhadores públicos da França, em novembro-dezembro de 1995, responsável pelo maior movimento de trabalhadores desde maio de 68; a greve dos trabalhadores metalúrgicos da Coreia do Sul em 1997, com cerca de 2 milhões de operários paralisados contra o processo intentado pelo governo coreano de flexibilizar e precarizar o trabalho; no mesmo ano, a greve unificando 185 mil trabalhadores *part time* e *full time* contra a United Parcel Service nos EUA; a greve dos portuários de Liverpool, desencadeada em 1995, que perdurou por mais de dois anos, ou ainda a recente greve dos trabalhadores da General Motors nos EUA, em 1998, que pouco a pouco travou o sistema produtivo em muitas partes daquela empresa em diversos países.

Anteriormente, na Alemanha ocorreram greves contra os cortes nos direitos sociais na saúde, e na Espanha houve a eclosão de várias paralisações nacionais contra as medidas de inspiração restritiva tomadas pelo governo de Felipe Gonzales. No Canadá ocorreram expressivas greves nos anos 1990, desencadeadas também pelos trabalhadores da General Motors e por funcionários públicos. Outros exemplos foram as explosões sociais desencadeadas pelo movimento social dos desempregados na França, no início de 1998, exigindo a redistribuição da riqueza social entre os desempregados, com forte potencial de expansão para diversos países da Europa. Podemos mencionar também a importante luta pela redução da jornada de trabalho que movimenta os trabalhadores dos principais países da Europa, como a Alemanha, França, Itália, entre outros, ou ainda as greves operárias do mineiros russos, que nem sequer salários vêm recebendo[77].

---

tradicional de reprodução individual e coletiva", focalizada no paradigma do emprego, na Alemanha "cada vez mais se afirma que um novo estado de incerteza e de risco está emergindo, individual e globalmente. Não é por acaso ou contingência que as teorias sociais alemãs que se detêm na questão da individualização geralmente são a teoria da 'sociedade de risco' ou a da 'nova incerteza'. [...] Dada a existência de uma evidente redução nas indubitáveis formas tradicionais de integração e de coesão social baseadas na centralidade da vida de trabalho, a síntese social será cada vez mais adequada aquela que for debatida, organizada e controlada publicamente". Numa fase em que o capital destrutivo *privatiza* e controla crescentemente espaços que antes *públicos*, fica visível a fragilidade da formulação acima intentada.

[77] É uma pena que Robert Kurz, um autor tão instigante e responsável por uma das mais contundentes críticas ao capital e seu sentido destrutivo, se mostre *obliterado* para compreender as *novas configurações da luta de classes*, que não são *os últimos combates*, mas as formas de confrontação entre a *totalidade do trabalho* e o *capital*

Isso sem falar na explosão de Los Angeles em 1992, na rebelião de Chiapas no México ou na eclosão do Movimento dos Trabalhadores Sem Terra (MST) no Brasil, além das inúmeras greves (gerais e parciais), mas frequentemente com caráter de confrontação, que vêm ocorrendo na Argentina, Equador, México, Brasil etc., entre tantas formas de rebeldia que se tem presenciado no mundo contemporâneo. Esses exemplos não são evidências de um cenário de integração, de *pacificação dos conflitos sociais*, como queria Habermas, mas revelam um quadro de crescente instabilidade e confrontação social entre capital e trabalho[78].

---

social total, entre a classe trabalhadora em suas mais diversas clivagens e as *personificações do capital*. Embora sua crítica ao sindicalismo europeu seja, em grande medida, verdadeira e dotada de muita vitalidade – "O protesto sindical [...] não cogita seriamente sequer em esboço [...] de uma alternativa ao sistema [...]" –, Kurz mostra, por outro lado, enorme dificuldade para apreender os movimentos de classe que transcendem a órbita sindical tradicional. Ele os vê como expressão superada da "antiga luta de classes" que "só pode ser o movimento formal imanente da relação do capital, mas não o movimento para superar a relação capitalista". E vê-se, por isso, aprisionado na denúncia do *caos destrutivo* contemporâneo, desprovido de sujeitos. Ver Kurz, 1998, especialmente o ensaio que dá título ao livro. Um tratamento bastante distinto e muito mais sugestivo está presente na formulação de Joachim Hirsch: "[...] uma revolução social em sentido profundo entrará em ação quando não somente o aparato político, como também as estruturas básicas da sociedade tiverem se transformado. E essas transformações formam a base de todo o processo. Isso se refere às formas de trabalho e da divisão do trabalho, à relação da sociedade com a natureza, às relações intersexos que alcançam a estrutura familiar (a qual, como se sabe, é o fundamento da opressão feminina), ao âmbito da vida cotidiana e aos modelos dominantes de consumo, às normas sociais válidas e aos valores. Isso é um processo mais difícil, muitas vezes doloroso e, sobretudo, extraordinariamente longo e lento. Não pode ser ordenado por decreto nem imposto pelo poder estatal. Para tanto se requer uma organização social independente, que deve possibilitar aos seres humanos expressar e elaborar suas experiências, dissentir e consentir, formular objetivos comuns e impor-se contra os aparatos dominantes, concretar os objetivos comuns e outorgar-lhes vigência contra o Estado e o capital" (Hirsch, 1997: 67-8).

78 Na impossibilidade de tematizar, dada a abrangência dessas experiências, limito-me a tão somente indicá-las. A literatura que utilizo é composta por Ellen Wood, 1997a; Singer, 1997; Soon, 1997; Levrero, 1997; Fumagalli, 1996; Petras, 1997; McIlroy, 1996, entre outros já mencionados ao longo deste estudo.

Capítulo IX

ELEMENTOS PARA UMA ONTOLOGIA DA VIDA COTIDIANA

Pelo que expus anteriormente, posso dizer, de maneira sintética, que a importância da categoria trabalho está em que ela se constitui como fonte originária, primária, de realização do ser social, protoforma da atividade humana, fundamento ontológico básico da omnilateralidade humana.

Nesse plano mais abstrato, parece desnecessário dizer que aqui não estou me referindo ao *trabalho assalariado, fetichizado e estranhado* (*labour*), mas ao trabalho como criador de *valores de uso*, o trabalho na sua dimensão *concreta*, como *atividade vital* (*work*), como "necessidade natural e eterna de efetivar o intercâmbio entre o homem e a natureza", nas conhecidas palavras de Marx (1971: 50 e 208).

Se o trabalho, sob o sistema de metabolismo social do capital, assume uma forma necessariamente assalariada, abstrata, fetichizada e estranhada (dada a necessidade imperiosa de produzir valores de troca para a reprodução ampliada do capital), essa dimensão histórico-concreta do trabalho assalariado não pode, entretanto, ser *eternizada* e tomada *a-historicamente. Numa forma societal emancipada, na qual se encontram superadas as mediações de "segunda ordem", criadas pelo sistema de metabolismo social capital, a associação livre dos trabalhadores e das trabalhadoras, isto é, sua autoatividade, sua plena autonomia e seu domínio efetivo do ato laborativo, mostra-se como fundamento ontológico para a sua condição de "ser livre e universal"*, conforme a bela formulação marxiana presente nos *Manuscritos de Paris*. O domínio efetivo e autônomo da esfera do trabalho e da reprodução encontra seu corolário na *esfera livre e autônoma da vida fora do trabalho*, onde o *tempo livre* se torna efetivo e real, também ele autodeterminado, não mais conduzido pelas regras impositivas do mercado, pela necessidade de consumir (material e simbolicamente) valores de troca.

Quando se tem como ponto de partida essa formulação, não é preciso dizer o quão problemático se torna propugnar pelo fim da *centralidade do trabalho*. Como vimos anteriormente, a chamada *"crise da sociedade do trabalho abstrato"* não pode ser identificada como sendo *nem o fim do trabalho assalariado no interior do capitalismo* (eliminação esta que está ontologicamente atada à própria eliminação do capital) nem o fim do *trabalho concreto*, entendido como fundamento primeiro, *protoforma* da atividade e da omnilateralidade humanas. Fazer isso é efetivamente desconsiderar, na dimensão necessária e essencial, a distinção marxiana entre trabalho *concreto* e trabalho *abstrato*, resultando essa disjunção em grandes equívocos analíticos[79].

O trabalho é, portanto, um momento efetivo de colocação de finalidades humanas, *dotado de intrínseca dimensão teleológica*. E, como tal, mostra-se como *uma experiência elementar da vida cotidiana*, nas respostas que oferece aos carecimentos e necessidades sociais. Reconhecer o papel fundante do trabalho na *gênese* e no *fazer-se* do *ser social* nos remete diretamente à dimensão decisiva dada pela esfera da *vida cotidiana*, como ponto de partida para a *genericidade para si* dos homens. Nas páginas que seguem tentarei indicar alguns elementos preliminares, constitutivos de uma *ontologia da vida cotidiana*.

É central a recorrência ao universo da *vida cotidiana*, quando se quer transcender do âmbito e das ações próprias da consciência espontânea, contingente, mais próximas da imediatidade, para as formas de consciência mais dotadas de valores emancipados, livres e universais. O que Nicolas Tertulian denominou o processo de afloramento da *subjetividade autêntica* em oposição às manifestações de *subjetividade* caracterizadas pela *inautenticidade* (Tertulian, 1993: 439 e seg.).

Ao referir-se à esfera da vida cotidiana, Lukács apresenta uma indicação decisiva:

[79] Como procurei mostrar em meu ensaio *Adeus ao Trabalho?*, particularmente no capítulo IV.

A sociedade só pode ser compreendida em sua totalidade, em sua dinâmica evolutiva, quando se está em condições de entender a vida cotidiana em sua heterogeneidade universal. A vida cotidiana constitui a mediação objetivo-ontológica entre a simples reprodução espontânea da existência física e as formas mais altas de genericidade agora já conscientes, precisamente porque nela, de forma ininterrupta, as constelações mais heterogêneas fazem com que os dois polos humanos apropriados da realidade social, a particularidade e a genericidade, atuem em sua inter-relação imediatamente dinâmica.

Consequentemente, um estudo apropriado dessa esfera da vida pode também lançar luzes sobre a dinâmica interna do desenvolvimento da genericidade do homem, precisamente por tornar compreensíveis aqueles processos heterogêneos que, na realidade social, dão vida às realizações da genericidade.[80]

Desse modo, a compreensão da gênese histórico-social nos remete ao universo dado pela vida cotidiana. Isso porque "o ser de cada sociedade surge da totalidade de tais ações e relações", uma vez que "a genericidade que se realiza na sociedade não pode ser uma genericidade muda, como no âmbito ontológico da vida que se reproduz de um modo meramente biológico. A história da sociedade mostra que esse ir mais além da genericidade muda, biológica, se objetiva nas formas mais elevadas, dadas pela ciência, filosofia, arte, ética etc." (idem: 10).

Portanto, as inter-relações e interações entre o mundo da materialidade e a vida humana encontram no universo da vida cotidiana, nessa esfera do ser, sua "zona de mediação", capaz de superar o abismo entre a genericidade *em si*, marcada pela relativa mudez, e a genericidade *para si*, espaço da vida mais autêntica e livre. Isso porque *"a essência e as funções histórico-sociais da vida cotidiana não suscitariam interesse se essa fosse considerada uma esfera homogênea. Porém precisamente por isso, precisamente como consequência de seu imediato fundamentar-se nos modos econômico-particulares de reagir por parte dos homens às tarefas da vida que a existência social lhes coloca [...] a vida cotidiana possui uma universalidade extensiva [...]. Assim, a vida cotidiana, a forma imediata da genericidade humana, aparece como a base de todas as reações espontâneas dos homens em relação ao seu ambiente social, onde o homem parece atuar frequentemente de forma caótica. Porém precisamente por isso ela contém a totalidade dos modos de*

---

[80] Conforme o belo "Prefácio" de Lukács à *Sociologia de la Vida Cotidiana*, de Agnes Heller, datado de janeiro de 1971. A citação está nas páginas 11-2.

reação, naturalmente não como manifestações puras, mas caótico--heterogêneas. Consequentemente, quem quiser compreender a real gênese histórico-social dessas reações estará obrigado, tanto do ponto de vista do conteúdo como do método, a investigar com precisão essa zona do ser" (idem, 10-2).

O trânsito da *genericidade em si* em direção a *genericidade para si* certamente não pode prescindir das formas de *mediação* presentes na *práxis social e política.* Mas a referência à *vida cotidiana* e suas conexões com o *mundo do trabalho* e da *reprodução social* é imprescindível, quando se pretende apreender algumas das dimensões essenciais do ser social. As conexões existentes entre as ações práticas e histórico-ontológicas e as esferas mais autênticas da genericidade humana, como a ética, a filosofia, a arte, a ciência, as formas superiores da práxis sociocultural, encontram na *heterogeneidade da vida cotidiana,* em suas ações imediatas e espontâneas, *a sua base ontológica,* constituindo-se, consequentemente, no ponto de partida do processo de humanização do ser social. Isso porque "enquanto na cotidianidade normal cada decisão que não se tornou completamente rotineira vem presa em uma atmosfera de inumeráveis *se* e *mas*, de maneira que excepcionalmente oferecem juízos sobre a totalidade, e tampouco um posicionamento em suas confrontações, nas situações revolucionárias e mesmo em seus processos preparatórios, essa negativa infinitude de questões singulares se condensa em poucas questões centrais que, porém, se apresentam à grande maioria dos homens como problemas que indicam o destino das suas vidas, que, em contraposição à cotidianidade 'normal', assumem já na imediatidade a qualidade de uma pergunta formulada com a clareza e que se deve responder claramente" (Lukács, 1981; II/2: 506).

Uma ontologia da vida cotidiana, cujos lineamentos preliminares estou indicando, certamente é muito distinta do culto do elemento contingente, da apologia *fenomênica* da vida cotidiana, que esgotaria *em si mesma,* sem as mediações complexas, todas as possibilidades do gênero humano. A vida cotidiana, na formulação contingente e fenomênica, seria a expressão máxima das possibilidades humanas, perdendo sentido a essencial diferenciação marxiana (e lukacsiana) *entre genericidade em si e genericidade para si.* Essa segunda abordagem, como se percebe, não tem nenhuma proximidade com a que estou desenvolvendo. Mas também não me parece possível, como fizeram (e ainda fazem) muitas leituras do marxismo vulgar, que seja possível desconsiderar essa decisiva esfera ontológica presente no interior da vida cotidiana, deixando de apreendê-la como parte integrante e central, especialmente quando se quer entender as formas da consciência do *ser-social-que-vive-do-trabalho*, em seus complexos movimentos existentes no trânsito entre as formas mais próximas da imediatidade, da *genericidade em si*, até aquelas mais autênticas, mais identificadas com a *genericidade para si*[81].

[81] Os estudos sobre *consciência de classe* nas ciências sociais e na história são, em sua grande maioria, descrições ou relatos empíricos, *mais ou menos sofisticados*, de como atuou (ou atua) a classe trabalhadora, em geral atendo-se à sua esfera contingente, imediata. Num outro extremo encontramos, sobretudo nos estudos filosóficos, frequentemente uma construção *idealizada e a-histórica* da classe trabalhadora, numa leitura que se equivoca pela polarização inversa. A polarização exacerbada entre *falsa e verdadeira consciência*, presente em *História e Consciência de Classe (HCC)*, de Lukács, é expressão desse limite. Nos estudos sobre a *consciência de classe*, o desafio maior está em apreender tanto a dimensão da *consciência empírica, da sua consciência cotidiana* e suas formas de manifestação (aquilo que Mészáros chamou, com felicidade, de consciência *contingente)*, como em buscar compreender também quais seriam as outras possibilidades de ação coletiva, próximas de uma apreensão mais totalizante, menos fragmentada e coisificada do todo social, bem como as interpenetrações entre esses níveis. Em poucas palavras: como a classe *de fato atuou* e como *poderia ter atuado*, que outras possibilidades reais existiam nas condições histórico-concretas em que se realiza o estudo. Realizar essa mediação é o maior e mais intrincado problema, ao se tratar da temática da consciência de classe. É um desafio difícil para o qual Lukács, na *Ontologia do Ser Social*, ao resgatar a dimensão dada pela vida cotidiana, pode nos oferecer elementos analíticos centrais, muito superiores àqueles presentes em *HCC*. Ver, por exemplo, Mészáros, 1986, capítulo 2.

Capítulo X

TEMPO DE TRABALHO E TEMPO LIVRE

Por uma vida cheia de sentido *dentro* e *fora* do trabalho

Gostaria de finalizar este texto oferecendo algumas indicações que me parecem centrais quando se trata de discutir a questão do tempo de trabalho e do tempo livre, dada a importância que essa temática tem na sociabilidade contemporânea.

Tematizando em *O Capital* sobre as decisivas conexões entre *trabalho* e *tempo livre*, Marx nos ofereceu esta síntese:

> De fato, o reino da liberdade começa onde o trabalho deixa de ser determinado por necessidade e por utilidade exteriormente imposta; por natureza, situa-se além da esfera da produção material propriamente dita. O selvagem tem de lutar com a natureza para satisfazer as necessidades, para manter e reproduzir a vida, e o mesmo tem de fazer o civilizado, sejam quais forem a forma de sociedade e o modo de produção. Acresce, desenvolvendo-se, o reino do imprescindível. É que aumentam as necessidades, mas, ao mesmo tempo, ampliam-se as forças produtivas para satisfazê-las. A liberdade nesse domínio só pode consistir nisto: o homem social, os produtores associados regulam racionalmente o intercâmbio material com a natureza, controlam-no coletivamente, sem deixar que ele seja a força cega que os domina; efetuam-no com o menor dispêndio de energias e nas condições mais adequadas e mais condignas com a natureza humana. Mas esse esforço situar-se-á sempre no reino das necessidade. Além dele começa o

desenvolvimento das forças humanas como um fim em si mesmo, o reino genuíno da liberdade, o qual só pode florescer tendo por base o reino da necessidade. E a condição fundamental desse desenvolvimento humano é a redução da jornada de trabalho (Marx, 1974a: 942).

A redução da jornada diária (ou do *tempo* semanal) de trabalho tem sido uma das mais importantes reivindicações do mundo do trabalho, uma vez que se constitui num mecanismo de contraposição à extração do sobretrabalho, realizada pelo capital, desde sua gênese com a revolução industrial e contemporaneamente com a acumulação flexível da era do toyotismo e da máquina informacional. Desde o advento do capitalismo a redução da jornada de trabalho tem sido central na ação dos trabalhadores, *condição preliminar*, conforme disse Marx, para uma vida emancipada (Marx, 1971: 344).

Nos dias atuais essa formulação ganha ainda mais concretude, pois mostra-se, *contingencialmente*, como um mecanismo importante (ainda que, quando considerado isoladamente, bastante limitado) para tentar *minimizar* o desemprego estrutural que atinge um conjunto enorme de trabalhadores e trabalhadoras. Mas *transcende* em muito essa esfera da *imediaticidade*, uma vez que a discussão da redução da jornada de trabalho configura-se como *um ponto de partida decisivo, ancorado no universo da vida cotidiana*, para, por um lado, permitir uma reflexão fundamental sobre o *tempo*, o *tempo de trabalho*, o *autocontrole sobre o tempo de trabalho e o tempo de vida*[82]. E, por outro, por possibilitar o afloramento de uma vida *dotada de sentido fora* do trabalho.

Como escreveu Grazia Paoletti, na apresentação do dossiê acima referido: "A questão do tempo [...] implica uma possibilidade de domínio sobre a vida dos indivíduos e sobre a organização social, do tempo de trabalho e da produção capitalista ao tempo da vida urbana. [...] implica um conflito sobre o uso do tempo, tanto no sentido quantitativo quanto no qualitativo, bem como das diversas prioridades na concepção da organização social: é, no fundo, uma batalha de *civiltà*". (Paoletti, 1998: 34).

Na luta pela redução da jornada (ou do tempo) pode-se *articular* efetivamente tanto a ação contra algumas das formas de opressão e exploração do trabalho como também às formas contemporâneas do *estranhamento*, que se realizam fora do mundo produtivo, na esfera do consumo material e simbólico, no espaço reprodutivo *fora* do trabalho (produtivo). Pode-se articular a ação contra o *controle opressivo do capital no tempo de trabalho* e *contra o controle opressivo do capital no tempo de vida*.

[82] Ver, por exemplo, o dossiê *Riduzione dell'orario e Disoccupazione* (*Marxismo Oggi*, 1998), com várias contribuições em torno dos significados mais profundos da luta pela redução da jornada de trabalho para 35 horas na Itália e na Europa.

Discutir a *jornada* ou o *tempo* de trabalho me leva a fazer um esclarecimento: a redução da *jornada* de trabalho não implica *necessariamente* a redução do *tempo* de trabalho. Conforme afirma João Bernardo: *"Um trabalhador contemporâneo, cuja atividade seja altamente complexa e que cumpra um horário de sete horas por dia, trabalha muito mais tempo real do que alguém de outra época, que estivesse sujeito a um horário de quatorze horas diárias, mas cujo trabalho tinha um baixo grau de complexidade. A redução formal de horário corresponde a um aumento real do tempo de trabalho despendido durante esse período"* (Bernardo, 1996: 46). Algo similar ocorre se, após a redução *pela metade* da jornada de trabalho, houver uma *duplicação* da intensidade das operações anteriormente realizadas pelo mesmo trabalho. De modo que lutar pela *redução da jornada de trabalho* implica também e decisivamente lutar pelo controle (e redução) *do tempo opressivo de trabalho;* isso porque a redução formal do horário de trabalho pode corresponder "a um aumento real do tempo de trabalho despendido durante esse período" (idem). Como tantas outras categorias, a *temporalidade* também é uma construção histórico-social. Nas palavras de Norbert Elias: "Desde que existem homens [...] a vida sempre seguiu o mesmo curso, do nascimento até a morte, independentemente da vontade ou da consciência dos homens. Mas a ordenação desse processo [...] só se tornou possível a partir do momento em que os homens desenvolveram, para suas próprias necessidades, o símbolo regulador do ano.

E, no entanto, nas civilizações da Antiguidade, a sociedade não tinha a mesma necessidade de medir o tempo que os Estados da Era Moderna, para não falar das sociedades industrializadas de hoje. Em numerosas sociedades da Era Moderna, surgiu no indivíduo [...] um fenômeno complexo de autorregulação e de sensibilização em relação ao tempo. Nessas sociedades, o tempo exerce de fora para dentro, sob a forma de relógios, calendários e outras tabelas de horários, uma coerção que se presta eminentemente para suscitar o desenvolvimento de uma autodisciplina nos indivíduos. Ela exerce uma pressão relativamente discreta, comedida, uniforme e desprovida de violência, mas que nem por isso se faz menos onipresente, e à qual é impossível escapar" (Elias, 1998: 21-2).

Com isso entramos em outro ponto que entendo crucial: uma vida cheia de sentido *fora* do trabalho supõe uma vida dotada de sentido *dentro* do trabalho. Não é possível compatibilizar trabalho *assalariado, fetichizado e estranhado* com *tempo (verdadeiramente) livre.* Uma vida desprovida de sentido no trabalho é *incompatível* com uma vida cheia de sentido fora do trabalho. Em alguma medida, a esfera fora do trabalho estará *maculada* pela *desefetivação* que se dá no interior da vida laborativa (Antunes, 1995: 86).

Como o sistema global do capital dos nossos dias abrange também as esferas da *vida fora do trabalho*, a *desfetichização da sociedade do consumo* tem como corolário imprescindível a *desfetichização no modo de produção* das coisas. O que torna a sua conquista muito mais difícil, se não se inter-relaciona *decisivamente* a ação pelo *tempo livre* com a luta contra a lógica do capital e a vigência do *trabalho abstrato*. Do contrário, acaba-se fazendo ou uma reivindicação *subordinada* à Ordem, onde se crê na possibilidade de obtê-la pela via do *consenso* e da *interação*, sem tocar nos fundamentos do sistema, sem ferir os interesses do capital ou, o que é ainda pior, acaba-se gradativamente por se abandonar as formas de ação contra o capital e de seu sistema de metabolismo social, numa *práxis* social *resignada*.

Restaria, então, a opção de tentar *civilizá-lo*, de realizar a *utopia do preenchimento*, do *possível*, visando conquistar pelo *"consenso"* o "tempo livre", em plena era do toyotismo, da acumulação flexível, das desregulamentações, das terceirizações, das precarizações, do desemprego estrutural, da desmontagem do Welfare State, do culto do mercado, da sociedade destrutiva dos consumos materiais e simbólicos, enfim, da (des)sociabilização radical dos nossos dias.

Tratar-se-ia, como faz Dominique Méda, ancorada fortemente em Habermas, no espírito do *desencanto do mundo* e do consequente *desencanto do trabalho* (no qual, relembra a autora, *a utopia da sociedade do trabalho teria perdido sua força persuasiva)*, de propugnar pela *"imposição de um limite à racionalidade instrumental e à economia, construindo espaços voltados para o verdadeiro desenvolvimento da vida pública, para o exercício de uma nova cidadania, reduzindo-se para tanto o tempo individual dedicado ao trabalho e aumentando-se o tempo social dedicado às atividades que são, de fato, atividades políticas, aquelas que são de fato capazes de estruturar o tecido social..."* (Méda, 1997: 220-7).

Nesse diapasão, a (positiva) ampliação dos espaços públicos tem como corolário a (também positiva) redução das atividades laborativas. Mas seu limite *maior* – e que não é o único – aflora quando ela se propõe *restringir*, *limitar*, mas não *desconstruir* e *contrapor-se radical e antagonicamente* ao sistema de metabolismo social do capital[83]. Desse passo, um tanto resignado, para o *convívio* com o capital a distância não é intransponível.

---

[83] Isso sem mencionar o fato de essas formulações serem, em grande parte das vezes, marcadas por um acentuado *eurocentrismo*, que não reflete (e portanto), não incorpora analiticamente a *totalidade do trabalho*. Imaginar essas formulações encontrando vigência na Ásia, América Latina, África, tão somente "limitando o desenvolvimento da razão instrumental" e "ampliando os espaços públicos" é, por certo, uma abstração desprovida de qualquer sentido efetivamente emancipatório. Uma

Uma vida cheia de sentido em todas as esferas do ser social, dada pela *omnilateralidade humana*, somente poderá efetivar-se por meio da demolição das barreiras existentes entre *tempo de trabalho* e *tempo de não trabalho*, de modo que, a partir de uma *atividade vital* cheia de sentido, autodeterminada, *para além da divisão hierárquica que subordina o trabalho ao capital hoje vigente* e, portanto, sob bases inteiramente novas, possa se desenvolver uma nova sociabilidade. Uma sociabilidade tecida por *indivíduos* (homens e mulheres) *sociais* e *livremente associados*, na qual ética, arte, filosofia, tempo verdadeiramente livre e ócio, em conformidade com as aspirações mais autênticas, suscitadas no interior da vida cotidiana, possibilitem as condições para a efetivação da identidade entre indivíduo e gênero humano, na multilateralidade de suas dimensões. *Em formas inteiramente novas de sociabilidade, em que liberdade e necessidade se realizem mutuamente.* Se o trabalho torna-se dotado de sentido, será também (e *decisivamente*) por meio da arte, da poesia, da pintura, da literatura, da música, do tempo livre, do ócio, que o ser social poderá humanizar-se e emancipar-se em seu sentido mais profundo.

Essas considerações anteriormente feitas me permitem indicar algumas conclusões.

Primeira: a luta pela redução da *jornada* ou *tempo* de trabalho deve estar no centro das ações do mundo do trabalho hoje, em escala mundial. Lutar pela redução do trabalho visando, no plano mais imediato, minimizar o brutal desemprego estrutural que é consequência da lógica destrutiva do capital e de seu sistema. *Reduzir a jornada ou o tempo de trabalho para que não prolifere ainda mais a sociedade dos precarizados e dos desempregados.* À justa consigna *trabalhar menos para todos trabalharem* deve-se, entretanto, *adicionar* outra *não menos decisiva: produzir o quê? E para quem?*

Segunda: o *direito ao trabalho* é uma reivindicação necessária *não porque se preze e se cultue o trabalho assalariado, heterodeterminado, estranhado e fetichizado* (que deve ser radicalmente eliminado com o fim do capital), mas porque estar *fora do trabalho*, no universo do capitalismo vigente, particularmente para a massa de trabalhadores e trabalhadoras (que totalizam mais de dois terços da humanidade) que vivem no chamado Terceiro Mundo, desprovidos *completamente* de instrumentos verdadeiros de seguridade social, significa uma *desefetivação, desrealização e brutalização* ainda maiores do que aquelas

reflexão com maior suporte crítico é a de Mazzetti, 1997. O seu limite maior, entretanto, também aflora quando se parte da premissa de pensar a *totalidade do trabalho* em oposição ao *capital social total*, uma vez que, ao se proceder desse modo, torna-se decisivo pensar o trabalho *incorporando reflexivamente o chamado Terceiro Mundo, que engloba (se inclusa a China) mais de dois terços da classe trabalhadora.*

já vivenciadas pela *classe-que-vive-do-trabalho*. Mas é imperioso acrescentar que também no chamado Primeiro Mundo o desemprego e as formas precarizadas de trabalho têm sido cada vez mais intensos, processos que se agravam com o desmoronamento gradativo do Welfare State. *Portanto, também nesses países o direito ao emprego, articulado com a redução da jornada e do tempo de trabalho, torna-se uma reivindicação capaz de responder às efetivas reivindicações presentes no cotidiano da classe trabalhadora.*

Porém, essa luta pelo *direito ao trabalho em tempo reduzido e pela ampliação do tempo fora do trabalho* (o chamado "tempo livre"), sem redução de salário – o que, faça-se um parênteses, é muito diferente de flexibilizar a jornada, uma vez que esta se encontra em sintonia com a lógica do capital – deve estar intimamente articulada à luta contra o sistema de metabolismo social do capital que converte o "tempo livre" em tempo de consumo *para o capital*, onde o indivíduo é impelido a "capacitar-se" para melhor "competir" no mercado de trabalho, ou ainda a exaurir-se num consumo *coisificado* e *fetichizado*, inteiramente desprovido de sentido.

Ao contrário, se o fundamento da ação coletiva for voltado radicalmente contra as formas de (des)sociabilização do mundo das mercadorias, *a luta imediata pela redução da jornada ou do tempo de trabalho* torna-se *inteiramente compatível* com o *direito ao trabalho* (em jornada reduzida e sem redução de salário).

Desse modo, a luta imediata pela redução da jornada (ou do tempo) de trabalho e a luta pelo emprego, em vez de serem excludentes tornam-se necessariamente *complementares*. E o empreendimento societal por um *trabalho cheio de sentido* e pela *vida autêntica fora do trabalho*, por um *tempo disponível* para o trabalho e por um *tempo verdadeiramente livre e autônomo* fora do trabalho – ambos, portanto, fora do *controle* e *comando* opressivo do capital – convertem-se em elementos essenciais na construção de uma sociedade não mais regulada pelo sistema de metabolismo social do capital e seus mecanismos de subordinação. O que me leva a concluir indicando os fundamentos societais básicos para um novo sistema de metabolismo social.

Capítulo XI

FUNDAMENTOS BÁSICOS DE UM NOVO SISTEMA DE METABOLISMO SOCIAL

A invenção societal de uma nova vida, autêntica e dotada de sentido, recoloca, no início do século XXI, a necessidade imperiosa de construção de um novo sistema de metabolismo social, de um novo modo de produção fundado na atividade autodeterminada, baseado no tempo disponível (para produzir valores de uso socialmente necessários), na realização do trabalho socialmente necessário e contra a produção heterodeterminada (baseada no tempo excedente para a produção exclusiva de valores de troca para o mercado e para a reprodução do capital). Vou indicar mais precisamente esses elementos fundantes de um novo sistema de metabolismo social.

Os princípios constitutivos centrais dessa nova vida serão encontrados ao se erigir um sistema societal em que: 1) *o sentido da sociedade seja voltado exclusivamente para o atendimento das efetivas necessidades humanas e sociais;* 2) *o exercício do trabalho se torne sinônimo de autoatividade, atividade livre, baseada no tempo disponível.*

Como vimos no capítulo I, o sistema do capital, desprovido de uma orientação humano-societal significativa, configurou-se como um sistema de controle onde o *valor de uso* foi totalmente subordinado ao seu *valor de troca,* às necessidades reprodutivas *do próprio capital.* Para que tal empreendimento fosse consolidado, efetivou-se uma *subordinação estrutural do trabalho ao capital* e sua consequente divisão social hierarquizada, fundada sobre o trabalho assalariado e fetichizado. As funções vitais da reprodução individual e societal foram profundamente alteradas, erigindo-se um conjunto de funções reprodutivas – que Mészáros denominou "mediações de segunda ordem" (1995: 117) – em que desde as relações de gênero até as manifestações produtivas materiais e também as simbólicas, como as obras de arte, foram subordinadas aos imperativos da valorização e da reprodução do sistema de capital. Ou ainda, na feliz síntese de Michael Lowy, opera-se uma "quantificação venal da vida social. O capitalismo, regulado pelo valor de troca, pelo cálculo dos lucros e pela acumulação de capital, tende a dissolver e a destruir todo valor qualitativo: valores de uso, valores éticos, relações humanas, sentimentos. O ter substitui o ser, e subsiste apenas o pagamento à vista – o *cash nexus*, segundo a célebre expressão de Carlyle que Marx utiliza" (Löwy, 1999: 67)[84].

O valor de uso dos bens socialmente necessários subordinou-se ao seu valor de troca, que passou a comandar a lógica do sistema de metabolismo social do capital. As funções produtivas básicas, bem como o *controle* do seu processo, foram radicalmente separadas entre aqueles que *produzem* e aqueles que *controlam*. Como disse Marx, o capital operou a separação entre trabalhadores e meios de produção, entre *o caracol e a sua concha* (Marx, 1971: 411), aprofundando-se a separação entre a produção voltada para o atendimento das necessidades humano-sociais e as necessidades de autorreprodução do capital.

Tendo sido o primeiro *modo de produção* a criar uma lógica que não leva em conta como prioridade as reais necessidades societais, e que também por isso diferenciou-se radicalmente de todos os sistemas de controle do metabolismo social precedentes (que prioritariamente produziam visando suprir as necessidades de autorreprodução *humana)*, o capital instaurou um sistema voltado para a sua autovalorização, *que independe das reais necessidades autorreprodutivas da humanidade.*

Desse modo, a recuperação societal de uma lógica voltada para o atendimento das necessidades humano-societais é o primeiro desafio mais profundo da humanidade, nesse novo século que se inicia. Como disse István Mészáros, "O imperativo de ir além do capital como controle do metabolismo social, com suas dificuldades

[84] Ou, nas palavras de Goethe: "[...] ao burguês nada se ajusta melhor que o puro e plácido sentimento do limite que lhe está traçado. Não lhe cabe perguntar: 'Que és tu?', e sim 'Que tens tu? Que juízo, que conhecimento, que aptidão, que fortuna?'" (1994: 287).

quase proibitivas, é um predicamento que a sociedade como um todo compartilha" (Mészáros, 1995: 492).

Ou nas palavras de Bihr:

> [...] o modo de produção capitalista em seu conjunto, ao submeter a natureza aos imperativos abstratos da reprodução do capital, engendra a crise ecológica. Dentro do universo do capitalismo, o desenvolvimento das forças produtivas converte-se em desenvolvimento das forças destrutivas da natureza e dos homens. De fonte de enriquecimento converte-se em fonte de empobrecimento, em que a única riqueza reconhecida não é o valor de uso, mas essa abstração que é o valor. E, nesse mesmo universo, a potência conquistada pela sociedade converte-se em impotência crescente dessa mesma sociedade [...] (Bihr, 1991: 133).[85]

O segundo princípio societal imprescindível é o de converter o trabalho em atividade livre, autoatividade, com base *no tempo disponível*. O que significa dizer que a nova estruturação societal deve recusar o funcionamento com base na separação dicotômica entre *tempo de trabalho necessário* para a reprodução social e *tempo de trabalho excedente* para a reprodução do capital.

Uma sociedade somente será dotada de sentido e efetivamente emancipada quando as suas funções vitais, controladoras de seu sistema de metabolismo social, *forem efetivamente exercidas de modo autônomo pelos produtores associados, e não por um corpo exterior e controlador dessas funções vitais* (Mészáros, 1995: 494). *O único modo concebível a partir da perspectiva do trabalho é pela da adoção generalizada e criativa do tempo disponível, como um princípio orientador da reprodução societal [...]. Do ponto de vista do trabalho vivo é perfeitamente possível visualizar o tempo disponível como a condição capaz de possibilitar as funções positivas vitais dos produtores associados, dado que a unidade perdida entre necessidade e produção torna-se reconstituída em um nível qualitativamente mais elevado, quando se compara com os relacionamentos históricos anteriores entre 'o caracol e a sua concha'.*

Enquanto o tempo disponível, é concebido, da perspectiva do capital como algo a ser explorado no interesse na sua própria expansão e valorização (idem: 574), do ponto de vista do trabalho vivo ele se mostra como condição para que a sociedade possa suprir seus carecimentos e necessidades efetivamente sociais e desse modo fazer aflorar uma subjetividade dotada de sentido *dentro* e *fora* do trabalho. Isso porque o *tempo disponível* será aquele dispêndio

[85] Um análise decisiva das conexões existentes entre a crise ecológica e a lógica destrutiva do capital, empreendimento imprescindível hoje, encontra-se em Bihr, 1991: capítulo V; em Mészáros, 1995: especialmente capítulos XV-XVI e em Cantor, 1999: 167-200.

de atividade laborativa autodeterminada, voltada "para atividades autônomas, externas à relação dinheiro-mercadoria" (Kurz, 1997: 319), negadoras da relação totalizante dada pela *forma-mercadoria* e contrárias, portanto, à *sociedade produtora de mercadorias* (idem). A lógica societal regida pelo tempo disponível supõe uma articulação real entre a disponibilidade subjetiva e a determinação autônoma do tempo com as autênticas necessidades humano-sociais reprodutivas, materiais e simbólicas.

O exercício do trabalho autônomo, eliminado o dispêndio de tempo excedente para a produção de mercadorias, eliminado também o tempo de produção *destrutivo* e *supérfluo* (esferas estas controladas pelo capital), possibilitará o resgate verdadeiro do *sentido estruturante do trabalho vivo,* contra o *sentido (des)estruturante do trabalho abstrato para o capital.* Isso porque, sob o sistema de metabolismo social do capital, o trabalho que *estrutura* o capital *desestrutura* o ser social. O *trabalho assalariado* que dá sentido ao capital gera uma *subjetividade inautêntica* no próprio ato de trabalho. Numa forma de sociabilidade superior, o trabalho, ao *reestruturar* o ser social, terá *desestruturado* o capital. E esse mesmo *trabalho autodeterminado* que tornou *sem sentido* o capital gerará as condições sociais para o florescimento de uma *subjetividade autêntica* e emancipada, dando um novo *sentido ao trabalho.*

***

Pelo que expus ao longo deste texto, posso concluir afirmando que as teses defensoras do *fim da centralidade do trabalho* e sua substituição pela *esfera comunicacional* ou da *inter-subjetividade* encontram seu contraponto quando se parte de uma *concepção abrangente e ampliada de trabalho,* que o contempla tanto em sua dimensão *coletiva* quanto na *subjetiva,* tanto na esfera do trabalho *produtivo* quanto na do *improdutivo,* tanto *material* quanto *imaterial,* bem como nas formas assumidas pela *divisão sexual do trabalho,* pela *nova configuração da classe trabalhadora* etc., dentre vários elementos anteriormente apresentados, que permitem recolocar e dar concretude à tese da centralidade da categoria *trabalho* na formação societal contemporânea.

Posso afirmar também que, em vez da substituição do *trabalho* pela *ciência,* ou ainda da substituição da *produção de valores de troca* pela esfera *comunicacional* ou *simbólica,* da substituição da *produção* pela *informação,* o que vem ocorrendo no mundo contemporâneo é uma maior *inter-relação,* maior *interpenetração* entre as atividades produtivas e as improdutivas, entre as atividades fabris e de serviços, entre as atividades laborativas e as atividades de concepção, entre produção e conhecimento científico, que se expandem fortemente no mundo contemporâneo.

Podemos, portanto, apreender a *forma de ser* da classe trabalhadora se entendermos o conjunto heterogêneo e complexificado do *trabalho social* hoje, tanto incorporando aqueles segmentos, minoritários e mais qualificados, que existem na grande indústria informatizada, nas esferas produtivas e nas atividades de serviços, bem como se incorporarmos também os segmentos assalariados majoritários, que presenciam formas intensificadas de exploração do trabalho dadas pelo trabalho *part time*, temporário, terceirizado, subcontratado etc., que também participam do complexo compósito e heterogêneo, dado pelo trabalho coletivo, pela *totalidade do trabalho social*.

Procurei mostrar ainda que foi a própria forma assumida pela sociedade do *trabalho abstrato* que possibilitou, por meio da constituição de uma massa de trabalhadores expulsos do processo produtivo, a *aparência* da sociedade fundada no *descentramento* da categoria trabalho, na perda de centralidade do trabalho no mundo contemporâneo. Mas que o entendimento das mutações em curso no mundo do trabalho nos obriga a ir além das aparências. E ao fazer isso procurei mostrar que o *sentido* dado ao ato laborativo pelo capital é completamente diverso do *sentido* que a humanidade pode conferir a ele.

APÊNDICES

1

A CRISE DO MOVIMENTO OPERÁRIO E A CENTRALIDADE DO TRABALHO HOJE[1]

Nas últimas décadas, particularmente depois de meados dos anos 1970, o mundo do trabalho vivenciou uma situação fortemente crítica, talvez a maior desde o nascimento da classe trabalhadora e do próprio movimento operário. O entendimento dos elementos constitutivos dessa crise é de grande complexidade, uma vez que nesse mesmo período, ocorreram mutações intensas, de diferentes ordens e que, no seu conjunto, acabaram por acarretar consequências muito fortes no interior do mundo do trabalho e, em particular, no âmbito do movimento operário e sindical. O entendimento desse quadro, portanto, supõe uma análise da totalidade dos elementos constitutivos desse cenário, empreendimento ao mesmo tempo difícil e imprescindível, que não pode ser tratado de modo ligeiro.

Neste artigo irei somente *indicar* alguns elementos que são centrais, em meu entendimento, para uma apreensão mais totalizante dessa *crise*. O desenvolvimento mais detalhado e preciso de tais elementos seria aqui impossível, dada a amplitude e complexidade de questões. A sua tematização inicial, entretanto, é fundamental, uma vez que essa crise vem afetando tanto a *materialidade* da classe

---

[1] Publicado no livro *Le Manifeste Communiste Aujourd'Hui* (vários autores), Les Editions de l'Atelier, Paris, 1998.

trabalhadora, a sua *forma de ser*, quanto a sua esfera mais propriamente *subjetiva, política, ideológica*, dos valores e do ideário que pautam suas ações e práticas concretas.

Começo dizendo que nesse período vivenciamos um quadro de *crise estrutural do capital*, que se abateu sobre o conjunto das economias capitalistas a partir especialmente do início dos anos 1970. Sua intensidade é tão profunda que levou o capital a desenvolver, segundo Mészáros, "práticas materiais da *destrutiva autorreprodução ampliada* do capital, fazendo surgir inclusive o espectro da destruição global, em vez de aceitar as restrições positivas requeridas no interior da produção para a satisfação das necessidades humanas" (Mészáros, 1995). Essa crise fez com que, entre tantas outras consequências, o capital implementasse um vastíssimo processo de reestruturação, com vistas à recuperação do seu ciclo de reprodução que, como veremos mais adiante, afetou fortemente o mundo do trabalho.

Um segundo elemento fundamental para o entendimento das causas do refluxo do movimento operário decorre do explosivo desmoronamento do Leste Europeu (e da quase totalidade dos países que tentaram uma transição socialista, com a URSS à frente), propagando-se, no interior do mundo do trabalho, a falsa ideia do "fim do socialismo" (ver Kurz, 1992). Embora a longo prazo as consequências do fim do Leste Europeu sejam eivadas de positividades (pois coloca-se a possibilidade da retomada, em bases inteiramente novas, de um projeto socialista de novo tipo, que recuse, entre outros pontos nefastos, a tese staliniana do "socialismo num só país" e recupere elementos centrais da formulação de Marx), no plano mais imediato houve, em significativos contingentes da classe trabalhadora e do movimento operário, a aceitação e mesmo assimilação da nefasta e equivocada tese do "fim do socialismo" e, como dizem os apologistas da ordem, do fim do marxismo. E mais: ainda como consequência do fim do equivocadamente chamado "bloco socialista", os países capitalistas centrais vêm rebaixados brutalmente os direitos e as conquistas sociais dos trabalhadores, dada a "inexistência", segundo o capital, do perigo socialista hoje. Portanto, o desmoronamento da URSS e do Leste Europeu, ao fim dos anos 1980, teve enorme impacto no movimento operário. Basta lembrar a crise que se abateu sobre os partidos comunistas tradicionais e o sindicalismo a eles vinculado.

Paralelamente ao desmoronamento da esquerda tradicional da era stalinista – e aqui entramos em outro ponto central – deu-se um agudo processo *político e ideológico* de *social-democratização da esquerda* e a sua consequente atuação subordinada à ordem do capital. Essa *acomodação social-democrática* atingiu fortemente a esquerda sindical e partidária, repercutindo, consequentemente, no interior da classe trabalhadora. O sindicalismo de esquerda, por exemplo, passou a recorrer com frequência cada vez maior à institucionalidade e à burocratização que também caracterizam a social-democracia sindical (Bernardo, 1996).

É preciso acrescentar ainda que com a enorme expansão do neoliberalismo a partir de fins de 70 e a consequente crise do Welfare State, deu-se um processo de *regressão* da própria social-democracia, que passou a atuar de maneira muito próxima da agenda neoliberal. *O neoliberalismo passou a ditar o ideário e o programa a serem implementados pelos países capitalistas, inicialmente no centro e logo depois nos países subordinados*, contemplando reestruturação produtiva, privatização acelerada, enxugamento do Estado, políticas fiscal e monetária sintonizadas com os organismos mundiais de hegemonia do capital, como o FMI e o Bird, desmontagem dos direitos sociais dos trabalhadores, combate cerrado aos sindicalismo de esquerda, propagação de um subjetivismo e de um individualismo exacerbados, dos quais a cultura "pós-moderna" é expressão, animosidade direta contra qualquer proposta socialista contrária aos valores e interesses do capital etc. (ver Harvey, 1992; e Sader, 1997).

Vê-se que se trata de um *processo complexo*, que, repito, aqui posso apenas indicar, resumindo-o assim:

1) há uma *crise estrutural do capital* ou um *efeito depressivo profundo* que acentua seus traços destrutivos (Mészáros, 1995; e Chesnais, 1996);

2) deu-se o fim da experiência pós-capitalista da URSS e dos países do Leste Europeu, a partir do qual parcelas importantes da esquerda acentuaram ainda mais seu processo de social-democratização (Magri, 1991);

3) esse processo se efetivou num momento em que a própria social-democracia também vivenciava uma situação crítica;

4) expandia-se fortemente o projeto econômico, social e político neoliberal. Tudo isso acabou por afetar fortemente o mundo do trabalho, em várias dimensões.

Dada a abrangência e intensidade da *crise estrutural*, o capital vem procurando responder por meio de vários mecanismos, que vão desde a expansão das atividades especulativas e financeiras até a *substituição* ou *mescla* do padrão taylorista e fordista de produção, pelas várias formas de "acumulação flexível" (Harvey, 1992) ou pelo chamado toyotismo ou modelo japonês. Esse último ponto tem importância central, uma vez que diz respeito às *metamorfoses no processo de produção* do capital e suas repercussões no *processo de trabalho*, no qual várias mutações vêm ocorrendo e cujo entendimento é fundamental, nessa virada do século XX para o século XXI. Aqui, como ensinou Marx, é preciso "apoderar-se da matéria, em seus pormenores, analisar suas diferentes formas de desenvolvimento e perquirir a conexão íntima que há entre elas"[2]. Dada a impossibilidade de realizar essa empreitada nos limites deste texto, farei tão somente a indicação de alguns problemas que me parecem mais relevantes.

Particularmente nos últimos anos, como respostas do capital à crise dos anos 1970, intensificaram-se as transformações no próprio processo produtivo, pelo avanço tecnológico, pela constituição das formas de acumulação flexível e pelos modelos alternativos ao binômio taylorismo/fordismo, entre os quais se destaca, para o capital, especialmente, o modelo "toyotista" ou japonês (ver a coletânea organizada por Amin, 1996).

Essas transformações, por um lado, decorrentes da própria concorrência intercapitalista e por outro dadas pela necessidade de controlar o movimento operário e a luta de classes, acabaram por afetar fortemente a classe trabalhadora e o seu movimento sindical (Bihr, 1991; Gounet, 1991 e 1992; Murray, 1983; McIlroy, 1997).

Fundamentalmente, essa forma de produção flexibilizada busca a adesão de fundo por parte dos trabalhadores, que devem assumir o projeto do capital. Procura-se uma forma daquilo que chamei de *envolvimento manipulatório* levado ao limite (Antunes, 1995), em que o capital busca o consentimento e a adesão dos trabalhadores, no interior das empresas, para viabilizar um projeto que é aquele desenhado e concebido segundo seus fundamentos exclusivos. Trata-se de uma forma de *alienação* ou *estranhamento* (*Entfremdung*) que, diferenciando-se do despotismo fordista, leva a uma interiorização ainda mais profunda do ideário do capital, avançando no processo de expropriação do *savoir-faire* do trabalho.

Quais são as consequências mais importantes dessas transformações no processo de produção e de que forma elas afetam o mundo do trabalho? Menciono, de modo indicativo, as mais importantes:

1) diminuição do operariado manual, fabril, concentrado, típico do fordismo e da fase de expansão daquilo que se chamou de regulação social-democrática (Beynon, 1995; Fumagalli, 1996);

2) aumento acentuado das inúmeras formas de *subproletarização ou precarização do trabalho*, decorrentes da expansão do trabalho parcial, temporário, subcontratado, terceirizado, *e que tem se intensificado em escala mundial, tanto nos países do Terceiro Mundo, como também nos países centrais* (Bihr, 1991; Antunes, 1995; Beynon, 1995);

3) aumento expressivo do trabalho feminino no interior da classe trabalhadora, em escala mundial. Essa expansão do trabalho feminino tem sido frequente principalmente no universo do trabalho

---

[2] Conforme Marx, 1971, no "Posfácio" de 1873 à 2ª Edição de *O Capital*.

precarizado, subcontratado, terceirizado, part time etc., com salários geralmente mais baixos;

4) enorme expansão dos assalariados médios, especialmente no "setor de serviços, que" inicialmente aumentou em ampla escala mas vem presenciando também níveis de desemprego tecnológico;

5) exclusão dos trabalhadores jovens e dos trabalhadores "velhos" (em torno de 45 anos) do mercado de trabalho dos países centrais;

6) intensificação e superexploração do trabalho, com a utilização do trabalho dos imigrantes e expansão dos níveis de trabalho infantil, sob condições criminosas, em tantas partes do mundo, como Ásia, América Latina etc.;

7) há, em níveis explosivos, um processo de desemprego estrutural que, junto com o trabalho precarizado, atinge cerca de 1 bilhão de trabalhadores, o que corresponde a aproximadamente um terço da força humana mundial que trabalha;

8) Há uma expansão do que Marx chamou de *trabalho social combinado* no processo de criação de valores de troca (Marx, 1994), no qual trabalhadores de diversas partes do mundo participam do processo produtivo. O que, é evidente, não caminha no sentido da eliminação da classe trabalhadora, e sim da sua precarização, intensificação e utilização de maneira ainda mais diversificada.

Portanto, a classe trabalhadora *fragmentou-se, heterogeneizou-se e complexificou-se* ainda mais. Tornou-se mais qualificada em vários setores, como na siderurgia, onde houve uma relativa *intelectualização* do trabalho, mas *desqualificou-se e precarizou-se* em diversos ramos, como na indústria automobilística, onde o ferramenteiro não tem mais a mesma importância, sem falar na redução dos inspetores de qualidade, gráficos, mineiros, portuários, trabalhadores da construção naval etc. (Lojkine, 1995). Criou-se, de um lado, em escala minoritária, o trabalhador "*polivalente e multifuncional*", capaz de operar máquinas com controle numérico e mesmo converter-se no que Marx chamou, nos *Grundrisse*, de *supervisor e regulador do processo produtivo* (Marx, 1974a). De outro lado, uma massa precarizada, sem qualificação, que hoje é atingida pelo desemprego estrutural.

Essas mutações criaram, portanto, uma classe trabalhadora ainda mais diferenciada, entre qualificados/desqualificados, mercado formal/informal, homens/mulheres, jovens/velhos, estáveis/precários, imigrantes/nacionais etc.

Ao contrário, entretanto, daqueles que propugnaram pelo "fim do papel central da classe trabalhadora" no mundo atual (Habermas, 1989; Gorz, 1990; e Offe, 1989), o desafio maior da *classe-que-vive-do-trabalho*, nesta virada do século XX para o XXI, é soldar os laços de *pertencimento de classe* existentes entre os diversos segmentos que compreendem o mundo do trabalho, procurando articular desde aqueles segmentos que exercem um papel central no processo de criação de valores de troca até aqueles segmentos que estão mais à margem do processo produtivo mas que, pelas condições precárias em que se encontram, constituem-se em contingentes sociais potencialmente rebeldes frente ao capital e suas formas de (des) sociabilização. Condição imprescindível para se opor, hoje, ao brutal desemprego estrutural que atinge o mundo em escala global e que se constitui no exemplo mais evidente do caráter destrutivo e nefasto do capitalismo contemporâneo.

O entendimento *abrangente e totalizante* da crise que atinge o mundo do trabalho passa, portanto, por esse conjunto de problemas que incidiram diretamente no movimento operário, na medida em que são tão complexos que afetaram tanto a *economia política* do capital quanto as suas esferas *política e ideológica*. Claro que essa crise é *particularizada e singularizada* pela forma como essas *mudanças econômicas, sociais, políticas e ideológicas* afetaram mais ou menos direta e intensamente os diversos países que fazem parte dessa mundialização do capital, que é, como se sabe, desigualmente combinada. Para uma análise detalhada do que se passa no mundo do trabalho de cada país, o desafio é buscar essa totalização analítica que articulará elementos mais gerais das tendências *universalizantes* do capital e do processo de trabalho hoje com aspectos da *singularidade* de cada um desses países. Mas é decisivo perceber que há um conjunto abrangente de metamorfoses e mutações que tem afetado a classe trabalhadora, e que é absolutamente prioritário o seu entendimento e desvendamento, de modo a resgatar um projeto de classe capaz de enfrentar os monumentais desafios presentes neste final de século.

O capitalismo, e de maneira mais ampla e precisa a *lógica societal movida pelo sistema metabólico de controle do capital* (Mészáros, 1995), não foi capaz de eliminar as múltiplas formas e manifestações do *estranhamento* ou *alienação* do trabalho mas, em muitos casos, deu-se inclusive, conforme disse anteriormente, um processo de intensificação e maior interiorização, na medida em que se *minimizou* a dimensão mais explicitamente despótica, intrínseca ao fordismo, em benefício do "envolvimento manipulatório", da manipulação própria da era do toyotismo ou do modelo japonês.

Se o *estranhamento* é entendido, como indicou Lukács, como a existência de barreiras sociais que se opõem ao desenvolvimento da individualidade em direção à omnilateralidade humana, à individualidade emancipada, o capital contemporâneo, ao mesmo tempo em que pode, pelo avanço tecnológico e informacional, potencializar as capacidades humanas, faz expandir o fenômeno social do *estranhamento.* Isso porque, para o conjunto da *classe-que-vive-do-trabalho,* o desenvolvimento tecnológico não produziu necessariamente o desenvolvimento de uma subjetividade cheia de sentido, mas, ao contrário, pôde inclusive "desfigurar e aviltar a personalidade humana [...]". Ao mesmo tempo em que o desenvolvimento tecnológico pode provocar "diretamente um crescimento da capacidade humana", pode também "nesse processo, sacrificar os indivíduos (e até mesmo classes inteiras)" (Lukács, 1981: 562).

Os de bolsões de pobreza no coração do "Primeiro Mundo", as explosivas taxas de desemprego estrutural, a eliminação de inúmeras profissões no interior do mundo do trabalho em decorrência do incremento tecnológico voltado *centralmente para a criação de valores de troca,* as formas intensificadas de precarização do trabalho, são apenas alguns dos exemplos mais gritantes das barreiras sociais que obstam, sob o capitalismo, a busca de uma vida cheia de sentido e emancipada para o ser social que trabalha. Isso para não falar do Terceiro Mundo, onde se encontram 2/3 da força humana que trabalha em condições ainda muito mais precarizadas.

Como as suas formas contemporâneas de *estranhamento* atingem, além do espaço da produção, também a esfera do *consumo,* a esfera da vida *fora* do trabalho, o chamado *tempo livre* é, em boa medida, *um tempo também submetido aos valores do sistema produtor de mercadorias e das suas necessidades de consumo,* tanto materiais como imateriais (Antunes, 1995; e Bernardo, 1996).

Num quadro dessa ordem, quais são as alternativas?

Primeiro: é preciso alterar a lógica da produção societal; a produção deve ser prioritariamente voltada para os *valores de uso* e não para os *valores de troca.* Sabe-se que a humanidade teria condições de se reproduzir socialmente, em escala mundial, se a produção destrutiva fosse eliminada e se a produção social fosse voltada não para a lógica do mercado, mas para a produção de *coisas socialmente úteis.* Trabalhando poucas horas do dia o mundo poderia reproduzir-se de maneira não destrutiva, instaurando um novo sistema de metabolismo societal.

Segundo: a produção de *coisas socialmente úteis* deve ter como critério o *tempo disponível* e não o *tempo excedente,* que preside a sociedade contemporânea. Com isso o trabalho social, dotado de maior dimensão humana e societal, perderia seu caráter fetichizado e estranhado, tal como se manifesta hoje, e além de ganhar um sentido de autoatividade abriria possibilidades efetivas para um tempo livre cheio de sentido além da esfera do trabalho, o que é uma impossibilidade na sociedade regida pela lógica do capital. Até porque não pode haver *tempo* verdadeiramente *livre* erigido sobre *trabalho coisificado e estranhado.* O *tempo livre* atualmente existente é tempo para consumir mercadorias, sejam elas materiais ou imateriais. O tempo fora do trabalho também está bastante poluído pelo fetichismo da mercadoria.

O ponto de partida para instaurar uma nova lógica societal é desenvolver uma crítica contemporânea e profunda à (des)sociabilização da humanidade, tanto nas suas manifestações concretas quanto nas representacões fetichizadas hoje existentes, como forma necessária de superar a crise que atingiu o mundo do trabalho nestas últimas décadas do século XX.

2

OS NOVOS PROLETÁRIOS DO MUNDO NA VIRADA DO SÉCULO[1]

O título da conferência, "Proletários do Mundo na Virada do Século: Lutas e Transformações", é enormemente sugestivo e inspira um conjunto de questões, para entender a nova conformação do mundo do trabalho hoje, dos "novos proletários do mundo". Penso que talvez possa, nesta discussão, levantar um conjunto de questões, para ao menos indicar o que são os trabalhadores do mundo no fim do século XX, quem são os proletários do mundo no fim do século XX. Por certo não são idênticos ao proletariado de meados do século XIX. Mas, muito mais certamente, também não estão em vias de desaparição, quando se olha o mundo em sua dimensão global.

É muito curioso que enquanto se amplia enormemente o conjunto de seres sociais que vivem da venda de sua força de trabalho, em escala mundial, tantos autores tenham dado *adeus ao proletariado*, tenham defendido a ideia do *descentramento da categoria trabalho*, tenham defendido a ideia do fim de uma emancipação humana fundada no trabalho. O que vou aqui apresentar é um caminho de como é possível ir em sentido contrário a essas tendências, tão presentes e tão equivocadas.

[1] Transcrição da conferência, com o mesmo título, proferida quando do lançamento do número 5 de *Lutas Sociais*, revista publicada pelo Programa de Estudos Pós-Graduados em Ciências Sociais da PUC-SP. Este texto saiu no número seguinte: *Lutas Sociais*, nº 6, PUC-SP, 1999.

Os trabalhadores hoje, se não são idênticos aos trabalhadores de meados do século passado, tampouco estão em *vias de desaparição* como, com diferenciações entre eles, defendem autores como Gorz, Offe, Habernas, e mais recentemente, Dominique Méda, Jeremy Rifkin, entre tantos outros.

Vou, portanto, desenhar uma análise contrária à desses autores, buscando compreender o que são os proletários do mundo hoje, ou, como chamei em *Adeus ao Trabalho?*", a *classe-que-vive-do-trabalho*, a classe dos que vivem da venda da sua força de trabalho. Quero dizer, desde logo, que essa expressão não é uma tentativa de oferecer um conceito novo, ela é completamente diferente disso, é uma tentativa de caracterizar a ampliação e de entender o *proletariado hoje, os trabalhadores hoje*. Nós sabemos que Marx terminou *O Capital* quando iniciava sua formulação conceitual sobre as classes. Escreveu uma página e meia, um texto em que seguramente nos ofereceria um tratamento mais sistemático, mais articulado, sobre as classes sociais, e em particular sobre o que é a classe trabalhadora.

Muitas vezes Marx (e também Engels) definiu a classe trabalhadora e o proletariado (e em geral como sinônimos). O livro de Engels *A Formação da Classe Trabalhadora na Inglaterra* poderia se chamar também *A Formação do Proletariado na Inglaterra.* "Proletários de Todo o Mundo, Uni-vos", a célebre consigna do *Manifesto,* é muitas vezes traduzido como "Assalariados de Todo o Mundo, Uni-vos". Ou ainda, "A emancipação do proletariado é obra do proletariado" traduz-se como "a emancipação dos trabalhadores é obra dos trabalhadores". Marx e Engels usavam de maneira (quase) sinônima a ideia de trabalhadores e a de proletários. Talvez pudéssemos dizer que, na Europa de meados do século XIX os trabalhadores assalariados eram predominantemente proletários industriais, eram centralmente proletários industriais.

Pois bem: nosso primeiro desafio é procurar entender o que é a *classe trabalhadora hoje, o que é o proletariado hoje*, no sentido mais amplo do termo, não entendendo os trabalhadores ou "os proletários do mundo" como *exclusivamente* o proletariado industrial. Eu diria, então, para começar a fazer um desenho dessa problemática, que o proletariado ou a classe trabalhadora hoje, ou o que denominei a *classe-que-vive-do-trabalho* compreende *a totalidade dos assalariados, homens e mulheres que vivem da venda da sua força de trabalho e que são despossuídos dos meios de produção.* Essa definição marxiana e marxista me parece *inteiramente pertinente*, como de resto o conjunto essencial da formulação de Marx, para se pensar a classe trabalhadora hoje.

Nesse sentido, eu diria que a classe trabalhadora hoje tem como núcleo central o conjunto do que Marx chamou de *trabalhadores produtivos,* para lembrar especialmente o *Capítulo VI (Inédito),* bem como inúmeras passagens de *O Capital* onde a ideia de *trabalho produtivo* é formulada. Nesse sentido, eu diria que a classe trabalhadora hoje não se restringe somente aos trabalhadores manuais diretos, mas a classe trabalhadora hoje incorpora a totalidade do trabalho social, a totalidade do trabalho coletivo que vende sua força de trabalho em troca de salário. Mas ela é hoje centralmente composta pelo *conjunto de trabalhadores produtivos que são aqueles, lembrando de novo Marx, que produzem diretamente mais-valia e que participam também diretamente do processo de valorização do capital.* Ela tem o papel central no processo de produção de mais-valia. No processo de produção de mercadorias, desde as fábricas mais avançadas, onde é maior o nível de interação entre trabalho vivo e trabalho morto, entre trabalho humano e maquinário científico-tecnológico, onde há maior interação entre trabalho vivo e trabalho morto.

Este constitui-se como o núcleo central do proletariado moderno. Os produtos da Toyota, da Nissan, da General Motors, da IBM, da Microsoft etc., são resultado da interação entre trabalho vivo e trabalho morto, por mais que muitos autores, de novo Habermas à frente, digam que o trabalho abstrato teria perdido sua força estruturante na sociedade atual. À guisa de polêmica: se o trabalho abstrato (dispêndio de energia física e intelectual, conforme disse Marx em *O Capital*) perdeu a sua força estruturante na sociedade atual, como são produzidos os automóveis da Toyota, quem cria os computadores da IBM, os programas da Microsoft, os carros da General Motors, da Nissan etc., só para citar alguns exemplos de grandes empresas transnacionais?

Mas, para avançarmos nesse desenho mais geral do que é a classe trabalhadora hoje, é preciso dizer que ela engloba também o conjunto dos *trabalhadores improdutivos*, novamente no sentido de Marx. Aqueles cujas formas de trabalho são utilizadas como serviços, seja para *uso* público, como os serviços públicos tradicionais, seja para *uso* capitalista. O trabalho improdutivo é aquele que não se constitui como um elemento vivo no processo direto de valorização do capital e de criação de mais-valia. Por isso Marx o diferencia do trabalho produtivo, aquele que participa *diretamente* do processo de criação de mais-valia. Improdutivos, para Marx, são aqueles trabalhadores cujo trabalho é consumido como *valor de uso* e não como trabalho que cria *valor de troca.*

Na virada deste século, a classe trabalhadora inclui também o amplo leque de assalariados do setor de serviços, mas que não criam diretamente valor. Esse campo do trabalho improdutivo está em ampla expansão no capitalismo contemporâneo, ainda que algumas de suas parcelas se encontrem em retração. Por exemplo, no mundo fabril hoje há uma tendência, que me parece muito visível, de redução e até mesmo em alguns casos de eliminação do trabalho improdutivo, que passa a ser realizado pelo operário produtivo. Ele se torna, no capitalismo da era mundializada do capital, ainda mais explorado, dá-se uma intensificação da exploração da força de trabalho. Muitas atividades improdutivas estão desaparecendo, isto é, aquelas que o capital pode eliminar. Isso porque o capital também depende fortemente de atividades improdutivas para que as suas atividades produtivas se efetivem. Mas aquelas atividades improdutivas que o capital pode eliminar, ele assim tem feito, transferindo muitas delas para o universo dos trabalhadores produtivos.

Os trabalhadores improdutivos, então, sendo geradores de um antivalor no processo de trabalho capitalista, vivenciam situações que têm similitude com aquelas vivenciadas pelo trabalho produtivo. Eles pertencem ao que Marx chamou de falsos custos, os quais, entretanto, são absolutamente vitais para a sobrevivência do sistema capitalista.

Então eu diria que: primeiro, o mundo do trabalho hoje é composto, como pensava Marx, pelo trabalho produtivo e também pelo improdutivo. O que há de novo nessa reflexão é tentar entender, no conjunto da produção do capital, o que é hoje atividade produtiva e o que hoje permanece como atividade produtiva.

Vamos agora para um segundo bloco de problemas: dado que todo trabalho produtivo é assalariado mas nem todo trabalhador assalariado é produtivo, uma noção contemporânea de classe trabalhadora *deve incorporar a totalidade dos trabalhadores assalariados.* A classe trabalhadora hoje é mais ampla do que o proletariado industrial do século passado, embora o proletariado industrial moderno se constitua no *núcleo fundamental* dos assalariados, desse campo que compõe o mundo do trabalho, uma vez que ele é *centralmente o trabalhador produtivo.* Quer ele realize atividades *materiais* ou *imateriais*, quer atuando numa atividade manual direta, quer nos polos mais avançados das fábricas modernas, exercendo atividades mais "intelectualizadas" (por certo em número muito mais reduzido), às quais se referiu Marx ao caracterizá-lo como "supervisor e vigia do processo de produção" (*Grundrisse*).

Nesse desenho que estou fazendo, eu diria *que o papel de centralidade ainda se encontra claramente no que nós chamamos de trabalho produtivo, o trabalho social e coletivo que cria valores de troca, que gera a mais-valia.*

Mas uma noção *ampliada* de classe trabalhadora hoje me parece evidente e decisiva para responder ao significado essencial da *forma de ser* dessa classe e, desse modo, contrapor aos críticos do fim do trabalho, aos críticos do fim da classe trabalhadora. Se quisermos *fazer a crítica da crítica.*

Offe, por exemplo, num ensaio que se tornou referência, "O Trabalho como Categoria Sociológica Chave?", atribuiu a perda da centralidade do trabalho, dentre outros elementos, ao fato do que o trabalho operário não é mais dotado de uma ética do trabalho. Mas eu perguntaria: desde quando para Marx o trabalho foi considerado central porque era dotado de uma ética? Esse argumento teria sentido para Weber, mas não para Marx. A classe trabalhadora, para o segundo, é ontologicamente decisiva pelo papel fundamental que exerce no processo de criação de valores. É na materialidade mesma do sistema, *e pela potencialidade subjetiva que isso significa*, que o seu papel se torna central. Então, a crítica de Offe, quanto ao descentramento do trabalho (em verdade, uma crítica weberiana a uma tese de Weber, a da prevalência da *ética positiva* do trabalho), para Marx – e para uma reflexão marxiana – não tem relevância. Marx tem uma profunda visão *negativa e crítica do trabalho assalariado, do trabalho fetichizado.* Nos *Manuscritos de 1844*, Marx disse *que* se pudesse, *o trabalhador fugiria do trabalho como se foge de uma peste.*

Muito bem, continuemos: pensar então nos proletários ou nos trabalhadores do mundo hoje implica também pensar naqueles que vendem sua força de trabalho em troca de salário, incorporando também o proletariado rural que vende a sua força de trabalho para o capital, os chamados boias-frias das regiões agroindustriais. Esse proletariado rural que vende sua força de trabalho, ele também é parte constitutiva dos trabalhadores hoje, da *classe-que-vive-do-trabalho.*

Os trabalhadores no fim do século XX incorporam, também – e isso me parece decisivo para infirmar, para recusar a tese da perda da importância do mundo do trabalho –, em escala mundial, do Japão ao Brasil, do EUA à Coreia, da Inglaterra ao México e à Argentina, o proletariado precarizado, o que eu chamei no meu livro *Adeus ao Trabalho?* de o *subproletariado moderno*, fabril e de serviços, que é *part time*, que é caracterizado pelo trabalho temporário, pelo trabalho precarizado, como são os trabalhadores dos McDonald's, dos setores de serviços, do *fast-food*, que o sociólogo do trabalho inglês Huw Beyon chamou recentemente (no mesmo espírito do que eu mencionava anteriormente como sendo a *classe-que-vive-do-trabalho*) de *operários hifenizados*, são operários em trabalho-parcial, trabalho--precário, trabalho-por-tempo, por-hora. Um belo filme inglês, que passou aqui no Brasil em 1998, *The Full Monty*, com muita ironia mostra um pouco do que é esse trabalhador inglês, na fase das indústrias decadentes. *The Full Monty* (que aqui passou com o título *Ou Tudo ou Nada*) é uma bela fotografia daquilo que, com muita ironia – porque o filme é uma comédia, mas plena de sensibilidade –, mostrava a rudeza das condições de vida dos assalariados-desempregados ingleses, dos trabalhadores precarizados. Eles encontram trabalho nos supermercados, por exemplo, ganhando 3 ou 4 libras por hora; hoje tem trabalho, amanhã não tem, depois de amanhã tem, porém, sempre desprovidos completamente de direitos. Esse é o proletariado em tempo parcial, que eu chamo de subproletariado, *porque é o proletariado precarizado no que diz respeito às suas condições de trabalho e desprovido dos direitos mínimos do trabalho.*

É a versão "moderna" do proletariado do século XIX. Se em alguns setores (bastante minoritários) nós podemos encontrar, por um lado, um proletariado mais "qualificado e intelectualizado" (no sentido que o capital lhe confere), por outro lado é muito mais intensa a expansão, em todos os cantos do mundo, do operário mais precarizado, como as mulheres trabalhadoras da Nike na Indonésia, que trabalhavam cerca de sessenta horas por *semana* e recebiam 38 dólares por *mês*. Mulheres-trabalhadoras trabalhando 240 horas por mês, produzindo milhares de tênis, para no fim do mês não ter dinheiro para comprar um único par deles, pois um salário de 38 dólares seguramente não permite comprar um tênis Nike.

Vocês sabem que, segundo dados da OIT, hoje mais de 1 bilhão de homens e mulheres que trabalham estão ou precarizados, subempregados – os trabalhadores que o capital usa como se fosse uma seringa descartável –, ou encontram-se desempregados. A força humana de trabalho é descartada com a mesma tranquilidade com que se descarta uma seringa. Assim faz o capital, e há então uma massa enorme de trabalhadores e trabalhadoras que já são parte do desemprego estrutural, são parte do monumental exército industrial de reserva que se expande em toda parte. Essa tendência tem se acentuado, em função da vigência do caráter destrutivo da lógica do capital, muito mais visível nestes últimos 20, 30 anos. Isso porque, por um lado, deu-se a expansão nefasta do *ideário* e da *pragmática* neoliberal, e de outro pelo chão social conformado pela nova configuração do capitalismo, que tem sido denominada fase da reestruturação produtiva do capital, onde o toyotismo e outros experimentos de desregulamentação, de flexibilização etc., têm marcado o mundo capitalista, mais intensamente após a crise estrutural iniciada nos anos 1970.

Mas é claro que da *classe-que-vive-do-trabalho*, da classe trabalhadora hoje, dos *novos proletários do fim do século XX*, não fazem parte o que João Bernardo chamou de os gestores do capital, aqueles que são parte constitutiva da classe dominante, pelo papel central que têm no controle e gestão do capital. Os altos funcionários, que detêm papel de controle no processo de valorização e reprodução do capital, no interior das empresas, e que por isso recebem salários altíssimos. Estes são parte desse sistema hierárquico e de mando, são parte fundamental do sistema de metabolismo social do capital, para lembrar a formulação de Mészáros, sistema de metabolismo social que subordina hierarquicamente o trabalho ao mando do capital. Os gestores do capital, por certo, não são assalariados e evidentemente estão excluídos da classe trabalhadora.

Essa minha caracterização da classe trabalhadora exclui também, é evidente, os pequenos empresários, porque são detentores – ainda que em pequena escala – dos meios de sua produção, e exclui naturalmente aqueles que vivem de juros e da especulação. Então, compreender a classe trabalhadora hoje, de modo ampliado, implica entender esse conjunto de seres sociais que vivem da venda da sua força de trabalho, que são assalariados e são desprovidos dos meios de produção. É esta a síntese que eu faço da classe trabalhadora hoje, em *Adeus ao Trabalho?:* uma classe mais heterogênea, mais complexificada e mais fragmentada[2].

Feito esse recorte mais analítico, vou procurar, então, nesta segunda parte de minha apresentação, desenhar as características principais, empiricamente falando, da classe trabalhadora hoje.

A primeira tendência que vem ocorrendo no mundo do trabalho hoje é uma redução do operariado manual, fabril, estável, típico da fase taylorista e fordista. Esse proletariado tem se reduzido em escala mundial, ainda que de maneira obviamente diferenciada em função das particularidades de cada país, da sua inserção na divisão internacional do trabalho. O proletariado industrial brasileiro, por exemplo, entre os anos 1960 e fins de 1970, teve um crescimento enorme. O mesmo ocorreu na Coreia, para dar outro exemplo. Mas aqui estou me referindo aos últimos vinte anos nos países centrais e particularmente na última década para os países de industrialização subordinada, como o Brasil. O ABC paulista tinha cerca de 240 mil operários metalúrgicos em 80, hoje tem pouco mais de 110 mil, 120 mil. No mesmo período, Campinas tinha 70 mil metalúrgicos, hoje tem 37 mil operários estáveis. Vocês se lembram de que no passado uma fábrica, como a Volkswagen, dizia que era importante porque tinha mais de 40 mil operários. Hoje tem menos de 20 mil, produzindo, entretanto, muito mais. Isso quer dizer que hoje é sinônimo de "proeza e vitalidade" do capital citar uma fábrica que produz muito com cada vez menos operários.

Vocês poderiam dizer, então, que tem razão André Gorz quando vaticinou o *fim do proletariado.* Porque, nessa linha de argumentação, poder-se-ia dizer que o que está diminuindo tende a desaparecer. Mas, acontece que há uma segunda tendência, decisiva (que o próprio Gorz percebeu, até porque é um cientista social inteligente, embora não tenha conseguido tratar analiticamente do problema). Essa segunda tendência, muito importante, porque contradiz a primeira, *é aquela marcada pelo enorme aumento do assalariamento e do proletariado precarizado em escala mundial.* Nas últimas décadas, paralelamente à redução dos empregos estáveis, aumentou em escala explosiva o número de trabalhadores, homens e mulheres, em regime de tempo parcial, em trabalhos assalariados temporários. Essa é uma forte

---

2 Similarmente, o livro de Alain Bihr desenha sugestivamente os traços mais característicos do que é o proletariado europeu hoje.

manifestação desse novo segmento que compõe a classe trabalhadora hoje, ou a expressão desse *novo proletariado.*

Terceira tendência: tem-se o aumento expressivo do trabalho feminino no mundo do trabalho, tanto na indústria quanto especialmente no setor de serviços. A classe trabalhadora sempre foi tanto masculina quanto feminina. Só que a proporção está se alterando muito. Na Inglaterra por exemplo, hoje o número de mulheres que trabalham é maior que o de homens que trabalham. Em vários países europeus, cerca de 40%, e 50% ou mais da força de trabalho é feminina. Inclusive porque quanto mais se ampliam os trabalhos *part time*, mais a força de trabalho feminina preenche esse universo.

Essa tendência tem desdobramentos decisivos. Não posso expor em detalhes essa temática, mas as questões complexas que disso decorrem são enormes. Primeiro a incorporação da mulher no mercado de trabalho é, por certo, um momento importante da emancipação *parcial* das mulheres, pois anteriormente esse acesso era muito mais marcado pela presença masculina. Mas, e isso me parece central, o capital fez isso à sua maneira. E de que maneira fez o capital? O capital reconfigurou uma *nova divisão sexual do trabalho.* Nas áreas onde é maior a presença de *capital intensivo,* de maquinário mais avançado, predominam os homens. E nas áreas de maior *trabalho intensivo,* onde é maior ainda a exploração do trabalho manual, trabalham as mulheres. É isso que têm mostrado as pesquisas, por exemplo, da pesquisadora inglesa Anna Pollert. E quando não são as mulheres são os negros, e quando não são os negros são os imigrantes, e quando não são os imigrantes são as crianças, ou todos eles juntos!

E se a classe trabalhadora é tanto masculina quanto feminina, o socialismo não será uma construção só da classe trabalhadora masculina. Os sindicatos classistas também não poderão ser sindicatos só de homens-trabalhadores; a emancipação do gênero humano em relação às formas de opressão do capital, que nós sabemos serem centrais, decisivas, mescla-se a outras formas e opressão. Além das formas de opressão de classe, dadas pelo sistema do capital, a opressão de gênero tem uma existência que é pré-capitalista, que permanece sob o capitalismo e que terá vida pós-capitalismo, *se essa forma de opressão não for radicalmente eliminada das relações entre os seres sociais, entre os homens e as mulheres.* A emancipação frente ao capital e a emancipação do gênero, são momentos constitutivos do *processo de emancipação do gênero humano frente a todas as formas de opressão e dominação.* Assim como a rebeldia dos negros contra o racismo dos brancos, a luta dos trabalhadores imigrantes contra o nacionalismo xenófobo, dos homossexuais contra a discriminação sexual, entre as tantas clivagens que oprimem o ser social hoje. Eu diria que para pensar a questão da emancipação humana e da *luta central contra o capital*, esses elementos que estou expondo são decisivos. São, portanto, múltiplas as lutas emancipatórias.

Claro que a classe trabalhadora sempre foi também feminina. Mas era predominantemente feminina em alguns setores produtivos, como o setor têxtil. Hoje ela é predominantemente feminina em muitas áreas, em diversos setores e sobretudo no trabalho *part time*, que se amplia no mundo inteiro nos últimos anos. Até porque o capital percebeu que a mulher exerce atividades polivalentes, no trabalho doméstico e, além dele, no trabalho fora de casa, o capital tem utilizado e explorado intensamentee essa polivalência do trabalho da mulher. O capital percebeu a polivalência feminina no trabalho produtivo e utiliza e explora isso intensamente. Já explorava o trabalho feminino no espaço doméstico, na esfera da reprodução, ampliando a exploração para o espaço fabril e de serviços. Articular as ações *de classe* com as ações *de gênero* torna-se ainda mais decisivo.

Quarta tendência: há uma enorme expansão dos assalariados médios no setor bancário, turismo, supermercados, os chamados setores de serviço em geral. São os novos proletários, no sentido de presenciarem um assalariamento e uma degradação intensificada do trabalho, conforme falei anteriormente.

Quinta tendência: há uma exclusão enorme dos jovens e dos "velhos" (no sentido dado pelo capital destrutivo). Os jovens são aqueles que terminam seus estudos, médios e superiores, e não têm espaço no mercado de trabalho. Os jovens europeus, os jovens norte-americanos e também os jovens brasileiros não mais têm garantido o seu espaço no mercado de trabalho. Na Europa, a garantia única é a certeza do desemprego. Algo que já caracteriza também o nosso mercado de trabalho. E os trabalhadores de 40 anos ou mais, considerados "velhos" pelo capital, uma vez desempregados não voltam mais para o mercado de trabalho. Vão realizar trabalhos informais, trabalhos parciais, *part time* etc. Imaginem as profissões que desapareceram: inspetor de qualidade, por exemplo, que desapareceu da fábrica. O indivíduo que era inspetor de qualidade há 25 anos, uma vez desempregado, será que ele vai voltar para outra fábrica com uma nova profissão ou será que a fábrica vai contratar um trabalhador jovem, formado sob os "moldes" da polivalência e da multifuncionalidade, ao qual pagará muito menos do que ganhava aquele inspetor de qualidade? A resposta é evidente. Ele tragicamente será um novo integrante do monumental exército industrial de reserva.

Ao contrário, portanto, de se falar em *fim do trabalho*, parece evidente que o capital conseguiu, em escala mundial, ampliar as esferas de assalariamento e de exploração do trabalho, nas várias formas de precarização, subemprego, *part time* etc. O essencial do toyotismo, já dizia Satoshi Kamata em seu livro *Japan in the Passing Lane* (uma reportagem clássica sobre a Toyota, que ele caracterizou como "a fábrica do desespero"), seu principal objetivo, era reduzir o "desperdício". De modo metafórico: se o trabalhador respirava, e enquanto respirava havia momentos em que não produzia, urgia *produzir respirando e respirar produzindo, e nunca respirar não produzindo.* Se pudesse o trabalhador produzir sem respirar, o capital permitiria, *mas respirar sem produzir, não.* E com isso a Toyota conseguiu reduzir em 33% o seu "tempo ocioso", o seu "desperdício".

É por isso que a indústria automobilística japonesa, em 1955, produzia um volume de automóveis irrisório frente à produção norte-americana (somente 69 mil unidades frente a 9,2 milhões nos EUA) e chegou vinte anos depois a uma produtividade superior à dos norte-americanos. Empurrou a produtividade para cima. Os capitalistas japoneses chamavam os capitalistas norte-americanos e diziam: vocês têm operários lentos, seu sistema de produção é lento, vocês têm de reaprender conosco. Até porque, diziam ainda os capitalistas japoneses, "nós aprendemos com vocês, o toyotismo não é uma criação original japonesa, ele se inspirou no modelo norte-americano dos supermercados, na indústria têxtil etc.

Então, o que se vê não é o fim do trabalho, e sim a retomada de níveis explosivos de exploração do trabalho, de *intensificação do tempo e do ritmo de trabalho. Vale lembrar que a jornada pode até reduzir-se, enquanto o ritmo se intensifica.* E é exatamente isso que vem ocorrendo em praticamente todas as partes: uma maior intensidade, uma maior exploração da força humana que trabalha. Na outra ponta do processo de trabalho, nas unidades produtivas *de ponta* – que são evidentemente, minoritárias, quando se olha a *totalidade do trabalho* – têm-se, por certo, formas de trabalho mais "intelectualizado" (no sentido dado pelo capital), formas de trabalho imaterial. Tudo isso é, entretanto, muito diferente de falar em fim do trabalho. E é muito visível hoje a vigência do que o Marx chamou de *trabalho social combinado.* Ele dizia: Não importa se é um operário mais intelectualizado, se é um operário manual direto, se ele está no centro, no núcleo do processo ou se está mais na franja dele, o importante é que ele participa do processo da criação de valores, de *valorização do capital,* e essa criação resulta de um trabalho coletivo, de um trabalho social combinado, conforme disse no *Capítulo VI (Inédito),* que aqui cito de memória. E se ele está de fato *subsumido* ao capital, se participa diretamente do processo de valorização desse mesmo capital, então ele é um trabalho produtivo.

A classe trabalhadora, os "trabalhadores do mundo na virada do século", é mais explorada, mais fragmentada, mais heterogênea, mais complexificados, também no que se refere a sua atividade produtiva: é um operário ou uma operária trabalhando em média com quatro, com cinco, ou mais máquinas. São desprovidos de direito, o seu trabalho é *desprovido de sentido*, em conformidade com o caráter destrutivo do capital, pelo qual relações metabólicas sob controle do capital não só degradam a natureza, levando o mundo à beira da catástrofe ambiental, como também precarizam a força humana que trabalha, desempregando ou subempregando-a, além de intensificar os níveis de exploração.

Não posso concordar, portanto, com a tese do fim do trabalho e muito menos com o fim da revolução do *trabalho*. A emancipação dos nossos dias é centralmente uma revolução *no* trabalho, *do* trabalho e *pelo* trabalho. Mas é um empreendimento societal mais difícil, uma vez que não é fácil resgatar o sentido de pertencimento de classe, que o capital e suas formas de dominação (inclusive a decisiva esfera da cultura) procuram mascarar e nublar.

Durante a vigência do taylorismo/fordismo, no século XX, os trabalhadores por certo não eram homogêneos; sempre houve homens-trabalhadores, mulheres-trabalhadoras, jovens-trabalhadores, qualificados e não qualificados, nacionais e imigrantes etc., isto é, as múltiplas clivagens que marcam a classe trabalhadora. É também evidente que no passado já havia terceirização (em geral, os restaurantes eram terceirizados, a limpeza era terceirizada, o transporte coletivo etc.). Deu-se entretanto uma enorme intensificação desse processo, que alterou sua qualidade, fazendo aumentar e intensificar em muito as clivagens anteriores.

Ao contrário do taylorismo/fordismo (que, é bom lembrar, ainda vigora em várias partes do mundo, ainda que de forma muitas vezes híbrida ou mesclada), no toyotismo, na sua versão japonesa, o trabalhador torna-se, como escrevi em *Adeus ao Trabalho?*, um déspota de si próprio. Ele é instigado a se autorrecriminar e se punir, se a sua produção não atingir a chamada "qualidade total" (essa falácia mistificadora do capital). Ele trabalha num coletivo, em times ou células de produção, e se um trabalhador ou uma trabalhadora não comparece ao trabalho, será cobrado pelos próprios membros que formam sua equipe. É assim no ideário do toyotismo. Tal como a lógica desse ideário é concebida, as resistências, as rebeldias, as recusas, são completamente rejeitadas como atitudes contrárias "ao bom desempenho da empresa". Isso levou um conhecido estudioso, Coriat, a dizer positivamente que o toyotismo exerce um *envolvimento incitado*. Contrapondo-me fortemente a isso, caracterizo esse procedimento como o de um *envolvimento manipulado*. Trata-se de um momento efetivo do *estranhamento* do trabalho ou, se preferirem, da alienação do trabalho, que é, entretanto, levada ao limite, interiorizada na "alma do trabalhador", levando-o a só pensar na produtividade, na competitividade, em como melhorar a produção da empresa, da sua "outra família". Dou um exemplo elementar: quantos passos um trabalhador conseguiu reduzir para fazer o seu trabalho? Esses passos reduzidos, em uma hora, significam tantos passos num dia. Tantos passos num dia, significam tantos passos num mês. E tantos passos num mês, significam tantos passos num ano. Tantos passos num ano significam tantas peças produzidas a mais, *criando-se um círculo infernal da desefetivação e da desumanização no trabalho*: é o *trabalhador pensando para o capital*. Assim quer o toyotismo e suas formas assemelhadas.

E há ainda uma questão muito importante: o taylorismo e o fordismo tinham uma concepção muito linear, onde a Gerência Científica *elaborava* e o trabalhador manual *executava*. O toyotismo percebeu, entretanto, que o *saber intelectual* do trabalho é muito maior do que o fordismo e o taylorismo imaginavam, e que era preciso deixar que o *saber intelectual do trabalho florescesse* e fosse também ele apropriado pelo capital. O que Jean Marie Vincent, entre outros, denominou como a fase de vigência do *trabalho intelectual abstrato*. É, em minha formulação, aquele momento em que o dispêndio de energia, para lembrar Marx, torna-se dispêndio de energia intelectual, que o capital toyotizado incentiva para dele também se apropriar, numa dimensão muito mais profunda do que o taylorismo e o fordismo fizeram. Somente por isso é que o capital deixa, durante um período da semana (em geral uma ou duas horas), os trabalhadores aparentemente "sem trabalhar", discutindo nos Círculos de Controle da Qualidade. Porque são nesses momentos que as ideias de quem realiza a produção florescem – indo além dos padrões dados pela Gerência Científica –, e o capital toyotizado sabe se apropriar intensamente dessa dimensão intelectual do trabalho que emerge no chão da fábrica e que o taylorismo/fordismo desprezava.

É evidente que desse processo que se expande e se complexifica nos *setores de ponta do processo produtivo* (o que hoje não pode ser em hipótese alguma generalizado) resultam máquinas mais inteligentes, que por sua vez precisam de trabalhadores mais "qualificados", mais aptos para operar com essas máquinas informatizadas. E no processo desencadeado, novas máquinas mais inteligentes passam a produzir atividades anteriormente feitas pela atividade exclusivamente humana, desencadeando-se um processo de interação entre trabalho vivo diferenciado e trabalho morto mais informatizado. O que levou Habermas a dizer, em minha opinião erroneamente, que a ciência se transformava em principal força produtiva, substituindo – e com isso eliminando – a relevância da teoria do valor trabalho. Ao contrário, penso que há uma nova forma de interação do trabalho vivo com o trabalho morto, há um processo de *tecnologização da ciência* que, entretanto, não pode eliminar o trabalho vivo, ainda que possa reduzi-lo, alterá-lo, fragmentá-lo. Mas a tragédia do capital é que ele não pode suprimir definitivamente o trabalho vivo, não podendo, portanto, eliminar a classe trabalhadora. Entender um pouco da conformação dessa classe trabalhadora hoje foi, então, o que aqui procuramos fazer.

3

AS METAMORFOSES E A CENTRALIDADE DO TRABALHO HOJE[1]

I

O mundo do trabalho viveu, como resultado das transformações e metamorfoses em curso nas últimas décadas, particularmente nos países capitalistas avançados, com repercussões significativas nos países do Terceiro Mundo dotados de uma industrialização intermediária, um processo múltiplo: de um lado verificou-se uma *desproletarização* do trabalho industrial, fabril, nos países de capitalismo avançado. Em outras palavras, houve uma diminuição da classe operária industrial tradicional. Mas, paralelamente, efetivou-se uma significativa *subproletarização* do trabalho, decorrência das formas diversas de trabalho parcial, precário, terceirizado, subcontratado, vinculado à economia informal, ao setor de serviços etc. Verificou-se, portanto, uma significativa *heterogeneização*, *complexificação* e *fragmentação* do trabalho.

As evidências empíricas, presentes em várias pesquisas, não me levaram a concordar com a tese da supressão ou eliminação da classe trabalhadora sob o capitalismo avançado, especialmente quando se constata o alargamento das múltiplas formas precarizadas de trabalho. Isso sem mencionar o fato de que parte substancial da *classe-que-*

[1] Publicado na Revista *Actuel Marx*, nº 24, segundo semestre de 1998, PUF (Presses Universitaires de France), Paris.

-vive-do-trabalho se encontra fortemente radicada nos países intermediários e industrializados como Brasil, México, Índia, Rússia, China, Coreia, entre tantos outros, onde essa classe desempenha atividades centrais no processo produtivo.

Em vez do *adeus ao proletariado*, temos um amplo leque diferenciado de grupamentos e segmentos que compõem a *classe-que-vive--do-trabalho* (ver Antunes, 1995).

A década de 1980 presenciou, nos países de capitalismo avançado, profundas transformações no mundo do trabalho, nas suas formas de inserção na estrutura produtiva, nas formas de representação sindical e política. Foram tão intensas as modificações que se pode mesmo afirmar ter a *classe-que-vive-do-trabalho* presenciado a mais aguda crise deste século, que não só atingiu a sua *materialidade*, mas teve profundas repercussões na sua *subjetividade* e, no íntimo inter-relacionamento desses níveis, afetou a sua *forma de ser*.

Nessa década de grande salto tecnológico, a automação e as mutações organizacionais invadiram o universo fabril, inserindo-se e desenvolvendo-se nas relações de trabalho e de produção do capital. Vive-se, no mundo da produção, um conjunto de experiências, mais ou menos intensas, mais ou menos consolidadas, mais ou menos presentes, mais ou menos tendenciais, mais ou menos embrionárias. O fordismo e o taylorismo já não são únicos e mesclam-se com outros processos produtivos (neofordismo e neotaylorismo), sendo em alguns casos até substituídos, como a experiência japonesa do "toyotismo" nos permite constatar.

Novos processos de trabalho emergem, onde o cronômetro e a produção em série são substituídos pela flexibilização da produção, por novos padrões de busca de produtividade, por novas formas de adequação da produção à lógica do mercado. Ensaiam-se modalidades de desconcentração industrial, buscam-se novos padrões de gestão da força de trabalho, dos quais os "processos de qualidade total" são expressões visíveis não só no mundo japonês mas em vários países de capitalismo avançado e do Terceiro Mundo industrializado. O toyotismo penetra, mescla-se ou mesmo substitui, em várias partes, o padrão taylorismo-fordismo. (Sobre essa polêmica ver, entre outros, Murray, 1983; Harvey, 1992; Coriat, 1992; Gounet,1991 e 1992; Amin, 1996.) Presenciam-se formas transitórias de produção, cujos desdobramentos são também agudos, no que diz respeito aos direitos do trabalho. Estes são desregulamentados, são flexibilizados, de modo a dotar o capital do instrumental necessário para adequar-se à sua nova fase.

Essas transformações, presentes ou em curso, em maior ou menor escala, dependendo de inúmeras condições econômicas, sociais, políticas, culturais, étnicas etc., dos diversos países onde são vivenciadas, penetram fundo no operariado industrial tradicional, acarretando metamorfoses no trabalho. A crise atinge ainda fortemente o universo da consciência, da subjetividade dos trabalhadores, das suas formas de representação, das quais os sindicatos são expressão (ver Antunes, 1995; Beynon, 1995; Fumagalli, 1996; McIlroy, 1997). Quais foram as consequências mais evidentes e que merecem maior reflexão? A classe-que-vive-do-trabalho estaria desaparecendo?

Começo afirmando que se pode observar um processo múltiplo: de um lado verificou-se uma desproletarização do trabalho industrial, fabril, manual, especialmente (mas não só) nos países de capitalismo avançado. Por outro lado, ocorreu um processo intensificado de subproletarização, presente na expansão do trabalho parcial, precário, temporário, que marca a sociedade dual no capitalismo avançado. Efetivou-se também uma expressiva "terceirização" do trabalho em diversos setores produtivos, bem como uma enorme ampliação do assalariamento no setor de serviços; verificou-se igualmente uma significativa heterogeneização do trabalho, expressa pela crescente incorporação do contingente feminino no mundo operário. Em síntese: houve desproletarização do trabalho manual, industrial e fabril; heterogeneização, subproletarização e precarização do trabalho. Diminuição do operariado industrial tradicional e aumento da classe-que-vive-do-trabalho.

Darei alguns exemplos dessas tendências, desse múltiplo processo presente no mundo do trabalho. Começo pela questão da desproletarização do trabalho manual, fabril, industrial. Tomemos o caso da França: em 1962 o contingente operário era de 7.488.000. Em 1975 esse número chegou a 8.118.000 e em 1989 reduziu-se para 7.121.000. Enquanto em 1962 ele representava 39% da população ativa, em 1989 esse índice baixou para 29,6% (Bihr, 1990 apud Antunes, 1995: 42; e Bihr, 1991: 87 e 108).

Pode-se dizer que "nos principais países industrializados da Europa Ocidental os efetivos de trabalhadores ocupados na indústria representavam cerca de 40% da população ativa no começo dos anos 1940. Hoje, sua proporção se situa próxima dos 30%. Prevê-se que baixará a 20 ou 25% no começo do próximo século" (Gorz, 1990b e 1990). Esses dados evidenciam uma nítida redução do proletariado fabril, industrial, manual, nos países de capitalismo avançado, quer em decorrência do quadro recessivo, quer especialmente em função da automação, da robótica e dos múltiplos processos de flexibilização (Antunes, 1995; Beynon, 1995).

Há, paralelamente a essa tendência, uma significativa expansão, heterogeneização e complexificação da classe-que-vive-do-trabalho, dada pela subproletarização do trabalho, presente nas formas de trabalho precário, parcial etc. A título de ilustração: tomando-se o período de 1982 a 88, enquanto se deu na França uma redução de

501 mil empregos por tempo completo, houve o aumento de 111 mil empregos em tempo parcial (Bihr,1990 apud Antunes, 1995: 44; e Bihr, 1991: 88-9). Ou seja, vários países do capitalismo ocidental avançado viram decrescer os empregos em tempo completo ao mesmo tempo em que assistiram a um aumento das formas de subproletarização, exemplificados pelos trabalhadores parciais, precarizados, temporários.

Gorz acrescenta que aproximadamente 35% a 50% da população ativa britânica, francesa, alemã e americana encontra-se desempregada ou desenvolvendo trabalhos precários, parciais, dando a dimensão daquilo que correntemente se chama de sociedade dual (Gorz, apud Antunes, 1995: 43; e Gorz, 1990 e 1990a).

Do incremento da força de trabalho que se subproletariza, um segmento expressivo é composto por mulheres. Dos 111 mil empregos parciais gerados na França entre 1982-8, 83% foram preenchidos pela força de trabalho feminina (Antunes, 1995: 44; e Bihr, 1991: 89). Pode-se dizer que o contingente feminino tem se expandido em diversos países onde a força de trabalho feminina representa, em média, cerca de 40% ou mais do conjunto da força de trabalho (ver, sobre o caso inglês, Beynon, 1995).

Do mesmo modo, tem-se um intenso processo de assalariamento do setor de serviços, o que levou à constatação de que nas "pesquisas sobre a estrutura e as tendências de desenvolvimento das sociedades ocidentais altamente industrializadas encontramos, de modo cada vez mais frequente, sua caracterização como 'sociedade de serviços'. Isso se refere ao crescimento absoluto e relativo do 'setor terciário', isto é, do 'setor de serviços'" (Offe, Berger 1991: 11).

Há, entretanto, outras consequências importantes que são decorrentes da revolução tecnológica: paralelamente à redução quantitativa do operariado tradicional, dá-se uma alteração qualitativa na forma de ser do trabalho. A redução da dimensão variável do capital, em decorrência do crescimento da sua dimensão constante – ou, em outras palavras, a substituição do trabalho vivo pelo trabalho morto – oferece, como tendência, a possibilidade da conversão do trabalhador em supervisor e regulador do processo de produção, conforme a abstração marxiana presente nos Grundrisse (Marx, 1974b). Porém, pode-se constatar que para Marx havia a impossibilidade de essa tendência ser plenamente efetivada sob o capitalismo, dada a vigência da lei do valor (idem).

Portanto, sob o impacto tecnológico há uma possibilidade levantada por Marx, no interior do processo de trabalho, que se configura pela presença da dimensão mais qualificada em parcelas do mundo do trabalho, pela intelectualização do trabalho no processo de criação de valores, realizado pelo conjunto do trabalho social combinado.

O que permitiu a Marx dizer que "com o desenvolvimento da *subsunção real do trabalho ao capital* ou do *modo de produção especificamente capitalista*, não é o operário industrial, mas uma crescente *capacidade de trabalho socialmente combinada* que se converte no *agente real* do processo de trabalho total, e como as diversas capacidades de trabalho que cooperam e formam a máquina produtiva total participam de maneira muito diferente no processo imediato da formação de mercadorias, ou melhor, dos produtos – este trabalha mais com as mãos, aquele trabalha mais com a cabeça, um como diretor (*manager*), engenheiro (*engineer*), técnico etc., outro, como capataz (*overloocker*), um outro como operário manual direto, ou inclusive como simples ajudante –, temos que mais e mais *funções da capacidade de trabalho* se incluem no conceito imediato de *trabalho produtivo*, e seus agentes no conceito de trabalhadores produtivos, diretamente explorados pelo capital e *subordinados* em geral a seu processo de valorização e produção. Se se considera o *trabalhador coletivo*, de que a oficina consiste, sua *atividade combinada* se realiza materialmente (*materialiter*) e de maneira direta num *produto total* que, ao mesmo tempo, é um *volume total de mercadorias;* é absolutamente indiferente que a função de tal ou qual trabalhador – simples elo desse trabalho coletivo – esteja mais próxima ou mais distante do trabalho manual direto" (Marx, 1978: 71-2).

Isso evidencia que, mesmo na contemporaneidade, "a compreensão do desenvolvimento e da autorreprodução do modo de produção capitalista é completamente impossível sem o conceito de capital social total [...] Do mesmo modo é completamente impossível compreender os múltiplos e agudos problemas do trabalho, tanto nacionalmente diferenciado como socialmente estratificado, sem que se tenha sempre presente o necessário quadro analítico apropriado: a saber, o irreconciliável antagonismo entre o capital social total e a totalidade do trabalho" (Mészáros, 1995: 891). Claro que esse antagonismo é particularizado em função das circunstâncias socioeconômicas locais, da inserção de cada país na estrutura global da produção de capital e da maturidade relativa do desenvolvimento sócio-histórico global (idem).

Por tudo isso, falar em supressão do trabalho sob o capitalismo parece carente de maior fundamentação, empírica e analítica, o que se torna mais evidente quando se constata que 2/3 da força de trabalho se encontra no Terceiro Mundo industrializado e intermediário (nele incluída a China), onde as tendências apontadas têm um ritmo particularizado.

O que de fato parece ocorrer é uma mudança quantitativa (redução do número de operários tradicionais), uma alteração qualitativa que é bipolar: num extremo há em alguns ramos maior qualificação do trabalhador, que se torna "supervisor e vigia do processo de produção"; no outro extremo houve intensa desqualificação em outros ramos e diminuição em ainda outros, como o mineiro e o metalúrgico. Há, portanto, uma metamorfose no universo do trabalho, que varia de ramo para ramo, de setor para setor etc., configurando um processo contraditório que qualifica em alguns ramos e desqualifica em outros (Lojkine, 1995). Portanto, complexificou-se, heterogeneizou-se e fragmentou-se ainda mais o mundo do trabalho.

Assim, pode-se constatar de um lado um efetivo processo de intelectualização do trabalho manual; de outro, e em sentido inverso, uma desqualificação e mesmo subproletarização, expressa no trabalho precário, informal, temporário etc. Se é possível dizer que a primeira tendência seria mais coerente e compatível com o avanço tecnológico, a segunda tem sido uma constante no capitalismo dos nossos dias, dada a sua lógica destrutiva, mostrando que o operariado não desaparecerá tão rapidamente e também – fato fundamental – que não é possível visualizar, nem mesmo num universo mais distante, a eliminação da *classe-que-vive-do-trabalho*.

II

Com as indicações feitas acima, de maneira sintética, é possível, nesta segunda parte deste ensaio, problematizar algumas teses presentes nos críticos da "sociedade do trabalho", bem como oferecer um esboço analítico para o entendimento dessa problemática. De qual crise da "sociedade do trabalho" se trata? Há uniformidade, quando se trata de desenhar essa análise crítica?

Ao contrário daqueles autores que defendem a perda da centralidade da categoria trabalho na sociedade contemporânea, as tendências em curso, quer em direção à maior intelectualização do trabalho fabril ou ao incremento do trabalho qualificado, quer em direção à desqualificação ou à sua subproletarização, não permitem concluir pela perda dessa centralidade no universo de uma sociedade produtora de mercadorias. Ainda que presenciando uma redução quantitativa (com repercussões qualitativas) no mundo produtivo, o trabalho abstrato cumpre papel decisivo na criação de valores de troca. A redução do tempo físico de trabalho no processo produtivo, e tampouco a redução do trabalho manual direto e a ampliação do trabalho mais intelectualizado não negam a lei do valor, quando se considera a totalidade do trabalho, a capacidade de trabalho socialmente combinada, o trabalhador coletivo, como expressão de múltiplas atividades combinadas.

Quando se fala da crise da sociedade do trabalho, é absolutamente necessário especificar de que dimensão se está tratando: se é uma crise da sociedade do trabalho abstrato (como sugere Robert Kurz, 1992) ou se se trata da crise do trabalho também em sua dimensão concreta, como elemento estruturante do intercâmbio social entre os homens e a natureza (como sugerem Offe, 1989; Gorz, 1990 e 1990a; Habermas, 1989; Méda, 1997, entre tantos outros). No primeiro caso, da crise da sociedade do trabalho abstrato, há uma diferenciação que nos parece decisiva e que em geral tem sido negligenciada. A questão essencial aqui é: a sociedade contemporânea é ou não é predominantemente movida pela lógica do capital, pelo sistema produtor de mercadorias? Se a resposta for afirmativa, a crise do trabalho abstrato somente poderá ser entendida como a redução do trabalho vivo e a ampliação do trabalho morto.

A variante crítica, que *minimiza* e em alguns casos acaba concretamente por negar a prevalência e a centralidade da lógica capitalista da sociedade contemporânea, defende, em grande parte de seus formuladores, a recusa do papel central do trabalho, tanto na sua dimensão abstrata, que cria valores de troca – pois estes já não seriam mais decisivos hoje –, quanto na sua dimensão concreta, uma vez que esta não teria maior relevância na estruturação de uma sociabilidade emancipada e de uma vida cheia de sentido. Quer pela sua qualificação como sociedade de serviços, pós-industrial e pós-capitalista, quer pela vigência de uma lógica institucional tripartite, vivenciada pela ação pactuada entre o capital, os trabalhadores e o Estado, nossa sociedade contemporânea, menos mercantil, mais contratualista ou até mais consensual, não mais seria regida centralmente pela lógica do capital.

Creio que sem a precisa e decisiva incorporação dessa distinção entre trabalho concreto e abstrato, quando se diz adeus ao trabalho, comete-se um forte equívoco analítico, pois considera-se de maneira una um fenômeno que tem dupla dimensão.

Como criador de valores de uso, coisas úteis, forma de intercâmbio entre o ser social e a natureza, não me parece plausível conceber, no universo da sociabilidade humana, a extinção do trabalho social. Se é possível visualizar, para além do capital, a eliminação da sociedade do trabalho abstrato – ação esta naturalmente articulada com o fim da sociedade produtora de mercadorias –, é algo ontologicamente distinto supor ou conceber o fim do trabalho como atividade útil, como atividade vital, como elemento fundante, protoforma da atividade humana. Em outras palavras: uma coisa é conceber, com a eliminação do capitalismo, também o fim do trabalho abstrato, do trabalho estranhado; outra, muito distinta, é conceber a eliminação, no universo da sociabilidade humana, do trabalho concreto, que cria coisas socialmente úteis e ao fazê-lo (auto)transforma o seu próprio criador. Uma vez que se conceba o trabalho desprovido dessa sua dupla dimensão, resta identificá-lo como sinônimo de trabalho abstrato, trabalho estranhado e fetichizado. A consequência disso decorre é, então, na melhor das hipóteses, imaginar uma sociedade do "tempo livre", com algum sentido, mas que conviva com as formas existentes de trabalho estranhado e fetichizado.

Minha hipótese é a de que, apesar da heterogeneização, complexificação e fragmentação da classe trabalhadora, as possibilidades de uma efetiva emancipação humana ainda podem encontrar concretude e viabilidade social a partir das revoltas e rebeliões que se originam centralmente no mundo do trabalho; um processo de emancipação simultaneamente *do* trabalho, *no* trabalho e *pelo* trabalho. Essa rebeldia e contestação não exclui nem suprime outras, igualmente importantes. Mas, vivendo numa sociedade que produz mercadorias, valores de troca, as revoltas do trabalho acabam tendo estatuto de centralidade. Todo o amplo leque de assalariados que compreendem o setor de serviços, mais os trabalhadores "terceirizados", os trabalhadores do mercado informal, os "trabalhadores domésticos", os desempregados, os subempregados etc., pode somar-se aos trabalhadores diretamente produtivos e por isso, atuando como classe, constituir no segmento social dotado de maior potencialidade anticapitalista. Do mesmo modo, a luta ecológica, o movimento feminista e tantos outros novos movimentos sociais têm maior vitalidade quando conseguem articular suas reivindicações singulares e autênticas com a denúncia à lógica destrutiva do capital (no caso do movimento ecologista) e ao caráter fetichizado, estranhado e desrealidador do gênero humano gerado pela lógica societal do capital (no caso do movimento feminista) (ver Antunes, 1995; Mészáros, 1995; e Bihr, 1991). Essa possibilidade depende, evidentemente, das particularidades socioeconômicas de cada país, da sua inserção na divisão internacional do trabalho, bem como da própria subjetividade dos seres sociais que vivem do trabalho, de seus valores políticos, ideológicos, culturais, de gênero etc.

Ao contrário, portanto, da afirmação do fim do trabalho ou da classe trabalhadora, há um outro ponto que me parece mais pertinente, instigante e de enorme importância: nos embates desencadeados pelos trabalhadores e pelos segmentos socialmente excluídos, que o mundo tem presenciado, é possível detectar maior potencialidade e mesmo centralidade nos estratos mais qualificados da classe trabalhadora, naqueles que vivenciam uma situação mais "estável" e que têm, consequentemente, maior participação no processo de criação de valor? Ou, pelo contrário, o polo mais fértil da ação encontra-se exatamente naqueles segmentos sociais mais excluídos, nos estratos mais subproletarizados? Sabe-se que os segmentos mais qualificados, mais intelectualizados, que se desenvolveram junto com o avanço tecnológico, poderiam, pelo papel central que exercem no processo de criação de valores de troca, estar dotados, ao menos objetivamente, de maior potencialidade anticapitalista. Contraditoriamente, são esses setores mais qualificados os que sofrem de modo mais intenso o processo de manipulação no interior do espaço produtivo e de trabalho. Eles podem vivenciar, por isso, subjetivamente, maior envolvimento e subordinação por parte do capital, do qual a tentativa de manipulação elaborada pelo toyotismo é a melhor expressão. Lembre-se o lema da "Família Toyota", no início dos anos 1950: "Proteja a empresa para defender a Vida" (Antunes, 1995: 25). Por outro lado, parcelas de trabalhadores mais qualificados também são mais suscetíveis, especialmente nos países capitalistas avançados, a ações que se pautam por concepções de inspiração neocorporativa.

Em contrapartida, o enorme leque de trabalhadores precários, parciais, temporários etc., que denomino subproletariado, juntamente com o enorme contingente de desempregados, pelo seu maior distanciamento (ou mesmo exclusão) do processo de criação de valores, teria, no plano da materialidade, um papel de menor relevo nas lutas anticapitalistas. Porém, sua condição de despossuídos e excluídos os coloca potencialmente como um sujeito social capaz de assumir ações mais ousadas, uma vez que esses segmentos sociais não têm mais nada a perder no universo da sociabilidade do capital. Sua subjetividade poderia ser, portanto, mais propensa à rebeldia.

As recentes greves e as explosões sociais, presenciadas pelos países capitalistas avançados, especialmente na primeira metade da década de 1990, constituem-se em importantes exemplos das novas formas de confrontação social contra o capital. São exemplos delas a explosão de Los Angeles, a rebelião de Chiapas no México, a emergência do Movimento dos Trabalhadores Sem Terra (MST) no Brasil. Ou as inúmeras greves ampliadas dos trabalhadores, como a dos trabalhadores das empresas públicas na França, em novembro-dezembro de 1995, a longa greve dos trabalhadores portuários em Liverpool, desde 1995, ou a greve de cerca de 2 milhões de metalúrgicos na Coreia do Sul, em 1997, contra a precarização e flexibilização do trabalho. Ou, ainda, a recente greve dos transportadores da United Parcel Service, em agosto de 1997, com 185 mil paralisados, articulando uma ação conjunta entre trabalhadores *part time* e *full time* (ver Petras, 1997; Dussel, 1995; Soon, 1997 e Levredo, 1997).

Essas ações, entre tantas outras, muitas vezes mesclando elementos desses polos diferenciados da classe-que-vive-do-trabalho, constituem-se em importantes exemplos dessas novas confrontações contra a lógica destrutiva que preside a sociabilidade contemporânea.

Sabe-se que as diversas manifestações de estranhamento atingiram, além do espaço da produção, ainda mais intensamente a esfera do consumo, a esfera da vida fora do trabalho, fazendo do tempo livre, em boa medida, um tempo também sujeito aos valores do sistema produtor de mercadorias. O ser social que trabalha deve ter apenas o necessário para viver, mas deve ser constantemente induzido a querer viver para ter ou sonhar com novos produtos, operando-se uma enorme redução das necessidades do ser social que trabalha (Heller, 1978, apud Antunes, 1995: 92).

Creio – ao contrário daqueles que defendem a perda de sentido e de significado do fenômeno social do estranhamento (*Entfremdung* ou "alienação", como é costumeiramente denominada) na sociedade contemporânea – e as mudanças em curso no processo de trabalho, apesar de algumas alterações experimentadas, não eliminaram os condicionantes básicos desse fenômeno social, o que faz com que as ações desencadeadas no mundo do trabalho, contra as diversas manifestações do estranhamento e das fetichizações, tenham ainda enorme relevância no universo da sociabilidade contemporânea.

III

Se concebemos a forma contemporânea do trabalho como expressão do *trabalho social*, que é mais *complexificado, socialmente combinado* e ainda mais *intensificado* nos seus ritmos e processos, tampouco posso concordar com as teses que minimizam ou mesmo desconsideram o processo de criação de valores de troca. Ao contrário, defendemos a tese de que a sociedade do capital e sua *lei do valor* necessitam cada vez *menos* do trabalho *estável* e cada vez *mais* das diversas formas de trabalho parcial ou *part time*, terceirizado, que são, em escala crescente, parte constitutiva do processo de produção capitalista[2].

Mas exatamente porque o capital não pode eliminar o *trabalho vivo* do processo de criação de valores, ele deve aumentar *a utilização e a produtividade do trabalho de modo a intensificar as formas de extração do sobretrabalho em tempo cada vez mais reduzido.* Portanto, uma coisa é *ter a necessidade imperiosa de reduzir a dimensão variável do capital e a consequente necessidade de expandir sua parte constante. Outra, muito diversa, é imaginar que eliminando o trabalho vivo o capital possa continuar se reproduzindo.* A redução do proletariado estável, herdeiro do taylorismo/fordismo, a ampliação do *trabalho intelectual abstrato* no interior das plantas produtivas modernas e a ampliação generalizada das formas de trabalho precarizado, *part time*, terceirizado, desenvolvidas intensamente na "era da empresa flexível" e da desverticalização produtiva, *são fortes exemplos da vigência da lei do valor.* Conforme a sugestiva indicação de Tosel, como o capital tem um forte sentido de desperdício e de exclusão, é a própria "centralidade do trabalho abstrato que produz a não centralidade do

---

2 Neste item retomo, resumidamente, a discussão que aparece mais desenvolvida no capítulo VII deste livro.

trabalho, presente na massa dos excluídos do trabalho vivo" que, uma vez (des)socializados e (des)individualizados pela expulsão do trabalho, "procuram desesperadamente encontrar formas de individuação e de socialização nas esferas isoladas do não trabalho (atividade de formação, de benevolência e de serviços)" (Tosel, 1995: 210).

Pelo que acima indiquei, não posso também concordar com a tese da transformação da ciência "na principal força produtiva", em substituição ao valor-trabalho, que ter-se-ia tornado inoperante (Habermas, 1975). Essa formulação, ao "substituir" a tese do valor-trabalho pela conversão da ciência em principal força produtiva, acaba por desconsiderar um elemento essencial dado pela complexidade das relações entre a teoria do valor e a do conhecimento científico. Ou seja, desconsidera que o *"trabalho vivo, em conjunção com ciência e tecnologia, constitui uma unidade complexa e contraditória sob as condições dos desenvolvimentos capitalistas"*, uma vez que "*a* tendência *do capital para dar à produção um caráter científico é neutralizada pelas mais íntimas limitações do próprio capital: isto é, pela necessidade última, paralisante e antissocial de 'manter o já criado valor, como valor'*, *visando restringir a produção dentro da* base limitada *do capital*" (Mészáros, 1989: 135-6).

Não se trata de dizer que a teoria do valor-trabalho não reconhece o papel crescente da ciência, mas que esta se encontra tolhida em seu desenvolvimento pela base material das relações entre capital e trabalho, que ela não pode superar. E é por essa restrição estrutural, que *libera* e mesmo *impele* a sua expansão para o incremento da produção de valores de troca *mas impede o salto qualitativo societal para uma sociedade produtora de bens úteis segundo a lógica do tempo disponível*, que a ciência não pode se converter na principal força produtiva. Prisioneira dessa base material, menos do que uma *cientificização da tecnologia* há, conforme sugere Mészáros, um processo de *tecnologização da ciência* (idem: 133). Ontologicamente prisioneira do solo material estruturado pelo capital, a ciência não poderia tornar-se a sua *principal força produtiva*. Ela *interage* com o trabalho, na necessidade preponderante de participar do processo de valorização do capital. *Não se sobrepõe ao valor, mas é parte intrínseca de seu mecanismo*. Essa interpenetração entre atividades laborativas e ciência é mais complexa: o saber científico e o saber laborativo mesclam-se mais diretamente no mundo contemporâneo *sem que o primeiro se sobreponha ao segundo*. Várias experiências, das quais o projeto Saturno da General Motors é exemplar, fracassaram quando procuraram automatizar o processo produtivo *desconsiderando* o trabalho. As máquinas inteligentes não podem substituir os trabalhadores. Ao contrário, a sua introdução utiliza-se do trabalho intelectual do operário, que ao interagir com a máquina informatizada, acaba também por transferir parte dos seus novos atributos intelectuais à nova máquina que resulta desse processo. Estabelece-se, então, um complexo processo interativo entre trabalho e ciência produtiva, que não pode levar à extinção do trabalho. Esse processo de retroalimentação impõe ao capital a necessidade de encontrar *uma força de trabalho ainda mais complexa, multifuncional, que deve ser explorada de maneira mais intensa e sofisticada*, ao menos nos ramos produtivos dotados de maior incremento tecnológico.

Com a conversão do *trabalho vivo* em *trabalho morto*, a partir do momento em que, pelo desenvolvimento dos *softwares*, a máquina informacional passa a desempenhar atividades próprias da inteligência humana, o que se pode presenciar é um processo de *objetivação das atividades cerebrais junto à maquinaria*, de transferência do saber intelectual e cognitivo da classe trabalhadora para a maquinaria informatizada (Lojkine, 1995: 44). A transferência de capacidades intelectuais para a maquinaria informatizada, que se converte em linguagem da máquina própria da fase informacional, por meio dos computadores, acentua a transformação de *trabalho vivo* em *trabalho morto*.

Outra tendência operada pelo capital na fase da reestruturação produtiva, no que concerne à relação entre trabalho e valor, é aquela que *reduz os níveis de trabalho improdutivo dentro das fábricas*. A eliminação de várias funções como *supervisão, vigilância, inspeção, gerências intermediárias etc.*, medida que se constitui em elemento central do toyotismo e da empresa capitalista moderna com base na *lean production*, visa transferir e incorporar ao trabalho *produtivo* atividades que eram anteriormente feitas por trabalhadores *improdutivos*. Reduzindo o trabalho improdutivo, graças à sua incorporação ao próprio trabalho produtivo, o capital se desobriga de uma *parcela* do conjunto de trabalhadores que não participam diretamente do processo de criação de valores.

Além da redução do trabalho improdutivo, há outra tendência dada pela crescente imbricação entre trabalho *material* e *imaterial*, uma vez que se presencia, no mundo contemporâneo, a expansão do trabalho dotado de maior dimensão intelectual, quer nas atividades industriais mais informatizadas, quer nas esferas compreendidas pelo setor de serviços, quer nas comunicações, entre tantas outras. A expansão do trabalho em serviços, em esferas não diretamente produtivas mas que muitas vezes desempenham atividades *imbricadas* com o trabalho produtivo, mostra-se como outra característica importante da noção ampliada de trabalho, quando se quer compreender o seu significado no mundo contemporâneo. Dado que no mundo da tecnociência a produção de conhecimento torna-se um elemento essencial da produção de bens e serviços, pode-se dizer que "as capacidades de os trabalhadores ampliarem seus saberes [...] tornam-se uma característica decisiva da capacidade de trabalho em geral. E não é exagero dizer que a força de trabalho se apresenta cada vez mais como força inteligente de reação às situações de produção em mutação e ao equacionamento de problemas inesperados" (Vincent, 1995: 160). A ampliação das formas de *trabalho imaterial* torna-se, portanto, outra característica do sistema de produção pós-taylorista, uma vez que o sistema produtivo carece crescentemente de atividades de pesquisa, comunicação e *marketing* para a obtenção antecipada das informações oriundas do mercado (Lazzarato, 1993[2]: 111). Evidencia-se, no universo das empresas produtivas e de serviços, um alargamento e ampliação das atividades denominadas *imateriais*.

Desse modo, o trabalho imaterial expressa a vigência da esfera informacional da forma-mercadoria: ele é expressão do conteúdo *informacional* da mercadoria, exprimindo as mutações do trabalho operário no interior das grandes empresas e do setor de serviços, onde o trabalho manual direto está sendo substituído pelo trabalho dotado de maior dimensão intelectual, ou, nas palavras do autor, "os índices de trabalho imediato são crescentemente subordinados à capacidade de tratamento da informação e da comunicação horizontal e vertical" (Lazzarato, 1992[2]: 54).

Na interpretação que aqui estamos oferecendo, as novas dimensões e formas de trabalho vêm trazendo um alargamento, uma ampliação e uma complexificação da atividade laborativa, de que a expansão do trabalho imaterial é exemplo. Trabalho *material* e *imaterial*, na imbricação crescente que existe entre ambos, encontram-se, entretanto, centralmente subordinados à lógica da produção de mercadorias e de capital. No universo da expansão da atividade intelectual dentro da produção, "a própria forma valor do trabalho se metamorfoseia. Ela assume crescentemente a forma valor do trabalho intelectual-abstrato. A força de trabalho intelectual produzida dentro e fora da produção é absorvida como mercadoria pelo capital que se lhe incorpora para dar novas qualidades ao trabalho morto [...]. A produção material e a produção de serviços necessitam crescentemente de inovações, tornando-se por isso cada vez mais subordinadas a uma produção crescente de conhecimento que se converte em mercadorias e capital" (Vincent, 1993: 121).

Desse modo, como disse anteriormente, o *estranhamento (Entfremdung) do trabalho* encontra-se, em sua essência, preservado. Ainda que fenomenicamente minimizada pela redução da separação entre o elaboração e a execução, pela redução dos níveis hierárquicos no interior das empresas, a subjetividade que emerge na fábrica ou nas esferas produtivas da era pós-fordista é expressão de uma *existência inautêntica* e estranhada. Além do *saber* operário, que o fordismo expropriou e transferiu para a esfera da gerência científica, para os níveis de elaboração, a nova fase do capital, da qual o toyotismo é a melhor expressão, retransfere o *savoir-faire* para o trabalho, mas o faz apropriando-se crescentemente da sua dimensão *intelectual*, das suas capacidades cognitivas, *procurando* envolver mais forte e intensamente a subjetividade operária. Mas o processo não se restringe a essa dimensão, uma vez que parte do *saber intelectual* é transferido para as máquinas informatizadas, que se tornam *mais inteligentes, reproduzindo parte das atividades a elas transferidas pelo saber intelectual do trabalho.* Como a máquina não pode suprimir o trabalho humano, ela necessita de uma maior *interação* entre a subjetividade que trabalha e a nova máquina inteligente. E, nesse processo, o *envolvimento interativo* aumenta ainda mais o *estranhamento do trabalho*, amplia as formas modernas da *reificação*, distanciando ainda mais a subjetividade do exercício de uma cotidianidade autêntica e autodeterminada.

Se o estranhamento permanece e mesmo se complexifica nas atividades de ponta do ciclo produtivo, naquela parcela aparentemente mais "estável" e inserida da força de trabalho que exerce o *trabalho intelectual abstrato* o quadro é ainda mais intenso nos estratos precarizados da força humana de trabalho, que vivenciam as condições mais desprovidas de direitos e cotidianamente instáveis, dadas pelo trabalho *part time*, temporário etc. Sob a condição da separação absoluta do trabalho, o estranhamento assume a forma de *perda de sua própria unidade*: trabalho e lazer, meios e fins, vida pública e vida privada, entre outras formas de disjunção dos elementos de unidade presentes na "sociedade do trabalho", presenciando-se "um processo histórico de desintegração, que se dirige para um aumento do antagonismo, aprofundamento das contradições e incoerência. Quanto mais o sistema tecnológico da automação avança, mais a alienação tende em direção a limites absolutos" (Ramtin: 248-9). Da explosão de Los Angeles, em 1992, às explosões de desempregados da França, em expansão desde o início de 1997, assistimos a muitas manifestações de revolta contra os estranhamentos, daqueles que são expulsos do mundo do trabalho e, consequentemente, impedidos de vivenciar uma vida dotada de algum sentido. No polo mais intelectualizado da classe trabalhadora, que exerce seu *trabalho intelectual abstrato*, as formas de reificação têm uma concretude particularizada, mais complexificada (mais *"humanizada" em sua essência desumanizadora*), dada pelas novas formas de "envolvimento" e interação entre trabalho vivo e maquinaria informatizada. Nos estratos mais penalizados pela precarização/exclusão do trabalho, a reificação *é diretamente* mais desumanizada e brutalizada em suas formas de vigência. O que compõe o quadro contemporâneo dos estranhamentos no mundo do capital, diferenciados quanto à sua incidência mas vigentes como manifestação que atinge a totalidade da *classe-que-vive-do-trabalho*.

Posso portanto, concluir que, em vez da substituição do trabalho pela ciência, ou ainda da substituição da produção de valores pela esfera comunicacional, da substituição da produção pela informação, o que vem ocorrendo no mundo contemporâneo é uma maior *inter-relação*, maior *interpenetração*, entre as atividades produtivas e as improdutivas, entre as atividades fabris e de serviços, entre as atividades laborativas e as atividades de concepção, que se expandem no contexto da reestruturação produtiva do capital, possibilitando a emergência de processos produtivos pós-tayloristas e pós-fordistas. Uma concepção ampliada do trabalho nos possibilita entender o papel que ele exerce na sociabilidade contemporânea neste limiar do século XXI.

4

SOCIALISMO E MUNDO DO TRABALHO NA AMÉRICA LATINA[1]

Alguns pontos para debate

Neste número especial, voltado para a comemoração do 25º aniversário da Latin American Perspectives, gostaria de indicar alguns pontos que devem se constituir num dos possíveis eixos temáticos da Revista, para a nova fase que se inicia. Menos do que olhar para o seu passado, gostaria de indicar um conjunto de problemáticas que me parecem de extrema relevância no mundo contemporâneo. Dada a impossibilidade de tratá-las de modo mais detalhado, no âmbito deste pequeno texto, procuro tão somente indicá-las sob a forma de notas.

1) No limiar do século XXI, o projeto socialista encontra-se em condições de um balanço mais conclusivo: derrotadas as suas mais importantes experiências, com a URSS à frente, é possível constatar que esses projetos não foram capazes de derrotar o *sistema de metabolismo social* do capital. Esse *sistema*, constituído pelo tripé capital, trabalho e Estado, não pode ser superado sem a eliminação do conjunto dos elementos que o compreendem. Não basta eliminar *um* ou mesmo *dois* de seus polos. O desafio é superar o tripé, nele incluída a divisão social hierárquica do trabalho que subordina o *trabalho*

[1] Publicado na revista *Latin American Perspectives*, Vol. 25-6, número especial de 25 anos, novembro de 1998, Califórnia.

ao *capital*. Por não terem avançado nessa direção, os países pós-capitalistas foram incapazes de romper a lógica do capital. Penso que a reflexão sobre esse ponto é um primeiro e decisivo desafio.

2) A experiência do "socialismo num só país" ou mesmo num conjunto limitado de países é um empreendimento também fadado à derrota. Como disse Marx, o socialismo é um processo *histórico-mundial*; as *revoluções políticas* podem inicialmente assumir uma conformação *nacional*, mais limitada e parcial. Mas as *revoluções sociais* têm um intrínseco significado universalizante. Na fase do capital mundializado, o socialismo somente poderá ser concebido como um empreendimento global/universal.

3) Nesse contexto, as possibilidades de revolução política na América Latina devem ser pensadas como parte de um processo *que não se esgota em seu espaço nacional*. Como vimos ao longo do século XX, a tese do "socialismo num só país" teve um resultado trágico. Repeti-lo seria correr o risco da farsa. O desafio maior, portanto, é buscar a ruptura com a lógica do capital em escala mundial. Países como Brasil, México, Argentina, podem ter papel de relevo nesse cenário, visto que se constituem em polos importantes da estruturação mundial do capital. São dotados de significativo parque produtivo e sua importância estratégica lhes confere grandes possibilidades, uma vez que estão muito diretamente vinculados ao centro do capital. Junto com a Índia, Rússia, Coreia, China, entre outros que não estão diretamente no centro do sistema capitalista, eles constituem uma gama de forças sociais do trabalho, capazes de impulsionar um projeto que tenha como horizonte uma organização societal socialista de novo tipo, renovada e radical.

4) Nesse contexto, o desenvolvimento de movimentos sociais de esquerda, capazes de enfrentar alguns dos mais agudos desafios deste fim de século, mostra-se bastante promissor. O movimento social e político dos Zapatistas, no México, o advento do Movimento dos Trabalhadores Sem Terra (MST) no Brasil, a retomada das lutas operárias e sindicais na América Latina dos anos 1990, as explosões sociais dos trabalhadores desempregados, entre outros movimentos de esquerda que emergem no mundo contemporâneo, são exemplos de novas formas de organização dos trabalhadores, que se rebelam contra o sentido destrutivo do capital.

5) O capital tem um sistema de metabolismo e de controle social essencialmente *extraparlamentar*. Desse modo, qualquer tentativa de superar esse sistema de metabolismo social que se atenha à esfera *institucional e parlamentar* estará impossibilitada de derrotá-lo. O maior mérito desses novos movimentos sociais de esquerda aflora na centralidade que eles conferem às lutas sociais. O desafio maior do mundo do trabalho e dos movimentos sociais de esquerda é criar e

inventar novas formas de atuação *autônomas*, capazes de articular e dar centralidade às ações de classe. O fim da separação, introduzida pelo capital, entre ação econômica, realizada pelos sindicatos, e ação político-parlamentar, realizada pelos partidos, é absolutamente imperioso. A luta contra o domínio do capital deve articular *luta social* e *luta política* num complexo indissociável.

6) O mundo do trabalho tem cada vez mais uma conformação mundializada. Com a expansão do capital em escala global e a nova forma assumida pela divisão internacional do trabalho, as respostas do movimento dos trabalhadores assumem cada vez mais um sentido universalizante. Cada vez mais as lutas de recorte nacional devem estar articuladas com uma luta de amplitude internacional. A transnacionalização do capital e do seu sistema produtivo obriga ainda mais a classe trabalhadora a pensar nas formas internacionais da sua ação, confrontação e solidariedade.

7) A classe trabalhadora no mundo contemporâneo é mais complexa e heterogênea do que aquela existente durante o período de expansão do fordismo. O resgate do *sentido de pertencimento de classe*, contra as inúmeras fraturas, objetivas e subjetivas, impostas pelo capital, é um dos seus desafios mais prementes. Impedir que os trabalhadores precarizados fiquem à margem das formas de organização social e política de classe é desafio imperioso no mundo contemporâneo. O entendimento das complexas conexões entre classe e gênero, entre trabalhadores "estáveis" e trabalhadores precarizados, entre trabalhadores nacionais e trabalhadores imigrantes, entre trabalhadores qualificados e trabalhadores sem qualificação, entre trabalhadores jovens e velhos, entre trabalhadores incluídos e desempregados, enfim, entre tantas fraturas que o capital impõe sobre a classe trabalhadora, torna-se fundamental, tanto para o movimento operário latino-americano como para a reflexão da esquerda. O resgate do sentido de pertencimento de classe é questão crucial nesta virada de século.

Por isso penso que, na pauta da *LAP*, que se abre para essa nova fase de sua história, essas questões devem merecer sua reflexão prioritária.

5

LUTAS SOCIAIS E DESENHO SOCIETAL SOCIALISTA NO BRASIL RECENTE[1]

I

O capitalismo contemporâneo, com a configuração que vem assumindo nas últimas décadas, acentuou sua lógica destrutiva, em que se desenham algumas de suas tendências que têm afetado fortemente o mundo do trabalho. O padrão de acumulação capitalista, estruturado sob o binômio taylorismo e fordismo, vem sendo crescentemente alterado, mesclado e em alguns casos até mesmo substituído pelas formas produtivas flexibilizadas e desregulamentadas, das quais a chamada acumulação flexível e o modelo japonês ou toyotismo são exemplos.

De maneira sintética, entendemos o binômio fordismo/taylorismo como sendo expressão do sistema produtivo e do seu respectivo processo de trabalho que dominaram a grande indústria capitalista ao longo de boa parte do século XX, fundado na produção em massa, responsável por uma produção mais homogeneizada. Esse binômio caracterizou-se pela *mescla* da *produção em série fordista* com o *cronômetro taylorista*, além de fundar-se no trabalho parcelar e fragmentado, com uma linha demarcatória nítida entre *elaboração* e *execução*. Desse processo produtivo e de trabalho centrado na grande indústria concentrada e verticalizada expandiu-se

---

[1] Publicado em *Crítica Marxista*, nº 8, Xamã, São Paulo, e no prelo em *Latin American Perspectives*, Sage, Califórnia.

o *operário-massa*, o trabalhador coletivo das grandes empresas fortemente hierarquizadas.

Do mesmo modo, o Welfare State, que deu sustentação ao modelo social-democrático e conformava o aparato político, ideológico e contratualista da produção fordista em vários países centrais, vem também sendo solapado pela desregulamentação neoliberal, privatizante e antissocial. Tendo na reestruturação produtiva do capital a sua base material, o projeto neoliberal assumiu formas singulares e fez com que diversos países capitalistas reorganizassem seu mundo produtivo, procurando combinar elementos do ideário neoliberal e dimensões da reestruturação produtiva do capital. Cada vez mais próximos da agenda neoliberal, os diversos governos sociais-democratas do Ocidente têm dado enormes exemplos de compatibilização e mesmo defesa desse projeto. De Felipe Gonzales a Mitterrand, chegando também ao New Labour de Tony Blair, no Reino Unido, o esgotamento do projeto social-democrático clássico evidencia-se, metamorfoseando-se num programa que incorpora elementos básicos do neoliberalismo, com um verniz cada vez mais tênue da era contratualista da social-democracia.

Foi nesse contexto que o processo de recuperação capitalista, iniciado no pós-1945 no Japão, emergiu como um receituário com força crescente no mundo ocidental a partir de meados dos anos 1970, como uma tentativa de recuperação *capitalista* da *crise estrutural* que então se desenhava nos principais países capitalistas centrais. Tendo sido responsável por uma retomada vigorosa do capitalismo no Japão, o toyotismo apresentava-se então como o mais estruturado receituário produtivo oferecido pelo capital, como um possível remédio para a crise. O toyotismo ou o "modelo japonês" pode ser entendido, resumidamente, como uma forma de organização do trabalho que nasce a partir da fábrica Toyota, no Japão, no pós-Segunda Guerra, sendo que basicamente ela se diferencia (em maior ou menor intensidade) do fordismo nos seguintes traços:

1) é uma produção mais diretamente vinculada aos fluxos da demanda;

2) é variada e bastante heterogênea e diversificada;

3) fundamenta-se no trabalho operário em equipe, com multivariedade e flexibilidade de funções, na redução das atividades *improdutivas* dentro das fábricas e na *ampliação e diversificação das formas de intensificação da exploração do trabalho*;

4) tem como princípio o *just in time*, o melhor aproveitamento possível do tempo de produção, e funciona segundo o sistema de *kanban*, placas ou senhas de comando para reposição de peças e de estoque, que no toyotismo deve ser mínimo. Enquanto na fábrica fordista cerca de 75% era produzido no seu interior, na fábrica toyotista somente cerca de 25% é produzido no seu interior. Ela *horizontaliza*

o processo produtivo e transfere a "terceiros" grande parte do que anteriormente era produzido dentro dela.

A falácia de "qualidade total" passa a ter papel de relevo no processo produtivo. Os Círculos de Controle de Qualidade proliferaram, constituindo-se como grupos de trabalhadores que são incentivados pelo capital para discutir o trabalho e seu desempenho, com vistas a melhorar a produtividade e lucratividade da empresa. Em verdade, é a nova forma da qual o capital se utiliza para apropriar-se do *savoir-faire intelectual* do trabalho. O *despotismo taylorista* torna-se então mesclado com a *manipulação* do trabalho, com o "envolvimento" dos trabalhadores, *por meio de um processo ainda mais profundo de interiorização do trabalho alienado (estranhado)*. O operário deve pensar e fazer *pelo* e *para* o capital, o que aprofunda (em vez de abrandar) a subordinação do trabalho ao capital. No Ocidente, os CCQs têm variado quanto à sua implementação, dependendo das especificidades e singularidades dos países em que eles são implementados.

Essa *via particular de desenvolvimento do capitalismo contemporâneo japonês* mostrou-se, para o Ocidente, como uma alternativa possível de ser incorporada pelo capital, com *mais* ou *menos* modificações em relação ao seu projeto fordista original, variando em função das condições particulares da cada país e da própria vitalidade do fordismo. E foi com base em várias experiências do capital, da via japonesa à experiência dos EUA (Califórnia), do Norte da Itália à experiência sueca, entre tantas outras, *mas tendo o toyotismo como o seu projeto mais ousado*, que o capital redesenhou seu processo produtivo, mesclando esses novos elementos ao seu padrão produtivo fordista anterior (ver, por exemplo, Tomaney, 1996; Amin, 1996; Antunes, 1995; Lima, 1996; Gounet, 1991 e 1992; Bihr, 1998).

Pelo próprio télos que conduz essas tendências que, em verdade, constituíam-se em respostas do capital à sua própria *crise estrutural*, caracterizada pela sua tendência depressiva contínua e aprofundada (Mészáros, 1995; Chesnais, 1996), acentuaram-se os elementos destrutivos que presidem a sua lógica. Quanto mais aumentam a competitividade e a concorrência intercapitalista, mais nefastas são suas consequências, das quais, como disse acima, duas manifestações são particularmente virulentas e graves: a destruição e/ou precarização, sem paralelos em toda a era moderna, da força humana que trabalha, da qual o *desemprego estrutural* é o maior exemplo, e a degradação crescente, que destrói o meio ambiente, na relação metabólica entre homem e natureza, conduzida pela lógica societal voltada prioritariamente para a produção de mercadorias e para o processo de valorização do capital.

Trata-se, portanto, de uma aguda destrutividade, que no fundo é a expressão mais profunda da crise estrutural que assola a (des) sociabilização contemporânea: destrói-se a força humana que trabalha; destroçam-se os direitos sociais; brutalizam-se enormes contingentes de homens e mulheres que vivem da venda de sua força de trabalho; torna-se predatória a relação produção/natureza, criando-se uma monumental "sociedade do descartável", que joga fora tudo o que serviu como "embalagem" para as mercadorias e o seu sistema, mantendo-se e agilizando-se, entretanto, o circuito reprodutivo do capital.

Nesse cenário, caracterizado por um tripé que domina o mundo (EUA e o seu Nafta, ainda claramente hegemônicos, econômica, política e ideologicamente, mas tendo próximos a Alemanha, que lidera a Europa unificada, e o Japão, à frente dos demais países asiáticos), quanto mais um dos polos da tríade se fortalece, mais os outros se ressentem e se debilitam. Veja-se, por exemplo, a atual crise que se intensifica no Japão e nos países asiáticos, e cujo potencial de propagação é avassalador. No embate cotidiano que empreendem para se expandir pelas partes do mundo que interessam e também para coadministrar as suas situações mais explosivas, em suma, para disputar e ao mesmo tempo gerenciar as crises, eles acabam por acarretar ainda mais destruição e precarização. O voo livre, parasitário e destrutivo dos capitais voláteis é expressão clara do *caráter estrutural da crise contemporânea*.

A América Latina se "integra" à chamada mundialização, destruindo-se socialmente. Os níveis de indigência social falam por si só. Da Argentina ao México, passando pelo Peru do pequeno bonaparte Fujimori. Sem falar do Brasil de FHC, o *príncipe* do *servilismo ao grande capital*, mescla pomposa da pequenez fujimorista com uma pitada jocosa de "nobreza" inspirada na Dama de Ferro do neoliberalismo inglês, no thatcherismo. Na Ásia, a enorme expansão se dá às custas de uma brutal superexploração do trabalho, de que a greve dos trabalhadores da Coreia do Sul, em 1997, é uma firme denúncia. Superexploração que atinge também profundamente mulheres e crianças. Da África, o capital já não quer mais quase nada. Só interessa a sua parte rica.

O que dizer de uma forma de sociabilidade que desemprega ou precariza mais de 1 bilhão de pessoas, *algo em torno de um terço da força humana mundial que trabalha?* Isso porque o capital é incapaz de realizar sua autovalorização sem utilizar-se do trabalho humano. Pode *diminuir* o trabalho vivo, mas não *eliminá-lo*. Pode precarizá-lo e desempregar parcelas imensas, mas não pode extingui-lo.

Esse contexto, cujos problemas mais agudos aqui somente indiquei, teve consequências enormes no mundo do trabalho. Aponto as mais importantes dentre elas:

1) diminuição do operariado manual, fabril, "estável", típico do binômio taylorismo/fordismo e da fase de expansão da indústria verticalizada e concentrada;

2) aumento acentuado do *novo proletariado*, das inúmeras formas de *subproletarização ou precarização do trabalho*, decorrentes da expansão do trabalho parcial, temporário, subcontratado, terceirizado, *que tem se intensificado em escala mundial, tanto nos países do Terceiro Mundo como também nos países centrais;*

3) aumento expressivo do trabalho feminino no interior da classe trabalhadora, também em escala mundial, aumento este que tem suprido principalmente (ainda que a ele não se restrinja) o espaço do trabalho precarizado, subcontratado, terceirizado, *part time* etc.;

4) enorme expansão dos assalariados médios, especialmente no "setor de serviços" que, inicialmente aumentou em ampla escala, mas que vem presenciando também níveis de crescentes de desemprego;

5) exclusão dos trabalhadores jovens e dos trabalhadores "idosos", segundo a definição do capital (em torno de 40 anos) do mercado de trabalho dos países centrais;

6) intensificação e superexploração do trabalho, com a utilização brutalizada do trabalho dos imigrantes, dos negros, além da expansão dos níveis de trabalho infantil, sob condições criminosas, em tantas partes do mundo, como Ásia, América Latina, entre outras;

7) há, em níveis explosivos, um processo de *desemprego estrutural* que, se somado ao trabalho precarizado, *part time*, temporário etc., atinge cerca de um terço da força humana mundial que trabalha;

8) há uma expansão do que Marx chamou de *trabalho social combinado* (Marx, 1978), em que trabalhadores de diversas partes do mundo participam do processo de produção e de serviços. O que, é evidente, não caminha no sentido da eliminação da classe trabalhadora, mas da sua complexificação, utilização e intensificação de maneira ainda mais diversificada, acentuada e precarizada, acentuando a necessidade de uma estruturação *internacional* dos trabalhadores para confrontar o capital. Portanto, a classe trabalhadora *fragmentou-se, heterogeneizou-se e complexificou-se* ainda mais (Antunes, 1995).

Essas consequências no interior do mundo do trabalho evidenciam que, sob o capitalismo, não se constata o fim do *trabalho* como medida de *valor*, mas uma mudança *qualitativa*, dada, *por um lado*, pelo peso crescente da sua dimensão mais qualificada, do trabalho multifuncional, do operário apto a operar máquinas informatizadas, da *objetivação de atividades cerebrais*[2] e, por outro lado, pela máxima *intensificação* das formas de exploração do trabalho, presentes e em expansão no *novo proletariado*, no *subproletariado industrial e de serviços*, no enorme leque de trabalhadores que são explorados crescentemente pelo capital, não só nos países subordinados mas no próprio coração do sistema capitalista. Tem-se, portanto, cada vez mais uma crescente *capacidade*

[2] A expressão é tomada de Lojkine, 1995. Ver também Wolf, 1998.

de trabalho socialmente combinada, que se converte no *agente real* do processo de trabalho total, o que torna, segundo Marx, absolutamente *indiferente* o fato de que a função de um ou outro trabalhador seja mais próxima ou mais distante do trabalho manual direto. E, em vez do fim do *valor-trabalho*, pode-se constatar uma inter-relação complexificada na relação entre *trabalho vivo* e *trabalho morto*, entre *trabalho produtivo* e *improdutivo*, entre trabalho *material* e *imaterial*, acentuando ainda mais as formas de extração de mais-valia *relativa* e *absoluta*, que se realiza em escala ampliada e mundializada.

Esses elementos – aqui somente indicados em suas tendências mais genéricas –, repito, não possibilitam conferir estatuto de validade às teses sobre o *fim do trabalho* sob o *modo de produção capitalista*. O que se evidencia ainda mais quando se constata que dois terços da força de trabalho são parte constitutiva dos países do chamado Terceiro Mundo (eufemisticamente chamados de "emergentes"), onde as tendências anteriormente apontadas têm, inclusive, um ritmo bastante *particularizado* e *diferenciado*. Restringir-se à Alemanha ou à França e, a partir daí, fazer *generalizações* e *universalizações* sobre o *fim do trabalho* ou da *classe trabalhadora*, desconsiderando o que se passa em países como Índia, China, Brasil, México, Coreia do Sul, Rússia, Argentina etc., para não falar do Japão, configura-se como um equívoco de grande significado. Vale ainda acrescentar que a tese do fim da classe trabalhadora, mesmo quando restrita aos países centrais, é, em minha opinião, desprovida de fundamentação, tanto empírica quanto analítica. Uma noção *ampliada* de trabalho, que leve em conta seu caráter multifacetado, é forte exemplo desse equívoco (ver Bidet e Texier, 1995).

Isso sem mencionar o fato de que a eliminação do trabalho e a generalização dessa tendência sob o capitalismo contemporâneo – nele incluído o enorme contingente de trabalhadores do Terceiro Mundo – suporia a destruição da própria *economia de mercado*, pela incapacidade de integralização do processo de acumulação de capital, uma vez que os robôs não poderiam participar do mercado como consumidores. A simples sobrevivência da economia capitalista estaria comprometida, sem falar em tantas outras consequências sociais e políticas explosivas que adviriam dessa situação (Mandel, 1986). Tudo isso evidencia que é um equívoco pensar na *desaparição* ou no *fim* do *trabalho enquanto perdurar a sociedade capitalista produtora de mercadorias* e – o que é fundamental – tampouco é possível antever a perspectiva de alguma possibilidade de eliminação da *classe-que-vive-do-trabalho*[3] *enquanto*

[3] A expressão *classe-que-vive-do-trabalho* é utilizada aqui como *sinônimo* de *classe trabalhadora*, isto é, *a classe dos trabalhadores/trabalhadoras que vivem da venda da sua força de trabalho*. Pelo que disse acima, ainda que de maneira sintética, ao

forem vigentes os pilares constitutivos do sistema de metabolismo societal do capital (Mészáros, 1995).

A imprescindível eliminação do trabalho assalariado, do trabalho fetichizado e estranhado (alienado) e a criação dos *indivíduos livremente associados* está, portanto, indissoluvelmente vinculada à necessidade de eliminar *integralmente* o capital e o seu *sistema de metabolismo social* em todas as suas formas. Se o fim do trabalho assalariado e fetichizado é um imperativo societal decisivo e ineliminável, isto não deve, entretanto, impedir um estudo cuidadoso da classe trabalhadora hoje, bem como desenhar as suas principais metamorfoses.

Assume especial importância a forma pela qual estas transformações acima resumidas vêm afetando o *movimento social e político dos trabalhadores* (nele incluído o movimento sindical e partidário), especialmente em países que se diferenciam dos países capitalistas centrais. Se essas transformações são eivadas de significados e consequências para a classe trabalhadora e seus *movimentos sociais, sindicais e políticos* nos países capitalistas avançados, também o são em países *intermediários* e *subordinados*, porém dotados de relevante *porte industrial*, como é o caso do Brasil.

É sobre *alguns* dos *principais* desafios que se colocam para o *movimento social dos trabalhadores*, com ênfase para o denominado *novo sindicalismo*, que trataremos na parte seguinte deste artigo.

II

O capitalismo brasileiro, particularmente seu padrão de acumulação industrial desenvolvido desde meados da década de 1950 e intensificado no período posterior ao golpe de 1964, tem uma estrutura produtiva *bifronte* onde, de um lado, estrutura-se a produção de bens de consumo duráveis, como automóveis, eletrodomésticos etc., para um mercado interno *restrito e seletivo*, composto pelas classes dominantes e por uma parcela significativa das classes

contrário de autores que defendem o fim do trabalho e o fim da classe trabalhadora, essa expressão pretende *enfatizar o sentido contemporâneo da classe trabalhadora (e a consequente centralidade do trabalho)*. Nesse sentido, a expressão engloba: 1) todos aqueles que vendem sua força de trabalho, incluindo tanto o trabalho *produtivo* quanto o *improdutivo* (no sentido dado por Marx); 2) os assalariados do setor de serviços e também o proletariado rural; 3) o *subproletariado*, proletariado precarizado, sem direitos, e também trabalhadores desempregados, que compreendem o exército industrial de reserva e são postos em disponibilidade crescente pelo capital, nesta fase de *desemprego estrutural*. A expressão exclui, naturalmente, os gestores e altos funcionários do capital, que recebem rendimentos elevados ou vivem de juros. Ela incorpora integralmente a ideia marxiana do *trabalho social combinado*, tal como aparece no *Capítulo VI (Inédito)*, à qual me referi acima. Ver Ernest Mandel, 1986, bem como o capítulo VI deste livro.

médias, especialmente seus estratos mais altos. De outro lado tem-se a produção para exportação, não só de produtos primários mas também de produtos industrializados de consumo. O rebaixamento crescente dos salários dos trabalhadores possibilitou níveis de acumulação que atraíram fortemente o capital monopolista. Desse modo, a expansão capitalista industrial sustentou-se (e ainda se sustenta) num processo de *superexploração do trabalho, dado pela articulação de baixos salários, uma jornada de trabalho prolongada (nos períodos de ciclo expansionista) e de fortíssima intensidade, dentro de um padrão industrial significativo para um país subordinado*. Esse padrão de acumulação desenvolveu-se com muita força, especialmente ao longo das décadas de 1950 a 1970 (Antunes, 1998).

Durante os anos 1980 esse processo começou a sofrer as *primeiras* mudanças. Embora em seus traços básicos o padrão de acumulação e seu "modelo econômico" permanecessem o mesmo, foi possível presenciar algumas mutações *organizacionais e tecnológicas* no interior do processo produtivo e de serviços, *ainda que evidentemente num ritmo muito mais lento do que aquele experimentado pelos países centrais*. Isso porque, até então, o país ainda estava relativamente *distante* do processo de reestruturação produtiva do capital e do projeto neoliberal, em curso acentuado nos países capitalistas centrais.

A partir de 1990, com a ascensão de Fernando Collor e depois com Fernando Henrique Cardoso, esse processo intensificou-se sobremaneira, com a implementação de inúmeros elementos que reproduzem, nos seus traços essenciais, o receituário *neoliberal*. Por isso, no estágio atual a reestruturação produtiva do capital no Brasil é mais expressiva e seus impactos recentes são mais significativos. Combinam-se processos de *downsizing* das empresas, um enorme enxugamento e aumento das formas de superexploração da força de trabalho, verificando-se também mutações no processo tecnológico e informacional. A flexibilização, a desregulamentação e as novas formas de gestão produtiva estão presentes em grande intensidade, indicando que o fordismo, *ainda dominante*, também vem se mesclando com novos processos produtivos, com as formas de acumulação flexível e vários elementos oriundos do chamado toyotismo, do modelo japonês, que configuram as tendências do capitalismo contemporâneo (ver Gorender, 1997; Druck, 1999; Colli, 1997; Teixeira e Oliveira, 1996; Castro, 1995; Ramalho e Martins, 1994; Antunes, 1998).

É verdade que a inexistência de uma força de trabalho "qualificada" ou *multifuncional*, no sentido que lhe é dado pelo capital (apta a operar maquinaria informatizada) pode se constituir, *em alguns ramos produtivos*, como elemento com potencial para obstaculizar em parte o avanço capitalista. Mas é decisivo enfatizar que *a combinação obtida pela superexploração da força de trabalho e sua baixa remuneração, com alguns padrões produtivos e tecnológicos mais avançados*, constitui-se em elemento central para a inversão produtiva de capitais. Em verdade, para os capitais produtivos interessa a *confluência de força de trabalho "qualificada" para operar os equipamentos microeletrônicos, bem como a existência de padrões de sub-remuneração e exploração intensificada, além de condições plenas de flexibilização e precarização da força de trabalho*. Em síntese, a vigência da *superexploração do trabalho*, combinando a extração da *mais-valia relativa* com a expansão das formas de extração da *mais-valia absoluta*, isto é, combinando avanço tecnológico e prolongamento e intensificação do ritmo e da jornada de trabalho.

Esse processo de reestruturação produtiva do capital, desenvolvido em escala mundial a partir dos anos 1970, forçou uma redefinição do Brasil em relação à divisão internacional do trabalho, bem como sua (re)inserção no sistema produtivo global do capital, numa fase em que o capital financeiro e improdutivo expande-se e também afeta fortemente o conjunto dos países capitalistas. Por certo, a conjugação dessas experiências mais *universalizantes* com as condições *econômicas, sociais e políticas* que *particularizam* o Brasil tem gerado fortes consequências no interior do seu movimento social, em particular entre os movimentos operário e sindical.

Durante a década de 1980, antes da acentuação dessas tendências mais gerais, o *movimento sindical dos trabalhadores* (o *novo sindicalismo*) vivenciou um momento particularmente positivo e forte, que pode ser detectado quando se constata que:

1) houve um enorme movimento de greves, desencadeado pelos mais variados segmentos de trabalhadores, como os operários industriais (com destaque para os metalúrgicos), os assalariados rurais, os funcionários públicos e diversos setores assalariados médios, num vasto movimento que se caracterizou pela existência de greves *gerais por categoria* (como a dos bancários em 1995), greves *com ocupação de fábricas* (como a da General Motors em São José dos Campos em 1985 e a da Companhia Siderúrgica Nacional em Volta Redonda em 1989), incontáveis greves *por empresas*, até a eclosão de *greves gerais nacionais*, como a de março de 1989, que atingiu cerca de 35 milhões de trabalhadores, constituindo-se na mais ampla e abrangente greve geral do país. No ano de 1987, por exemplo, houve um total de 2.259 greves, sendo que em 1988, 63,5 milhões de jornadas de trabalho foram paralisadas (Antunes, 1995a; sobre a greve na CSN, ver Gracciolli, 1997);

2) deu-se uma expressiva expansão do sindicalismo dos assalariados médios e do setor de serviços, como bancários, professores, médicos, funcionários públicos etc., que cresceram significativamente durante esse período e se organizaram em importantes sindicatos. Já no fim

desta década de 1980 totalizavam-se 9.833 sindicatos no Brasil, volume que em meados dos anos 1990 atingiu a casa dos 15.972 sindicatos, incluindo sindicatos urbanos e rurais, patronais e de trabalhadores. Somente os sindicatos urbanos somavam 10.779, dos quais 5.621 eram de trabalhadores assalariados[4]. Verificou-se um aumento expressivo do número de sindicatos de trabalhadores, onde despontam não só a presença de sindicatos vinculados ao operariado industrial mas também a presença organizacional dos setores assalariados médios, configurando inclusive um aumento nos níveis de sindicalização do país. Em 1996 estavam contabilizados 1.335 sindicatos de servidores públicos, 461 sindicatos vinculados aos chamados "profissionais liberais" e 572 vinculados a trabalhadores autônomos (Nogueira, 1996);

3) houve continuidade do avanço do sindicalismo rural, em ascensão desde os anos 1970, permitindo uma reestruturação organizacional dos trabalhadores do campo. No ano de 1996 existiam 5.193 sindicatos rurais, dos quais 3.098 eram de trabalhadores. O sindicalismo rural desenvolveu-se com forte presença da esquerda católica, que influenciou, posteriormente, o nascimento do Movimento dos Trabalhadores Sem Terra (MST);

4) deu-se o nascimento das centrais sindicais, como a Central Única dos Trabalhadores (CUT), fundada em 1983 e inspirada, na sua origem, num sindicalismo classista, autônomo e independente do Estado. Herdeira das lutas sociais e operárias das décadas anteriores, especialmente dos anos 1970, a CUT resultou da confluência entre o *novo sindicalismo*, nascido no *interior* da estrutura sindical daquele período (do qual o Sindicato dos Metalúrgicos de São Bernardo é exemplo) e o movimento das *oposições sindicais* (de que são exemplos o Movimento de Oposição Metalúrgica de São Paulo – MOMSP – e a Oposição Metalúrgica de Campinas), que atuava *fora* da estrutura sindical e combatia seu sentido estatal, subordinado, atrelado e verticalizado (Possan, 1997 e Nogueira, 1998);

5) procurou-se, ainda que de maneira insuficiente, avançar nas tentativas de organização nos locais de trabalho, debilidade crônica do nosso movimento sindical, por meio da criação de inúmeras comissões de fábricas, entre outras formas de organização nos locais de trabalho, como foram exemplos as comissões *sindicais* de fábricas do ABC, como a da Ford, vinculada ao Sindicato dos Metalúrgicos de São Bernardo, e as comissões *autônomas* de São Paulo, como a da ASAMA, sob influência do MOMSP;

6) efetivou-se ainda um avanço significativo na luta pela autonomia e liberdade dos sindicatos em relação ao Estado, por meio do combate

[4] Conforme dados do Ministério do Trabalho em *O Estado de S.Paulo*, 8 set. 1996, b3.

ao Imposto Sindical e à estrutura confederacional, cupulista, hierarquizada, com fortes traços corporativistas, que se constituíam em instrumentos usados pelo Estado para subordinar e atrelar os sindicatos. Ainda que essa batalha esteja *distante* de eliminar os traços ainda fortes que mantêm a estrutura sindical, particularmente durante os anos 1980, as conquistas foram bastante relevantes.

O conjunto desses elementos acima indicados, entre outros que não foram mencionados, permite dizer que, ao longo da década de 1980, houve um quadro nitidamente favorável ao *novo sindicalismo* (como *movimento social dos trabalhadores*, com forte caráter de classe), que seguia em direção contrária ao quadro de crise sindical já presente em vários países capitalistas avançados. Enquanto nos anos 1980 o sindicalismo brasileiro caminhou em boa medida no *contrafluxo* das tendências críticas presentes no sindicalismo dos países capitalistas avançados, já nos últimos anos daquela década, entretanto, começavam a despontar as tendências econômicas, políticas e ideológicas que foram responsáveis na década de 1990 pela inserção do sindicalismo brasileiro na onda regressiva.

As mutações no processo produtivo e na reestruturação das empresas, desenvolvidas *dentro de um quadro muitas vezes recessivo*, deslanchavam um processo de desproletarização de importantes contingentes operários, além da precarização e intensificação ainda mais acentuadas da força de trabalho, de que a indústria automobilística é um exemplo forte. Enquanto no ABC Paulista existiam, em 1987, aproximadamente 200 mil metalúrgicos, em 1998 esse contingente diminuiu para menos de 120 mil, sendo que essa retração tem se intensificado enormemente. Em Campinas, outra importante região industrial no estado de São Paulo, existiam em 1989, aproximadamente 70 mil operários industriais, e em 1998 esse número havia sido reduzido para menos de 40 mil. Também expressiva tem sido a redução dos trabalhadores bancários, em função do ajuste dos bancos e do incremento tecnológico: enquanto em 1989 existiam mais de 800 mil bancários, em 1996 esse número havia sido reduzido para 570 mil e essa tendência continua se acentuando (sobre as transformações no processo de trabalho no setor bancário ver Segnini, 1998; e Jinkings, 1995).

As propostas de desregulamentação, de flexibilização, de privatização acelerada, de desindustrialização tiveram, inicialmente no governo Collor e posteriormente no governo Fernando Henrique Cardoso, forte impulso, uma vez que ambos, cada um a seu modo, se adaptaram e seguiram no essencial uma política de corte neoliberal. Paralelamente à retração da força de trabalho industrial, ampliou-se também o *subproletariado, os terceirizados, os subempregados*, ou seja, as distintas modalidades do trabalhador precarizado. Coube ao governo FHC intensificar o processo de desmontagem dos parcos direitos trabalhistas, construídos durante várias décadas de luta e ação dos trabalhadores.

Essa nova realidade arrefeceu e *tornou mais defensivo o novo sindicalismo*, que se encontrava, de um lado, diante da emergência de um sindicalismo neoliberal, expressão da *nova direita*, sintonizada com a onda mundial conservadora, de que a Força Sindical (central sindical criada em 1991) é o melhor exemplo. E, de outro, diante da inflexão que vem ocorrendo no interior da CUT, inspirada pela Articulação Sindical, que cada vez mais se aproxima dos modelos do sindicalismo europeu social-democrata. Tudo isso vem dificultando enormemente o avanço qualitativo da CUT, capaz de transitar de um período de resistência, como nos anos iniciais do *novo sindicalismo*, para um momento superior, de *elaboração de propostas econômicas alternativas, contrárias ao padrão de desenvolvimento capitalista aqui existente*, que pudessem contemplar prioritariamente o amplo conjunto que compreende a nossa classe trabalhadora.

Nesse caso, o desafio maior da CUT é articular a sua postura combativa anterior com uma perspectiva *crítica* e *anticapitalista*, de nítidos *contornos socialistas, compatível com os novos desafios dos anos 1990*. E desse modo dotar o *novo sindicalismo* dos elementos necessários para resistir aos influxos externos, à avalanche do capital, ao *ideário neoliberal*, no lado mais nefasto. E, paralelamente, resistir à *acomodação social-democrática*, que apesar de sua crise no centro vem aumentando fortemente os laços políticos e ideológicos com o movimento sindical brasileiro. O sindicalismo contratualista, de tipo social-democrático, procura então apresentar-se cada vez mais como a *única alternativa* possível para fazer o combate ao neoliberalismo. Porém a ausência de perspectiva política e ideológica anticapitalista faz com que ele cada vez mais acabe se aproximando da agenda neoliberal (ver a contundente crítica de Bihr, 1998, ao sindicalismo social-democrático).

Por tudo isso, o quadro crítico do sindicalismo brasileiro acentuou-se bastante ao longo dos anos 1990. O sindicalismo da Força Sindical, com forte dimensão política e ideológica, preenche o campo sindical da nova direita, da preservação da ordem, da sintonia com o desenho do capital globalizado, que nos reserva o papel de país montador, sem tecnologia própria, sem capacitação científica, dependente totalmente dos recursos externos.

Na Central Única dos Trabalhadores os desafios são de grande envergadura. Desenvolve-se, em seu núcleo dominante, uma postura de abandono de concepções socialistas e anticapitalistas, em nome de uma *acomodação dentro da ordem*. A defesa da política de “parceria”, das negociações com o patronato, das câmaras setoriais, da participação conjunta entre capital e trabalho, com vistas ao “crescimento do país”, tudo isso estrutura-se de acordo com o projeto e com a prática sindical social-democrática, do que vem resultando inclusive numa *diminuição crescente da vontade política de romper com os elementos persistentes da estrutura sindical atrelada ao Estado e sua consequente relativa adaptação a essa estrutura sindical de cúpula, institucionalizada e burocratizada, que caracterizou o sindicalismo brasileiro no pós-1930.*

Os resultados dessa postura sindical não têm sido nada animadores: quanto mais se participa *dentro da Ordem*, menos se consegue preservar os interesses do mundo do trabalho. As "Câmaras Setoriais", por exemplo, que se constituíam em bandeira programática da Articulação Sindical e foram concebidas como modelo para reestruturar o parque produtivo e aumentar empregos, depois de várias experiências resultaram num grande fracasso, contabilizando enormes perdas de postos de trabalho, como se pode constatar no caso da "Câmara Setorial" do ramo automobilístico do ABC paulista. Isso sem falar no significado político e ideológico dessa postura, que levou o Sindicato dos Metalúrgicos de São Bernardo inclusive a concordar com a proposta de uma menor tributação ao capital vinculado à indústria automobilística e a defendê-la, como forma de dinamizar a indústria automotiva e com isso preservar empregos (ver os estudos críticos de Soares, 1998; Alves, 1998; e Galvão, 1996).

A participação da CUT, novamente por meio de seu núcleo dominante, na chamada Reforma da Previdência (em verdade, um processo de desmontagem dos parcos direitos previdenciários no Brasil), durante o governo FHC, foi outra expressão do equívoco dessa postura sindical e política. Essa postura política teve impacto desmobilizador no movimento sindical dos trabalhadores, que preparavam e organizavam ações de resistência e oposição a FHC e à sua *(contra)reforma da (im)previdência* (sobre os limites da previdência social no Brasil, ver Marques, 1997).

Nos setores claramente socialistas e anticapitalistas, que têm crescido em importância dentro da CUT, os desafios e as dificuldades são de grande envergadura. Mas tem sido possível presenciar importantes experiências como, por exemplo, a do Sindicato dos Metalúrgicos de Campinas, que sempre se manteve contrário à participação nas Câmaras Setoriais, às negociações e aos pactos com o governo. Trata-se de um sindicato importante, organizado em um forte centro industrial do Brasil, e que se estrutura como um *movimento sindical e social de base, classista e socialista*, de peso relevante tanto no interior da CUT, em oposição à inflexão social-democrática de seu núcleo dominante, quanto no impulsionamento em direção a uma ação com contornos mais acentuadamente de base e socialistas no interior do conjunto do sindicalismo brasileiro (ver Possan, 1997). Esse mesmo desafio – o de pensar uma alternativa crítica e contrária às câmaras setoriais – tem pautado a atuação do Sindicato dos Metalúrgicos de São José dos Campos, onde se situa a fábrica da General Motors, entre tantos outros sindicatos.

Do mesmo modo, vem sendo desenvolvido um esforço expressivo no sentido de unificar e articular de maneira mais efetiva o conjunto de setores socialistas e anticapitalistas no interior da CUT, especialmente pela Alternativa Sindical Socialista (AAS) e pelo Movimento por uma Tendência Socialista (MTS), entre outras tendências que atuam na Central. A Corrente Sindical Classista (CSC), outra importante tendência que ampliou bastante sua base no interior da CUT, tem se posicionado como um tertius, pautando sua atuação por uma política ora mais próxima da esquerda, ora mais próxima da Articulação Sindical.

No Congresso Nacional da CUT, realizado em 1997, houve um crescimento dos setores de esquerda que ampliaram sua presença no interior da CUT, beneficiados em parte pelo novo contexto das lutas sociais, dado especialmente pela ação do Movimento dos Trabalhadores Sem Terra (MST). Este foi responsável, no início de 1997 (um ano após o bárbaro massacre e morte de muitos trabalhadores sem terra ocorrido no Pará) *pelo mais importante ato popular de oposição ao governo FHC*. Com passeatas que saíram de várias partes do país, passando por inúmeras cidades, onde se realizavam atos pela luta pela terra e contra a política do governo FHC, até se encontrarem e unificarem-se em Brasília, onde obrigaram o governo a recebê-los, em meio a uma pujante manifestação social e política de massa.

Esse novo quadro tem possibilitado visualizar, para os próximos anos, a retomada de ações sociais no Brasil num patamar talvez superior ao atual. Para isso, entretanto, é muito importante também uma clara definição do sindicalismo brasileiro recente. Ele se moldará a uma ação pactuada *dentro* da ordem, negocial e contratualista, como tem proposto o núcleo dominante no interior da CUT, por meio das câmaras setoriais ou da ênfase na participação negociada, nas "parcerias" com o capital, com vistas ao "crescimento", "desenvolvimento", "aumento de produtividade", "incentivo à vinda de capitais estrangeiros" etc., pontos estes claramente em sintonia e subordinados ideologicamente ao capital?

Ou, ao contrário, conseguirão seus setores mais à esquerda elaborar *conjuntamente com movimentos sociais e partidos políticos de perfil socialista* uma alternativa *contra a ordem*, com claros contornos anticapitalistas? Na verdade, o desafio maior dos setores de esquerda da CUT, que têm maior proximidade com o MST, com as lutas sociais e as experiências sociais de base dos trabalhadores, será avançar na elaboração de um programa com um desenho alternativo e contrário ao atual, formulado sob a ótica dos trabalhadores, capaz de responder às reivindicações imediatas do mundo do trabalho, *mas tendo como horizonte uma organização societária fundada em valores socialistas e efetivamente emancipadores* e que não tenha ilusões quanto ao caráter destrutivo da lógica do capital.

O desafio maior está, inicialmente, em gestar um desenho de organização societal que se inicie pela eliminação da *superexploração do trabalho* que, como vimos acima, particulariza também o capitalismo industrial brasileiro, cujo salário mínimo tem níveis degradantes apesar da força e importância do nosso parque produtivo. Esse projeto deverá, em seus contornos básicos, iniciar a *desmontagem* do padrão de acumulação capitalista vigente, por meio de um conjunto de medidas que recusem uma *globalização* e uma *integração* impostas pela lógica do capital *integradora para fora, para o capital e destrutiva e desintegradora para os trabalhadores.* Deverá realizar uma *reforma agrária ampla e radical,* contemplando os vários interesses *solidários e coletivos* dos trabalhadores e *despossuídos da terra.* Deverá impulsionar o patamar tecnológico brasileiro, mas em bases reais, com ciência e tecnologia de ponta desenvolvidas em nosso país e com formas de cooperação com países que tenham similitudes com o Brasil e cujo eixo do avanço tecnológico e científico seja voltado *prioritariamente* para o enfrentamento das carências mais profundas da nossa *classe trabalhadora.*

Deverá, ainda, controlar e coibir fortemente inúmeros setores monopólicos, contraditar a hegemonia do capital financeiro e limitar as formas de expansão e especulação do capital-dinheiro, incentivando, ao contrário, as formas de produção voltadas para as necessidades sociais da população trabalhadora, *para a produção de coisas socialmente úteis.* As fazendas e assentamentos coletivos organizados pelo MST são exemplares, quando se pensa no universo agrário brasileiro, suas potencialidades e suas brutais carências. Carências decorrentes da estrutura fundiária concentrada e especulativa e, quando produtiva, voltada centralmente para a exportação.

Um projeto com esses contornos, aqui somente indicados *em alguns poucos pontos, será resultado da articulação de experimentos sociais de base e reflexões coletivas.* Ele poderá criar as condições necessárias, preliminares, para seu aprofundamento subsequente, então já dotado *de um maior sentido universalizante e socialista,* num espaço que *necessariamente* transborda o espaço nacional. Isso porque as experiências do chamado "socialismo num só país" mostraram-se inteiramente fracassadas. O desafio, portanto, é olhar para uma sociedade que vá *além do capital,* mas que tem de dar também respostas imediatas para a barbárie que assola a vida cotidiana do ser social que trabalha. Em outras palavras, buscar a imprescindível articulação entre os interesses imediatos e uma ação estratégica de clara conformação anticapitalista, tendo como horizonte uma organização societária fundada nos valores socialistas e efetivamente emancipadores. O que recoloca uma vez mais a importância decisiva da criação de novas formas de organização internacional dos trabalhadores.

Além de participar ativamente na elaboração de um projeto com os contornos acima citados, de maneira articulada com os partidos de esquerda e com os movimentos sociais de base (tendo clareza de que seu *horizonte societal* é *para além do capital e da atual sociedade capitalista)*, o sindicalismo de esquerda no Brasil encontra-se também frente a um conjunto de desafios *de caráter mais organizacional* e que dizem respeito à própria sobrevivência dos sindicatos como movimentos sociais de trabalhadores. Esses desafios são presenciados tanto pelo movimento sindical dos países subordinados, dotados de significativo porte econômico, social e político, como México, Argentina, Índia, Coreia do Sul, entre tantos outros, quanto pelo movimento sindical existente nos países centrais e que têm experimentado um quadro crítico muito acentuado.

O primeiro desafio, fundamental para a própria sobrevivência dos sindicatos, será *romper a enorme barreira social* que separa os trabalhadores "estáveis", em franco processo de redução, dos trabalhadores em tempo parcial, precarizados, subproletarizados, em significativa expansão no atual cenário mundial. Os sindicatos devem organizar e auxiliar na auto-organização dos desempregados, em vez de expulsá-los dos sindicatos porque sem emprego obviamente não podem pagar as taxas de filiação sindical. É inaceitável que um trabalhador ou trabalhadora seja excluído do sindicato porque foi expulso do mercado de trabalho pelo capital. *Devem empenhar-se fortemente na organização sindical ampliada dos trabalhadores hoje desorganizados.* Ou os sindicatos organizam a *classe trabalhadora em seu conjunto* ou estarão cada vez mais limitados e restritos a um contingente minoritário e parcial dos trabalhadores.

Os sindicatos devem ainda *reconhecer o direito de auto-organização* das mulheres-trabalhadoras, parte decisiva do mundo do trabalho e que sempre estiveram excluídas do espaço sindical dominado pelos homens-trabalhadores. Devem articular as questões de *classe* com aquelas que dizem respeito ao *gênero*. Do mesmo modo, devem abrir-se para os jovens-trabalhadores, que também não têm encontrado eco às suas aspirações junto aos organismos sindicais. Aos trabalhadores-negros, aos quais em geral o capital destina os trabalhos mais precarizados e com pior remuneração. Devem incorporar as *novas categorias de trabalhadores e trabalhadoras* que não têm tradição anterior de organização em sindicatos e para os quais um sindicato *contemporaneamente classista, no horizonte do século XXI,* deve incorporar, se não quiser limitar-se ao âmbito restrito e cada vez menor dos "trabalhadores estáveis". Os sindicatos devem incorporar também aqueles amplos contingentes do *novo proletariado* que vendem sua força de trabalho nas empresas de *fast-food*, nos *McDonald's* etc., em tantas áreas onde se amplia o universo dos assalariados.

Devem romper radicalmente com todas as formas de *neocorporativismo* que privilegiam suas respectivas categorias profissionais e com isso *diminuem ou abandonam os conteúdos mais acentuadamente classistas*. Não falo aqui apenas do corporativismo de tipo estatal, tão forte no Brasil, México, Argentina, mas também de um *neocorporativismo societal*, em expansão no sindicalismo contemporâneo, que é excludente, parcializador, preservando e acentuando o caráter fragmentado da classe trabalhadora, em sintonia com os interesses do capital que procura cultivar o individualismo e a alternativa pessoal contra os interesses solidários, coletivos e sociais. Do mesmo modo, devem eliminar qualquer resquício de tendências xenófobas, ultranacionalistas, de apelo ao racismo e de conivência com as ações contra os trabalhadores imigrantes, oriundos dos países subordinados.

É decisivo também para o sindicalismo de esquerda romper com a tendência crescente de *institucionalização e burocratização*, que tão fortemente tem marcado o movimento sindical em escala global e que o distancia das suas bases sociais, aumentando ainda mais o fosso entre as instituições sindicais e os movimentos sociais autônomos. A experiência dos COBAS (*Comitati di Base*), que despontaram a partir da década de 1980 na Itália, contra a moderação das centrais sindicais dominantes, bem como de tantas outras manifestações de base dos trabalhadores, como a pressão que exerceram na recente greve dos funcionários públicos franceses, em novembro/dezembro de 1995, contrapondo-se à moderação e adesão de algumas centrais sindicais, são exemplos importantes dessa imperiosa necessidade de retomar a base social dos sindicatos de esquerda e romper seu burocratismo e institucionalismo.

Também é fundamental reverter a tendência, desenvolvida a partir do toyotismo, hoje avançando em escala global, que consiste em reduzir o sindicato ao âmbito exclusivamente fabril, ao chamado sindicalismo de empresa, de parceria, mais vulnerável e atado ao comando patronal. As respostas dos sindicatos de esquerda devem ser de outro tipo: a empresa fordista era verticalizada e teve como resultado um sindicalismo também verticalizado. A empresa "toyotista", que segue o receituário do "modelo japonês" é horizontalizada. Um sindicato verticalizado está impossibilitado de enfrentar os desafios de classe no capitalismo contemporâneo. Por isso o sindicalismo deve horizontalizar-se, o que significa ser mais amplamente classista, contemporaneamente classista, incorporando o vasto conjunto que compreende a classe trabalhadora hoje, desde os mais "estáveis" até aqueles que estão no universo mais precarizado e "terceirizado", na denominada "economia informal" etc., ou estão entre os desempregados. O resgate do *sentido de pertencimento de classe* é hoje seu desafio mais decisivo.

Mesmo tendo claro que esse elenco deve ser em muito ampliado, há ainda outro desafio agudo e fundamental, que gostaria de aqui indicar, sem o qual a classe trabalhadora fica organicamente desarmada no combate ao capital: *ela deve romper a barreira, imposta pelo capital, entre luta sindical e luta parlamentar, entre luta econômica e luta política, articulando e fundindo as lutas sociais, extraparlamentares, autônomas, que dão vida às ações de classe. Como o capital exerce um domínio extraparlamentar, é grave equívoco querer derrotá-lo com ações que se restrinjam ou privilegiem o âmbito da institucionalidade* (Mészáros, 1985). Os sindicatos e os movimentos sociais de trabalhadores devem procurar ampliar e fundir suas lutas sindicais e políticas, dando amplitude e abrangência às ações contra o capital, e evitar de todo modo a disjunção, operada pelo capital, e *realizada também pela via social-democrática do sindicalismo e do movimento operário*, entre a realização da luta econômica (efetivada pelos sindicatos) e a atuação político-parlamentar (de responsabilidade dos partidos). *Essa segmentação mecânica está completamente incapacitada para derrotar o sistema totalizante de domínio do capital.*

Torna-se imperioso, portanto, para os movimentos sociais dos trabalhadores, avançar na direção de um *desenho societal estruturado a partir da perspectiva do trabalho emancipado e contrário ao capital, com sua nefasta divisão social e hierárquica do trabalho.* Articular as ações que tenham como *ponto de partida dimensões concretas da vida cotidiana* e os valores mais gerais, que possam possibilitar a realização de uma *vida autêntica, dotada de sentido.* É preciso ter como horizonte cada vez mais próximo a necessidade de alterar substancialmente a lógica da produção societal; esta deve ser de modo prioritário voltada para *valores de uso* e não *valores de troca.* Sabe-se que a humanidade teria condições de se reproduzir socialmente, em escala mundial, se a produção destrutiva (nela incluída a produção bélica) fosse eliminada e se o resultado do *trabalho social* fosse voltado não para a lógica do mercado *mas para a produção de coisas socialmente úteis. Trabalhando poucas horas por dia, numa forma de trabalho autodeterminado, o mundo poderia reproduzir-se, atendendo suas necessidades sociais fundamentais de maneira não destrutiva. E o tempo livre, ampliado de maneira crescente, poderia, então, ganhar um sentido verdadeiramente livre e também ele autodeterminado.*

A produção de coisas socialmente úteis deve ter como critério o *tempo disponível* e não o *tempo excedente*, que preside a sociedade capitalista contemporânea. Com isso o trabalho, dotado de maior dimensão humana e societal, perderia seu caráter fetichizado e alienado (estranhado), tal como se manifesta hoje, e além de ganhar um sentido de autoatividade abriria possibilidades efetivas para um *tempo livre cheio de sentido além da esfera do trabalho*, o que é uma impossibilidade na sociedade regida pela lógica do capital. Até porque não pode haver tempo verdadeiramente livre erigido sobre trabalho coisificado. O "tempo livre" atualmente existente acaba sendo conduzido para o consumo de mercadorias, sejam elas materiais ou imateriais. O tempo fora do trabalho também está fortemente poluído pelo fetichismo da mercadoria (Padilha, 1995).

Para que essa formulação, *aparentemente* mais abstrata, não fique desprovida de conteúdo concreto e real, é preciso partir do *interior da vida cotidiana* e intensificar as mutações e resistências que afloram nas manifestações de rebeldia e descontentamento dos seres sociais que vivem da venda de sua força de trabalho ou que estejam (temporariamente) excluídos desse processo pela lógica destrutiva que preside a sociedade contemporânea. Mas é fundamental que essas ações tenham, no seu sentido mais profundo, uma direção essencialmente contrária à lógica do capital e do mercado. A título de exemplo: a luta pela reforma agrária, exigida pelo mais importante movimento social no Brasil, o Movimento dos Sem Terra, possibilita visualizar formas de produção com traços nitidamente coletivos, como são os assentamentos do MST. Ou ainda, a ação mundial dos trabalhadores pela redução da jornada ou do tempo de trabalho, sem redução salarial e sem perda dos direitos sociais, permite colocar no centro do debate a seguinte questão: *que sociedade se quer construir? O que e para quem se deve produzir?* O que possibilita (re)desenhar um projeto de organização societal radicalmente contrária ao capital.

As lutas sociais no Brasil, e em particular seu movimento sindical de esquerda, têm sido ao mesmo tempo parte e resultado das ações de classe que tem sido desencadeadas contra o capital. A greve dos trabalhadores públicos, na França, mostrou, por exemplo, como é possível *resistir* – e não *aderir* – ao neoliberalismo e suas intenções destrutivas. O mundo contemporâneo tem ainda presenciado várias formas de resistência e greves contra o capital. Podemos lembrar a confrontação desencadeada pelos 2 milhões de operários metalúrgicos da Coreia do Sul em 1997, ou a greve dos trabalhadores da United Parcel Service, em agosto de 1997, ou dos trabalhadores metalúrgicos da General Motors em 1998, ambas nos EUA, ou ainda a greve dos doqueiros em Liverpool, que perdurou por mais de dois anos, todas estas paralisações contrárias as tentativas de precarização do trabalho ou à perda de direitos adquiridos pelos trabalhadores. Ou ainda a explosão de Los Angeles em 1992, a Rebelião de Chiapas no histórico 1º de janeiro de 1994, que foram manifestações de repulsa dos negros ou dos camponeses indígenas, dos trabalhadores da cidade e do campo, *contra as brutais discriminações étnicas, de cor e de classe* que caracterizam a (des)sociabilidade contemporânea, contra as degradações crescentes das condições de vida e trabalho de homens e mulheres. Gostaria de concluir com o exemplo do MST, que dá concretude ao que acima tematizamos. A sua emergência, como o mais importante *movimento social e político* do Brasil atual, fazendo *renascer* e *ressurgir* a luta dos trabalhadores do campo e convertendo-a no centro da luta política brasileira e da nossa luta de classes, é o nosso mais significativo exemplo da força e da necessidade de retomada, em bases novas, da *centralidade das lutas sociais* no Brasil. O MST, em verdade, tem se constituído no principal catalizador e impulsionador das lutas sociais recentes e, *pelos laços fortes que mantém com setores sociais urbanos*, tem possibilitado visualizar a retomada de ações sociais de massa no Brasil, *num patamar possivelmente superior aquele vivenciado nos últimos anos*. Sua importância e peso decorrem do fato de que:

1) o centro da atuação do MST é voltado para o *movimento social* dos trabalhadores do campo e não para a ação *institucional* ou *parlamentar*. A segunda (a ação institucional) é consequência da primeira (a luta social) e nunca o contrário;

2) embora seja um movimento de trabalhadores rurais, ele tem incorporado os trabalhadores excluídos da cidade, que retornam para o campo (nesta inversão do fluxo migratório no Brasil), expulsos pela "modernização produtiva" das indústrias, resultando numa síntese que *aglutina e articula experiências e formas de sociabilidade oriundas do mundo do trabalho rural e urbano*;

3) resulta da fusão da experiência da esquerda católica, vinculada à Teologia da Libertação e às comunidades de base da Igreja, com militantes formados ideologicamente dentro do ideário e da práxis de inspiração marxista, retomando as duas vertentes mais importantes das lutas sociais recentes no Brasil;

4) tem uma *estruturação nacional*, com forte base social que lhe dá *dinâmica, vitalidade e movimento* e, desse modo, possibilita aos trabalhadores vislumbrar uma *vida cotidiana dotada de sentido*, na medida em que o MST lhes permite lutar por algo muito concreto, que é ter a posse da terra por meio da ação e da resistência coletivas. Isso dá a esse movimento muita força e vigor. Na brutal exclusão social do país, há um manancial de força social a ser organizada pelo MST. E quanto maior for sua importância, *quanto maior forem seus laços com os trabalhadores urbanos*, mais sua experiência ajudará na retomada das lutas sindicais de classe no Brasil. E o fato de o MST ter como eixo de sua ação as *lutas sociais concretas* tem sido decisivo como fonte de inspiração também para a esquerda sindical, para que esses setores não se vejam envolvidos no ideário das parcerias, ideologicamente subordinado ao capital, mas atuem de modo direto,

como um *movimento sindical, social e político* capaz de participar da construção de uma sociedade *para além do capital.*

É, portanto, necessário redesenhar um projeto alternativo socialista, que resgate os valores mais essenciais da humanidade. Um bom ponto de partida para tal ação é desenvolver uma crítica contemporânea e profunda à (des)sociabilização da humanidade sob o capital. Tendo, entretanto, como *centralidade* e *eixo* decisivos as *ações sociais dos trabalhadores do campo e das cidades* em seus movimentos sociais, sindicais e políticos que contestam e confrontam a lógica destrutiva do capital.

Apêndices à segunda edição

1

DEZ TESES E UMA HIPÓTESE SOBRE O PRESENTE (E O FUTURO) DO TRABALHO[1]

I – O século XX e a era da degradação do trabalho na sociedade do automóvel

O século XX, que já se foi, pode ser estampado como o século do automóvel. Tratava-se de uma produção cronometrada, com ritmo controlado, produção homogênea, buscando, como disse Ford, que a opção do consumidor fosse escolher entre um carro *Ford, cor preta, modelo T*, ou outro carro *Ford, cor preta, modelo T*. A linha de montagem, concebida para funcionar em ritmo seriado, rígido e parcelar, gerou uma produção em massa que objetivava a ampliação do consumo também de massa, incrementando da mesma forma os salários operários.

Essa materialidade produtiva que se esparramou para o mundo industrial e de serviços (até o McDonald's nasceu sob esse signo) teve como corolário a genial descrição de Chaplin: a degradação do trabalho unilateral, estandardizado, parcelar, fetichizado, coisificado e maquinal. Consequentemente, o trabalhador fora animalizado (o "gorila amestrado" de que falava Taylor), massificado, sofrendo até mesmo o controle de sua sexualidade pela empreitada taylorista e fordista (Gramsci, 1974: 166).

[1] Este texto é parte do projeto de pesquisa "Para Onde Vai o Mundo do Trabalho", desenvolvido com o apoio do CNPq. Foi publicado numa versão bastante preliminar em *Por uma Sociologia do Século XX*, organizado por Josué Pereira da Silva (Annablume, São Paulo, 2007) e será publicado em espanhol pela Clacso.

Ainda que regulamentado e contratado, o trabalho degradado na sociedade taylorizada e fordizada estava estampado em sua mecanização, parcelização, manualização, desantropomorfização e, no limite, alienação.

Esse quadro foi dominante até o início dos anos 1970, quando ocorreu a crise estrutural do sistema produtivo, que, de certo modo, se prolonga até os dias de hoje, visto que o vasto e global processo de reestruturação produtiva ainda não encerrou seu ciclo.

Pois bem, em todas essas mudanças, a empresa *taylorista* e *fordista* mostrou que tinha cumprido a sua trajetória. Tratava-se, então, de implementar novos mecanismos e formas de acumulação, capazes de oferecer respostas ao quadro crítico que se desenhava, especialmente a partir da eclosão das lutas sociais de 1968, na França, ou do "Outono Quente" na Itália, em 1969, ambos objetivando o controle social da produção.

Foram várias as experiências exercitadas pelo capital em seu processo de reestruturação: na Suécia (em Kalmar), no norte da Itália (pela chamada "terceira Itália"), nos Estados Unidos (na Califórnia), no Reino Unido, na Alemanha e em diversos países e regiões. De todos, o mais expressivo foi o experimento toyotista do Japão. Tratava-se, para os capitais, de garantir a *acumulação*, porém de modo cada vez mais *flexível*. Daí é que se gestou a chamada empresa flexível e *liofilizada*.

Essa transformação estrutural teve forte impulso após as vitórias do neoliberalismo, quando um novo receituário, um novo desenho ideopolítico apresentou-se como alternativa de dominação em substituição ao Welfare State. Começava a expandir-se outra pragmática, que se articulou intimamente com a reestruturação produtiva em curso em escala global.

II – A engenharia da liofilização no microcosmo da produção

Essa reestruturação produtiva fundamentou-se no que o ideário dominante chamou por *lean production*, isto é, a empresa enxuta, a "empresa moderna", a empresa que constrange, restringe, coíbe, limita o trabalho vivo e, assim, amplia o maquinário tecnocientífico, o que Marx chamou de *trabalho morto*. Ela redesenhou a planta produtiva de modo bastante distinto do taylorismo-fordismo, reduzindo enormemente a força de trabalho vivo e ampliando intensamente sua produtividade. Reterritorializando e mesmo desterritorializando o mundo produtivo. O *espaço* e o *tempo* convulsionaram-se.

O resultado está em toda parte: desemprego explosivo, precarização estrutural do trabalho, rebaixamento salarial, perda de direitos etc. Verifica-se a expansão daquilo que Juan Castillo cunhou como *liofilização organizacional*, processo pelo qual as substâncias vivas são eliminadas, em que o *trabalho vivo* é crescentemente substituído pelo *trabalho morto* (Castillo, 1996).

Nessa nova empresa liofilizada é necessário um novo tipo de trabalho, um novo tipo daquilo que antes se chamava de trabalhadores e hoje os capitais denominam, de modo mistificado, "colaboradores". Quais são os contornos desse novo tipo de trabalho?

Ele deve ser mais "polivalente" e "multifuncional", algo diverso do trabalhado que se desenvolveu na empresa taylorista e fordista. O trabalho que as empresas buscam cada vez mais não é mais aquele fundamentado na especialização *taylorista* e *fordista*, mas o que floresceu na fase da "desespecialização multifuncional", do "trabalho multifuncional", que em verdade expressa a *enorme intensificação dos ritmos, tempos e processos de trabalho*. E isso ocorre tanto no mundo industrial quanto nos serviços, para não falar do agronegócio, soterrando a tradicional divisão entre setores agrícola, industrial e de serviços.

Além da operação por máquinas, hoje, no mundo do trabalho, presenciamos também a ampliação do trabalho *imaterial*, realizado nas esferas da comunicação, da publicidade e do *marketing*, próprias da sociedade do *logotipo*, da *marca*, do *simbólico*, do *involucral*, do *supérfluo*, do *informacional*. É o que o discurso empresarial chama de "sociedade do conhecimento", presente no *design* da Nike, na concepção de um novo *software* da Microsoft, no novo modelo da Benetton, e que resulta do labor *imaterial* que, articulado e inserido no trabalho *material*, expressa as formas contemporâneas do valor (Antunes, 1995 e 1999).

Os serviços públicos como saúde, energia, educação, telecomunicações, previdência etc. também sofreram, como não poderia deixar de ser, um significativo processo de reestruturação, subordinando-se à máxima da *mercadorização*, que vem afetando fortemente os trabalhadores do setor estatal e público.

O resultado parece evidente: intensificam-se as formas de extração de trabalho, ampliam-se as terceirizações, *metamorfoseiam-se as noções de tempo e de espaço também* e tudo isso muda muito o modo como o capital produz as mercadorias, sejam elas materiais ou imateriais, corpóreas ou simbólicas. Uma empresa concentrada pode ser substituída por várias pequenas unidades interligadas em rede, com número muito mais reduzido de trabalhadores e produção bem maior. Aflora o trabalho da telemática, conectado em rede, realizado em casa etc., com as mais distintas formas de precarização (Huws, 2003). As repercussões no plano organizativo, valorativo, subjetivo e ideopolítico do mundo do trabalho são por demais evidentes.

O trabalho estável torna-se, então, (quase) virtual. Estamos vivenciando, portanto, a erosão do trabalho contratado e regulamentado, dominante no século XX, e assistindo a sua substituição pelas terceirizações, por diferentes modos de flexibilização, pelas formas de trabalho *part time*, pelas diversas formas de "empreendedorismo", "cooperativismo", "trabalho voluntário", terceiro setor etc., aquilo que Luciano Vasapollo denominou *trabalho atípico* (Vasapollo, 2005).

O exemplo das cooperativas talvez seja ainda mais eloquente, uma vez que, em sua origem, elas nasceram como instrumentos de luta operária contra o desemprego e o despotismo do trabalho. Hoje, ao contrário, os capitais vêm criando falsas cooperativas como forma de precarizar ainda mais os direitos do trabalho. As "cooperativas" patronais têm então um sentido contrário ao projeto original daquelas de trabalhadores, uma vez que são verdadeiros empreendimentos para destruir direitos e aumentar ainda mais as condições de precarização da classe trabalhadora. Similar é o caso do empreendedorismo, que cada vez mais se configura como uma forma oculta de trabalho assalariado e permite o proliferar, nesse cenário aberto pelo neoliberalismo e pela reestruturação produtiva, das distintas formas de *flexibilização salarial, temporal, funcional ou organizativa.*

É nesse quadro *de precarização estrutural do trabalho* que os capitais globais estão exigindo dos governos nacionais o desmonte da legislação social protetora do trabalho. E flexibilizar a legislação social do trabalho significa aumentar ainda mais os mecanismos de extração do sobretrabalho, ampliar as formas de precarização e destruição dos direitos sociais que foram arduamente conquistados pela classe trabalhadora, desde o início da Revolução Industrial, na Inglaterra, e em especial após os anos 1930, quando se toma o exemplo brasileiro. Tudo isso em plena era do avanço tecnocientífico, que fez desmoronar tantas (infundadas) esperanças otimistas. Isso porque, em pleno avanço informacional, amplia-se o mundo da informalidade.

III – A era da informatização e a época da informalização do trabalho

Há, então, outra contradição que se evidencia quando o olhar se volta para a (des)sociabilidade contemporânea no mundo do capital mundializado e financeirizado: quanto maior é a incidência do ideário e da pragmática na chamada "empresa moderna", quanto mais racionalizado é o seu *modus operandi*, quanto mais as empresas laboram na implantação das "competências", da chamada "qualificação", da gestão do "conhecimento", mais intensos parecem tornar-se os níveis de degradação do trabalho (agora, no sentido da perda de liames e da erosão da regulamentação e da contratação) para uma parcela enorme de trabalhadores(as).

No topo, temos trabalhadores ultraqualificados, que atuam no âmbito informacional; na base, avançam a precarização e o desemprego, ambos estruturais; entre eles, a hibridez, o ultraqualificado de hoje que pode ser o desempregado ou o precarizado de amanhã – tanto um como outro em expansão no mundo do capital global.

E, ao apropriar-se da dimensão cognitiva do trabalho, ao apoderar-se de sua dimensão intelectual – traço crucial do capitalismo de nossos dias –, os capitais ampliam as formas e os mecanismos da geração do valor. Com isso, eles aumentam também os modos de controle e de subordinação dos sujeitos do trabalho, pois se utilizam de mecanismos ainda "mais coativos, renovando as formas primitivas de violência, uma vez que [paradoxalmente], ao mesmo tempo, as empresas necessitam cada vez mais da cooperação ou 'envolvimento' subjetivo e social do trabalhador" (Bialakowsky, 2003: 135). Ao contrário, portanto, do fim ou da redução de relevância da teoria do valor-trabalho, há uma qualitativa alteração e ampliação das formas e dos mecanismos de extração do trabalho.

É sintomático também o *slogan* adotado pela Toyota na unidade de Takaoka: "*Yoi kangae, yoi shina*" [bons pensamentos significam bons produtos], estampado na bandeira que tremula na entrada da unidade produtiva (*Business Week*, 18/11/2003). Mas é bom lembrar que esses projetos de "envolvimento", flexibilização etc., acabam também por encontrar a resistência dos trabalhadores, conforme se viu no protesto de 1.300 trabalhadores organizado pelos sindicatos contrários à implantação do sistema de autocontratação (*Japan Press Weekly*, 21/2/2004).

Tampouco é por acaso que a Manpower – empresa transnacional que atua na terceirização de força de trabalho em escala mundial – seja símbolo de emprego nos EUA:

> [A Manpower] constrói parcerias com clientes em mais de 60 países, [...] mais de 400 mil clientes dos mais diversos segmentos, como comércio, indústria, serviços e promoção. [...] está preparada para atender seus clientes com *serviços de alto valor agregado*, como contratação e administração de funcionários temporários; recrutamento e seleção de profissionais efetivos, para todas as áreas; programas de *trainees* e de estágios, projetos de terceirização e serviços de *contact center*; administração de RH (RH Total) e contratação de profissionais com alto grau de especialização (Divisão Manpower Professional, Manpower Brasil, <http://www.manpower.com.br>, grifos meus).

Tem-se, então, como resultante que a prevalência da *razão instrumental* assume a forma de uma enorme *irracionalidade societal*. O que coloca um desafio imperioso e candente: a desconstrução desse ideário e dessa pragmática é condição para que a humanidade e, portanto, também o *trabalho* possam ser verdadeiramente dotados de sentido, obstando o destrutivo processo de *desantropomorfização do trabalho* em curso desde o início da Revolução Industrial.

A constatação é forte: em plena *era da informatização* do trabalho, do mundo *maquinal* e *digital*, estamos conhecendo a *época da informalização* do trabalho, dos terceirizados, dos precarizados, dos subcontratados, dos flexibilizados, dos trabalhadores em tempo parcial, do *subproletariado*.

Se, no passado recente, apenas marginalmente a classe trabalhadora apresentava níveis de informalidade no Brasil, hoje mais de 50% dela encontra-se nessa condição (aqui, a informalidade é concebida em sentido amplo), desprovida de direitos, fora da rede de proteção social e sem carteira de trabalho. Desemprego ampliado, precarização exacerbada, rebaixamento salarial acentuado, perda crescente de direitos, esse é o desenho mais frequente da nossa classe trabalhadora. O que sinaliza um século XXI com alta temperatura também nas confrontações entre as forças sociais do trabalho e a totalidade do capital social global.

IV – O século XXI: entre a perenidade e a superfluidade do trabalho

Há outro movimento pendular que embala a classe trabalhadora. Por um lado, cada vez mais há *menos* homens e mulheres que encontram trabalho e *trabalham muito* – em ritmo e intensidade semelhantes ao da fase pretérita do capitalismo, na gênese da Revolução Industrial – configurando uma redução do trabalho estável, herança da fase industrial que conformou o capitalismo do século XX. Como, entretanto, os capitais não podem eliminar *completamente* o trabalho vivo, conseguem reduzi-lo em certas áreas e ampliá-lo em outras, como se vê na crescente apropriação da dimensão cognitiva do trabalho e, paralelamente, na ampliação do trabalho desqualificado e precarizado. Aqui encontramos, então, o traço de *perenidade* do trabalho.

Por outro lado, completando o movimento pendular, cada vez mais há *mais* homens e mulheres que encontram *menos trabalho estável*, esparramando-se pelo mundo em busca de qualquer labor e configurando uma crescente tendência de precarização do trabalho em escala global, que vai dos EUA ao Japão, da Alemanha ao México, da Inglaterra ao Brasil, sendo que a ampliação do desemprego estrutural é sua manifestação mais virulenta. Na China, por exemplo, país que cresce a um ritmo estonteante – dadas as peculiaridades de seu processo de industrialização hipertardia, que combina força de trabalho sobrante e hiperexplorada com maquinário industrial-informacional em lépido e explosivo desenvolvimento –, o contingente proletário industrial também sofreu redução, em decorrência do avanço tecnocientífico em curso. Segundo Jeremy Rifkin, entre 1995 e 2002, a China perdeu mais de 15 milhões de trabalhadores industriais

("Return of a Conundrun", *The Guardian*, 2/3/2004). Não é por outro motivo que o Partido Comunista Chinês e seu governo estão assustados com o salto dos protestos sociais, que decuplicaram nos últimos anos, chegando em 2005 à casa das 80 mil manifestações. Semelhante processo ocorre também na Índia e em tantas outras partes do mundo, como em nossa América Latina.

Reduziu-se o trabalho taylorista-fordista da era do automóvel, mas ampliou-se o universo da *classe-que-vive-do-trabalho*. O que nos remete às formas contemporâneas do valor.

V – A ampliação do trabalho intelectual abstrato e as novas formas do valor (as interconexões entre trabalho material e trabalho imaterial)

Com a conversão do *trabalho vivo* em *trabalho morto*, a partir do momento em que, pelo desenvolvimento dos *softwares*, a máquina informacional passa a desempenhar atividades próprias da inteligência humana, o que se pode presenciar é aquilo que Lojkine (1995) sugestivamente denominou *objetivação das atividades cerebrais na maquinaria*, transferência do saber intelectual e cognitivo da classe trabalhadora para a maquinaria informatizada. Tal transferência de capacidades intelectuais, que é convertida na linguagem da máquina informacional por meio dos computadores, acentua a transformação de *trabalho vivo* em *trabalho morto*.

Acentua-se, então, a crescente imbricação entre trabalho *material* e *imaterial*, uma vez que se presencia no mundo contemporâneo, além da monumental precarização do trabalho acima referida, uma significativa expansão do trabalho dotado de maior dimensão intelectual, quer nas atividades industriais mais informatizadas, quer nas esferas compreendidas pelo setor de serviços ou nas comunicações, entre tantas outras.

Assim, o *trabalho imaterial* expressa a vigência da esfera informacional da forma-mercadoria: ele é a expressão do conteúdo *informacional* da mercadoria e mostra as mutações do trabalho no interior das grandes empresas e do setor de serviços, onde o trabalho manual direto está sendo substituído pelo trabalho dotado de maior dimensão intelectual. Trabalho *material* e *imaterial*, na imbricação crescente que existe entre ambos, encontram-se, entretanto, centralmente subordinados à lógica da produção de mercadorias e de capital.

Estamos aqui em plena concordância com J. M. Vincent, quando afirma que:

> a própria forma valor do trabalho se metamorfoseia. Ela assume crescentemente a forma valor do trabalho intelectual-abstrato. A força de trabalho intelectual produzida dentro e fora da produção é absorvida

como mercadoria pelo capital que a incorpora para dar novas qualidades ao trabalho morto [...]. A produção material e a produção de serviços necessitam crescentemente de inovações, tornando-se por isso cada vez mais subordinadas a uma produção crescente de conhecimento que se convertem em mercadorias e capital (Vincent, 1993: 121).

A nova fase do capital, na era da "empresa enxuta", retransfere o *savoir-faire* para o trabalho, mas faz isso apropriando-se crescentemente de sua dimensão *intelectual*, de suas capacidades cognitivas, *procurando* envolver mais forte e intensamente a subjetividade existente no mundo do trabalho. Mas o processo não se restringe a essa dimensão, uma vez que parte do *saber intelectual* é transferida para as máquinas informatizadas, que se tornam *mais inteligentes e reproduzem parte das atividades a elas transferidas pelo saber intelectual do trabalho*. Como a máquina não pode eliminar cabalmente o trabalho humano, ela necessita de uma maior *interação* entre a subjetividade que trabalha e a nova máquina inteligente.

E, nesse processo, o *envolvimento interativo* aumenta ainda mais o *estranhamento e a alienação do trabalho*, ampliando as formas modernas da *reificação*, distanciando ainda mais a subjetividade do exercício daquilo que Nicolas Tertulian, na esteira do Lukács na maturidade, sugestivamente denominou exercício de uma *subjetividade autêntica e autodeterminada*.

Portanto, em vez da substituição do trabalho pela ciência, ou ainda da substituição da produção de valores pela esfera comunicacional, da substituição da produção pela informação, o que se pode presenciar no mundo contemporâneo é uma maior *inter-relação*, uma maior *interpenetração* entre as atividades produtivas e as improdutivas, entre as atividades fabris e as de serviços, entre as atividades laborativas e as de concepção, que se expandem no contexto da reestruturação produtiva do capital. O que remete ao desenvolvimento de uma concepção ampliada para se entender a *forma de ser do trabalho* no capitalismo contemporâneo, e não a sua negação.

Entretanto, as teses que propugnam a prevalência do trabalho imaterial hoje (com a consequente desmedida do valor) parecem equivocadas. De nossa parte, ao contrário, cremos que as formas do trabalho imaterial expressam as distintas modalidades de trabalho vivo, necessárias para a valorização contemporânea do valor. Na fase laborativa em que o saber científico e o saber laborativo se mesclam ainda mais diretamente, *a potência criadora* do trabalho vivo assume tanto a forma (ainda dominante) do trabalho material como a *modalidade tendencial* do trabalho imaterial (Antunes, 1999 e 2005).

Tal modalidade não se torna desmedida, até porque, não sendo única e nem mesmo dominante – aqui aflora outro traço explosivamente eurocêntrico dessas teses –, o trabalho imaterial se converte em *trabalho intelectual abstrato, inserindo crescentes coágulos de trabalho imaterial na lógica prevalente da acumulação material, de modo que a medida do valor é dada uma vez mais pelo tempo social médio de um trabalho cada vez mais complexo, e assimilando-os à nova fase da produção do valor, nas novas formas de tempo (cada vez mais virtual) e de espaço.* Portanto, menos que uma descompensação da lei do valor, a crescente imbricação entre trabalho material e imaterial configura uma adição fundamental para se compreender os novos mecanismos da teoria do valor hoje, numa contextualidade em que esse movimento é dado pela lógica da financeirização.

Já citamos anteriormente o exemplo da Manpower, transnacional que terceiriza força de trabalho em âmbito mundial. Também vimos que o que é intangível para tantos é claramente contabilizado pela Toyota. Por fim, é preciso acentuar que a *imaterialidade* é uma tendência, enquanto a *materialidade* é ainda largamente prevalente, em especial quando se olha o capitalismo em escala global, mundializado, desenhado pela (nova) divisão internacional do trabalho, em que, vale lembrar uma vez mais, dois terços da humanidade que trabalha se encontra nos países do Sul. A explosão chinesa na última década (para não falar da indiana), ancorada na enorme força sobrante de trabalho, na incorporação de tecnologia informacional e na estruturação em rede das transnacionais, tudo isso articulado com o controle sociotécnico dos trabalhadores, vem permitindo uma exploração desmesurada da força de trabalho e, como consequência, uma expansão monumental do valor, o que deslegitima (empírica e teoricamente) a teoria da irrelevância do trabalho vivo na produção de valor. E os exemplos da China e da Índia ainda evidenciam a fragilidade das teses que defendem a predominância da imaterialidade do trabalho como forma de *superação* ou *inadequação* da lei do valor.

Do trabalho intensificado do Japão ao *trabalho contingente* presente nos Estados Unidos, dos imigrantes que chegam ao Ocidente avançado ao submundo do trabalho no polo asiático, das *maquiladoras* no México aos precarizados de toda a Europa Ocidental, da Nike ao McDonald's, da General Motors à Ford e à Toyota, das trabalhadoras dos *call center* aos trabalhadores do Walmart, podem-se constatar distintas modalidades de trabalho vivo, no topo ou na base, todos de algum modo necessários para a expansão das novas modalidades de agregação do valor.

VI – Sociedade pós-industrial ou interpenetração dos setores na era da financeirização

Vimos que uma reestruturação produtiva global em praticamente todo universo industrial e de serviços, consequência da nova divisão internacional do trabalho, exigiu mutações tanto no plano da organização sociotécnica da produção e do controle do trabalho quanto nos processos de reterritorialização e desterritorialização da produção, dentre tantos outros efeitos. Tudo isso num período marcado pela mundialização e pela financeirização dos capitais, em que se tornou obsoleto tratar de modo independente os três setores tradicionais da economia (indústria, agricultura e serviços), dada a enorme interpenetração entre essas atividades, cujos principais exemplos são a *agroindústria*, a *indústria de serviços* e os *serviços industriais*. Vale aqui o registro (até pelas consequências políticas desta tese) que reconhecer a interdependência setorial é muito diferente de falar em *sociedade pós-industrial*, concepção carregada de significação política.

VII – As múltiplas transversalidades do trabalho: gênero, geração e etnia

O mundo do trabalho vivencia um aumento significativo do contingente feminino, que atinge mais de 40% ou mesmo mais de 50% da força de trabalho em diversos países avançados e tem sido absorvido pelo capital, de preferência no universo do trabalho *part time*, precarizado e desregulamentado. No Reino Unido, por exemplo, o contingente feminino superou recentemente (1998) o masculino na composição da força de trabalho. Sabe-se, entretanto, que essa expansão do trabalho feminino tem significado inverso quando se trata da temática salarial e dos direitos, pois a desigualdade salarial das mulheres contradita a sua crescente participação no mercado de trabalho. Seu percentual de remuneração é bem menor do que aquele auferido pelo trabalho masculino. O mesmo ocorre frequentemente no que concerne aos direitos e às condições de trabalho.

Na *divisão sexual do trabalho*, operada pelo capital dentro do *espaço fabril*, em geral as atividades de concepção ou aquelas baseadas em *capital intensivo* são preenchidas pelo trabalho masculino, enquanto aquelas dotadas de menor qualificação, mais elementares e frequentemente fundadas em *trabalho intensivo*, são destinadas às mulheres trabalhadoras (e muitas vezes também aos[às] trabalhadores[as] imigrantes e negros[as]). Isso para não falar no trabalho duplicado (no mundo da produção e da reprodução), ambos imprescindíveis para o capital (Pollert, 1996).

Com o enorme incremento do *novo proletariado informal*, do subproletariado fabril e de serviços, novos postos de trabalho são preenchidos pelos imigrantes, como os *Gastarbeiters* na Alemanha, os *lavoratori in nero* na Itália, os *chicanos* nos EUA, os imigrantes do Leste Europeu (poloneses, húngaros, romenos, albaneses etc.) na Europa Ocidental, os *dekasseguis* no Japão, os bolivianos no Brasil, os *brasiguaios* no Paraguai etc. Vale recordar que a explosão da periferia parisiense em fins de 2005 é rica ao aflorar as conexões entre trabalho, não trabalho, precarização, imigração, geração etc.

No que concerne ao traço geracional, há exclusão dos jovens e dos idosos do mercado de trabalho: os primeiros acabam muitas vezes engrossando as fileiras de desempregados e quando atingem a idade de 35 a 40 anos, uma vez desempregados, dificilmente conseguem novo emprego.

Paralelamente, nas últimas décadas houve uma inclusão precoce de crianças no mercado de trabalho, em particular nos países de industrialização intermediária e subordinada, como os países asiáticos e latino-americanos, mas que atinge também inúmeros países centrais. Ainda que essa tendência dê sinais importantes de declínio, ela ainda é muito expressiva, e mesmo incomensurável, em países como China, Índia, Brasil e outros.

Desse modo, são profundas as clivagens e transversalidades existentes hoje entre trabalhadores estáveis e precários, homens e mulheres, jovens e idosos, nacionais e imigrantes, brancos, negros e índios, qualificados e não qualificados, "incluídos" e "excluídos", dentre tantos outros exemplos que configuram o que venho denominando *a nova morfologia do trabalho.* O que nos leva à próxima tese.

VIII – Desenhando a nova morfologia do trabalho

Contrariamente às teses que advogam o fim do trabalho, somos desafiados a compreender a *nova polissemia* do trabalho, sua *nova morfologia*, cujo elemento mais visível é seu desenho multifacetado, resultado das fortes mutações que abalaram o mundo do capital nas últimas décadas.

Essa *nova morfologia* compreende desde os operariados industrial e rural clássicos, em relativo processo de encolhimento (que é desigual quando se comparam os casos do Norte e do Sul), até os assalariados de serviços, os novos contingentes de homens e mulheres terceirizados, subcontratados, temporários em processo de ampliação. Já a *nova morfologia* pode presenciar, simultaneamente, a retração do operariado industrial de base tayloriano-fordista e a ampliação, segundo a lógica da flexibilidade toyotizada, das novas modalidades de trabalho, das quais são exemplos as trabalhadoras de *telemarketing* e *call center*, os motoboys que morrem nas ruas e avenidas, os digitadores que laboram (e se lesionam) nos bancos, os assalariados do *fast-food*, os trabalhadores jovens dos hipermercados etc. Esses contingentes são partes constitutivas daquelas forças sociais do trabalho que Ursula Huws (2003) sugestivamente denominou *cibertariado*: o *novo proletariado da era da cibernética que vivencia um trabalho (quase) virtual* num *mundo (muito) real*, para glosar o sugestivo título do livro em que ela discorre sobre as novas configurações do trabalho na era digital, informática e telemática, novos trabalhadores e trabalhadoras que oscilam entre a enorme *heterogeneidade* (de gênero, etnia, geração, espaço, nacionalidade, qualificação etc.) de sua *forma de ser* e a impulsão tendencial para uma forte *homogeneização* resultante da condição precarizada de seus distintos trabalhos.

IX – A desierarquização dos organismos de representação do trabalho

Se a impulsão pela flexibilização do trabalho é uma exigência dos capitais em escala cada vez mais global, as respostas do mundo do trabalho devem configurar-se de modo crescentemente internacionalizadas, mundializadas, articulando intimamente as ações nacionais com seus nexos internacionais. Se a era da mundialização do capital se realizou de modo ainda mais intenso nas últimas décadas (Chesnais, 1996 e 1996a), entramos também na era da mundialização das lutas sociais, das forças do trabalho, ampliadas pelas forças do não trabalho, expressas nas massas de desempregados que se esparramam pelo mundo (Bernardo, 2004). Na Argentina, por exemplo, estamos presenciando novas formas de confrontação social, como a explosão do movimento dos trabalhadores desempregados, os *piqueteros*, que "cortan las rutas" para barrar a circulação de mercadorias (com suas claras repercussões na produção) e estampar ao país o flagelo do desemprego. Ou ainda, a expansão da luta dos trabalhadores em torno das empresas "recuperadas", ocupadas durante o período mais crítico da recessão argentina, no início de 2001, e que já atinge a soma de duas centenas de empresas sob controle–direção–gestão dos trabalhadores. Foram ambas respostas decisivas ao desemprego argentino. E sinalizaram novas formas de lutas sociais do trabalho.

Os recentes exemplos ocorridos na França em fins de 2005, com as manifestações "explosivas" desencadeadas entre os imigrantes (sem ou com pouco trabalho) e a destruição de milhares de carros (símbolo do século XX), e as majestosas manifestações no início de 2006, quando estudantes e trabalhadores entraram na luta contra o Contrato de Primeiro Emprego, são também experimentos seminais eivados de significados.

Essa nova morfologia do trabalho não poderia deixar de afetar os organismos de representação dos trabalhadores. Daí a enorme crise dos partidos e dos sindicatos. Se muitos analistas dessa crise viram um caráter terminal nesses organismos de classe, essa é outra história. Aqui queremos tão somente registrar que a *nova morfologia do trabalho* significa também um *novo desenho das formas de representação das forças sociais e políticas do trabalho.* Se a indústria taylorista e fordista é parte mais do passado do que do presente (ao menos enquanto tendência), como imaginar que um sindicalismo verticalizado possa representar esse novo e compósito mundo do trabalho (Bihr, 1991)? E mais: o que é hoje ser um *partido político distinto* (Marx), *de classe*, quando muitos ainda estão arraigados e presos, seja à velha social-democracia que se vergou ao neoliberalismo, seja ao vanguardismo típico do século XX?

Uma conclusão se impõe, à guisa de hipótese: hoje devemos reconhecer (e mesmo saudar) a *desierarquização* dos organismos de classe. A velha máxima de que primeiro vinham os partidos, depois os sindicatos e, por fim, os demais movimentos sociais, não encontra mais respaldo no mundo real e em suas lutas sociais. O mais importante, hoje, é aquele movimento social, sindical ou partidário que apreende as *raízes* de nossas mazelas e engrenagens sociais, percebe aquelas questões que são *vitais*. E, para fazê-lo, *para ser radical*, é imprescindível conhecer a nova morfologia do trabalho, bem como as complexas engrenagens do capital.

X – Um excerto necessário: o pêndulo do trabalho

Desde o mundo antigo e sua filosofia, o trabalho tem sido compreendido como expressão de vida e degradação, criação e infelicidade, atividade vital e escravidão, felicidade social e servidão. Trabalho e fadiga. Momento de catarse e vivência de martírio. Ora se cultuava seu lado positivo, ora se acentuava seu traço de negatividade. Hesíodo, em *Os Trabalhos e os Dias*, uma ode ao trabalho, não hesitou em afirmar que “o trabalho, desonra nenhuma, o ócio desonra é” (Hesíodo, 1990: 45). Ésquilo, em *Prometeu Acorrentado,* asseverou que “quem vive de seu trabalho não deve ambicionar a aliança nem do rico efeminado, nem do nobre orgulhoso” (Ésquilo, s.d.: 132).

Com o evolver humano, o trabalho converteu-se em *tripaliare,* originário de *tripalium,* instrumento de tortura, momento de punição e sofrimento. No contraponto, o ócio tornou-se parte do caminho para a realização humana. De um lado, o mito *prometeico* do trabalho; de outro, o *ócio como liberação.*

O pensamento cristão, em seu longo e complexo percurso, deu sequência à controvérsia, concebendo o trabalho como martírio e salvação, atalho certo para o mundo celestial, caminho para o paraíso. No fim da Idade Média, com São Tomás de Aquino, o trabalho foi considerado *ato moral digno de honra e respeito* (ver Neffa, 2003: 52).

Weber, com sua *ética positiva do trabalho,* reconferiu ao ofício o caminho para a salvação, celestial e terrena, *fim mesmo da vida.* Selava-se, então, sob o comando do mundo da mercadoria e do dinheiro, a prevalência do negócio (*negar o ócio*), que veio sepultar o império do repouso, da folga e da preguiça.

Quer como *Arbeit, lavoro, travail, trabajo, labour* ou *work,* a sociedade do trabalho chegou à modernidade, ao mundo da mercadoria.

Hegel (1966: 113-8) escreveu páginas belas sobre a *dialética do senhor e do escravo*, mostrando que o senhor só se torna *para si* por meio do outro, do servo.

Foi, entretanto, com Marx que o trabalho conheceu sua síntese sublime: trabalhar era ao mesmo tempo necessidade eterna para manter o metabolismo social entre humanidade e natureza. Mas sob o império (e o fetiche) da mercadoria, a *atividade vital metamorfoseava-se em atividade imposta, extrínseca e exterior, forçada e compulsória*. É conhecida sua referência ao trabalho fabril: "se pudessem, os trabalhadores fugiriam do trabalho como se foge de uma peste!" (Marx, 2004).

Esse movimento pendular, dúplice e contraditório – que, em verdade, é expressão de uma verdadeira *dialética do trabalho* – manteve o *labor* humano como questão nodal em nossas vidas. E, ao longo do século XX, o trabalho assalariado e fetichizado expandiu-se como nunca, assumindo a forma alienada e estranhada do trabalho.

XI – Um novo sistema de metabolismo social: autodeterminação e tempo disponível

A construção de um novo sistema de metabolismo social (Mészáros, 1995), de um novo *modo de produção e de vida*, fundado na *atividade autodeterminada*, baseado no *tempo disponível* (para produzir valores de uso socialmente necessários) e *na realização do trabalho socialmente necessário e contra a produção heterodeterminada* (baseada no tempo excedente para a produção exclusiva de valores de troca para o mercado e para a reprodução do capital), é um imperativo crucial de nossos dias.

Dois princípios vitais se impõem, então:

1) o sentido societal dominante será voltado para o atendimento das efetivas necessidades humanas e sociais vitais, sejam elas materiais ou imateriais;

2) o exercício do trabalho, desprovido de suas formas distintas de estranhamento e alienação, geradas pelo capital, será sinônimo de autoatividade, isto é, atividade livre, baseada no tempo disponível.

Com a lógica do capital e seu sistema de metabolismo societal, a produção de valores de uso socialmente necessários subordinou-se ao valor de troca das mercadorias; desse modo, as funções produtivas básicas, bem como o controle de seu processo, foram radicalmente separadas entre aqueles que *produzem* e aqueles que *controlam*. Como disse Marx, o capital operou a separação entre trabalhadores e meio de produção, entre "o caracol e a sua concha" (Marx, 1971: 411), aprofundando-se a separação entre a produção voltada para o atendimento das necessidades humano-sociais e as necessidades de autorreprodução do capital.

Tendo sido o primeiro *modo de produção* a criar uma lógica que não leva em conta prioritariamente as reais necessidades sociais –

mas sim a necessidade de reproduzir de modo cada vez mais ampliado o capital –, instaurou-se um *modo de produção que se distancia das reais necessidades autorreprodutivas da humanidade* (Mészáros, 2002).

O outro princípio societal imprescindível será dado pela conversão do trabalho em *atividade vital, livre, autoatividade*, fundada *no tempo disponível*. O que significa recusar a disjunção dada pelo *tempo de trabalho necessário* para a reprodução social e *tempo de trabalho excedente* para a reprodução do capital. Este último deve ser radicalmente eliminado.

O exercício do trabalho autônomo, eliminado o dispêndio de tempo excedente para a produção de mercadorias, eliminado também o tempo de produção *destrutivo* e *supérfluo* (esferas estas controladas pelo capital), possibilitará o resgate verdadeiro do *sentido estruturante do trabalho vivo*, contra o *sentido (des)estruturante do trabalho abstrato para o capital* (Antunes, 1999). Isso porque, sob o sistema de metabolismo social do capital, o trabalho que *estrutura* o capital *desestrutura* o ser social. Numa nova forma de sociabilidade, ao contrário, o florescimento do *trabalho social que desestrutura o capital, por meio do atendimento das autênticas necessidades humano-societais desestruturará o capital* – dando um novo *sentido* tanto à vida *dentro* do trabalho quanto à vida *fora* do trabalho.

2

TRABALHO E VALOR[1]

Anotações críticas

Sobre a obra recente de André Gorz

Discutir a obra de André Gorz é um empreendimento difícil, dada a amplitude de sua obra, suas múltiplas fases e momentos, sua originalidade, suas oscilações, suas continuidades e descontinuidades. Mesmo sendo leitor de alguns de seus livros, eu não me aventuraria a fazer uma análise crítica de sua volumosa e densa produção, trabalho para especialista da escritura gorziana. Faço, então, algo muito mais modesto neste espaço: pretendo tão somente indicar algumas notas polêmicas acerca de aspectos de seu trabalho intelectual que, em nosso entendimento, merecem um contraponto.

Parece desnecessário acrescentar que a reflexão de André Gorz é, além de vastíssima, criativa e original, frequentemente provocativa, um convite mesmo ao debate, como já pude indicar em meu *Adeus ao Trabalho?* (1995), em que há uma polêmica em relação a *Adeus ao Proletariado* (1982). É imperioso reconhecer também que se trata de um autor que se debruçou intensamente sobre a temática do trabalho, visando a difícil compreensão de suas mutações e metamorfoses.

Neste texto, então, vamos esboçar uma *crítica da crítica*, mesmo que introdutória, acerca de três questões que nos parecem centrais na

[1] Texto originalmente publicado em *Estúdios Latinoamericanos*, Cidade do México, Nueva Época, n. 21, jan.-jun. 2008, Cela/UNAM; e em Josué Pereira da Silva e Iram Jácome Rodrigues (orgs.) *André Gorz e Seus Críticos* (Annablume, São Paulo, 2006).

obra de Gorz e em sua polêmica com Marx: seu entendimento acerca da categoria *trabalho*, sua crítica ao conceito de *proletariado* e o significado contemporâneo que ele confere à *teoria do valor*. Tomaremos como referência central seus livros *Metamorfoses do Trabalho* (2003) e *Imaterial* (2005), remetendo-nos por vezes a *Adeus ao Proletariado* (1982) e entrevistas de sua safra.

I

André Gorz entende que a ideia moderna de *trabalho* é uma criação do capitalismo, da fase industrial, sendo, portanto, sinônimo de trabalho assalariado, fetichizado e alienado. Se isso está apresentado limpidamente nas páginas iniciais de *Adeus ao Proletariado*, está também reiterado de modo transparente em *Metamorfoses do Trabalho*.

Em suas palavras, "o que chamamos de 'trabalho' é uma invenção da modernidade", generalizada sob o industrialismo, distinta de "afazeres", "labor" e "autoprodução". Trata-se de "uma atividade que se realiza na esfera *pública*, solicitada, definida e reconhecida útil por outros além de nós e, a este título, remunerada" (Gorz, 2003: 21).

A ideia contemporânea de trabalho, segundo o autor, "só surge, efetivamente, com o capitalismo manufatureiro. Até então, isto é, até o século XVIII, o termo 'trabalho' (*labour*, *Arbeit*, *lavoro*) designava a labuta dos servos e dos trabalhadores por jornada, produtores de bens de consumo ou de serviços necessários à sobrevivência" (idem: 24).

Crítico áspero da "utopia injustificada" formulada pelo marxismo, afirma também que já "havia, em Marx, uma enorme contradição entre a teoria e as descrições fenomenológicas, admiravelmente penetrantes, da relação do operário à maquinaria: separação do trabalhador dos meios de produção, do produto, da ciência encarnada na maquinaria. Nada na descrição justifica a teoria do 'trabalho atrativo'" (idem: 98). A questão nodal passa a ser, então, para Gorz, a liberação *do* trabalho. E a partir daí que se estrutura o seu *constructo*, pautado pela luta pelo tempo liberado, pela renda da cidadania e por novas formas de autonomia.

Primeira nota crítica: ancorado fortemente em autores como Hannah Arendt, Gorz acaba *unilateralizando* o trabalho, momento por excelência da *negatividade*, avesso à liberdade e à criação. Entretanto, seu esforço analítico, nesse ponto central, não parece convincente e sua apreensão fenomenológica (e não ontológica) do trabalho perde, em nossa opinião, a possibilidade de capturar a complexa processualidade do real, seu movimento de positividade e negatividade, criação e servidão, humanidade e desumanidade, autoconstituição e desrealização, presente em *toda* a história do trabalho.

Como já expusemos em outra parte (Antunes, 2005), no longo percurso traçado pela *filosofia do trabalho*, o ato laborativo tem sido compreendido como expressão tanto de vida como de degradação, criação e infelicidade, atividade vital e escravidão, felicidade social e servidão. *Érgon* e *pónos*, trabalho e fadiga. Momento de catarse e vivência de martírio. De um lado, o mito *prometeico* do trabalho (ver, por exemplo, Hesíodo, 1990; e Ésquilo, s.d.); de outro, o *ócio* como liberação, vivência da humanidade contra a desumanização. Com o evolver da atividade humana, pode-se ver também que o trabalho assumia frequentemente a dimensão de *tripaliare*, originário de *tripalium*, instrumento de tortura, momento de punição. Restava, então, sonhar com o ócio, a folga e a preguiça.

Se Hegel (1966) escreveu páginas belas sobre a *dialética do senhor e do escravo*, mostrando que o senhor só se torna *para si* por meio do outro, do seu servo, foi Marx quem demonstrou que, ao mesmo tempo em que o trabalho é *necessidade eterna para manter o metabolismo social entre humanidade e natureza*, também é, no mundo fetichizado da mercadoria, atividade *imposta, extrínseca e exterior, forçada e compulsória*, em tal intensidade que, "se pudessem, os trabalhadores fugiriam do trabalho como se foge de uma peste!" (Marx, 1971 e 2004).

Isso porque, para Marx, se em sua gênese o trabalho é expressão de uma *atividade vital*, em sua concretude histórico-social ele se metamorfoseia, sob os constrangimentos dados pela "segunda natureza" mediada pelo capital, em trabalho alienado e fetichizado. Então, o *trabalho concreto*, que cria coisas socialmente úteis, subordina-se ao *trabalho abstrato*, assalariado e estranhado.

Portanto, nessa primeira nota crítica queremos indicar que, menos que uma *unilateralização* do trabalho, há em Marx o reconhecimento de que o trabalho é expressão viva da contradição entre positividade e negatividade, uma vez que, dependendo dos modos de vida, da produção e da reprodução social, o ato laborativo pode tanto criar como subordinar, tanto humanizar como aviltar. É tanto instrumento de liberação como fonte de escravidão. Pode tanto emancipar quanto alienar. *Isso depende, essencialmente, da forma como são plasmadas as relações sociais de produção.* Assim tem sido ao longo da história humana. Muito antes do capitalismo.

Foi capturando esses nexos de complexidade e mesmo de contraditoriedade que Marx pode demonstrar que o trabalho, ao mesmo tempo em que transforma a natureza exterior, transforma a própria natureza humana. Portanto, *unilateralizá-lo* significa não apreender sua dúplice e contraditória dimensão, seus múltiplos sentidos, deixar de perceber sua verdadeira fonte de riqueza (e também de miséria). E a *unilateralização* dessa processualidade complexa impede, ao invés de auxiliar, a compreensão de seu movimento por André Gorz.

Por isso, uma vida cheia de sentido em todas as esferas do ser social somente poderá efetivar-se pela *demolição* das barreiras existentes entre *tempo de trabalho* e *tempo de não trabalho*. Desse modo, a partir de uma atividade vital cheia de sentido, de um trabalho autodeterminado, voltado para a criação de bens socialmente úteis – para além da divisão hierárquica que subordina o trabalho ao capital hoje vigente e, por conseguinte, sob bases inteiramente novas –, poderá erigir-se uma nova forma de sociabilidade, fundada no *tempo disponível*.

Portanto, uma nova forma em que ética, arte, filosofia, tempo verdadeiramente livre e ócio, em conformidade com as aspirações mais autênticas, suscitadas no interior da vida cotidiana, possibilitem a gestação de formas inteiramente novas de sociabilidade. Um momento em que *liberdade e necessidade se realizem mutuamente* e não de modo dual, binário e seccionado (ver Antunes, 1999). Mas esse empreendimento, é sempre bom lembrar, somente será possível através da ruptura com a lógica destrutiva do capital que hoje preside a (des)sociabilidade contemporânea.

Há ainda outro ponto nessa anotação crítica que endereçamos a André Gorz. Se, para ele, o trabalho é por excelência o *reino da necessidade carente de liberdade*, é bom lembrar, com Lukács, em sua *Ontologia do Ser Social* (1980) e no magnífico ensaio presente em *História e Consciência de Classe* (1975), que o trabalho, ao mesmo tempo em que é o espaço da coisificação e reificação, é também *protoforma da atividade humana*, momento por excelência do *pôr teleológico*, do ato consciente que busca finalidades. Por isso, desde seu início, o trabalho expressa também um primeiro momento preliminar de liberdade. É por meio do ato laborativo que se pode escolher entre múltiplas ou distintas alternativas. E, ao fazê-lo, aflora, ainda que de modo preliminar, um momento de liberdade. Nas palavras de Lukács:

> O quão fundamental é o trabalho para a humanização do homem está também presente no fato de que sua constituição ontológica forma o ponto de partida genético para uma outra questão vital que afeta profundamente os homens no curso de toda sua história, a questão da liberdade. Sua gênese ontológica também se origina a partir da esfera do trabalho (Lukács, 1980: 112-3).

É claro que o conteúdo da liberdade aqui aflorado é essencialmente distinto nas formas mais avançadas e complexas da sociabilidade. Mas o ato teleológico, expresso por meio da colocação de finalidades, é um ato de escolha, uma manifestação de liberdade presente no interior do processo de trabalho. É um momento efetivo de interação entre subjetividade e objetividade, causalidade e teleologia, necessidade e liberdade (idem: 116-7).

E ainda: "Se a liberdade conquistada no trabalho originário era necessariamente ainda rudimentar e restrita, isto em nenhum sentido altera que mesmo a liberdade mais espiritualizada e elevada deve ser obtida através dos mesmos métodos existentes no trabalho originário" (idem: 136), qual seja, através do domínio da ação individual própria do gênero humano sobre sua esfera natural. É exatamente nesse sentido que o trabalho pode ser considerado como momento preliminar de liberdade.

Portanto, unilateralizar o trabalho e reduzi-lo a sua dimensão exclusivamente negativa não parece um bom caminho analítico.

II

Segunda nota crítica: a noção de *proletariado* que Gorz atribui a Marx nos parece bastante parcial. Segundo ele, "Marx, desde 1846, concebe o proletariado como uma classe potencialmente universal, *despojada de qualquer interesse particular* e, portanto, suscetível de tomar o poder em suas mãos e racionalizar o processo social de produção" (Gorz, 2003: 32, grifos meus). E acrescenta:

> O principal conteúdo utópico dessa concepção é que o proletariado aí é *destinado* a realizar a unidade do real como unidade da Razão: indivíduos despojados de *qualquer interesse* e de qualquer ofício particulares terminarão por se unirem *universalmente com o fim de tornar racional e voluntária* a mútua colaboração e, juntos, produzirem, numa mesma práxis comum, um mundo que a eles pertence inteiramente: nada poderá existir independentemente deles, [únicos entes capazes de realizar o] *triunfo da unidade da Razão* (idem: 36, grifos meus).

Em verdade, Gorz repete aqui o equívoco já presente em *Adeus ao Proletariado*, em que atribui a Marx uma interpretação moldada muito mais pelo marxismo vulgar do que por Marx, e que não se sustenta diante de uma análise mais rigorosa acerca da noção marxiana de proletariado e suas possibilidades.

Vale aqui registrar, de modo claro: Marx constatou as possibilidades transformadoras do proletariado através de uma análise complexa, que articulava elementos da materialidade (o papel da força de trabalho na criação do valor) com elementos da subjetividade do proletariado que poderiam florescer em maior ou menor dimensão na contextualidade assumida pela luta entre as classes. O exemplo da Comuna de Paris, típica de seu tempo, mais confirma que infirma a proposição marxiana.

Portanto, Marx captou tanto as *potencialidades revolucionárias* da classe trabalhadora quanto sua própria *contingencialidade*, mais próxima da imediatidade ou mesmo do reformismo. Lembremos de suas indicações (e de Engels) acerca da emergência da *aristocracia operária*. Ou seja, muito diferentemente da leitura de André Gorz, a classe operária, para Marx, poderia atuar no espaço tanto da *contingência* quanto da luta emancipatória. Entretanto, sua *potencialidade* lhe possibilitaria assumir, em situações especiais, uma clara dimensão revolucionária. E isso respaldado na força da teoria do valor-trabalho e na concretude da luta de classes. Não há, portanto, nenhuma *sacralização* que oblitere a análise de Marx.

Sendo prisioneiro de uma crítica abstrata, Gorz acabou por ver-se tolhido na capacidade de avançar na compreensão da *nova morfologia* como expressão viva da classe trabalhadora hoje, suas possibilidades e limitações. Se desapareceu seu equívoco mais forte, dado pela indeterminada *não classe dos não trabalhadores* (presente em *Adeus ao Proletariado*), infelizmente André Gorz empobreceu sobremaneira a conceitualização marxiana acerca do proletariado.

Tolhido pela unilateralização que concebe o trabalho como eivado de negatividade, vinculado a uma suposta *ética positiva do trabalho* (própria de Weber e estranha a Marx), Gorz pode, então, relacionar seu crescente descrédito nas potencialidades da classe trabalhadora (ou no proletariado) com uma suposta *sacralização* da concepção marxiana de proletariado. Essa conexão permitiu ao autor, de modo eurocêntrico, "justificar" seu *desencanto* em relação às potencialidades atuais dos trabalhadores.

Contrariamente às teses que advogam o fim do trabalho e das potencialidades da classe trabalhadora (ou do proletariado em seu sentido contemporâneo), somos desafiados a compreender o que venho denominando como a *nova morfologia* (do trabalho e da classe trabalhadora), que compreende desde o operariado (industrial e rural), em relativo processo de redução, em especial nos países do Norte, até o proletariado de serviços, os novos contingentes de homens e mulheres terceirizados, subcontratados, temporários, que se *ampliam em escala mundial*, dos quais são exemplos também os(as) trabalhadores(as) de telemarketing e *call center*, os(as) trabalhadores(as) que diuturnamente laboram nos bancos, os motoboys que morrem nas ruas e avenidas entregando bens materiais adquiridos no universo virtual, os assalariados dos hipermercados, dos *fast-food*, locais onde um crescente proletariado de serviços vivencia o que se poderia chamar de *walmartização* do trabalho, um processo de precarização acentuado que se aproxima do que Ursula Huws designou como *cibertariado*, o proletariado da era da cibernética, que vivencia as condições de *trabalho (quase) virtual* em um *mundo (muito) real*, tanto mais *heterogêneo* em seu perfil quanto homogêneo em sua precarização estrutural e acentuado nível de exploração de trabalho, o que possibilita descortinar novas potencialidades de organização e busca de pertencimento de classe, distantes da propalada *integração do proletariado* (Huws, 2003).

Os recentes eventos ocorridos na França, da convulsão entre os imigrantes (sem ou com pouco trabalho) aos estudantes e trabalhadores (na luta contra o Contrato de Primeiro Emprego) são sintomáticos.

III

Terceira nota crítica: não menos polêmica é a reflexão de André Gorz acerca da noção de *imaterialidade* do trabalho. Provocado pelas teorias do "capital humano" e pelas teses que propugnam a intangibilidade do "valor" gerado pelo trabalho imaterial, Gorz acaba confluindo para a ideia de que "o trabalho não é mais mensurável segundo padrões e normas preestabelecidas" (Gorz, 2005: 18).

Diferentemente do autômato, modalidade do trabalho na era da maquinaria, os

> trabalhadores pós-fordistas, ao contrário, devem entrar no processo de produção com toda a bagagem cultural que eles adquiriram nos jogos, nos esportes de equipe, nas lutas, disputas, nas atividades musicais, teatrais etc. É nessas atividades fora do trabalho que são desenvolvidas sua vivacidade, sua capacidade de improvisação, de cooperação. É seu saber vernacular que a empresa pós-fordista põe para trabalhar, e explora (idem: 19).

Desta forma, sempre segundo o autor, o saber acaba por tornar-se *a mais importante fonte de criação de valor, uma vez que está na base da inovação, da comunicação e da auto-organização criativa e continuamente renovada*. O que o leva a concluir que o "trabalho do saber vivo *não produz nada materialmente palpável*. Ele é, sobretudo na economia da rede, o trabalho do sujeito cuja atividade é produzir a si mesmo" (idem: 20, grifos meus).

Aflora a intangibilidade dessa forma de *labor*:

> O conhecimento, diferentemente do trabalho social geral, é impossível de traduzir e de mensurar em unidades abstratas simples. Ele não é redutível a uma quantidade de trabalho abstrato de que ele seria o equivalente, o resultado ou o produto. Ele recobre e designa uma grande diversidade de capacidades *heterogêneas*, ou seja, *sem medida comum*, entre as quais o julgamento, a intuição, o senso estético, o nível de formação e de informação, a faculdade de apreender e de se adaptar a situações imprevistas; capacidades elas mesmas operadas por atividades heterogêneas que vão do cálculo matemático à retórica e à arte, de convencer o interlocutor; da pesquisa técnico-científica à invenção de normas estéticas (idem: 29).

A conclusão, então, evidencia-se:

> A heterogeneidade das atividades de trabalho ditas "cognitivas", dos produtos imateriais que elas criam e das capacidades e saberes que elas implicam, torna imensuráveis tanto o valor das forças de trabalho quanto o de seus produtos. As escalas de avaliação do trabalho se tornam um tecido de contradições. A impossibilidade de padronizar e estandardizar todos os parâmetros das prestações demandadas se traduz em vãs tentativas para quantificar sua dimensão qualitativa, e pela definição de

normas de rendimento calculadas quase por segundo, que não dão conta da qualidade "comunicacional" do serviço exigido por outrem (idem).

E acrescenta, apresentando as consequências dessa modalidade de trabalho em relação à lei do valor:

> A crise da medição do tempo de trabalho engendra inevitavelmente a crise da medição do valor. Quando o tempo socialmente necessário a uma produção se torna incerto, essa incerteza não pode deixar de repercutir sobre o valor de troca do que é produzido. O caráter cada vez mais qualitativo, cada vez mais menos mensurável do trabalho, põe em crise a pertinência das noções de "sobretrabalho" e de "sobrevalor". A crise da medição do valor põe em crise a definição da essência do valor. Ela põe em crise, por consequência, o sistema de equivalências que regula as trocas comerciais (idem: 29-30).

A desmedida do valor torna-se, então, *a nova indeterminação reinante*. O que é uma tendência – o trabalho imaterial gerado pelo saber e pela dimensão cognitiva – torna-se, para Gorz, *dominante* e mesmo *determinante*, equívoco metodológico que o leva a obstar e a travar a compreensão das novas modalidades da lei do valor.

Aflora, então, a confluência entre a formulação de Gorz e a precocemente envelhecida tese habermasiana da *ciência que descompensa o valor e torna supérfluo o trabalho vivo*:

> Com a informatização e a automação, *o trabalho deixou de ser a principal força produtiva* e os salários deixaram de ser o principal custo de produção. A composição orgânica do capital (isto é, a relação entre capital fixo e capital de giro) aumentou rapidamente. O capital se tornou o fator de produção preponderante. A remuneração, a reprodução, a inovação técnica contínua do capital fixo material requerem meios financeiros muito superiores ao custo do trabalho. Este último é com frequência inferior, atualmente, a 15% do custo total. A repartição entre capital e trabalho do "valor" produzido pelas empresas pende mais e mais fortemente em favor do primeiro. [...] Os assalariados deviam ser constrangidos a escolher entre a deterioração de suas condições de trabalho e o desemprego (Gorz, 2005a, grifos meus).

Valor sem medida, trabalho sem sobretrabalho, é inevitável uma descompensação e uma desmedida na teoria do valor, agora fortalecida pela tese da imaterialidade do trabalho.

De nossa parte, ao contrário, cremos que as formas do trabalho imaterial expressam as distintas modalidades de trabalho vivo, necessárias para a valorização contemporânea do valor. Na fase laborativa em que o saber científico e o saber laborativo mesclam-se ainda mais diretamente, *a potência criadora* do trabalho vivo assume tanto a forma (ainda dominante) do trabalho material como a *modalidade tendencial* do trabalho imaterial.

Isso porque a própria criação do maquinário informacional mais avançado é resultado da interação ativa entre o saber do trabalho (intelectual) dos trabalhadores que atuam sobre a máquina informatizada, transferindo parte de seus atributos ao novo equipamento que resultou desse processo, *objetivando atividades subjetivas, dando novas dimensões e configurações à teoria do valor*. E as respostas cognitivas do trabalho, quando suscitadas pela produção, são partes constitutivas do trabalho social, complexo e combinado, que cria coletivamente valor.

A produção não se torna desmedida, até porque, não sendo nem único e nem mesmo dominante – aqui aflora outro traço explosivamente eurocêntrico dos críticos do trabalho –, o trabalho imaterial se converte em *trabalho intelectual abstrato* (Vincent, 1993), estabelecendo-se, então, um complexo processo interativo entre trabalho, saber e ciência produtiva que não leva à extinção do *tempo socialmente médio de trabalho para a configuração do valor*, mas, ao contrário, *insere os crescentes coágulos de trabalho imaterial na lógica da acumulação e sua materialidade, inserindo-os no tempo social médio de um trabalho cada vez mais complexo, assimilando-os à nova fase da produção do valor*.

Configura-se, então, uma força de trabalho mais complexa, multifuncional, sintonizada com a fase da empresa enxuta, flexibilizada e toyotizada, em que a força de trabalho é explorada de maneira ainda mais intensa e sofisticada, material e imaterialmente, quando comparada à fase taylorizada-fordizada.

Portanto, menos que uma descompensação da lei do valor, a crescente imbricação entre trabalho material e imaterial, dada pela ampliação das atividades dotadas de maior dimensão intelectual, tanto nas atividades industriais mais informatizadas quanto nas esferas compreendidas pelo setor de serviços ou nas comunicações, configura uma adição fundamental para se compreender os novos mecanismos da teoria do valor.

Um exemplo claro dessa tendência é a propaganda da empresa transnacional Manpower, vista anteriormente (p. 257). Outro é o da Toyota, como se depreende do *slogan* "bons pensamentos significam bons produtos", estampado na entrada da fábrica em Takaoka (*Business Week*, 18/11/2003). Certamente, a montadora nipônica (assim como a Manpower) sabe *quantificar* e *contabilizar* o mais-valor que extrai do trabalho qualitativo.

Ao contrário, portanto, da desmedida do valor-trabalho, essa lei sofre uma alteração qualitativa que a fortalece e dá vitalidade ao capital, tanto em seu processo de valorização quanto em seus embates contra o mundo do trabalho. Menos que uma redução ou perda de relevância da teoria do valor-trabalho, ela vivencia uma alteração substantiva, dada pela ampliação das formas e mecanismos de criação e valorização do capital, processualidade fortemente marcada, ainda, pela ampliação das formas e mecanismos de extração do sobretrabalho.

Portanto, o trabalho imaterial (ou não material, como disse Marx no capítulo VI, Inédito) expressa a vigência da *esfera informacional da forma-mercadoria* (Vincent, 1993 e 1995; Tosel, 1995), mostra as mutações do trabalho no interior das grandes empresas industriais e de serviços dotadas de tecnologia de ponta, estando centralmente subordinadas à lógica da produção de mercadorias e de capital. São formas de *trabalho (intelectual) abstrato*, e não de sua finitude.

Por fim, é preciso acentuar, como procuramos desenvolver neste livro, que a *imaterialidade* é uma tendência, enquanto a *materialidade* é ainda largamente prevalente, em especial quando se olha o capitalismo em escala global, mundializado, desenhado pela (nova) divisão internacional do trabalho, onde, vale lembrar uma vez mais, dois terços da humanidade que trabalha encontra-se nos países do Sul. A explosão chinesa na última década (para não falar da indiana), ancorada na enorme força sobrante de trabalho e na incorporação de tecnologia informacional, tudo isso articulado com um controle sociotécnico dos trabalhadores, vem permitindo uma exploração desmesurada da força de trabalho e, como consequência, uma expansão monumental do valor, que infirma (empírica e teoricamente) a teoria da irrelevância do trabalho vivo no mundo da produção de valor. E parece enfraquecer bastante a tese da imaterialidade do trabalho como forma de *superação* ou *inadequação* da lei do valor.

Do trabalho intensificado do Japão ao *trabalho contingente* presente nos Estados Unidos; dos imigrantes que chegam ao Ocidente avançado ao submundo do trabalho no polo asiático; das *maquiladoras* no México aos precarizados(as) de toda a Europa Ocidental; da Nike ao McDonald's, da General Motors à Ford e Toyota; das trabalhadoras dos *call center* aos trabalhadores do Walmart, pode-se constatar que o *inferno do trabalho* vem expressando as distintas modalidades de trabalho vivo necessárias para a criação do valor.

Um último comentário: da recente entrevista concedida por André Gorz (2005a), podemos recolher vários traços críticos, como, por exemplo, o crescimento mensurado exclusivamente pelo capital e pelo mercado, bem como a recusa ao capitalismo ao apontar que se torna imperiosa uma "lógica subversiva" para desmontá-lo. Essas formulações, de certo modo, nos lembram o André Gorz dos escritos mais críticos e radicais. E, nesse universo, nossas convergências são maiores.

3

A ECONOMIA POLÍTICA DAS LUTAS SOCIAIS[1]

Economia dos Conflitos Sociais (2009), de João Bernardo, é um livro para ser lido e estudado por todos aqueles que lutam contra o capitalismo e a favor da construção de um outro modo de produção e de vida que signifique uma ruptura frontal com o sistema destrutivo vigente. Seu núcleo central trata da análise do "modelo de produção da mais-valia" e sua articulação direta e decisiva com a luta de classes, a confrontação entre capital e trabalho, que visa tanto a preservação do sistema de exploração (como querem os capitalistas) quanto, no polo oposto, a sua superação (por que lutam os trabalhadores).

Seria muito difícil fazer um resumo das principais teses apresentadas por João Bernardo. Trata-se de um livro por excelência polêmico, da primeira à última parte, provocativo, gerador de um conjunto de teses incomuns, especialmente dentro do marxismo, um convite à leitura para todos os que querem entender pontos ainda obscuros que conformam a dominação do capital e, por isso, não se tornaram prisioneiros do dogmatismo que trava a reflexão. Foi publicado anteriormente no Brasil pela editora Cortez, em 1991; ganha agora nova edição pela editora Expressão Popular.

---

[1] Texto originalmente publicado como apresentação à nova edição de *Economia dos Conflitos Sociais*, de João Bernardo (Expressão Popular, São Paulo, 2009).

João Bernardo é um autor português muito conhecido no Brasil, de vastíssima obra intelectual.[2] Nada acadêmico, fez toda a sua produção *fora* da universidade, inserindo-se na linhagem do marxismo heterodoxo, *devedor*, mas também *crítico* de Marx.

No Brasil, aquele que talvez lhe seja mais próximo é Maurício Tragtenberg, sociólogo falecido precocemente em 1998, um incansável crítico do poder e um defensor dos trabalhadores em *todas* as situações. Tragtenberg, que nos faz tanta falta nos dias de hoje, foi talvez, se minha memória não falha, o primeiro e o melhor apresentador de João Bernardo no Brasil.

Economia dos Conflitos Sociais é um livro de síntese de algumas das principais teses de João Bernardo. Uma vista pelo sumário da obra é suficiente para mostrar sua força, abrangência, coragem e ousadia: a mais-valia (absoluta e relativa), a luta de classes, a mais-valia como capacidade de ação e crítica ao subjetivismo, Marx e a práxis social, a taxa de lucro, as crises, os ciclos, o estado restrito e amplo, o trabalho produtivo e improdutivo, a burguesia e os gestores, as formas desiguais na repartição da mais-valia, o dinheiro, a reprodução ampliada do capital, o marxismo ortodoxo e heterodoxo, os processos revolucionários e as novas relações sociais. Tudo isso dá uma ideia ao leitor da complexidade e do tamanho da empreitada que vai realizar ao debruçar-se sobre o livro.

Este principia com uma sólida defesa da teoria da práxis social e uma forte crítica ao subjetivismo que recusa a força material e social da vida real. Em suas palavras:

> Marx não se limitou [...] a conceber a força de trabalho como capacidade de ação, mas remeteu toda a dinâmica real ao exercício dessa capacidade de trabalho. Foi no confronto com esta tese que pude estabelecer, como o fiz, o grande vazio na filosofia de Kant e nas dos seus contemporâneos e herdeiros, qualquer deles incapaz de pensar uma prática do homem sobre a realidade material exterior. Mas, ao resolver esse vazio, Marx procedeu a uma transformação profunda na concepção de "ação", de consequências ideológicas sem precedentes. [...] Marx passou a conceber a ação como práxis, ou seja, como uma prática simultaneamente

---

[2] Dentre seus principais livros, lembramos: *Para uma Teoria do Modo de Produção Comunista* (Afrontamento, Porto, 1975); *Marx Crítico de Marx: Epistemologia, Classes Sociais e Tecnologia em* O Capital (3 vol., Afrontamento, Porto, 1977); *Capital, Sindicatos, Gestores* (Vértice, São Paulo, 1987); *Poder e Dinheiro: do Poder Pessoal ao Estado Impessoal no Regime Senhorial, Séculos V-XV* (3 vol., Afrontamento, Porto, 1995, 1997, 2002); *Transnacionalização do Capital e Fragmentação dos Trabalhadores* (Boitempo, São Paulo, 2000); *Labirintos do Fascismo* (Afrontamento, Porto, 2003); *Democracia Totalitária: Teoria e Prática da Empresa Soberana* (Cortez, São Paulo, 2004) e *Capitalismo Sindical* (em parceria com Luciano Pereira, Xamã, São Paulo, 2008).

material e social. A ruptura de Marx e de Engels com a crítica dos jovens hegelianos consubstanciou-se nesta concepção da ação enquanto práxis.

Seu ponto central, então, é o *modelo da mais-valia*, solo estruturante da totalidade das ações sociais na produção capitalista. Isso porque, segundo o autor, no capitalismo, a disputa pelo tempo de trabalho é questão vital e decisiva e o *tempo de trabalho incorporado na força de trabalho é sempre menor do que o tempo de trabalho que a força de trabalho é capaz de despender no processo de produção.*

Esse diferencial, apropriado pelo capital, torna *modelo de produção da mais-valia* o ponto nodal de toda a teoria que se pretenda crítica em relação ao capitalismo. E o *modelo de produção da mais-valia* é, em si mesmo, o núcleo constituinte da luta de classes, uma vez que a exploração da força de trabalho *é a regra geral de toda a sociedade capitalista.*

Contrariamente a toda mistificação que se desenvolveu nas últimas décadas, por meio de formulações que teorizaram sobre a perda de sentido do trabalho e sobre a perda de importância da teoria do valor e da mais-valia, esse livro é um antídoto poderoso contra esse conjunto de teses equivocadas que procuraram desconstruir no *plano teórico* aquilo que é decisivo no plano real.

João Bernardo destaca o papel central da força de trabalho e, consequentemente, da teoria da mais-valia e seu corolário, a luta de classes. Como a *mais-valia* é uma *relação social*, ela expressa a polarização crescente entre a força de trabalho e o capital que se apropria dela.

Num polo, então, temos a força de trabalho subordinada ao capital, sendo que o tempo de trabalho incorporado nessa força de trabalho é voltado para a sua reprodução, através do consumo de bens materiais e de serviços que a remuneração recebida pelos trabalhadores lhes permite. No outro polo, temos a apropriação do produto pelo capital: o produto no qual a força de trabalho é incorporada, esse tempo de trabalho excedente pertence ao capital, e o assalariamento cria um circulo vicioso ao permitir que a força de trabalho se torne, além de produtora, também consumidora. Desprovida da possibilidade de se formar e de se reproduzir de modo *independente*, e *despossuída* do controle do produto que ela própria criou, a força de trabalho encontra-se alijada do *controle* e da *organização* do processo de produção.

Uma vez que as classes sociais se definem por seu papel central na produção da mais-valia, os capitalistas não se apropriam somente do resultado do trabalho, mas fundamentalmente do *direito ao uso da força de trabalho*. Embora sejam os trabalhadores que "executam os raciocínios e os gestos necessários à produção, [...] os capitalistas lhes retiram o controle sobre essa ação, integrando-a no processo produtivo em geral e subordinando-a aos seus requisitos".

Aqui aflora o papel da gestão capitalista do processo de trabalho, outro tema que merece um tratamento original e mesmo pioneiro no livro:

> é o campo a partir do qual incessantemente se renova o desapossamento da força de trabalho nos dois polos da produção de mais-valia. Só a força de trabalho é capaz de articular ambos esses polos, mas é desprovida de qualquer controle sobre o processo dessa articulação – é este o âmago da problemática da mais-valia.

Se, por um lado, essa subordinação e essa sujeição estão presentes na lógica da produção da mais-valia, os contramovimentos do trabalho, suas formas de organização, os boicotes e as sabotagens, as lutas de resistência, as greves, as rebeliões, são parte do que João Bernardo desenvolve com sendo a *economia dos processos revolucionários*, quando a sujeição que é comandada pelo capital através das formas diferenciadas da mais-valia absoluta e relativa é contraditada pela rebeldia, pela contestação e pela confrontação. Há uma contradição, no cerne da vida social, entre o que o autor denomina *economia da submissão* e *economia da revolução*.

Tanto na mais-valia relativa quanto na mais-valia absoluta, diz o autor, o sobretrabalho apropriado pelo capitalista é maior do que o trabalho necessário para a reprodução do operário. Na mais-valia relativa, o aumento se verifica sem a ampliação dos limites da jornada e sem diminuição dos insumos e materiais (que o autor denomina *inputs*) incorporados na força de trabalho, enquanto na mais-valia absoluta o acréscimo se obtém ou pelo aumento de tempo de trabalho, ou pela diminuição dos materiais incorporados na força de trabalho, ou ainda pela articulação desses dois processos. Por isso, na mais-valia absoluta, o aumento da exploração não traz aumento de produtividade, enquanto na mais-valia relativa o ganho de produtividade é decisivo. Mas dadas as diferenciações nas formas da mais-valia (absoluta e relativa), essas lutas têm significados diferenciados.

O autor explora, a partir daí, a tese de que esses modos distintos da exploração da mais-valia são assimilados/incorporados/reprimidos pelo capital de modo também diferenciado e isso pode aumentar ou diminuir a longevidade do sistema capitalista.

Isso significa que, nas lutas dos trabalhadores que de início não visam a abolição do sistema, mas somente a redução da diferença entre os extremos do processo da mais-valia (dados pela produção e reprodução da força de trabalho), manifestam-se duas formas predominantes de luta: aquelas que procuram aumentar os insumos incorporados na força de trabalho e aquelas outras que procuram reduzir o tempo de trabalho despendido no processo de produção. Essas duas modalidades de luta articulam-se e mesclam-se frequentemente quando, por exemplo, visam melhores condições de trabalho; mas, segundo o autor, distinguem-se "na análise porque dão lugar a processos econômicos distintos".

Por isso, para ele, as lutas sociais entre as classes são centrais para uma melhor compreensão do desenvolvimento, dos ritmos e das dinâmicas do capitalismo. Se, por um lado, ele analisa as formas diferenciadas de assimilação e/ou repressão dessas lutas desencadeadas pela força de trabalho contra o capital (no âmbito ora da mais-valia relativa ora da mais-valia absoluta), por outro, demonstra também que, como os modos de produção não são e nunca foram eternos, são as classes exploradoras em suas lutas sociais que fazem mudar os modos de produção, intensificam suas crises e geram novos modos de produção. Em suas palavras: "ninguém ignora que várias vezes ao longo da história do capitalismo enormes massas de trabalhadores colocaram de forma prática e generalizada a questão da ruptura deste modo de produção e do aparecimento de um novo".

Convivem, portanto, contraditoriamente, tanto a *economia da submissão*, como a *economia da revolução*. E foi por causa dessa duplicidade contraditória que, segundo o autor, desenvolveram-se no marxismo ao longo de várias décadas – em verdade ao longo de todo o século XX, prolongando-se para o século XXI – duas conhecidas correntes distintas e mesmo antagônicas: o *marxismo das forças produtivas* e o *marxismo das relações de produção*. E aqui novamente João Bernardo toma clara posição pela segunda linhagem.

Vamos, então, apresentá-las de modo resumido. Comecemos pela primeira tese.

O *marxismo das forças produtivas* sustenta-se nas formulações que afirmam que:

> aquilo que de mais específico o capitalismo apresentaria foi assimilado ao mercado livre-concorrencial, e o sistema de organização das empresas, as técnicas de gestão, a disciplina da força de trabalho, a maquinaria, embora nascidos e criados no capitalismo, fundamentariam a sua ultrapassagem e conteriam em germe as características do futuro modo de produção. [...] Deste tipo de teses resulta o mito da inocência da máquina. A tecnologia poderia ser um lugar de lutas sociais, mas sem que ela mesma fosse elemento constitutivo das lutas.

Essa leitura do marxismo seria, então, responsável, em última instância, pela exclusão da questão da mais-valia, uma vez que não faz a crítica aprofundada dos mecanismos causadores da extração do valor, da produção da mais-valia e dos mecanismos de funcionamento da exploração do trabalho. Partilham das teses que defendem a *neutralidade da técnica* e o *caráter central do desenvolvimento das forças produtivas* como o elemento fundamental para a construção do socialismo, desconsiderando que tanto a *técnica* como o conjunto das *forças produtivas* são partes constitutivas do sistema capitalista, *expressão material e direta das relações sociais do capital.*

Nas palavras de João Bernardo:

> [as] técnicas de gestão, os tipos de disciplina no trabalho, a maquinaria, nas suas sucessivas remodelações, têm como objetivo aumentar o tempo de sobretrabalho e reduzir o do trabalho necessário. Estas forças produtivas não são neutras, porque constituem a própria forma material e social como o processo de produção ocorre enquanto produção de mais-valia e como dessa mais-valia os trabalhadores são despossuídos.

E, lembra ainda o autor, nenhum modo de produção que nasceu em ruptura com o anterior preservou o sistema de forças produtivas existentes no modo de produção anterior.

Aqui o livro faz aflorar com força a sua coerência em relação à tese central que defende: se o *marxismo das forças produtivas* reduz a significação e importância da mais-valia na crítica ao capital, o *marxismo das relações de produção* encontra na crítica da mais-valia seu ponto central e, por isso, concebe o modo de produção e suas forças produtivas como relações sociais capitalistas fundadas na exploração da força de trabalho e na extração da mais-valia. São as *relações sociais de produção capitalistas* que plasmam as *forças produtivas*, e não o contrário. E, sendo as *relações sociais de produção* estruturadas a partir da mais-valia, as lutas de classes tornam-se fundamentais, tanto para a manutenção quanto para a ruptura do sistema.

> [É] apenas enquanto lutam contra a exploração que os trabalhadores afirmam o seu antagonismo a este sistema econômico, o agente da passagem ao novo modo de produção serão os explorados em luta. Em resumo, é na contradição fundamental que atravessa as relações sociais de produção e que constitui a classe trabalhadora, em conflito contra o capital, como base da passagem ao socialismo, que esta corrente do marxismo encontra resposta à problemática que agora nos ocupa. Por isso a chamo, simplificadamente, marxismo das relações de produção.

O desafio está, então, na compreensão de qual classe controla a produção, o processo de trabalho, a organização da vida e da economia: são os gestores em nome dos trabalhadores ou são os "trabalhadores livremente associados", para recordar Marx?

É exatamente por essa questão central que, segundo João Bernardo, o antagonismo entre as duas grandes concepções do marxismo acima referidas (o *marxismo das forças produtivas* e o *marxismo das relações de produção*) é também manifestação da oposição prática entre a *classe dos trabalhadores* e a *classe dos gestores*. Se esse antagonismo pode, talvez, ser indicado como o núcleo central presente em todo livro, *o seu fio condutor*, há inúmeras outras teses apresentadas que são ricas e eivadas de consequências teóricas e práticas. Aqui vamos mencionar apenas mais duas outras teses que têm enorme interesse e atualidade, preservando sempre o caráter polêmico que marca todo o livro.

Uma das teses de maior destaque no livro trata da estrutura das classes dominantes e diz respeito à bifurcação, dentro da classe capitalista, entre o que o autor denomina *classe burguesa* e *classe dos gestores*. A classe burguesa é definida a partir de um enfoque descentralizado, isto é, em *função de cada unidade econômica em seu microcosmo*. A *classe dos gestores*, ao contrário, tem uma alçada mais universalizante e é definida em função *das unidades econômicas em relação ao processo global*. Ambas se apropriam da mais-valia, ambas controlam e organizam os processos de trabalho, ambas garantem o sistema de exploração e têm uma posição antagônica em relação à classe trabalhadora.

Classe burguesa e *classe dos gestores*, porém, diferenciam-se em vários aspectos: 1) pelas funções que desempenham no modo de produção; 2) pelas superestruturas jurídicas e ideológicas que lhes correspondem; 3) por suas diferentes origens históricas; 4) por seus diferentes desenvolvimentos históricos. Enquanto a classe burguesa organiza processos particularizados visando sua reprodução no plano mais microcósmico, a classe dos gestores organiza esses processos particularizados articulando-os com o funcionamento econômico global e transnacional. Deve-se acrescentar ainda que, para o autor, a classe dos gestores pode pretender assumir a forma de uma classe aparentemente não capitalista, mas isso se dá apenas em aparência. O exemplo da ex-URSS pode ser bastante esclarecedor e é frequentemente evocado por João Bernardo.

A outra tese diz respeito à diferenciação apresentada entre Estado amplo e Estado restrito, e é central entre as teses presentes no livro, uma vez que reconfigura os mecanismos, as formas e as engrenagens da dominação. O primeiro, o Estado amplo, é constituído pela totalidade dos mecanismos responsáveis pela extração da mais-valia, isto é, por aqueles processos que asseguram aos capitalistas a reprodução da exploração, incluindo, portanto, todos aqueles que, no mundo da produção e da fábrica, garantem a subordinação hierárquica e estrutural do trabalho ao capital. O segundo, o Estado restrito, é aquele que expressa o sistema de poderes classicamente definidos, tais como os poderes civil, militar, judiciário e seus aparatos repressivos tradicionais. E é exatamente pela limitação do Estado restrito que João Bernardo recorre a uma noção ampliada de Estado para dar conta da dominação capitalista de nossos dias.

Naturalmente, quando se considera o Estado globalmente, deve-se considerar a integralidade da superestrutura política que resulta da articulação entre o Estado amplo e o Estado restrito. Como no mundo capitalista atual, o Estado amplo se sobrepõe ao Estado restrito, ele abarca também o poder nas empresas, os capitalistas que se convertem em *legisladores, superintendentes, juízes*, "em suma, [eles] constituem um quarto poder inteiramente concentrado e absoluto, que os teóricos dos três poderes clássicos no sistema constitucional têm sistematicamente esquecido, ou talvez preferido omitir".

Foi contra essa leitura restritiva do Estado que Adam Smith considerava que, ao lado do poder político (civil e militar), dever-se-ia acrescentar também o poder de mando e controle na exploração da força de trabalho nas empresas. É por isso que, segundo João Bernardo, as funções capitalistas no espaço produtivo aparecem, para os trabalhadores, sob a forma coercitiva, despótica, policial e judicial. É esse aparelho, tão vasto quanto o leque que compreende as classes dominantes, que o autor denomina Estado amplo.

Poderíamos prosseguir enumerando as teses que são desenvolvidas ao longo de seu livro profundamente crítico, polêmico e atual, mas penso que já foi dito o suficiente para incentivar e provocar sua leitura e seu estudo.

Apêndice à terceira edição

UBERIZAÇÃO DO TRABALHO E CAPITALISMO DE PLATAFORMA: Uma nova era de desantropomorfização do trabalho?[1]

Um mundo informacional digital

Há algumas décadas o capitalismo maquínico, informacional e digital, sob condução financeira, vem se desenvolvendo para que a produtividade do capital se valorize sempre em seu ápice. Desse modo, as corporações globais ampliam seus lucros e exasperam a competitividade entre si, introduzindo cada vez mais um maquinário bastante avançado, capaz de potencializar exponencialmente a utilização da força de trabalho. Para tanto, a "flexibilização" tornou-se condição no universo corporativo.

As empresas públicas, que antes ofertavam serviços socialmente úteis, sem fins lucrativos, ao serem privatizadas, introduziram o lucro em seu *modus operandi*, tornando-se, inclusive, partícipes (de forma direta ou indireta) do processo de valorização do capital. Assim, ao contrário da apregoada retração ou desaparição da lei do valor, descortinamos uma mutação – e mesmo uma ampliação – em suas engrenagens, por meio da introdução de novas formas de apropriação de trabalho excedente e de sua potencialização. Essa processualidade vem se tornando cada vez mais responsável pela eliminação de uma massa de trabalhadores e trabalhadoras que não mais encontra labor e que se amplia com os fluxos migratórios internacionais, somando-se aos bolsões de descartáveis, subempregados e desempregados (Basso e Perocco, 2008).

[1] Este texto foi publicado originalmente em *Análise Social*, Lisboa, n. 248, 2023.

Para as grandes corporações, a ampliação e a intensificação dos tempos de trabalho geradores de lucro e mais-valor tornaram-se ainda mais vitais frente à intensa competição que travam entre si para ampliar seu domínio no mercado, tanto em indústria, agricultura e serviços como em suas interconexões conhecidas (agroindústria, serviços industriais e indústria de serviços) e presentes nas novas cadeias produtivas de valor.

Foi central para essa reorganização a expressiva expansão do setor de serviços, cada vez mais subordinado à forma-mercadoria. Essa configuração, além de desmoronar o mito de que a "sociedade de serviços, pós-industrial" eliminaria a classe trabalhadora, fez deslanchar uma significativa ampliação do *novo proletariado de serviços* na era digital. Tal processualidade, contrariamente ao que foi propugnado nas últimas décadas, não levou à perda de relevância, mas à ampliação de novas formas geradoras do *valor*, ainda que com frequência assumindo a aparência do não *valor*.

Como é possível, então, pensar na vigência e na atualidade do valor, quando os serviços, as tecnologias de informação e os algoritmos parecem comandar o mundo das grandes corporações?

Os serviços se convertem em mercadoria

Para enfrentar essa questão, é necessário fazer um pequeno excurso analítico.

Foi no Livro II de *O capital* que Marx (2014) ofereceu pistas seminais sobre a teoria do valor-trabalho para além do universo da produção industrial. Demonstrou que, dado que o objetivo central do capital é sua valorização, tanto a redução do tempo de produção como a do tempo de circulação tornam-se de grande importância, uma vez que o tempo global do capital depende de ambos, sendo este, por sua vez, um dos desafios cotidianos da engenharia do capital.

Tal movimento se dá porque, enquanto a mercadoria (material ou imaterial) não é produzida e vendida, não se efetiva a realização do mais-valor. Desse modo, acrescenta Marx, o *tempo de circulação* se converte também em um limitador do *tempo de produção*. Por isso, quanto mais o tempo de circulação do capital se aproxima de zero, maior é sua produtividade (Marx, 2014: 204-5)[2]. E Marx exemplifica ao destacar situações da indústria de transportes, armazenamento, comunicações, entre outras, nas quais, apesar de não ocorrer produção material, há geração de mais-valor. Se é fato que Marx sempre enfatizou que o mais-valor nasce na esfera da produção, ele demonstrou também que, particularmente em nos setores citados, desenvolve-se um *processo de produção*

---

[2] Ver especialmente cap. 5 e 6.

dentro do *processo de circulação*, que acaba por convertê-los em ramos produtivos.

> Mas o que a indústria dos transportes vende é o próprio deslocamento de lugar. O efeito útil obtido é indissoluvelmente vinculado ao processo de transporte, isto é, ao processo de produção da indústria dos transportes. Homens e mercadorias viajam num meio de transporte, e sua viagem, seu movimento espacial, é justamente o processo de produção efetuado. O efeito útil só pode ser consumido durante o processo de produção [...]. Mas o valor de troca desse efeito útil é determinado, como o de toda e qualquer mercadoria, pelo valor dos elementos de produção nele consumidos (força de trabalho e meios de produção) *acrescido do mais-valor criado pelo mais-trabalho dos trabalhadores ocupados na indústria dos transportes*. (Marx, 2014: 133-4, grifos meus)

Desse modo, o valor gerado na indústria dos transportes é determinado "em parte por meio da transferência de valor dos meios de transporte, em parte por meio do acréscimo de valor gerado pelo trabalho de transporte. Esta última adição de valor se decompõe, como em toda produção capitalista, em reposição de salário e mais-valor" (Marx, 2014).

Assim, evidencia-se a tese de que também nas atividades de circulação, que não geram produção material, realiza-se também um *processo de produção dentro do processo de circulação*. E é exatamente nessa formulação marxiana, como veremos, que encontramos uma pista de como pensar o mundo dos serviços no capitalismo contemporâneo.

Vale recordar que Marx (2013; 2014) apresenta em *O capital* uma concepção ampliada de indústria que transcende em muito a indústria de transformação e incorpora a indústria de serviços. Ao assim proceder, amplia significativamente o sentido do que é produtivo para o capital, como se constata no Livro I. Em suas palavras:

> *Para trabalhar produtivamente, já não é mais necessário fazê-lo com suas próprias mãos; basta, agora, ser um órgão do trabalhador coletivo, executar qualquer uma de suas subfunções*. A definição original do trabalho produtivo [...], derivada da própria natureza da produção material, continua válida para o trabalhador coletivo, considerado em seu conjunto. *Mas já não é válida para cada um de seus membros, tomados isoladamente.* (Marx, 2013: 577, grifos meus)

E acrescenta:

> A produção capitalista não é apenas produção de mercadorias, *mas essencialmente produção de mais-valor* [...]. Só é produtivo o trabalhador que produz mais-valor para o capitalista ou serve à *autovalorização do capital*. Se nos for permitido escolher um exemplo fora da esfera da

> produção material, diremos que um mestre-escola é um trabalhador produtivo se não se limita a trabalhar com a cabeça das crianças, mas exige de si mesmo até o esgotamento, a fim de enriquecer o patrão. Que este último tenha investido seu capital numa fábrica de ensino, em vez de numa fábrica de salsichas, é algo que não altera em nada a relação. (Marx, 2013: 578, grifos meus)

Essa última formulação lhe permite acrescentar outro elemento decisivo:

> Assim, o conceito de trabalhador produtivo não implica de modo nenhum apenas uma relação entre atividade e efeito útil, entre trabalhador e produto do trabalho, mas também uma relação de produção especificamente social, surgida historicamente e que cola no trabalhador o rótulo de meio direto de valorização do capital. *Ser trabalhador produtivo não é, portanto, uma sorte, mas um azar.* (Marx, 2013: 578, grifos meus)

Feitas essas indicações, o essencial da concepção marxiana acerca do que é trabalho produtivo pode ser deste modo resumido (Antunes, 2018):

1) trata-se de trabalho que gera mais-valor;

2) é aquele pago por *capital-dinheiro* e não por *renda.*

3) é resultado do *trabalho coletivo, social e complexo*, não mais do trabalho individual;

4) é aquele que valoriza o capital, não importando se o resultado de seu produto é material ou imaterial;

5) mesmo quando realiza atividades similares, o trabalho somente poderá ser definido como produtivo em função da *relação social* que lhe permite participar da criação e da valorização do capital. Assim, atividades assemelhadas ou mesmo iguais quanto a sua natureza, para serem consideradas produtivas, dependem de sua real participação no processo de valorização do capital e de criação de mais-valor;

6) por fim, todo trabalho produtivo, no capitalismo pleno, deve ser assalariado, ainda que nem todo trabalho assalariado seja produtivo (Marx, 2022; 2013).

Não sendo possível, neste espaço, avançar mais detidamente nessas densas formulações, queremos indicar que no pensamento marxiano e em sua crítica da economia política encontramos pontos de partida para uma intelecção mais precisa das formas contemporâneas de extração do mais-valor.

Essa intelecção pode ser observada especialmente a partir da enorme capacidade que o capitalismo tem demonstrado de articular as produções de talhe predominantemente *material*, que têm grande prevalência na indústria de transformação, com aquelas nas quais se ampliam as atividades *imateriais*, que vêm se desenvolvendo com celeridade em especial nos serviços, em uma fase em que o capitalismo converteu a *informação* em uma mercadoria com alto valor de troca (Vincent, 1993; Tosel, 1994; Antunes, 2013; 2020).

As plataformas e o milagre algorítmico

Com a ampliação do universo digital, por meio de tecnologias de informação e comunicação presentes cada vez mais na produção (em sentido amplo), encontramos novos componentes que merecem uma análise cuidadosa, de modo a captar qual é o papel que essas tecnologias vêm desempenhando nas formas de acumulação presentes no capitalismo contemporâneo. Isso porque esses novos espaços produtivos, cada vez mais conectados com as plataformas digitais e com o mundo dos algoritmos, nos últimos tempos têm enorme destaque na geração de lucros e mais-valor, obrigando-nos a buscar compreender melhor como as grandes plataformas digitais – verdadeiras corporações globais – participam do que Srnicek denominou *capitalismo de plataforma* (Srnicek, 2017).

Foi refletindo sobre o papel do trabalho no capitalismo de plataforma que Ursula Huws desenvolveu sua rica conceitualização sobre o *cybertariat*, conjunto de assalariados e assalariadas da indústria de software, call centers, telemarketing que trabalham com instrumentos digitais ao mesmo tempo que vivenciam condições frequentemente precarizadas, ainda mais quando comparadas aos períodos anteriores à era da cibernética, da informática e da telemática[3].

Essa tendência mais homogênea à precarização ocorre em paralelo à heterogeneização das atividades laborativas. E isso se dá uma vez que a expansão das tecnologias de informação e comunicação (em vários setores como fábricas, agricultura, escritórios, lojas, transportes etc.) se efetiva pela intensificação tanto do trabalho digital, *on-line*, quanto da ampliação, especialmente nos países do Sul global, das atividades mais rotineiras, ditas manuais, configurando, segundo Huws, o *cybertariat*, o novo proletariado da era digital. Contradizendo as teses que compreendem o trabalho digital como "aparentemente desmaterializado, vinculado às tecnologias de informação e comunicação (TICs)", Huws destaca que as chamadas atividades virtuais não podem ocorrer, por exemplo, sem as mercadorias que são produzidas nas *sweatshops* da China ou em outros países do Sul global[4]. É como consequência dessa imbricação entre distintas atividades presentes nas cadeias produtivas de valor que nenhum smartphone, tablet ou assemelhado poderia funcionar sem resultar de algum tipo de trabalho manual.

---

[3] Ver Huws, 2003; 2014.
[4] Huws, 2014: 157.

Segundo a autora, o mito do trabalho digital sem vinculação com a atividade humana se desfaz sem a produção de energia, cabos, computadores, celulares e tantos outros produtos materiais; sem o fornecimento das matérias-primas; sem o lançamento de satélites espaciais para carregar sinais; sem a construção de edifícios em que tudo isso é produzido e vendido; sem a produção e a condução de veículos que viabilizem sua distribuição. Sem toda essa infraestrutura material, a internet nem sequer existiria – nem, menos ainda, seria conectada[5].

Partindo dessa formulação, Ursula Huws oferece outra pista analítica profícua acerca de como e onde se realiza a criação de valor: é imperioso estudar todo o processo de produção, desde suas primeiras ações até a entrega final das mercadorias. Somente desse modo torna-se possível compreender quais são as atividades "diretamente produtoras de mais-valor para o capital"[6].

Dada a crescente amplitude das cadeias produtivas de valor, as atividades *dentro do nó* encontram-se, segundo a autora, em um amplo leque de atividades, como "marketing, gestão da logística, distribuição, transportes, atendimento ao consumidor, vendas no varejo e atacado (seja on-line ou off-line) e entrega de produtos"; ou seja, é na "totalidade da cadeia de suprimentos, da entrada da fábrica (ou do local onde se desenvolve o software) ao consumidor", que se encontra o trabalho produtivo, gerador de mais-valor[7].

Apresentamos, a seguir, exemplos mais emblemáticos de como as plataformas atuam, interagem e alteram o mosaico que compõe a nova morfologia do trabalho. Comecemos pelo exemplo recente mais exuberante: a Amazon (incluindo a Amazon Mechanical Turk), que combina atividade digital com formas mais intensas de trabalho manual, físico e intensificado. Depoimentos de trabalhadores nos Estados Unidos demonstram que caminhar 24 ou 25 quilômetros ao longo do dia para buscar nas prateleiras os produtos a ser enviados em tempo veloz aos consumidores é prática sistemática. Embalar 120 a 200 produtos por hora, trabalhar 55 horas por semana e até 10 horas por dia, em períodos de vendas intensas, como no fim do ano, compõe o cotidiano de trabalhadores da unidade de Tilburi, na Inglaterra, onde se encontra seu maior centro de *e-commerce* na Europa, a partir do qual são vendidos mais de 1,2 milhão produtos por ano, conforme relato feito pelo jornalista Alan Selby (2017).

E tudo isso ocorre ao mesmo tempo que lojas físicas da Amazon já operam, nos Estados Unidos, sem a presença de funcionários,

---

5 Ibidem: 157-8.

6 Ibidem: 166-7.

7 Ibidem: 167. Sobre a questão do valor no capitalismo contemporâneo, ver também Dyer-Witheford , 2015; Fischer e Fuchs, 2015; e Casilli, 2020.

uma vez que tudo é feito de forma digital. Merece destaque a Amazon Mechanical Turk, que vem se desenhando como uma imensa plataforma que opera nas mais diferentes atividades, em várias áreas do mundo, utilizando-se dos mais diferentes tipos de trabalho, frequentemente contratados à margem da legislação protetora trabalhista, sob o pretexto de serem "prestadores de serviços", tendência facilitada pela enorme massa que vivencia o desemprego, o subemprego, a informalidade e a intermitência (Grohmann, 2020; Fonseca, 2020).

O complexo corporativo da Uber é outro exemplo expressivo. Nasceu nos Estados Unidos e em pouquíssimo tempo ganhou escala global. Na Uber, trabalhadores e trabalhadoras (contemplando a divisão sociossexual, racial e étnica do trabalho) usam equipamentos próprios e arcam com a manutenção de seu veículo, sua alimentação etc., enquanto o "aplicativo" se apropria do sobretrabalho gerado pelos "serviços" de motoristas sem que se contemplem os deveres trabalhistas vigentes nos países onde a "plataforma" opera. O discurso da empresa é límpido:

> A Uber é uma empresa de tecnologia que cria oportunidades ao colocar o mundo em movimento. Encaramos os desafios mais complexos para ajudar nossos parceiros e usuários a se locomover usando uma plataforma integrada de mobilidade presente em mais de 10 mil cidades. A ideia surgiu em 2009, e a Uber Technologies Inc. foi fundada oficialmente em junho de 2010, em São Francisco, nos Estados Unidos. Inicialmente focada em um serviço com carros de luxo, a empresa logo expandiu o portfólio de produtos e sua presença pelo mundo, com o objetivo de aproximar pessoas e revolucionar o modo de se movimentar. Seja para uma viagem de carro, uma volta de bicicleta ou para pedir um sanduíche, a Uber usa a tecnologia para proporcionar às pessoas o que elas querem, quando e onde elas precisam. (Uber, 2020)

O *algoritmo*, novo fetiche do mundo empresarial, passou a ditar ritmos e tempos do capital. E, não bastasse a intensidade da exploração do trabalho humano praticado pela Uber e empresas similares, como Cabify, 99, Rappi, Lyft, Ifood etc., nas quais encontramos jornadas de trabalho que remetem aos primórdios da Revolução Industrial, a mesma Uber vem, há vários anos, desenvolvendo um projeto-piloto de carros sem motoristas, automatizados, digitalizados e comandados pela inteligência artificial (contando somente com um vigia humano interno). Entretanto, esse experimento sofreu um golpe com o atropelamento que ocorreu nos Estados Unidos em março de 2018 e resultou na morte de uma transeunte[8]. E mais, neste mundo

---

[8] O fato foi reportado pela imprensa internacional. Ver *BBC News Brasil*, 22 mar. 2018. Disponível em: <https://www.bbc.com/portuguese/geral-43508977>; acesso em: jan. 2025.

em que *a informação é mercadoria que vale ouro*, a Uber se qualifica como plataforma que detém informações de todo o sistema mundial de transportes, das grandes às pequenas cidades.

Pelo que pudemos depreender da pesquisa aos antecedentes mais recentes dessas tendências, talvez encontremos no Zero Hour Contract [contrato de zero hora] um dos principais precursores do que hoje se conhece amplamente como *trabalho uberizado*. Trata-se de uma modalidade que se desenvolve no Reino Unido há décadas, que obteve um expressivo crescimento neste século e que vem se ampliando cada vez mais (Antunes, 2018).

Sem obrigatoriedade de solicitá-la, por parte da plataforma demandante, nem de realizá-la, por parte dos trabalhadores – daí a denominação *contrato de zero hora* –, essa modalidade de trabalho pode vicejar a partir da incorporação de um amplo contingente de força sobrante nas mais diversas atividades, dada sua condição de desemprego. Tal condição coloca trabalhadores e trabalhadoras à disposição das "plataformas", esperando uma chamada para realizar determinada função. Quando a solicitação é feita, o pagamento percebido se refere ao estritamente realizado, independentemente do tempo que ficam à espera. Mais ainda: dadas as particularidades, são trabalhos que se expandem à margem da legislação protetora, dada a inexistência de contrato laboral. Essa modalidade de trabalho englobou, desde o início, muitos trabalhadores e trabalhadoras, como a classe médica, enfermeira, trabalhos de *care* (cuidado de idosos, crianças, doentes, pessoas com deficiência etc.), motoristas, eletricistas, advogado e advogadas, serviços de limpeza, consertos domésticos, entre outros[9].

Vale destacar que há uma importante diferença entre o *trabalho uberizado* e o sistema *zero hour contract*: neste não há obrigatoriedade da chamada nem do respectivo atendimento. A existência de uma enorme força sobrante de trabalho permite que as empresas tenham um vasto plantel para suprir suas necessidades. Já no sistema Uber, motoristas não podem recusar as solicitações (em geral há um limite de três recusas, desde que justificadas), pois, ao fazê-lo, correm o risco de serem demitidos – isto é, "desligados" unilateralmente da plataforma.

Cria-se, desse modo, uma disponibilidade enorme para o labor, possibilitada pela expansão do trabalho on-line, digital, por "aplicativos" e plataformas que utilizam cada vez mais intensamente essa força de trabalho sobrante apresentada pelas plataformas como "prestadora de serviços", "trabalho autônomo", configurando modalidades que mascaram o trabalho assalariado, *individualizando-o*,

[9] Ver Maeda, 2019.

invisibilizando-o e, assim, escapando da legislação social existente nos países onde tais plataformas atuam.

A classe trabalhadora se metamorfoseia, então, em *empreendedora*, que deve imaginar seu modo de vida como uma forma de *empresariamento*, uma espécie de *burguês de si próprio.* No entanto, o que se efetiva muitas vezes e sem que se perceba é a condição de *proletário de si mesmo.* Parece florescer, então, uma curiosa figura: a do *empreendedor-proletário.* Contudo, se o novo elixir do capital global consiste em criar um enorme contingente de trabalhadores com o ideário e a subjetividade empresarial, gerencial, é bom recordar a tentativa de greve mundial de motoristas da Uber em maio de 2019, bem como os encontros que vêm se realizando com vista à criação de um sindicato internacional dos uberizados, o que já indica um *primeiro registro* de que o trabalho uberizado e o das plataformas têm "disfunções" e contradições, gerando crescentes descontentamentos entre os "colaboradores"[10].

Outro exemplo dessa modalidade intensificada de exploração do trabalho, denominada *trabalho pago a voucher*, teve vigência na Itália até o início de 2017. Conforme as regras então estabelecidas, assalariado/as ganhavam um cumpom pelas horas de trabalho realizadas, calculadas tendo como referência o salário mínimo legal. Não bastasse esse vilipêndio, trabalhos extras eram, muitas vezes, "contratados por fora do voucher", com a condição de um pagamento ainda menor que o salário mínimo, o que significa uma precarização ainda mais intensa do trabalho ocasional e intermitente. É como se existisse uma dupla forma de precarização: aquela que é "legal" e a que se mantém "ilegal".

Os "incansáveis" e o trabalho integral

Além das tendências indicadas, presenciamos a ampliação de formas de externalização do trabalho, de que são exemplos o *teletrabalho* e o *home office*, modelos que se acentuaram exponencialmente durante a pandemia do coronavírus (Antunes, 2022; 2020b). Se essas modalidades podem aparentar "vantagens" à classe trabalhadora, como não perder tempo de locomoção, cuidar da alimentação, possibilitar uma "melhor divisão" entre trabalho produtivo e reprodutivo, entre outros exemplos, podem significar também a redução e mesmo a eliminação dos direitos trabalhistas e da seguridade paga pelas empresas, além de incentivar o isolamento e a individualização do sujeito, que se vê desprovido da sociabilidade que emerge no espaço social laborativo, fraturando ainda mais o coletivo e distanciando as formas de representação e de organização sindical. Esse processo

[10] Ver Gonsales, 2020, e Cant, 2019.

atinge mais fortemente o universo feminino, possibilitando, como vimos durante a pandemia no Brasil, a intensificação da *dupla jornada de trabalho*, além de agravar as formas de opressão do patriarcalismo e as ocorrências de feminicídios.

Há ainda outro aspecto de relevo: o fim da separação entre o tempo de vida *no* e *fora do* trabalho. Cada vez mais as atividades se estendem para a *totalidade do dia e invadem a noite*, seja no espaço produtivo, seja no espaço reprodutivo. Amplia-se a *disponibilidade integral* seja na empresa, seja no espaço doméstico (Cantor, 2019).

O exemplo a seguir traz a concepção norteadora do ideário que predomina no universo gerencial de "atração e seleção" de um grande banco no Brasil e é mais que emblemático do imperativo da dedicação integral ao trabalho. Segundo seu ideário e sua pragmática, mais que habilidades técnicas, o banco "busca candidatos que querem fazer a diferença: os inventivos, os incansáveis, os improváveis, os interessados, os indignados e os inquietos".

> Os indignados
>
> O Itaú admira profissionais que trazem novas ideias. *"É importante compartilhar as ideias que surgem. Quando a pessoa filtra demais para falar, muitas ideias são perdidas e o novo não é implementado", explica a gerente.*
>
> Os interessados
>
> Nós buscamos pessoas que se identificam com os nossos valores e nossas causas e que estejam comprometidas com os desafios e a proposta de mudança do banco.
>
> Os improváveis
>
> Os profissionais ainda pensam que o mercado financeiro oferece oportunidades de desenvolvimento somente para administradores e engenheiros. E, na verdade, o Itaú oferece oportunidades para as mais diferentes carreiras: físicos, matemáticos, jornalistas, psicólogos, profissionais de TI etc. É a diversidade de profissionais que faz o Itaú ser a empresa que é.
>
> Os incansáveis
>
> Queremos tentar, tentar e tentar. E quando estiver bom, queremos tentar um pouco mais. Por isso, admiramos profissionais que têm paixão pela performance e que persistem para superar os obstáculos.
>
> Os inventivos
>
> Profissionais inventivos são essenciais para a mudança: são aqueles com criatividade e desejo de pensar diferente para inovar. E a inovação é vital tanto para a criação de um novo produto ou serviço como para a melhoria do processo. (Itaú, 2020)

Ao mesmo tempo que amplas parcelas da classe trabalhadora se encontram com jornadas extenuantes de trabalho (Basso, 2018), para outras a existência de trabalho é cada vez mais esporádica, intermitente e parcial. Como a *subutilização* é um traço distintivo de nosso tempo e a *desregulação* é seu corolário "natural", florescem outras modalidades para fugir do desemprego: *coworking*, espaços compartilhados de trabalho onde sociabilidade, insegurança e competição se retroalimentam; *self-employment*, para preencher o subemprego, acalentando a ilusão da felicidade e vivenciando a pragmática cotidiana da irrealização. E, como consolo, anunciam-se "novas profissões", como a do *coach*, espécie de consolador "espiritual" que minimizaria o *mal-estar na civilização* e, assim, tentaria recuperar a "autoestima" daqueles que foram corroídos pelos engenhosos mecanismos dos capitais.

Nos escalões de controle e comando, o ideário empresarial também é "inovador": "gestão de pessoas" é a nova designação (para aqueles que anteriormente eram denominados "gerentes de recursos humanos") com a função precípua de efetivar os cortes, *liofilizar o trabalho vivo* (Castillo, 1996) e envolver os "colaboradores" nas pragmáticas empresariais; o CEO (*chief executive office*) é o substituto de antigos presidentes, diretores ou assemelhados que comandam as corporações, despersonalizando a figura dos proprietários e profissionalizando suas antigas funções.

Assim, combinando uma enorme multiplicidade de trabalhos, estamos vivenciando uma expressiva expansão digital-informacional, que convive com novas práticas corrosivas de trabalho e que exemplifica as pragmáticas do capital em sua *desmedida empresarial*, para recordar a formulação de Daniele Linhart (2007; 2015). Nesse cenário de derrelição do trabalho e seus direitos, aumentam casos de adoecimento, depressão, assédio, desencanto, estranhamento, alienação, acidente, morte, suicídio etc. (Seligmann-Silva, 2011; Praun, 2016; Heloani e Barreto, 2018).

Plataforma e protoforma

Os elementos até aqui indicados nos permitem apresentar duas hipóteses críticas. A primeira pode surgir sob a forma de indagação: será que o *capitalismo de plataforma* tem algo em comum com a *protoforma do capitalismo*?

Vimos que o capitalismo de plataforma, sendo plasmado por relações sociais do capital, acaba por subsumir o arsenal informacional-digital prioritariamente às necessidades de sua autoexpansão e valorização. Ao assim proceder, recorre, uma vez mais, a formas pretéritas de exploração e espoliação do trabalho que o século XX já se encarregara, em alguma medida, de eliminar ou restringir em vários países do mundo.

Já a protoforma do capitalismo foi marcada pela enorme superexploração do trabalho nos primórdios do universo fabril em Manchester, berço da Revolução Industrial. Naquele contexto, as jornadas de homens, mulheres e crianças ultrapassavam doze, catorze, dezesseis horas por dia, além de se utilizar de *putting-out system* e *outsourcing*, formas de externalização com frequência baseadas no pagamento por peça, sem falar na escravização do negro e do indígena nas colônias da América Latina durante a chamada acumulação primitiva.

Em outras palavras, parece existir uma aproximação entre essas distintas fases do capitalismo. Isso porque, em plena era digital, intensificam-se as modalidades de sucção do excedente de trabalho (intelectual e manual) em todos os espaços onde o capital se reproduz, exatamente no período em que, dado o espetacular avanço tecnológico, a jornada de trabalho poderia ser significativamente reduzida. Mas a ininterrupta competição entre as corporações globais se converte em obstáculo intransponível. Provocativamente, então, talvez estejamos presenciando uma variante de acumulação ao mesmo tempo muito digital e abusivamente primitiva. Um capitalismo de plataforma que parece, sim, ter algo em comum com a protoforma do capitalismo (Antunes, 2020).

Uma vez mais, o metabolismo social do capital, para recorrer à rica formulação de István Mészáros (2002), impõe seu curso, articulando o *moderno* – presente, por exemplo, na inteligência artificial – com o *arcaico*, que intensifica o binômio exploração e espoliação e acentua, desse modo, sua dimensão destrutiva.

Assim, ao contrário de um universo laborativo pautado pela "criatividade", com a expansão generalizada de smartphones, iPads, iPhones, algoritmos, inteligência artificial, *big data*, internet das coisas", 5G, impressão em 3-D etc., o cenário que se desenvolve no mundo do trabalho parece ser "criativo" somente para algumas atividades no topo do assalariamento, atividades de ponta da indústria de software, nas quais se expandem atividades que dispõem de capital cultural. Na base da pirâmide social, a constatação é oposta. Além das formas de exploração do trabalho na base dessas atividades, ocorre uma forma de espoliação, uma vez que, além de fornecer sua força de trabalho, os trabalhadores e as trabalhadoras são responsáveis pelos custos de compra ou alocação de veículos, celulares, equipamentos (como a mochila dos entregadores), conforme já dissemos.

Desse modo, o labor que se expande na "base produtiva" da Amazon (e Amazon Mechanical Turk), Uber (e Uber Eats), 99, Cabify, Lyft, Ifood, Rappi, Glovo, Deliveroo, Google, Airbnb, entre tantos outros exemplos, vem cada vez mais se assemelhando à modalidade que, apesar de tantas variantes, começa a ser amplamente denominada *trabalho uberizado*. Isso significa jornadas extenuantes e baixos salários (em especial nos países da periferia), em uma lógica aparentemente "impessoal", na qual os "algoritmos" comandam e controlam tempos, ritmos e atividades realizadas, sempre com mais intensidade e com metas a ser diariamente superadas (Gonsales, 2020).

É verdade que, com a *nova divisão internacional do trabalho*, essa expansão tem sido mais intensa no Sul global, embora avance em países Estados Unidos, Inglaterra, Espanha, França, Portugal, entre muitos outros. E é exatamente por esse motivo que a desconstrução da legislação protetora do trabalho tem sido mais a constante que a exceção, ainda que os exemplos e a intensidade sejam diferenciados pelas particularidades locais.

Essa processualidade vem se expandindo com o advento da denominada Indústria 4.0, que nasceu na Alemanha e foi concebida para propiciar um salto tecnológico no mundo produtivo a partir da ampliação das tecnologias de informação e comunicação. Sua implantação vem acarretando a intensificação dos processos produtivos automatizados em toda a cadeia produtiva de valor, de modo que toda a produção e a logística empresarial tornam-se mais controladas e comandadas digitalmente nos espaços em que essa introdução se mostra possível e economicamente vantajosa.

É nesse contexto que podemos apresentar a segunda hipótese: parece pertinente indicar que a principal consequência para o mundo do trabalho será a ampliação do *trabalho morto*, tendo o maquinário digital – "internet das coisas", inteligência artificial, impressão em 3-D, *big data* etc. – como dominante e condutor de todo processo produtivo, e a consequente redução do *trabalho vivo* pela substituição das atividades que se tornam supérfluas, por causa do ingresso de novas máquinas automatizadas e robotizadas sob o comando dos algoritmos. Mais robôs e máquinas invadirão a produção, o que nos leva a crer que estamos adentrando uma nova fase qualitativamente superior de *subsunção real* do trabalho ao capital. Com celulares, tablets, smartphones e assemelhados controlando, supervisionando e comandando a nova fase da ciberindústria do século XXI.

Por certo, novas atividades serão criadas nos polos mais qualificados informacionalmente para operar o novo mundo maquínico, digital, *internetizado* e *coisificado*, ao mesmo tempo que serão eliminadas amplas parcelas da classe trabalhadora, sobrantes e descartáveis. Vai se ampliar o contingente de desempregados cada vez mais sem perspectiva. Estamos frente a um fortíssimo movimento de competição entre grandes corporações globais cujo objetivo principal é garantir sua sobrevivência e sua expansão no mercado global. A batalha desencadeada entre a Huawei e Apple é emblemática: qual delas será a grande vitoriosa e ampliará sua hegemonia nos mercados da tecnologia 5G?

É por causa desses elementos socialmente destrutivos que nos vemos às vésperas de um novo processo de *desantropomorfização* do trabalho (para recordar Lukács, 2012), uma vez que se acentua a tendência de eliminação (e/ou sujeição) dos contingentes de trabalho vivo e sua substituição (e/ou subordinação) pelo trabalho morto, resultante desse novo empreendimento empresarial que visa a consolidar a *nova fábrica digital* nos mais distintos ramos e setores econômicos. Isso acontece numa dimensão ainda mais profunda que a que ocorreu com a introdução da maquinaria durante e primeira Revolução Industrial. Desse modo, quando utilizamos o conceito de *desantropomorfização*, aludimos não somente a uma redução *quantitativa*, mas também à perda de dimensão *qualitativa* do trabalho humano.

Vale lembrar que devemos à Marx a formulação de que durante a manufatura e o artesanato o trabalhador se utilizava e se servia da ferramenta. Com o advento da fábrica moderna, ocorreu uma complexa inversão e os trabalhadores passaram a *servir* à *maquinaria*. Em outras palavras, se durante o ciclo manufatureiro o trabalho tinha o comando e o controle do instrumental do trabalho e de seus movimentos (sendo, por isso parte ativa e condutora de um mecanismo vivo), na unidade fabril há uma completa inversão: o comando transfere-se para um mecanismo morto, independente do trabalho vivo, que foi convertido em apêndice da máquina. Transformou-se, assim, em um *autômato*, dado que o trabalho morto operou uma subordinação e uma subsunção do trabalho vivo (Marx, 2013).

Impulsionado por uma *permanente reestruturação produtiva do capital*, tornam-se profundas as consequências no plano da representação e organização sindical da classe trabalhadora e, em particular, desse novo proletariado de serviços que não para de se expandir.

As novas rebeliões

É nessa realidade, com seu enorme mosaico de modalidades de trabalho, que presenciamos o nascimento de novas formas de representação de classe. Menos que apresentar um modelo a ser seguido, nosso objetivo aqui é identificar exemplos heterogêneos que podem ajudar a compreender alguns dos movimentos em curso[11].

Na Itália (Milão), há um movimento pioneiro de representação, o San Precario, que visa à organização do precariado em meio a dificuldades ou mesmo à inexistência de representação por parte do sindicalismo tradicional. Floresceu com a eclosão conhecida como do MayDay, em 2001, exigindo direitos e procurando avançar na

[11] Os exemplos que menciono a seguir foram aqueles que pudemos acompanhar e dialogar, ao longo de nossa pesquisa, especialmente na Itália e em Portugal. Ver Antunes, 2018, cap. 2.

organização autônoma do amplo e heterogêneo conjunto de trabalhadores e trabalhadoras jovens, qualificados e não qualificados, cujos trabalhos são desprovidos de direitos e têm contornos mais informais, intermitentes etc.

Outra experiência italiana que teve vigência durante alguns anos foi a de Class City Workers, que também buscou representar e organizar a juventude trabalhadora precarizada e desprovida de direitos. Segundo sua definição:

> Clash City Workers é um coletivo de trabalhadores e trabalhadoras, desocupados e desocupadas, denominados "jovens precários". A tradução de nosso nome significa algo como "trabalhadores da cidade em luta". Nascido na metade de 2009, somos ativos particularmente em Nápoles, Roma, Florença, Pádua, Milão e Bergamo e procuramos seguir e sustentar as lutas que estão em curso na Itália. (Clash City Workers, 2014)

Anteriormente, tivemos a criação de formas alternativas de representação sindical, como a Confederazione Unitaria di Base (CUB), proposta que recusava a prática realizada pelo sindicalismo mais tradicional[12]. Mais recentemente, vimos a criação do SI-Cobas: sindicato intercategorial de trabalhadores auto-organizados pela base, que procura representar o amplo segmento de assalariados e operários fora da estrutura sindical oficial, incluindo a mão de obra imigrantes[13].

Como consequência das mutações no mundo do trabalho e buscando ampliar seu espaço de representação sindical, vem se desenvolvendo a ação do movimento Nuove Identitá di Lavoro (NIdiL), vinculada à Confederazione Generale Italiana del Lavoro (CGIL), cujo objetivo é oferecer um lócus de representação para trabalhadores e trabalhadoras considerados atípicos, que compreendem parcela bastante precarizada em relação aos direitos do trabalho e que, em grande medida, encontram-se fora das entidades sindicais tradicionais[14].

Foi como resultado dessas formas embrionárias de organização e ação operária que, conforme mencionamos, o trabalho pago por *voucher* na Itália foi repudiado pelos trabalhadores e trabalhadoras, por movimentos sindicais e de resistência que exigiram, em 2017, a realização de um plebiscito para que a população trabalhadora pudesse decidir pela continuidade ou não dessa prática de trabalho precário. Temendo a derrota, o governo suspendeu essa forma de assalariamento "atípico".

Cremos que foi esse contingente precarizado que organizou, em Portugal, o movimento denominado Precári@s Inflexíveis. Juventude

---

[12] Ver Cub, 2012.
[13] Ver S. I. Cobas, 2010.
[14] Ver NIdiL Cgil, 2020.

sem trabalho, imigrantes trabalhadores, esse ser compósito, frequentemente denominado precariado, afirmava em seu manifesto:

> Somos precári@s no emprego e na vida. Trabalhamos sem contrato ou com contratos a prazos muito curtos. Trabalho temporário, incerto e sem garantias. Somos operadores de call center, estagiários, desempregados, trabalhadores a recibos verdes, imigrantes, intermitentes, estudantes-trabalhadores [...]. (Precários Inflexíveis, 2007)[15]

No Brasil, encontramos um exemplo dessa nova realidade em expansão no mundo do trabalho – a qual Ruy Braga e eu (2009) chamamos de *infoproletariado* e Ursula Huws (2003; 2014) muito sugestivamente denominou *cybertariat* – no conjunto de trabalhadores e trabalhadoras que atuam no setor de call center e telemarketing. Trata-se de um contingente que cresceu muito no início deste século, o que possibilitou a recente formação, na cidade de São Paulo, do movimento que se denominou Infoproletários e assim se define:

> Somos um movimento social composto por trabalhadores e trabalhadoras da área de informática reunidos com o objetivo de denunciar e combater a exploração e abusos que sofremos em nossa categoria e no conjunto da classe trabalhadora.[16]

E, após reconhecer sua conformação caracterizada pela proletarização e precarização, os integrantes afirmam:

> Enfrentamos baixos salários. Enfrentamos longas jornadas, assédio moral e sexual. Na hora do batente, todo o encanto se acaba e reina a exploração. É claro, não poderia ser de outra forma. Não vivemos em uma sociedade da informação. Vivemos em uma sociedade da exploração. Por isso não devemos esperar nada dos patrões e dos empresários. A eles não interessa nada senão o lucro.

O resultado dessa constatação levou o movimento Infoproletários a reconhecer a necessidade de avançar em suas propostas de representação e organização:

> É para fazer frente a isso que nos reunimos. Acreditamos que apenas os Infoproletários, trabalhadores de TI unidos, é que podem apresentar alternativas para seus próprios problemas e defender seus interesses políticos e econômicos. Juntos estamos nos organizando para reivindicar nossos direitos e lutar por melhores condições de trabalho e vida.

---

[15] Ver também Matos, Domingos e Kumar (2011) e Roque (2020).

[16] Trata-se de trecho do manifesto de lançamento do movimento Infoproletários. A informação obtida em 2020, já não se encontra disponível na internet. Disponível em: <https://infoproletarios.org/sobre/>; acesso em: 1º set. 2020.

Se, por um lado, os níveis de exploração e precarização do trabalho vêm se acentuando sobremaneira, como procuramos indicar neste texto, por outro lado, ocorrem ações, greves e lutas de resistência e organização, das quais a tentativa de greve mundial dos motoristas da Uber, em maio de 2019 – bem como a tentativa de criação de um sindicato de âmbito internacional –, é exemplo. Mais recentemente, em julho de 2020, em plena pandemia, foram deflagradas duas greves nacionais no Brasil, conhecidas pelos entregadores de plataformas digitais como "breque dos apps", movimento que começa a se expandir em outros países da América Latina e em outros continentes (Gonsales, 2020).

Essa greve geral de entregadores e entregadoras em plataformas digitais contou com a participação ativa, organizada por WhatsApp e redes sociais, de associações de entregadores, coletivos autônomos e sindicatos e atingiu uma escala nacional. Suas reivindicações básicas podem ser assim resumidas: melhoria das condições de trabalho; aumento das taxas de entregas; fim dos bloqueios realizados unilateralmente pelas empresas; seguros contra acidentes e roubos; apoio aos contaminados pela pandemia; e mais. Ressalte-se também que, no universo do trabalho de entrega feita em motos e bicicletas, a presença masculina é extremamente acentuada no Brasil.

Tratando-se de uma categoria nova e ainda bastante diferenciada, oriunda de diversas atividades, das mais qualificadas àquelas com menor qualificação, desde logo o breque dos apps teve uma conformação heterogênea, contemplando ações que defendem sua condição assalariada e propugnam sua condição autônoma, incluindo movimentos com clara definição política, de que são exemplo os Entregadores Antifascistas.

Assim, o movimento talvez possa ser emblemático da ação de resistência dessa parte crescente da *nova classe trabalhadora*, que ocorreu em meio a uma das mais terríveis crises sanitárias, no afloramento de outra *nova morfologia das formas de organização e representação das lutas sociais* desencadeadas pelo proletariado da era digital.

BIBLIOGRAFIA

ACKERS, Peter, SMITH, Chris, SMITH, Paul. (Orgs.) (1996) *The New Workplace and Trade Unionism: Critical Perspectives on Work and Organization.* Routledge, Londres.

_______. (1996) "Against All Odds? British Trade Unions in the New Workplace". In ACKERS, P. et al., op. cit.

ALVES, Giovanni. (1998) *Reestruturação Produtiva e Crise do Sindicalismo no Brasil.* Tese de Doutorado, IFCH/Unicamp, Campinas.

AMIN, Ash (Org.). (1996) *Post-Fordism: a Reader.* Blackwell, Oxford.

_______. (1996) "Post-Fordism: Models, Fantasies and Phantoms of Transition". In AMIN, Ash, op. cit.

ANTUNES, Ricardo. (1995) *Adeus ao Trabalho? Ensaio sobre as Metamorfoses e a Centralidade do Mundo do Trabalho.* Cortez/Unicamp, São Paulo.

_______. (1995a) *O Novo Sindicalismo no Brasil.* Pontes, Campinas.

_______. (Org.) (1998) *Neoliberalismo, Trabalho e Sindicatos: Reestruturação Produtiva no Brasil e na Inglaterra.* 2ª edição, Boitempo, São Paulo.

_______. (2005) *O Caracol e sua Concha: Ensaios sobre a Nova Morfologia do Trabalho.* Boitempo, São Paulo.

_______. *O privilégio da servidão*: o novo proletariado de serviços na era digital. São Paulo, Boitempo, 2018.

_______. Trabalho intermitente e uberização do trabalho no limiar da Indústria 4.0, In: idem, *Uberização, trabalho digital e Indústria 4.0.* São Paulo, Boitempo, 2020.

_______. *Coronavírus*: o trabalho sob fogo cruzado. São Paulo, Boitempo, 2020.

_______. *Capitalismo pandêmico.* São Paulo, Boitempo, 2022.

ANTUNES, R.; BRAGA, R. (orgs.) *Infoproletários*: degradação real do trabalho virtual. São Paulo, Boitempo, 2009.

ARMINGEON, K. et al. (1981) *Les Syndicats Européens et la Crise.* Presses Universitaires de Grenoble, Grenoble.

BASSO, P. *Tempos modernos, jornadas antigas.* Campinas, Editora da Unicamp, 2018.

BASSO, P.; PEROCCO, F. *Gli immigrati in Europa*: diseguaglianze, razzismo, lotte. Milão, Angeli, 2008.

BERGGREN, Christian. (1993) "Lean Production: The End of History?". *Actes du GERPISA*, "Des réalités du Toyotisme", nº 6, fev.

BERNARDO, João. (1996) "Reestruturação Capitalista e os Desafios para os Sindicatos". Mimeo, Lisboa.

_______. (2004) *Democracia Totalitária.* Cortez, São Paulo.

_______. (2009) *Economia dos Conflitos Sociais.* Expressão Popular, São Paulo.

BEYNON, Huw. (1995) "The Changing Practices of Work". *International Centre for Labour Studies*, Manchester.

BIALAKOWSKY, Alberto et al. (2003) "Diluición y Mutación del Trabajo en la Dominación Social Local". *Revista Herramienta*, nº 23, Buenos Aires.

BIDET, Jacques e TEXIER, Jacques. (1995) *La Crise du Travail, Actuel Marx Confrontation.* Presses Universitaires de France, Paris.

BIHR, Alain. (1991) *Du "Grand Soir" a "L'Alternative": le Mouvement Ouvrier Européen en Crise.* Les Éditions Ouvrières, Paris. (Edição brasileira: 1998, *Da Grande Noite à Alternativa: O Movimento Operário Europeu em Crise*, Boitempo, Coleção *Mundo do Trabalho*, São Paulo.)

BRENNER, Robert. (1999) "A Crise Emergente do Capitalismo Mundial: do Neoliberalismo à Depressão?". *Outubro*, nº 3, Xamã, São Paulo.

BREMNER, B. e DAWSON, C. *Business Week*, 18/11/2003.

CAFFENTZIS, George. (1997) "Why Machines Cannot Create Value: or Marx's Theory of Machines". In DAVIS, Jim, op. cit.

CALLINICOS, Alex e HARMAN, Chris. (1989) *The Changing Working Class*. Bookmarks, Londres.

CANT, C. *Riding for Deliveroo*: Resistance in the New Economy. Cambridge, Polity, 2019.

CANTOR, Renan. (1999) *El Caos Planetario*. Editorial Antídoto, Coleção *Herramienta*, Buenos Aires.

_______. A expropriação do tempo no capitalismo atual. In: ANTUNES, R. *Riqueza e miséria do trabalho no Brasil IV*, São Paulo, Boitempo, 2019.

CARCHEDI, Guglielmo. (1997) "High-Tech Hype: Promises and Realities of Technology in the Twenty-First Century". In DAVIS, Jim, op. cit.

CASILLI, A. *Schiavi del clic*. Perché lavoriamo tutti per il nuovo capitalismo? Milão, Feltrinelli, 2020.

CASTEL, Robert. (1998) *As Metamorfoses da Questão Salarial*. Vozes, Rio de Janeiro.

CASTILLO, Juan J. (1996) *Sociologia del Trabajo*. CIS, Madri.

_______. (1996a) "A la Búsqueda del Trabajo Perdido". In Perez-Agote, A. e Yucera, I., *Complejidad y Teoria Social*. CIS, Madri.

CASTRO, Nadya. (Org.). (1995) *A Máquina e o Equilibrista: Inovações na Indústria Automobilística Brasileira*. Paz e Terra, São Paulo.

CHESNAIS, François. (1996) "Contribution au Débat sur le Cours du Capitalism à la fin du XX Siècle". *Actualiser l'Économie de Marx. Actuel Marx Confrontation*, Presses Universitaires de France, Paris.

_______. (1996) *A Mundialização do Capital*. Xamã, São Paulo.

CLASH CITY WORKERS. *Dove sono i nostri*: lavoro, classe e movimenti nell'Itália della crisi. Lucca, La Casa Usher, 2014.

COLLI, Juliana. (1997) *O Façonismo pelo Avesso*. Dissertação de Mestrado, IFCH/Unicamp, Campinas.

CORIAT, Benjamin. (1992) *Pensar al Revés: Trabajo y Organización en la Empresa Japonesa*. Siglo XXI, México/Madri.

COSTA, Isabel e GARANTO, Annie. (1993) "Entreprises Japonaises et Syndicalisme en Europe". In Freyssinet, J., op. cit.

COUTINHO, Carlos Nelson. (1996) "Lukács, A Ontologia e a Política". In ANTUNES, Ricardo e REGO, Walquíria (Orgs.). *Lukács: Um Galileu no Século XX*. Boitempo, São Paulo.

CUB. *Chi Siamo*. Disponível em: https://www.cub.it/index.php/chi-siamo; acesso em: 20 set. 2020.

DAVIS, Jim, HIRSCHL, Thomas e STACK, Michael. (1997) *Cutting Edge: Technology, Information, Capitalism and Social Revolution*. Verso, Londres/Nova Iorque.

DOCKERS CHARTER. (1997) nº 21, nov. Publicado pelo *Liverpool Dockers Shop Stewards' Committee*, Liverpool.

DRUCK, Maria da Graça. (1999) *Terceirização: (Des)fordizando a Fábrica*. Boitempo, São Paulo.

DUSSEL, Enrique. (1995) "Sentido Ético de la Rebelion Maya de 1994 en Chiapas". *Chiapas Insurgente*, Txlaparta, Navarra.

DYER-WITHEFORD, N. *Cyber-Proletariat*: Global Labour in the Digital Vortex. Londres, Pluto, 2015.

ELGER, Tony. (1997) "Manufacturing Myths and Miracles: Work Reorganization in British Manufacturing since 1979". *Centre for Comparative Labour Studies*, Universidade de Warwick.

ELIAS, Norbert. (1998) *Sobre o tempo*. Jorge Zahar, Rio de Janeiro.

ÉSQUILO. (s.d.) *Prometeu Acorrentado*. Ediouro, Rio de Janeiro.

FISCHER, E.; FUCHS, C. *Reconsidering Value and Labour in the Digital Age*. Hampshire, Palgrave Macmillan, 2015.

FONSECA, V. P. O *crowdsourcing* e os desafios do sindicalismo em meio à crise civilizatória. In: Carelli, R. L.; Cavalcanti, T. M.; Fonseca, V. P. *Futuro do trabalho*: os efeitos da revolução digital na sociedade. Brasília, ESMPU, 2020.

FOREIGN AFFAIRS. (1994) jan.-fev., vol. 71, nº 1.

FORTER, John. (1999) "Is Overcompetition the Problem?". *Monthly Review*, vol. 51-2, jun., Nova Iorque.

FREYSSINET, Jacques (Org.). (1993) "Syndicats D'Éurope". *Le Mouvement Social*, nº 162, jan.-mar. Éditions Ouvrières, Paris.

FUMAGALLI, Andrea. (1996) "Composizione di Classe e Modificazioni del Lavoro nell'Italia degli Anni Novanta". In TRIPOLI, Pino. *Il Sapere delle Lotte, Saggi sulla Composizione di Classe*. Spray, Milão.

GALVÃO, Andrea. (1996) *Participação e Fragmentação: A Prática Sindical dos Metalúrgicos do ABC*. Dissertação de Mestrado, IFCH/Unicamp, Campinas.

GARRAHAN, P. & STEWART, P. (1992) *The Nissan Enigma: Flexibility at Work in a Local Economy*. Mansell, Londres.

GIBSON, Dot. (1997) "The Sacked Liverpool Dockers Fight for Reinstatement". 26 nov., Liverpool.

_______. (1996) "International Conference of Dockworkes Called by the Liverpool Dockers Shop Stewards' Committee". 25 fev., Liverpool.

GIDDENS, Anthony. (1998) *The Third Way: The Reneval of Social Democracy*. Polity Press, Londres.

_______. (1999) "A Terceira Via em Cinco Dimensões". *Folha de S.Paulo, Mais!*, 21 fev., São Paulo.

GOETHE, Johann W. (1994) *Os anos de aprendizado de Wilhelm Meister*. Ensaio, São Paulo.

GONSALES, M. Indústria 4.0: empresas plataformas, consentimento e resistência. In: ANTUNES, R. *Uberização, trabalho digital e Indústria 4.0*. São Paulo, Boitempo, 2020.

GROHMANN, R. Plataformização do trabalho: características e alternativas. In: ANTUNES, R. *Uberização, trabalho digital e Indústria 4.0*. São Paulo, Boitempo, 2020.

GORENDER, Jacob. (1997) "Globalização, Tecnologia e Relações de Trabalho". *Estudos Avançados*, IEA-USP, São Paulo.

GORZ, André. (1982) *Adeus ao proletariado*. Forense Universitária, Rio de Janeiro.

_______. (1990) "The New Agenda". *New Left Review*, nº 184, Londres.

_______. (1990a) "Pourquoi La Société Salariale a Besoin de Nouveaux Valets". *Le Monde Diplomatique*, 22 jun., Paris.

_______. (2003) *Metamorfoses do Trabalho*. Annablume, São Paulo.

_______. (2005) *Imaterial*. Annablume, São Paulo.

_______. (2005a) IHU *on-line*, Ano 5, Edição Especial, jan.

GOUNET, Thomas. (1997) "La Stratégie 'Japonaise' de Iorissen". *Études Marxistes*, nº 37, mai.-jun., Bruxelas.

_______. (1992) "Penser à l'Envers... Le Capitalisme", *Dossier Toyotisme, Études Marxistes*. nº 14, mai., Bruxelas.

_______. (1991) "Luttes Concurrentielles et Stratégies d'Accumulation dans l'industrie Automobile. *Études Marxistes*, nº 10, mai., Bruxelas.

GRACIOLLI, Edilson. (1997) *Um Caldeirão Chamado CSN*. Edufu, Uberlândia.

GRAMSCI, Antonio. (1974) "Americanismo e Fordismo". In *Obras Escolhidas, Vol. II (Teoria)*. Estampa, Lisboa.

GRAY, Anne. (1998) "New Labour – New Labour Discipline". *Capital & Class*, nº 65, verão, Londres.

HABERMAS, Jürgen. (1991) *The Theory of Communicative Action (Reason and the Rationalization of Society)*. Vol. I, Polity Press, Londres.

_______. (1992) *The Theory of Communicative Action (The Critique of Functionalist Reason)*. Vol. II, Polity Press, Londres.

_______. (1989) "The New Obscurity". In *The New Conservantism: Cultural Criticism and the Historians' Debate*. Polity Press, Cambridge.

_______. (1975) "Técnica e Ciência como 'Ideologia'". In *Os Pensadores*. Abril, São Paulo.

HARD LABOUR: Stress, Ill-health And Hazardous Employment Practices. (1994) London Hazard Centre, Londres.

HARVEY, David. (1996) "Flexible Accumulation through Urbanization". In AMIN, Ash, op. cit.

_______. (1992) *A Condição Pós-Moderna*. Loyola, São Paulo.

HARVIE, David. (1997) "Review of The Death of Class". *Capital & Class*, nº 62, verão, Londres.

HEGEL, G. W. F. (1966) *Fenomenologia del Espiritu*. Fondo de Cultura Económica, México. (Edição brasileira: 2003, *Fenomenologia do Espírito*, 2ª edição, Vozes/Universidade São Francisco, Petrópolis/Bragança Paulista.)

HELOANI, R.; BARRETO, M. *Assédio moral*: gestão por humilhação. Curitiba, Juruá, 2018.

HESÍODO. (1990) *Os Trabalhos e os Dias*. Iluminuras, São Paulo.
HIRATA, Helena. (1995) "Rapports Sociaux de Sexe et Division du Travail". In BIDET, Jacques e TEXIER, Jacques. *La Crise du Travail, Actuel Marx Confrontation*. Presses Universitaires de France, Paris.
_______. (1993[2]) "Paradigmes du Travail: 'Un Point de Vue Transversal". *Paradigmes du Travail, Futur Antérieur*, nº 16, L'Harmattan, Paris.
HIRSCH, Joachim. (1997) *Globalizacion, Transformacion del Estado e Democracia*. Universidade Nacional de Córdoba, Córdoba.
HOLLOWAY, John. (1997) "A Note on Alienation". *Historical Materialism*, nº 1, outono, London School of Economics, Londres.
_______. (1987) "The Red Rose of Nissan". *Capital & Class*, nº 32, verão, Londres.
HUWS, Ursula. (2003) *The Making of a Cybertariat (Virtual Work in a Real World)*. Monthly Review Press/The Merlin Press, Nova Iorque/Londres.
_______. *Labor in the Global Digital Economy*: The Cybertariat Comes of Age. Londres, Merlin, 2014.
IANNI, Octávio. (1996) *A Era do Globalismo*. Civilização Brasileira, Rio de Janeiro.
ICHIYO, Muto. (1995) *Toyotismo: Lucha de Classes e Innovacion Tecnologica en Japon*. Antídoto, Buenos Aires.
INFOPROLETÁRIOS. *Quem somos*. Disponível em: https://infoproletarios.org/sobre/; acesso em: 1º set. 2020.
ITAÚ. *Carreira*: o que esperamos dos nossos talentos? Disponível em: https://ww2.itau.com.br/hotsites/itau/carreira/revista/papo-carreira/revista-papo-carreira-55.html; acesso em: 9 set. 2020.
JAPAN PRESS WEEKLY. (1998) fev., Tóquio.
_______. (2004) fev. Tóquio.
JINKINGS, Nise. (1995) *O Mister de Fazer Dinheiro*. Boitempo, São Paulo.
KAMATA, Satoshi. (1982) *Japan in the Passing Lane: An Insider's Account of Life in a Japanese Auto Factory*. Pantheon Books, Nova Iorque.
KELLY, John. (1995) "Union Militancy and Social Partnership". In ACKERS, P. et al., op. cit.
KENNEY, Martin. (1997) "Value Creation in the Late Twentieth Century: The Rise of the Knowledge Worker". In DAVIS, Jim, op. cit.
KURZ, Robert. (1997) *Os Últimos Combates*. Vozes, Rio de Janeiro.
_______. (1992) *O Colapso da Modernização*. Paz e Terra, São Paulo.
LAVINAS, Lena. (1996) "Aumentando a competitividade das mulheres no mercado de trabalho". *Estudos Feministas*, ano 4, nº 1, Rio de Janeiro.
LAZZARATO, Maurizio. (1993[2]) "Le Cycle de la Production Immatérielle". *Paradigmes du Travail, Futur Antérieur*, nº 16, L'Harmattan, Paris.
_______. (1992[2]) "Le Concept de Travail Immatériel: la Grande Entreprise". *Paradigmes du Travail, Futur Antérieur*, nº 10, L'Harmattan, Paris.
LESSA, Sergio. (1997) *Trabalho e Ser Social*. Edufal/UFC, Maceió.
LEVRERO, Renato. (1997) "Sol Ponente e Vento Dall'Est". *AltrEuropa*, ano 3, nº 7, Milão.
LIMA, Eurenice. (1996) *A Construção da Obediência*. Dissertação de Mestrado. IFCH/Unicamp, Campinas.
LINHART, D. *A desmedida do capital*. Trad. Wanda Caldeira Brant, São Paulo, Boitempo, 2007.
_______. *La comédie humaine du travail*. Tolouse, Érés, 2015.
LOJKINE, Jean. (1995) "De La Révolution Industrielle à la Révolution Informationnelle". In BIDET, Jacques e TEXIER, Jacques, op. cit.
_______. (1995a) *A Revolução Informacional*. Cortez, São Paulo.
LÖWY, Michael. (1999) "Marx e Weber, Críticos do Capitalismo". *Cultura Vozes*, nº 2, mar.-abr., Rio de Janeiro.
_______. (1998) "Habermas et Weber". *Actuel Marx*, dossiê "Habermas: une politique délibérative", nº 24, PUF, Paris.
LUKÁCS, Georg. (1975) *Historia y Conciencia de Clase*. Grijalbo, Barcelona. (Edição brasileira: 2003, *História e Consciência de Classe*, WMF Martins Fontes, São Paulo.)
_______. (1980) *The Ontology of Social Being: Labour*. Merlin Press, Londres.
_______. (1981) *Ontologia Dell'Essere Sociale*, Vol. 1 e 2. Riuniti, Roma. (Edição brasileira: 1979, *Ontologia do Ser Social*. Ciências Humanas, São Paulo.)
_______. (1987) "Prefácio" In HELLER, Agnes. *Sociologia de la Vida Cotidiana*. Península, Barcelona.

_______. (2012) *Para uma ontologia do ser social*, v. 1. Trad. Carlos Nelson Coutinho, Mario Duayer, Nélio Schneider, São Paulo, Boitempo.

MAAR, Wolfgang Leo. (1996) "A Reificação como Realidade Social". In ANTUNES, R. e REGO, W. (Orgs.). *Lukács: Um Galileu no Século XX*. Boitempo, São Paulo.

MAEDA, P. Contrato zero-hora e seu potencial precarizante. In: ANTUNES, R. *Riqueza e miséria do trabalho no Brasil IV*. São Paulo, Boitempo, 2019.

MAGRI, Lucio. (1991) "The European Left Between Crisis and Refoundation". *New Left Review*, 189, Londres.

MANDEL, Ernest. (1986) "Marx, La Crise Actuelle et L'Avenir du Travail Humain". *Quatrième Internationale*, nº 2, Paris.

MANPOWER BRASIL. Disponível em: <http://www.manpower.com.br>.

MARQUES, Rosa M. (1997) *A Proteção Social e o Mundo do Trabalho*. Bienal, São Paulo.

MARX, Karl. (1971) *O Capital*, Vol. 1/1. Civilização Brasileira, Rio de Janeiro.

_______. (1974a) *O Capital*, Vol. 3/6. Civilização Brasileira, Rio de Janeiro.

_______. (1974b) *Grundrisse: Foundations of the Critique of Political Economy*. Penguin Books, Middlesex.

_______. (1994) *Chapter Six*. In MARX, K. & ENGELS, F. *Collected works*, Vol. 34 (Marx: 1861-4). Lawrence & Wishart, Londres. (Edição brasileira: 1978, *Capítulo VI, Inédito*. Ciências Humanas, São Paulo.)

_______. (2004) *Manuscritos Econômico-Filosóficos*. Boitempo, São Paulo.

_______. *O capital: crítica da economia política*, Livro I: *O processo de produção do capital*. Trad. Rubens Enderle, São Paulo, Boitempo, 2013.

_______. *O capital: crítica da economia política*, Livro II: *O processo de circulação do capital*. Trad. Rubens Enderle, São Paulo, Boitempo, 2014.

_______. *Capítulo VI (inédito)*. Trad. Ronaldo Vielmi Fortes, São Paulo, Boitempo, 2022.

MATOS, J. N.; DOMINGOS, N.; KUMAR, R. (orgs.) *Precários em Portugal*: entre a fábrica e o call center. Lisboa, Edições 70, 2011.

MAZZETTI, Giovanni. (1997) *Quel Pane da Spartire: Teoria Generale della Necessità di Redistribuire il Lavoro*. Bollati Boringhieri, Turim.

McILROY, John. (1997) "The Enduring Aliance? Trade Unions and the Making of New Labour, 1994-1997". *International Centre for Labour Studies*, Manchester.

_______. (1996) "Trade Unions in Retreat: Britain Since 1979". *International Centre for Labour Studies*, Manchester.

_______. (1995) *Trade Unions in Britain Today*. Manchester University Press, Manchester.

McNALLY, David. (1999) "Turbulence in the World Economy". *Monthly Review*, Vol. 51-2, jun., Nova Iorque.

MÉDA, Dominique. (1997) *Società Senza Lavoro: Per Una Nuova Filosofia Dell'Occupazione*. Feltrinelli, Milão.

MÉSZÁROS, István. (1995) *Beyond Capital (Towards a Theory of Transition)*. Merlin Press, Londres. (Edição brasileira: 2002, *Para Além do Capital: Rumo a uma Teoria da Transição*. Boitempo, São Paulo.)

_______. (1989) *The Power of Ideology*. Harvester Wheatsheaf, Londres. (Edição brasileira: 2004, *O Poder da Ideologia*. Boitempo, São Paulo.)

_______. (1986) *Philosophy, Ideology & Social Science*. Wheatsheaf Books, Sussex. (Edição brasileira: 2008, *Filosofia, Ideologia e Ciência Social*. São Paulo, Boitempo.)

MOURIAUX, René et al. (1991) *Les Syndicats Européens à l'Épreuve*. Press de la Foundation Nationale, Paris.

MUCKENBERGER, Ulrich. (1997) "Trabalho, Modernização e Integração Social". In FERREIRA, Leila da Costa (Org.). *A Sociologia no Horizonte do Século XXI*. Boitempo, São Paulo.

MURRAY, Fergus. (1983) "The Descentralisation of Production – The Decline of the Mass-Collective Worker?". *Capital & Class*, nº 19, London.

NEFFA, J. (2003) *El Trabajo Humano*. Conicet, Buenos Aires.

NEGRI, Toni e HARDT, Michael. (1998/99) "Mutación de Actividades, Nuevas Organizaciones". *El Rodoballo*, ano V, nº 9, Buenos Aires.

NETTO, José Paulo. (1998) "Prólogo" do *Manifesto do Partido Comunista*. Cortez, São Paulo.

NIDIL CGIL. *Chi Siamo*. Disponível em: https://www.nidil.cgil.it/chi-siamo/; acesso em: 12 ago. 2020.

NOGUEIRA, Arnaldo. (1998) *A Modernização Conservadora do Sindicalismo Brasileiro*. Educ/Fapesp, São Paulo.

_______. (1996) *Trabalho e Sindicalismo no Estado Brasileiro*. Tese de Doutorado, IFCH/ Unicamp, Campinas.
OFFE, Claus. (1989) "Trabalho como Categoria Sociológica Fundamental?". *Trabalho & Sociedade*, Vol. I, Tempo Brasileiro, Rio de Janeiro.
OFFE, Claus e BERGER, Johannes. (1991) "A Dinâmica do Desenvolvimento do Setor de Serviços". *Trabalho & Sociedade*, Vol. II, Tempo Brasileiro, Rio de Janeiro.
OLDRINI, Guido. (1993) "Lukács e la Via Marxista al Concetto di 'Persona'". *Marxismo Oggi*, ano VI, nº 1 (Nova Série), Milão.
OLIVEIRA, Francisco. (1997) *Os Direitos do Antivalor*. Vozes, Rio de Janeiro.
OUTHWAITE, William. (1994) *Habermas: A Critical Introduction*. Polity Press, Londres.
PADILHA, Valquíria. (1995) *Tempo Livre e Racionalidade Econômica: Um Par Imperfeito*. Dissertação de Mestrado, IFCH/Unicamp, Campinas.
PAKULSKI, Jan e WATERS, Malcolm. (1996) *The Death of Class*. Sage Publications, Londres.
PAOLETTI, Grazia (Org.). (1998) Dossiê "Riduzione dell'orario e Disoccupazione". *Marxismo Oggi*, nº 2, Teti Editore, Milão.
PELLING, Henry. (1987) *A History of British Trade Unionism*. Penguin Books, Londres.
PETRAS, James. (1997) "Latin American: The Resurgence of the Left". *New Left Review*, nº 223, Londres.
PILGER, John. (1998) "Workers Done Down". *The Guardian*, 29 de janeiro.
POLLERT, Anna. (1996) "' Team work' on the Assembly Line: Contradiction and the Dynamics of Union Resilience". In ACKERS, P. et al., op. cit.
POSSAN, Magali. (1997) *A Malha Entrecruzada das Ações*. Centro de Memória/Unicamp, Campinas.
PRAUN, L. *Reestruturação produtiva, saúde e degradação do trabalho*. Campinas, Papel Social, 2016.
RAMALHO, José R. e MARTINS, Heloisa. (Orgs.) (1994) *Terceirização: Diversidade e Negociação no Mundo do Trabalho*. Hucitec, São Paulo.
RAMTIN, Ramin. (1997) "A Note on Automation and Alienation". In DAVIS, Jim, op. cit.
RANIERI, Jesus. (1995) *Alienação e Estranhamento nos Manuscritos Econômicos-filosóficos de Marx*. Dissertação de Mestrado em Sociologia, IFCH-Unicamp, Campinas.
RIFKIN, Jeremy. (1995) *O Fim dos Empregos*. Makron Books, São Paulo.
_______. (2004) "Return of a Conundrun". *The Guardian*, 2/3/2004.
ROQUE, I. Ciberativismo e sindicalismo em call-center portugueses. In: ANTUNES, R. *Uberização, trabalho digital e Indústria 4.0*. São Paulo, Boitempo, 2020.
ROSANVALLON, Pierre. (1988) *La Question Syndicale*. Calmann-Lévy, Paris.
SABEL, C. e PIORE, M. (1984) *The Second Industrial Divide*. Basic Books, Nova Iorque.
SADER, Emir. (1997) "Para um Novo Internacionalismo". In *O poder, cadê o poder?* Boitempo, São Paulo.
SAFFIOTI, Heleieth. (1997) "Violência de gênero – lugar da práxis na construção da subjetividade". *Lutas sociais*, nº 2, PUC, São Paulo.
SAYER, Andrew. (1986) "New Developments in Manufacturing: The Just-in-Time System". *Capital & Class*, nº 30, inverno, Londres.
SCARPONI, Alberto. (1976) "Prefazione". In LUKÁCS, G. *Ontologia Dell'Essere Sociale* [I]. Riuniti, Roma.
SEGNINI, Liliana. (1998) *Mulheres no Trabalho Bancário*. Edusp/Fapesp, São Paulo.
SELBY, A. Timed Toilet Breaks, Impossible Targets and Workers Falling Asleep on Feet: Brutal Life Working in Amazon Warehouse. Mirror (2017). Disponível em: https://www.mirror.co.uk/news/uk-news/timed-toilet-breaks-impossible-targets-11587888; acesso em: 20 ago. 2020.
SELIGMANN-SILVA, E. *Trabalho e desgaste mental*: o direito de ser dono de si mesmo. São Paulo, Cortez, 2011.
S. I. COBAS. *Statuto S. I. Cobas* (2010). Disponível em: http://sicobas.org/statuto-s-i-cobas; acesso em: 22 ago. 2020.
SINGER, Daniel. (1997) "The French Winter of Discontent"'. *Monthly Review*, Vol. 49, nº 3, jul.-ago., Nova Iorque.
SHIMIZU, Koichi. (1994) "Kaizen et Gestion du Travail Chez Toyota Motor et Toyota Motor Kyushu: Un Problème dans la Trajectoire de Toyota". *GERPISA Réseau Internationale*, jun., Paris.
SOARES, José de Lima. (1998) *Sindicalismo no ABC Paulista: Reestruturação Produtiva e Parceria*. Centro de Educação Popular, Brasília.

SOON, Hochul. (1997) "The 'Late Blooming' of the South Korean Labor Movement". *Monthly Review*, Vol. 49, nº 3, jul.-ago., Nova Iorque.

SRNICEK, N. *Platform Capitalism.* Cambridge, Polity, 2017.

STEPHENSON, Carol. (1996) "The Different Experience of Trade Unionism in Two Japanese Transplants". In ACKERS, P. et al., op. cit.

STRANGE, Gerald. (1997) "The British Labour Movement and Economic and Monetary Union in Europe". *Capital & Class.* nº 63, outono, Londres.

STEWART, Paul. (1997) "Striking Smarter and Harder at Vauxhall: The New Industrial Relations of Lean Production". *Capital & Class*, nº 61, primavera, Londres.

TAKAICHI, Tsugio. (1992) "Rapport sur le Movement Ouvrier au Japan". *Dossier Toyotisme, Études Marxistes*, nº 14, mai., Bruxelas.

TAYLOR, Andrew. (1989) *Trade Unions and Politics.* Macmillan, Londres.

TEAGUE, Paul. (1997) "New Institutionalism and the Japanese Employment System". *Review of International Political Economy*, Vol. 4, nº 3, outono, Routledge, Universidade de Sussex, Brighton.

TERTULIAN, Nicolas. (1993) "Le Concept D'Aliénation chez Heidegger et Lukács". *Archives de Philosophie – Reserches et Documentation*, nº 56, jul.-set., Paris.

_______. (1990) "Introduzione". In LUKÁCS, G. *Prolegomeni all'Ontologia dell'Essere Sociale: Questioni di Principio di Un'Ontologia Oggi Divenuta Possibile.* Guerini e Associati, Roma.

TEIXEIRA, Francisco e OLIVEIRA, Manfredo (Orgs.). (1996) *Neoliberalismo e Reestruturação Produtiva.* Cortez/Uece, São Paulo/Fortaleza.

TOMANEY, John. (1996) "A New Paradigm of Work Organization and Tecnology?". In AMIN, Ash, op. cit.

TOSEL, André. (1995) "Centralité et Non-Centralité du Travail ou La Passion des Hommes Superflus". In BIDET, Jacques e TEXIER, Jacques, op. cit.

UBER. *Fatos e dados sobre a Uber* (2020). Disponível em: https://www.uber.com/pt-BR/newsroom/fatos-e-dados-sobre-uber/; acesso em: 20 ago. 2020.

VASAPOLLO, L. (2005) *O Trabalho Atípico e a Precariedade.* Expressão Popular, São Paulo.

VINCENT, J. Marie. (1995) "Flexibilité du Travail et Plasticité Humaine". In BIDET, Jacques e TEXIER, Jacques, op. cit.

_______. (1993[2]) "Les Automatismes Sociaux et le 'General Intellect' ". *Paradigmes du Travail, Futur Antérieur*, nº 16, L'Harmattan, Paris.

VISSER, Jelle (Org.). (1993) "Syndicalisme et Désyndicalisation". In FREYSSINET, J., op. cit.

WOLF, Simone. (1998) *Informalização do Trabalho e Reificação*, Dissertação de mestrado, IFCH-Unicamp, Campinas.

WOOD, Ellen. (1997) "Modernity, Posmodernity or Capitalism?". *Review of International Political Economy*, Vol. 4, nº 3, outono, Routledge, Universidade de Sussex, Brighton.

_______. (1997a) "Labor, The State, and Class Struggle". *Monthly Review*, Vol. 49/3, jul.--ago. Nova Iorque.

WOOD, Stephen (Org.). (1989) *The Transformation of Work?: Skill, Flexibility and the Labour Process.* Unwin Hyman, Londres.

SOBRE O AUTOR

Ricardo Antunes é professor titular de sociologia no Instituto de Filosofia e Ciências Humanas da Universidade Estadual de Campinas (IFCH-Uncamp). Foi *visiting professor* na Universidade Ca'Foscari (Veneza/Itália), *visiting research fellow* na Universidade de Sussex (Inglaterra) e *visiting scholar* na Universidade de Coimbra (Portugal). Fez concurso para titular (2000) e livre-docência (1994) no IFCH-Unicamp, em sociologia do trabalho. Doutorou-se em sociologia pela Universidade de São Paulo (1986) e fez mestrado em ciência política no IFCH--Unicamp (1980). Recebeu o Prêmio Zeferino Vaz da Unicamp (2003) e a Cátedra Florestan Fernandes de Clacso (2002). É pesquisador do CNPq. Coordena a coleção Mundo do Trabalho, da Boitempo. Colabora regularmente em revistas e jornais nacionais e estrangeiros. Publicou, entre outros, os seguintes livros:

- *Icebergs à deriva: o trabalho nas plataformas digitais* (org.), Boitempo, São Paulo, 2023.
- *Capitalismo pandêmico*, Boitempo, São Paulo, 2022.
- *Uberização, trabalho digital e Indústria 4.0* (org.), Boitempo, São Paulo, 2020.
- *O privilégio da servidão*, 2. ed., Boitempo, São Paulo, 2019.
- *Adeus ao trabalho?*, 16. ed., Cortez, São Paulo, 2018.
- *Riqueza e miséria do trabalho no Brasil* (org.), v. 1-4, Boitempo, São Paulo, 2006-2019.
- *O continente do labor*, Boitempo, São Paulo, 2011.
- *Infoproletários: degradação real do trabalho virtual* (org.), Boitempo, São Paulo, 2009.
- *Uma esquerda fora do lugar: o governo Lula e os descaminhos do PT*, Autores Associados, Campinas, 2006.
- *O caracol e sua concha: ensaios sobre a nova morfologia do trabalho*, Boitempo, São Paulo, 2005.
- *A desertificação neoliberal (Collor, FHC e Lula)*, Autores Associados, Campinas, 2004.
- *O que é sindicalismo?*, 20. ed., Brasiliense, São Paulo, 2003.
- *O novo sindicalismo no Brasil*, Pontes, Campinas, 1995.
- *A rebeldia do trabalho*, 2. ed., Unicamp, Campinas, 1992.
- *Classe operária, sindicatos e partido no Brasil*, 3. ed., Cortez, São Paulo, 1990.
- *O que são comissões de fábricas?*, em coautoria com Arnaldo Nogueira, 2. ed., Brasiliense, São Paulo, 1982.

Publicado em 2025, 25 anos do lançamento da primeira edição, este livro foi composto em BookmanITC 9,8/12,2, e impresso em papel Pólen Natural 70g/m² pela gráfica Rettec, para a Boitempo, com tiragem de 1.500 exemplares.